# 本书的研究成果基于以下课题

国家自然科学基金西部项目“高校毕业生跨区域就业流动的特征及影响机制——西部开发战略中的西部地区人才政策研究”（项目批准号：71363049）

甘肃省教育厅委托课题“高校毕业生就业与人口、劳动力结构及经济社会发展的关系——以甘肃省为基础的研究”

**课题组组长**

孙百才

**课题组成员**

潘昱辰　康开洁　孟大虎　杨学良
龚丽华　田晓青　蒋　玲　包正桦
万阳洋　郭秀兰　高欣秀　梁　艳
郭亚妮　张　洋　高建波　者　卉
莫　蓉　刘云鹏

本书获得“泰山学者工程专项经费资助”

# 西部地区高校毕业生就业调查报告（2007—2013）

## ——以甘肃省为基础的研究

孙百才　潘昱辰　著

蘭州大學出版社
LANZHOU UNIVERSITY PRESS

**图书在版编目（CIP）数据**

西部地区高校毕业生就业调查报告 ：2007—2013 ：以甘肃省为基础的研究 / 孙百才，潘昱辰著. -- 兰州 ：兰州大学出版社，2018.5
ISBN 978-7-311-05320-8

Ⅰ. ①西… Ⅱ. ①孙… ②潘… Ⅲ. ①大学生－就业问题－调查报告－甘肃 Ⅳ. ①G647.38

中国版本图书馆CIP数据核字(2018)第010943号

策划编辑　张映春
责任编辑　王淑燕
封面设计　陈　文

---

书　　名　西部地区高校毕业生就业调查报告(2007—2013)
　　　　　——以甘肃省为基础的研究
作　　者　孙百才　潘昱辰　著
出版发行　兰州大学出版社　(地址:兰州市天水南路222号　730000)
电　　话　0931-8912613(总编办公室)　0931-8617156(营销中心)
　　　　　0931-8914298(读者服务部)
网　　址　http://press.lzu.edu.cn
电子信箱　press@lzu.edu.cn
印　　刷　北京虎彩文化传播有限公司
开　　本　710 mm×1020 mm　1/16
印　　张　21.5
字　　数　407千
版　　次　2018年5月第1版
印　　次　2018年5月第1次印刷
书　　号　ISBN 978-7-311-05320-8
定　　价　36.00元

---

# 序

就业是衡量一个国家和地区经济社会发展的重要标志。自20世纪90年代末期中国高等教育扩招以来，有着“天之骄子”美誉的高校毕业生开始面临就业难的问题。高校毕业生是我国劳动人口中最具活力的组成部分，是否能够顺利就业关乎千家万户的切身利益和社会的和谐稳定。党中央、国务院高度重视大学生就业创业工作，党的十九大报告指出：“就业是最大的民生。”“要坚持就业优先战略和积极就业政策，实现更高质量和更充分就业。”并提出了实施就业优先战略和积极就业政策，通过大规模的职业技能培训，鼓励创业带动就业等重要举措，化解结构性就业矛盾，进一步提升高校毕业生就业率和就业质量，为实现全面建成小康社会的奋斗目标打下坚实的基础。

从目前我国劳动力市场的发展趋势来看，高校持续扩招、经济增速放缓和产业结构调整等因素，使高校毕业生的就业形势日趋严峻。目前，我国高校毕业生就业挑战与机遇并存，面临的挑战是，就业结构性矛盾依然存在，面对的机遇是，新经济的迅猛发展促进新就业加速出现。

一方面，已存在多年的就业结构性矛盾依然存在。由于产业结构升级、区域经济格局调整、高等教育教学改革相对滞后等因素多重叠加，导致现阶段高校毕业生就业结构性错配问题依然突出。首先是“招工难”与“就业难”并存，部分专业毕业生供过于求，但紧缺专业人才短缺，导致“硕士博士满街跑，高级技工难寻找”的结构性失业现象普遍存在。其次是产业结构调整优化升级加快，高校教育教学改革相对滞后，高校毕业生就业竞争力下降。三是国有企业深化改革，相关行业“去产能”使再就业人员挤占毕业生岗位，造成高校毕业生就业困难或就业质量下降。另一方面，新经济的迅猛发展促进新就业

加速出现。2014年以来，共有20多个国务院文件中出现了“新经济”一词。新经济是以重大技术突破和重大发展需求为基础，以高技术产业为先导，以互联网和大数据为支撑，以技术创新和业态创新为核心的经济活动，主要包括新技术经济和新业态经济。十九大报告指出，要加快发展先进制造业，推动互联网、大数据、人工智能和实体经济的深度融合，在中高端消费、创新引领、绿色低碳、共享经济、现代供应链、人力资本服务等领域培育新增长点，形成新动能。新经济的出现导致经济周期长波化，从而改变了宏观经济政策、商业运行模式，并导致新就业模式的出现。新经济的迅猛发展使传统行业中低端就业岗位日趋减少，传统劳动密集型产业通过“智能制造”等方式加速转型升级，低端就业岗位大量消失，而高级技能人才供不应求。

就西部地区而言，由于经济和高等教育“双不发达”，毕业生就业问题更加突出。在新时代、新业态、新矛盾、新问题不断出现的情况下，做好西部地区高等毕业生就业创业工作显得尤为迫切和重要。本书以地处西部地区的甘肃省为研究案例，围绕甘肃省高校毕业生的就业创业问题，通过重点分析“甘肃省高校毕业生就业数据库”，从“签约率”“就业去向”“求职过程”“就业满意度”“就业期望”“就业结果”“就业指导”“就业歧视”“创新创业”等方面全面系统地描述甘肃高校毕业生的就业状况，并结合高校毕业生的跨区域就业流动、毕业生供给与人才结构性需求、社会资本对毕业生就业的影响等方面进行了深入剖析，多视角分析了西部高校毕业生的就业、择业、创业行为，提出了相应的对策建议。

本书采用问卷调研方法，以甘肃省普通高校毕业生为研究样本，进行了6年的调查（2007—2013年，2011年的调查样本量太小，本书没有使用），共涉及23所高校（其中部属院校2所，省属本科院校14所，省内高职院校5所，独立学院2所），涵盖了甘肃省样本高校毕业生就业的相关信息，得到有效本专科生问卷21 165份，有效研究生问卷4164份，建立了“甘肃省高校毕业生就业数据库”。

本书最大特点是使用调查数据进行实证分析。通过扎实的调查研究，以客观的数据分析为基础，反映甘肃省高校毕业生的就业状况，为做好高校毕业生人力资源开发和有效利用，破解当前的毕业生就业难尽绵薄之力。本书可以作为高校毕业生就业相关部门的参考用书，也可以为高校毕业生就业研究者提供思路和借鉴。

本书是课题组集体智慧的结晶，共包括十二章。章节撰写的具体分工为：第一章由孙百才、潘昱辰撰写，第二章由龚丽华撰写，第三章由梁艳撰写，第四章由郭亚妮、孙百才、张洋撰写，第五章由万阳洋撰写，第六章由高欣秀撰写，第七章由郭秀兰撰写，第八章由潘昱辰撰写，第九章由潘昱辰撰写，第十章由蒋玲撰写，第十一章由包正桦撰写，第十二章由潘昱辰撰写。全书的统稿工作由孙百才、潘昱辰负责完成。

对高校毕业生就业问题的研究最早可以追溯到2003年，当时笔者在读博士期间参与导师赖德胜教授的课题研究。2007年6月份，我们在甘肃11所高校进行了第一次毕业生就业调查，至今已经进行了10次调查研究，总样本量达53 017份（2007年4589份，2008年4401份，2009年4505份，2010年2597份，2011年697份，2012年2321份，2013年6219份，2014年10 779份，2015年6082份，2016年10 827份），调查范围从甘肃拓展到全国的东中西部地区（2007—2013年调查地区在甘肃省；2014年扩大到甘肃、广西、河南、湖南、浙江、山东；2016年扩大到全国，开始使用问卷星进行网络调查），成为研究我国高校毕业生就业问题的基础数据库。本研究使用的数据为2007—2013年的调查，其中2012年调查的研究生数据和2011年调查的总数据，由于样本量偏少在本书中都没有使用。2014年以后的数据暂未及时处理，我们将在以后的工作中陆续增加这部分内容。

调查数据主要来源于4个项目，分别是：2006年甘肃省教育科学“十一五”规划项目“甘肃省高等教育规模扩展与劳动力市场衔接研究”（经费自筹），2007年甘肃省教育厅研究生导师科研项目“师范生就业难背景下的西部农村教师短缺”（经费1.5万元），2013年甘肃省教育厅委托课题“高校毕业生就业与人口、劳动力结构及经济社会发展的关系——以甘肃省为基础的研究”（经费5万元），2013年国家自然科学基金项目“高校毕业生跨区域就业流动的特征及影响机制——西部开发战略中的西部地区人才政策研究”（经费34万元）。在初期经费不足的情况下，课题组能够凭着对高校毕业生就业研究的浓厚兴趣，坚持数据的采集、整理、清洗和分析，其求真务实的科学精神给我留下了深刻的印象和满满的感动。

衷心感谢课题组各位老师和同学付出的艰辛劳动，感谢潘昱辰老师为本书的编撰所做的细致的工作。感谢王嘉毅教授、赖德胜教授和岳昌君教授对课题组的指导和鼓励，感谢学院领导和各位老师对本研究的大力支持。调研工作还得到了很多单位和个人的支持，他们是甘肃省教育厅高教处姜言卿副处长，对外经济贸易大学的苏丽峰老师、李芳老师，北京工商大学的王轶老师，郑州航空工业管理学院的杨波老师，长沙理工大学的杨鑫铨老师，湖州师范学院的蔡颖萍老师，青岛大学的王春老师、王绪金老师，广西大学的龚丽华老师，兰州大学的李晓莉老师、李晓老师、罗云老师、马君老师，西北师范大学的张理中老师、蒋玲老师、陈兴杰老师、陈建海老师、李力老师，兰州交通大学的陈祎鸿老师，兰州理工大学的谭昌斌老师、党渭平老师，西北民族大学的马微老师、李万虎老师，甘肃农业大学的刘书明老师，兰州商学院的杨芳老师，兰州城市学院的高炳忠老师、郭贤民老师、葛雅慧老师、马文菊老师，天水师院的杨学良老师，河西学院的吴玉兵老师、闫峰老师，甘肃民族师范学院的宋生涛老师。虽然很多单位和老师不能一一列出，但对所有帮助过我们的朋友，我们都不忘初心，更不能忘怀。

由于能力和水平有限，错误之处在所难免，恳请高教界同仁和读者朋友批评指正，联系邮箱：sbaicai@126.com。

孙百才

2017年12月21日

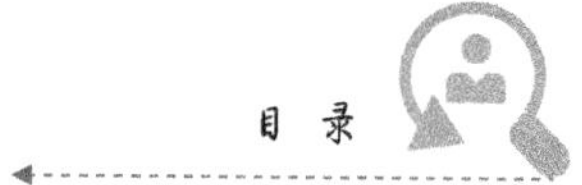

# 目 录

# 第一章 导论

**摘要：** 提出研究问题，介绍研究缘起和理论基础，梳理甘肃高校毕业生面临的就业环境，说明本书的研究意义、研究方法和内容安排。

## 第一节 我国高校毕业生就业现状

改革开放以来，中国社会经济发展取得了举世瞩目的成就。GDP总量从1978年的0.365万亿元人民币增至2015年的68.905万亿元人民币，国家综合实力、人民生活水平都得到了显著提高。与此同时，我国的人口就业问题，尤其是高校毕业生就业情况已成为当今社会密切关注的焦点。

《中华人民共和国国民经济和社会发展第十三个五年规划纲要》将创新驱动作为主要的发展目标之一，并在发展理念中提出："创新是引领发展的第一动力"。实施创新驱动发展战略，全面增强国家的自主创新能力，需要强有力的人力资本支撑。2016年我国高校毕业生765万，而2003—2013年间，我国高校毕业生的平均就业率在70%左右徘徊。如果按照30%的未就业率来计算，仅考虑2016年未能就业和2017年新增的毕业生，2017年涌入劳动力市场的高校毕业生就业大军就达到了1000万左右，高校毕业生面对的是一个压力巨大的劳动力市场。高校毕业生不能顺利实现就业意味着高端人力资源的浪费，不利于我国经济新常态下的创新驱动和产业升级战略，也是一种严重的社会损失。

恢复高考制度以来，特别是1999年扩招以来，我国的高等院校数量和在校生规模都在不断增加。2015年，全国共有高等学校2852所，其中普通高等学校2560所（含独立学院275所），各类高等教育在校学生达到3647万人，高等教育学校毛入学率40.0%。[1]随着我国高校规模的扩大，昔日的天之骄子，被视作

[1] 教育部. 2015年全国教育事业发展统计公报[EB/OL].（2016-07-06）[2016-12-01]. http://www.moe.edu.cn/srcsite/A03/s180/moe_633/201607/t20160706_270976.html.

“皇帝的女儿不愁嫁”的大学毕业生的就业形势也日趋严峻，毕业生就业率与就业质量下降，失业人数不断增加。然而中国经济进入了新常态，产业升级和创新驱动战略的实施都需要吸纳更多的高学历人才，市场供给与需求就出现了结构性的失衡。

2015年我国的人均GDP超过了8000美元。国际经验表明，很多国家和地区在人均GDP跨过1万美元大关时，经济增速明显降低，容易跌入“中等收入陷阱”。过去中国的增长主要靠要素驱动，现在需要靠制度和创新驱动。很多成功跨越“中等收入陷阱”的国家，大多是产业结构升级优化做得比较好，收入分配和居民社会保障等很不错，教育等公共产品的供给也很充足的国家。也就是说，随着经济社会的持续稳定发展，我国对高素质的人才需求还将呈持续增长的趋势。目前我国的高等教育毛入学率，即大学生占适龄人口（18～22岁）的比重，2015年为40%，远低于西方发达国家的水平，高层次人才供给水平难以适应经济新常态下的产业升级和创新驱动战略需求。因此，在现有的高等教育人才培养的人力供给水平下，研究当前高校毕业生就业的现实问题和困境，探讨如何充分发挥高校毕业生这一高端人力资源优势，并剖析影响高校毕业生就业的各种因素，积极诊断和寻求破解策略，对于顺利实现中国经济转型，促进经济社会的可持续发展，都具有重要的现实意义。

## 一、高等教育规模不断扩大

2015年，全国各类高等教育总人数达到3647万人，全国普通高等教育本专科招生737.85万人，在校生2625.30万人，毕业生624.7万人，成为全球最大规模的高等教育体系。

在美国著名的教育、社会学家马丁·特罗的大众高等教育理论中，他把高等教育划分为“精英教育”“大众教育”“普及教育”。[1]自1999年高校扩招以来，高等教育毛入学率快速上升，2002年达到15%，我国高等教育已经从精英教育阶段进入大众化教育阶段（图1.1.1）。2015年我国普通高等教育本专科共招生737.85万人，是1998年实施扩招政策之前本专科招生人数的6.8倍，高等教育毛入学率达到40%，已经接近普及化教育阶段。越来越多的青年开始接受高等教育，大学生定位由往日的“天之骄子”转向“普通劳动者”。

[1] Trow M. “The Expansion and Transformation of Higher Education” [J]. *International Review of Education*, 1972, 18 (1): 61-84.

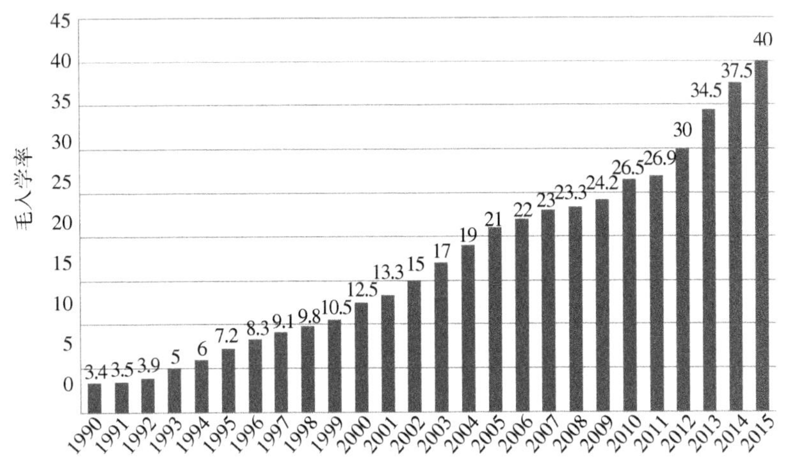


**图 1.1.1　1990—2016 年全国高等教育毛入学率的变动趋势**

## 二、就业制度逐渐改变

在计划经济时代，一旦考上大学就意味着端上了“铁饭碗”，个人无须为就业前景和就业岗位担忧。自 20 世纪 80 年代中期以来，国家逐步开始实施大学生就业制度的改革。特别是在 1985 年，国家颁布实施了《关于教育体制改革的决定》，大学生就业制度开始从计划经济下的统分统包向市场经济下的自主择业、双向选择过渡，其就业市场开始受劳动力市场供求关系的影响。1999 年以来，在我国高等教育规模逐渐扩大的同时，高校的就业制度也进行了相应的改变。就业制度逐渐由国家“统包统分”的分配体制转变为毕业生“双向择业”“自主选择”的社会主义市场经济体制。随着这种就业制度的逐步建立，高校毕业生就业难的问题日益凸显。

## 三、社会经济形势变化

2008 年以来的全球经济危机，直接影响到大学生就业，形势非常严峻，使大学生的压力越来越大。国内经济发展进入增长速度换挡期、结构调整阵痛期、前期刺激消化期叠加的阶段，经济增长下行压力和产能相对过剩的矛盾有所加剧，企业生产经营成本上升和创新能力不足的问题并存，一些吸纳就业人口比较多的传统行业用人需求减弱。同时，我国人口众多，新的劳动力逐年增加，大量下岗失业工人也加剧了劳动力市场的就业压力，而社会对高校毕业生的需求增长则相对缓慢，新增就业岗位无法满足毕业生的增长需求。在现时期及以后的若干年，我国将很快进入高失业和就业结构大调整时期，劳动力供求矛盾十分突出，就业形势十分严峻。

## 四、高校毕业生就业总量矛盾

从图1.1.2和图1.1.3看出，1999—2017年扩招以来的近二十年间，高校毕业生人数由不足100万增长到近1000万，年均增长率为12.5%。高校毕业生增长的高峰区间在2000—2009年，这十年的平均增长率为22.4%，最高的年份2003年高达46.2%。此后由于“提高高等教育质量”的国家政策调整，高等教育规模相对比较稳定。但尽管如此，由于扩招的惯性作用，每年涌入劳动力市场的高校毕业生就业大军的供给总量仍然突破了1000万。

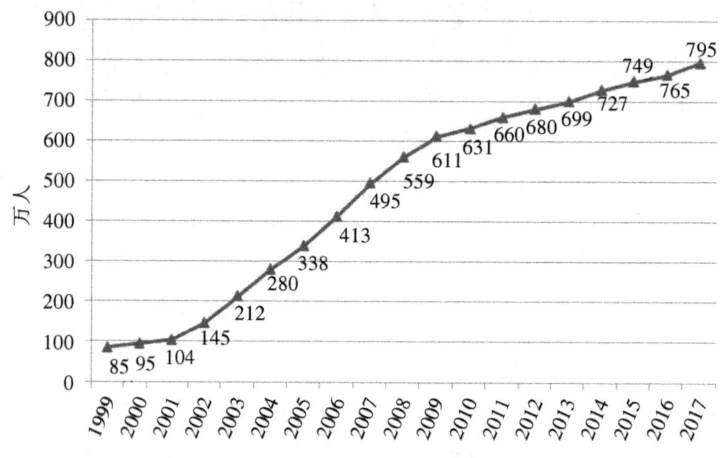


图1.1.2　1999—2017年全国高等毕业生人数

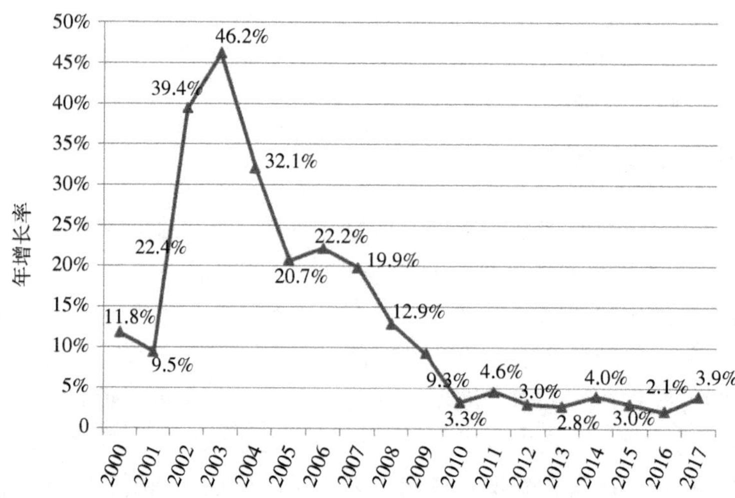


图1.1.3　2000—2017年全国高等毕业生人数年增长率的变化趋势

与扩招相对应，大学生就业问题也成为社会关注的焦点。1996年以来，我国高校毕业生的初次就业率呈现出先明显下降，2003—2007年低谷徘徊，2007年以后又稳步回升的趋势（表1.1.1）。2011年以后，官方媒体或统计数据很少公布高校毕业生初次就业率数据。教育蓝皮书《中国教育发展报告（2014）》指出，2013年中国高校毕业生的就业率为71.9%，平均起薪3378元。2016年，在西安交通大学举行的“高校毕业生就业创业研讨会”上，教育部官员透露我国高校毕业生初次就业率已经连续14年超过70%[1]。可以看出，2003年以后的中国高校毕业生初次就业率明显低于2003年以前的平均水平，总体呈下降趋势。

**表1.1.1　2004—2011年大学毕业生数量和就业情况**

| 年份 | 1996 | 1997 | 1998 | 1999 | 2000 | 2001 | 2002 | 2003 |
|---|---|---|---|---|---|---|---|---|
| 就业率(%) | 93.7 | 97.1 | 76.8 | 79.3 | 82.0 | 90.0 | 80.0 | 70.0 |
| 年份 | 2004 | 2005 | 2006 | 2007 | 2008 | 2009 | 2010 | 2011 |
| 就业率(%) | 73.0 | 72.8 | 78.8 | 78.1 | 81.3 | 81.0 | 85.5 | 87.0 |

数据来源：1996—2004年数据来自赖德胜、田永坡：《对中国“知识失业”的一个解释》，《经济研究》，2005年第11期。2005—2011年数据来自全国高等学校学生信息咨询与就业指导中心、北京大学教育学院：《全国高校毕业生就业状况（2011）》，内部资料。

当前我国正处于人口高峰期，每年都会有大量新增劳动力涌入人才市场。中国有近14亿人口，人口基数大，特别是70年代末到80年代初计划生育未见成效时期出生的人口，在20世纪头十年形成了一个新的就业高峰。新生劳动力快速增长，并且远远超过经济增长创造新的就业岗位的速度。有数据表明，改革开放初期，经济每增长1个百分点，就可拉动0.4%的就业率增长，但到了2000年，这一拉动作用降低到只有0.1%[2]。由于产业结构的变化，劳动密集型向技术密集型、资金密集型转变，经济增长对就业的拉动作用在逐渐减弱。而全国劳动力资源却在总体上呈现出逐年增长的趋势，每年新增的就业岗位数量远远低于劳动力数量，就业岗位数量的增长极为缓慢，劳动力市场的供给明显大于需求，供求缺口较大，出现了就业增长与经济增长相脱节的困难局面。

## 五、高校毕业生就业结构性矛盾

当前就业问题的当务之急是结构性矛盾，集中体现在就业难和招工难并

[1] 新浪网. 中国高校毕业生初次就业率连续14年超过70%[EB/OL].（2016-11-03）[2016-12-01]. http：//edu.sina.com.cn/gaokao/2016-11-03/doc-ifxxneua3943959.shtml.

[2] 新浪网. 期待就业机会随经济发展同步增长[EB/OL].（2016-07-23）[2016-12-01]. http：//news.sina.com.cn/c/2016-07-23/07259540764S. shtml.

存。在就业群体中，以高校毕业生为主的就业难相当严重。一方面，高校培养的专业人才难以满足社会的需求。虽然中国高校不断扩招，在校人数居世界第一，但与发达国家公民受高等教育程度相比仍有较大差距。2015年中国每10万人中拥有的大学生人数为2524人，高等教育毛入学率也达到了40%，达到了世界平均水平。但尽管如此，与发达国家相比仍有明显差距。在2012年，美国的高等教育毛入学率就达到了94.28%，英国为61.88%，俄罗斯为76.14%，日本为61.46%，韩国为98.38%，阿根廷为80.31%。[1]另一方面，高校培养质量与用人单位需求脱节，造成高校“输出人才”与用人单位“使用人才”的标准不能很好衔接，造成了毕业生胜任不了工作，用人单位找不到理想人才的劳动力市场运行状况。

1. 就业区域结构性矛盾

人才流向的非对称，影响了区域经济的发展，同时加剧了高校毕业生就业的难度。我国目前的经济发展水平存在着明显的不均衡性，东部地区领先西部地区，特别是东南沿海地区要比西部内陆地区在经济基础和发展水平上都有显著优势。这直接造成高校毕业生就业资源分布的地区不均衡，即东部发达地区可以为毕业生提供更好的生活环境和职位报酬，更容易吸引人才，成为高端人才大量涌入的地区。毕业生的这种就业地区选择可能造成两个方面的问题。一方面，发达地区出现就业扎堆现象，有很多毕业生在竞争激烈的地区难以实现有效就业，这些地区出现高校毕业生供过于求的现象；另一方面，由于自然环境艰苦和收入待遇相对偏低，很多高校毕业生不愿到边远的经济欠发达地区就业。造成人才流动的“马太效应”，即越是不发达的地区，越是难吸引和留住优秀的高校毕业生。欠发达地区存在着大量的岗位却找不到合适的人才，而东部发达地区与较大城市的毕业生相对集中，不能实现充分就业。从区域结构看，随着经济新常态下的产业结构调整，部分地区劳动力市场的需求与供给结构性失衡现象会逐渐显现，呈现出在东中西部地区之间、城乡之间、岗位与专业之间的多元化发展的趋势，高校毕业生就业的结构性矛盾将会日渐突出。

2. 人才供需矛盾

从行业专业结构看，工科和应用性较强的学科，比如自动化工程、计算机、电子、机械设计与制造等就业形势相对乐观，毕业生供不应求，而一些专业（如英语、汉语言文学、思想政治教育、历史学等）前景堪忧。从甘肃省属本科高校的就业情况来看，近年来就业率较高的专业也是与劳动力市场联系比较紧密的工科专业，如自动化、土木工程、机械制造等（表1.1.2）。麦可思2011年发布的红黄牌专业目录也说明了上述问题（表1.1.3）。造成这种现象的

[1] 杨江涛，大学生就业期望及影响因素的调查与分析[J].中南大学学报：社会科学版，2010，16（4）：40-44.

很大原因是高校在专业设置方面的滞后性且专业重复设置现象较为突出，致使毕业生的学科专业与劳动力市场需求存在较大差异。

从能力素养结构看，目前高校在学科专业设置、人才培养层次、教学内容方法、学生能力训练等方面与社会需求的契合度不高。部分用人单位反映，高校有的毕业生的综合素质和能力与就业单位的要求还有一定的差距；从毕业生就业观念看，部分学生就业期望与现实需求仍然有较大差距。高校毕业生还面临专业结构、知识结构、学历层次不适应市场需求，职业能力和职业素养不能满足用人单位需要，择业倾向与就业期望和人力资源市场发展状况对接不畅等困难和问题，导致用人单位“招聘难”和毕业生“就业难”的现象十分突出。

**表 1.1.2 2011—2015 年甘肃省属本科高校就业率较高专业**

| 排序 | 2011年 | 2012年 | 2013年 | 2014年 | 2015 |
|---|---|---|---|---|---|
| 1 | 车辆工程 | 自动化 | 机械制造及其自动化 | 电子信息科学与技术 | 测控技术与仪器 |
| 2 | 土木工程 | 土木工程 | 电气工程及其自动化 | 机械设计制造及其自动化 | 电气工程及其自动化 |
| 3 | 热能与动力工程 | 通信工程 | 材料成型及控制工程 | 热能与动力工程 | 热能与动力工程 |
| 4 | 测控技术与仪器 | 热能与动力工程 | 物流管理 | 自动化 | 机械设计制造及其自动化 |
| 5 | 机械设计制造及其自动化 | 计算机科学与技术 | 计算机科学与技术 | 材料成型及控制工程 | 自动化 |

**表 1.1.3 2011 年中国大学毕业生“红黄牌”本科专业**

| 红牌专业 | 黄牌专业 |
|---|---|
| 动画 | 艺术设计※ |
| 法学 | 美术学 |
| 生物技术 | 电子信息科学与技术 |
| 生物科学与工程 | 公共事业管理※ |
| 数学与应用数学 | 信息管理与信息系统※ |
| 体育教育 | 工商管理 |
| 生物工程 | 汉语言文学※ |
| 英语※ | |
| 国际经济与贸易※ | |

资料来源：麦可思，中国 2008—2010 届大学毕业生社会需求与培养质量调查。其中，红

牌专业指失业量交大、就业率与薪资较低的专业中的前10个专业，为高失业风险型专业；黄牌专业指除红牌专业外，失业量较大、就业率与薪资较低的专业。其中有“※”标注的是甘肃省普通高等院校设置的布点前十位的热门本科专业。

## 第二节　甘肃省高校毕业生面临的就业环境

西部地区由于经济和社会的发展程度相对较低，属于欠发达地区，高等教育本身不是很发达，一方面由于高等教育的规模有限，高考录取率相对不高，高中毕业生进入高校学习的机会不多；另一方面由于经济欠发达，高校毕业生就业的机会较少，导致高校毕业生就业更为困难。但实际上，西部地区又是教育发展水平较低的地区，人口的平均受教育年限也处于相对较低的水平，最缺乏的就是高素质人才。从人力资源强国强省的角度出发，作为西部地区的甘肃省普通高等教育发展面临两难境地，高校毕业生就业问题更加突出。

甘肃省由于所处的区位不同，高校毕业生就业面临着特殊的就业环境。甘肃省在2005年迈入高等教育大众化阶段，全省适龄人口高等教育毛入学率超过15%。自迈入大众化阶段以来，甘肃省相继出台《甘肃省“十一五”教育事业发展规划》《甘肃省“十二五”高等教育发展规划》《甘肃省“十三五”高等教育发展规划》等相关政策文件，确定了不同时期高等教育的发展目标。

### 一、甘肃省经济社会发展现状

（一）国民经济快速发展

甘肃省生产总值和人均生产总值逐年增长。2015年，甘肃省生产总值达到6790.32亿元，比2010年的4120.75亿元增长64.8%，年均增长10.5%。2015年人均生产总值26 165元，比2010年增长62.4%，年均增长10.2%。2010—2015年甘肃省生产总值、人均生产总值均稳步增长。

（二）人均生产总值在全国处于较低水平

2015年，甘肃省人均生产总值为26 165元，约为全国平均水平50 251元的一半，在全国31个省市区中排名末位，比西北5省（区）平均值39 777元低13 612元，比西北5省（区）人均生产总值最高省份陕西省42 692元低21 461元。

（三）政府财政收入水平迅速提高

2015年，甘肃省完成大口径财政收入1386.32亿元，比上年增长12.3%，全省一般公共预算收入743.86亿元，比2010年的353.58亿元增长了110.4%，2010—2015年均增长16.1%。甘肃省的财政支出同期也实现了快速增长，2015年，甘肃省公共财政一般预算支出达2958.31亿元，比2010年增长了101.4%。

## 二、甘肃省高等教育发展现状

甘肃省地处西北内陆，经济社会发展水平相对较低。2000年10月，国务院发布的实施“西部大开发”若干政策措施中明确把教育和人力资源开发作为西部大开发的四大重点领域之一，特别强调要加快少数民族地区和贫困地区教育的发展。2010年7月，中共中央、国务院颁布实施的《国家中长期教育改革和发展规划纲要》中提出，要“优化区域布局结构，加大对中西部地区高等教育的支持，实施中西部高等教育振兴计划”。[1]2011年，教育部提出启动“中西部高等教育振兴计划”，实施“中西部高等教育振兴计划”主要是为了解决高等教育尤其是优质高等教育资源布局不尽合理的现象，重点扶持一批有特色有实力的中西部地区本科院校，加强本科教学基本设施的改善和本科教学质量的提高，进而解决中西部地区高等教育落后问题。2012年2月，国家发展和改革委员会发布的《西部大开发“十二五”规划》中提到优化西部地区高等学校布局结构，办好一批有特色、高水平的大学。[2]2013年2月，《中西部高等教育振兴计划（2012—2020年）》发布，为中西部高等教育的发展提供资金与政策保障，“中西部高等教育振兴计划”包含“中西部高校综合实力提升工程”和“中西部高校基础能力建设工程”，国家针对西部地区实施的各项政策措施有效地加快了作为西部地区的甘肃省高等教育事业的发展步伐。

（一）普通高等学校数量和分布

甘肃省普通高等学校数量由1998年的39所增至2015年的49所（中央部委院校2所）。2016年，甘肃省共有本科院校17所，专科院校21所，独立学院5所（表1.2.1）。

2016年，全国普通高校共计2595所（含独立学院266所），而甘肃省普通高校数为49所，在全国31个省、自治区、直辖市普通高校数目排名第26位，普通高校数量仅多于新疆、海南、宁夏、青海和西藏，比例不及全国高校数目的1.9%。不仅如此，甘肃省的民办高等教育发展过于滞后，截至2016年，甘肃省的民办高等教育机构6所（5所独立学院和1所普通高校），民办独立学院的比重为占全国266所独立学院的1.9%。2015年，全国高等教育毛入学率达到40.0%，甘肃省为35.0%；全国普通高等教育本专科在校生人数为2625.30万人，在学研究生人数为191.14万人，甘肃省普通高等教育本专科在校生人数为45.05万人，在学研究生人数为2.96万人，甘肃省本专科在校生和研究生在校人

[1] 中央政府门户网. 国家中长期教育改革和发展规划纲要（2010—2020年）[EB/OL].（2016-06-06）[2016-12-03]. http：//www.gov.cn/jrzg/2010-06/06/content_1621777.htm.

[2] 中国农业信息网. 西部大开发“十二五”规划（全文）[EB/OL].（2012-02-21）[2016-12-03]. http：//www.agri.cn/cszy/BJ/whsh/ncwh/201202/20120221_2486222.htm.

数占全国的比例仅为1.8%和1.6%。

表1.2.1　2008—2013年甘肃省普通高等教育机构数量统计(所)

| 高等教育机构数 | 2016年 | 2015年 | 2014年 | 2013年 | 2012年 | 2011年 | 2010年 | 2009年 | 2008年 |
|---|---|---|---|---|---|---|---|---|---|
| (一)研究生培养机构 | 14 | 14 | 14 | 18 | 17 | 17 | 17 | 17 | 17 |
| 1. 普通高校 | 10 | 10 | 10 | 10 | 9 | 9 | 9 | 9 | 9 |
| 2. 科研机构 | 4 | 4 | 4 | 8 | 8 | 8 | 8 | 8 | 8 |
| (二)普通高校 | 49 | 45 | 43 | 42 | 42 | 42 | 40 | 39 | 39 |
| 1. 本科院校 | 17 | 17 | 16 | 16 | 15 | 14 | 14 | 14 | 13 |
| 2. 专科院校 | 27 | 23 | 22 | 21 | 22 | 23 | 21 | 20 | 21 |
| 其中：职业技术学院 | 25 | 21 | 19 | 17 | 18 | 17 | 15 | 14 | 14 |
| 3. 独立学院 | 5 | 5 | 5 | 5 | 5 | 5 | 5 | 5 | 5 |

表1.2.2　2016年全国31个地区普通高校的数量分布及排名

| 省、自治区、直辖市名称 | 普通高校数量(所) | 排名 | 省、自治区、直辖市名称 | 普通高校数量(所) | 排名 |
|---|---|---|---|---|---|
| 江苏 | 166 | 1 | 陕西 | 93 | 13 |
| 广东 | 147 | 2 | 北京 | 91 | 14 |
| 山东 | 144 | 3 | 福建 | 88 | 15 |
| 河南 | 129 | 4 | 黑龙江 | 82 | 16 |
| 湖北 | 128 | 5 | 山西 | 80 | 17 |
| 湖南 | 123 | 6 | 广西 | 73 | 18 |
| 河北 | 120 | 7 | 云南 | 72 | 19 |
| 安徽 | 119 | 8 | 重庆 | 65 | 20 |
| 辽宁 | 116 | 9 | 上海 | 64 | 21 |
| 四川 | 109 | 10 | 贵州 | 64 | 22 |
| 浙江 | 107 | 11 | 吉林 | 60 | 23 |
| 江西 | 98 | 12 | 天津 | 55 | 24 |

续表 1.2.2

| 省、自治区、直辖市名称 | 普通高校数量（所） | 排名 | 省、自治区、直辖市名称 | 普通高校数量（所） | 排名 |
|---|---|---|---|---|---|
| 内蒙古 | 53 | 25 | 宁夏 | 18 | 29 |
| 甘肃 | 49 | 26 | 青海 | 12 | 30 |
| 新疆 | 46 | 27 | 西藏 | 6 | 31 |
| 海南 | 18 | 28 | | | |

截至2016年，全省14个市州中，每个市州都设立有普通高等学校。其中，30所普通高等学校集中在省会兰州市，分布比例为61.2%；22所普通本科院校（包括5所独立学院）中，有17所设在兰州市，分布比例达77.3%；27所高职高专院校中，有13所设在兰州市，分布比例达48.2%。其他地区的高等学校数从高到低依次是：天水市4所，武威市、张掖市、平凉市各2所，嘉峪关市、金昌市、白银市、酒泉市、庆阳市、定西市、陇南市、甘南藏族自治州各1所，临夏回族自治州尚无高等学校。

（二）高等教育发展水平和规模

如表1.2.3所示，甘肃省高等教育毛入学率从2002年的9.4%提高到2016年的35.0%，根据马丁·特罗教授的高等教育发展阶段理论，甘肃省高等教育已经步入大众化发展阶段。但仍然属于高等教育大众化初级阶段，与全国高等教育40%的平均毛入学率仍有差距。

表1.2.3　甘肃省高等教育毛入学率变化统计表（%）

| 年份 | 2002 | 2003 | 2004 | 2005 | 2006 | 2007 | 2008 | 2009 |
|---|---|---|---|---|---|---|---|---|
| 毛入学率 | 9.4 | 13 | 14 | 15 | 16.5 | 18 | 20.0 | 21.0 |
| 年份 | 2010 | 2011 | 2012 | 2013 | 2014 | 2015 | 2016 | |
| 毛入学率 | 22.0 | 23.0 | 24.0 | 26.0 | 28.00 | 32.00 | 35.00 | |

甘肃高等教育总规模不断扩大，由2008年的50.13万人扩展到2016年的66.82万人，增长了33.3%。其中在校研究生数增长了44.6%，普通本专科在校生数增长了37.8%；研究生招生数增长了42.6%，普通本专科招生数增长了17.9%；研究生毕业生数增长了55.9%，普通本专科毕业生数增长了59.8%，可以看出，甘肃省研究生和普通本专科生在在校生数、招生数和毕业生数方面增长趋势明显。从汇总数据可以看出，2008—2016年，甘肃省研究生和普通本专科生的在校生数、招生数和毕业生数增长了38.2%、19.4%、59.5%，年均增长率分别为4.1%、2.2%和6.0%（表1.2.4、1.2.5、1.2.6）。

表 1.2.4　2008—2016 年甘肃省普通高等教育在校生人数统计表(人)

| 普通高等教育 | 2016年 | 2015年 | 2014年 | 2013年 | 2012年 | 2011年 | 2010年 | 2009年 | 2008年 |
|---|---|---|---|---|---|---|---|---|---|
| (一)研究生 | 31 199 | 29 637 | 29 080 | 29 412 | 28 306 | 26 973 | 25 609 | 23 469 | 21 580 |
| 博士 | 3720 | 3516 | 3370 | 3746 | 3597 | 3482 | 3335 | 3153 | 2953 |
| 硕士 | 27 479 | 26 121 | 25 710 | 25 666 | 24 709 | 23 491 | 22 274 | 20 316 | 18 627 |
| (二)普通本专科 | 457 204 | 450 463 | 452 300 | 442 963 | 431 069 | 405 306 | 381 526 | 361 490 | 331 895 |
| 本科 | 291 662 | 290 834 | 288 351 | 280 071 | 269 467 | 255 680 | 238 412 | 219 103 | 195 006 |
| 专科 | 165 542 | 159 629 | 163 949 | 162 892 | 161 602 | 149 626 | 143 114 | 142 387 | 136 889 |

表 1.2.5　2008—2016 年甘肃省普通高等教育招生人数统计表(人)

| 普通高等教育 | 2016年 | 2015年 | 2014年 | 2013年 | 2012年 | 2011年 | 2010年 | 2009年 | 2008年 |
|---|---|---|---|---|---|---|---|---|---|
| (一)研究生 | 10 699 | 10 089 | 9870 | 10 116 | 9804 | 9307 | 9098 | 8463 | 7502 |
| 博士 | 873 | 825 | 820 | 973 | 943 | 923 | 888 | 887 | 810 |
| 硕士 | 9826 | 9264 | 9050 | 9143 | 8861 | 8384 | 8210 | 7576 | 6692 |
| (二)普通本专科 | 130 683 | 126 242 | 130 624 | 123 402 | 131 263 | 124 935 | 114 899 | 112 280 | 110 889 |
| 本科 | 73 496 | 72 148 | 74 070 | 72 736 | 72 748 | 69 457 | 65 994 | 62 493 | 59 653 |
| 专科 | 57 187 | 54 098 | 56 554 | 50 666 | 58 515 | 55 478 | 48 905 | 49 787 | 51 236 |

表 1.2.6　2008—2016 年甘肃省普通高等教育毕业生人数统计表(人)

| 普通高等教育 | 2016年 | 2015年 | 2014年 | 2013年 | 2012年 | 2011年 | 2010年 | 2009年 | 2008年 |
|---|---|---|---|---|---|---|---|---|---|
| (一)研究生 | 8806 | 9195 | 8637 | 8629 | 8002 | 7160 | 6523 | 6122 | 5649 |
| 博士 | 601 | 644 | 600 | 762 | 797 | 729 | 669 | 663 | 600 |
| 硕士 | 8205 | 8551 | 8037 | 7867 | 7205 | 6431 | 5854 | 5459 | 5049 |
| (二)普通本专科 | 119 911 | 124 003 | 118 697 | 109 192 | 102 980 | 99 042 | 92 226 | 84 082 | 75 051 |
| 本科 | 70 621 | 67 158 | 64 285 | 60 848 | 57 328 | 51 165 | 45 747 | 39 628 | 37 317 |
| 专科 | 49 290 | 56 845 | 54 412 | 48 344 | 45 652 | 47 877 | 46 479 | 44 454 | 37 734 |

（三）学科结构和专业结构

从学科结构看，甘肃省高等教育形成了学科门类较为齐全、办学层次比较完整的格局。首先，大学专科、本科、研究生教育呈金字塔状分布，层次结构比较合理。其次，办学类型多样，基本覆盖社会事业主要领域。主要类型包括综合类、师范类、工程类、财经类、政法类、医学类、农林类、语言类等。第三，研究型大学、教学研究型大学、教学型大学、高职高专类院校在甘肃省内均有分布。

是否具有一级学科博士学位授权是反映一个学科整体水平的重要标志，而拥有博士学位授权一级学科数量是反映一个学校学科综合实力的重要标志。1996年，国务院学位委员会批准部分学科水平高、学术声誉好的学位授予单位按一级学科行使博士学位授予权，并逐步开展按一级学科审核博士学位授权点。截至2015年，甘肃省有博士学位授权一级学科35个，涵盖了教育学、理学、工学、农学、文学6个学科大类。未被博士学位授权一级学科点覆盖的二级学科点10个，涵盖了除军事学之外的12个学科门类。从专业结构看，截至2012年，甘肃省本科院校共开设231种专业，在教育部颁布的71个二级学科中，甘肃省的本科专业覆盖了其中的54个，占国内全部二级学科的76.0%。甘肃省高等学校专业覆盖了除军事学之外的其余12个学科门类，本科专业基本上覆盖了所有的二级学科。高职高专院校形成了以石化、公共安全、建筑、外语、林业、工业、机电、畜牧类、钢铁技术为主的办学特色。

（四）高等教育投入情况

甘肃省地方政府克服财政支出的重重困难，努力增加高等教育投入，使得甘肃普通高校投入总量稳步增长。根据甘肃省高等教育投入决算表数据分析，2006—2015年，甘肃省教育公共财政总支出从87.5亿元增加到497.2亿元，其中高等教育公共总支出从7.5亿元增加到44亿元，分别增长了468.2%和486.7%，年均增长率分别为21.3%和21.7%（图1.2.1）。从高等教育公共支出占公共教育总支出的比例分析，2010年以来，甘肃省加人了对高等教育投入的力度，公共高等教育支出所占比例处于9%～10%之间，平均数为9.86%，相对于2006—2009年的平均数7.37%呈现出一个相对高位的投入状态，说明“十二五”期间甘肃省公共财政对甘肃省高等教育投入的重视程度（图1.2.2）。

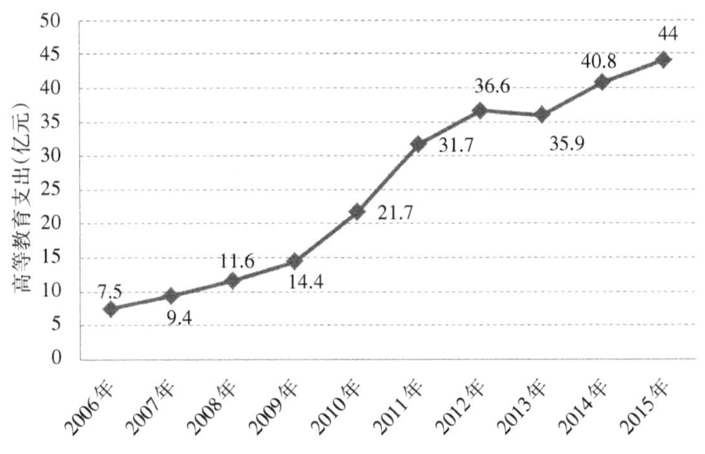


图1.2.1　2006—2015年甘肃省高等教育公共财政经费支出

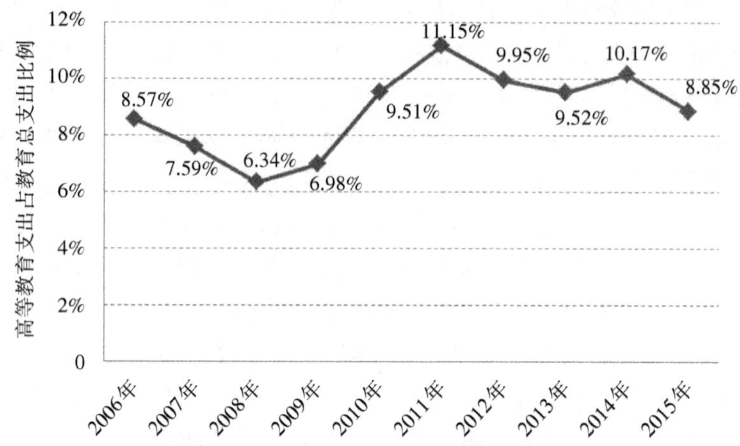


**图1.2.2　2006—2015年甘肃省高等教育公共支出占公共教育总支出的比例**

## 第三节　研究意义、研究方法和章节安排

### 一、研究意义

党的十七大和十八大报告均指出："就业是民生之本"。十七大报告明确提出了"积极做好高校毕业生就业工作"的要求，而十八大报告则将"以高校毕业生为重点的青年就业工作"放在就业工作的首位。"就业优先战略"已经成为党和政府治国理政的基本方针。《甘肃省中长期教育改革和发展规划纲要》指出："到2020年，高等教育毛入学率达到全国平均水平，办学条件显著改善，办学质量显著提高，建成一批由特色、在全国具有一定影响的高水平大学。"而我国经济新常态下转型升级的经济增长速度放缓将会降低经济对就业的拉动，而在"高校毕业生就业难"的同时，"民工荒"问题也同时出现，中国经济发展出现了"刘易斯拐点"。在此背景下，如何破解当前的"高校毕业生就业难"问题，对政府、高校、学生、用人单位和社会等诸方面都具有重要的现实意义。对西部地区而言，由于经济和高等教育"双不发达"，毕业生就业问题更加突出。

从高校毕业生就业市场运行分析，就业均衡是由毕业生供给与市场需求决定的，这些与高等教育发展、经济发展水平、发展速度及产业升级紧密相关。共青团中央学校部、北京大学公共政策研究所联合发布的"2006年中国大学生就业状况调查"显示，东部地区高校"已签约"和"已有意向但没有签约"的学生比例为62.43%，中部地区为47.88%，西部地区为41.73%。从经济发展来看，尽管我国东中西部地区经济均获得了长足的发展，但地区间的差距拉大了。统计显示，2010年是中国实施西部大开发战略10周年，这10年间中国西部地区GDP总量翻了三番，年均增幅近12%，大大高于全国同期和东部地区的增速。不过东西部人均GDP差距却扩大了3倍多，西部居民收入水平、住宅面积、教育、医疗服务等大量民生指标的增长，更是全方位落后于东部及全国平均水平。东部、中部、西部三个地区的就业状况呈梯状分布，表明大学生总体就业水平与大学所在地区的经济发展水平可能存在某种相关性。

在我国贯彻实施“西部大开发”战略政策的大背景下，如何兼顾东中西部的利益，缩小区域间的不平等已成为人们关注的焦点之一。《国家中长期教育改革和发展规划纲要》（2010—2020年）中提到：“设立支持地方高等教育专项资金，实施中西部高等教育振兴计划”。高等教育成为经济社会发展和科研自主创新的主引擎，高校毕业生能否顺利就业关系到甘肃省科技创新体系的建设。在西部地区高校毕业生就业“更”难的背景下，以甘肃省为个案，使用2007—2013年的调查数据讨论高校毕业生就业问题，可以帮助我们深入了解甘肃省高校毕业生的就业状况，加深对西部高校毕业生就业难问题的理解，缩小区域高等教育发展差距。

国内很多学者对高校毕业生就业难问题进行了探讨。杨艳红（2007）对促进大学生就业的政策进行了比较系统的梳理，提出了促进大学生就业政策的制定和执行方面的建议。耿永志（2007）对政府在大学生就业市场设立最低工资保障进行了研究，通过研究提出政府要尽快建立分地区分类别的大学毕业生最低工资指导价。刘玉侠（2006）从宏观和微观两个角度说明了大学生就业难的现状，分析了造成大学生就业难的因素。针对大学生就业难的原因，学者们分别从体制改革（谢维和、王洪才，2000）、大学毕业生的学历层次和专业（瞿振元、谢维和、陈曦，2002）、劳动力市场分割（赖德胜，2001）、行业收益差距和大学生基本素质（岳昌君等，2004）就业环境变化（曾湘泉，2004）等角度对其成因进行了探讨。

在国外市场经济比较完善的国家，高校毕业生失业是一种不可避免的社会现象。Blaug等（1969）认为，高校毕业生失业现象的存在是毕业生们不愿降低工资的结果，因为根据经济学理论，随着供给的增加，价格应该下降，否则市场就不能出清。与此不同，Carnoy（1977）把高校毕业生的就业难问题归因于劳动力市场的需求方，认为是企业追求利润最大化的结果，因为失业的存在有利于满足企业对技术人才的需求，也有利于压低工资和提高在岗大学生的生产力。此外，也有人从教育系统自身寻找高校毕业生失业的根源，他们或者认为是教育质量和专业结构满足不了社会对人才的需求（Pryor and Schaffer，1997），或者认为教育只是一种筛选装置，随着教育供给的增加，会有越来越多的高校毕业生被筛选下来，他们要么处于失业状态，要么只能从事以前只需中学毕业生就能胜任的工作（Gray and Chapman，1999）。

## 二、研究方法与数据来源

本书采用问卷调研方法，以甘肃省普通高校毕业生为研究样本，在2007—2013年每年6月，对省内高校毕业生进行抽样调查（2011年调查样本量太小，本书未采用），先后涉及23所高校（其中部属本科院校2所，省属本科院校14所，省内高职院校5所，省属独立学院2所），它们分别是：兰州大学、西北民族大学、西北师范大学、兰州理工大学、兰州交通大学、甘肃农业大学、兰州商学院、甘肃中医学院、兰州城市学院、河西学院、陇东学院、天水师范学院、甘肃民族师范学院、兰州工业学院、兰州文理学院、兰州资源环境职业技术学院、甘肃交通职业技术学院、甘肃建筑职业技术学院、知行学院、长青学院。样本分布情况详见表1.3.1和1.3.2。

**表1.3.1　2007—2013年甘肃省高校毕业研究生抽样调查数据统计表**

| 年份 | | 2007年 | 2008年 | 2009年 | 2010年 | 2013年 |
|---|---|---|---|---|---|---|
| 样本高校(所) | | 6 | 8 | 7 | 5 | 8 |
| 样本数量(人) | | 832 | 950 | 698 | 970 | 714 |
| 性别 | 男 | 458(55.0%) | 525(55.3%) | 389(55.7%) | 581(59.9%) | 416(58.3%) |
| | 女 | 374(45.0%) | 425(44.7%) | 304(43.6%) | 389(40.1%) | 291(40.8%) |
| | 缺失值 | 0 | 0 | 5(0.7%) | 0 | 7(1%) |
| 样本学校 | 兰州大学 | 180(21.6%) | 110(11.6%) | 183(26.2%) | 167(17.2%) | 261(36.6%) |
| | 西北师范大学 | 145(17.4%) | 154(16.2%) | 151(21.6%) | — | 10(1.4%) |
| | 西北民族大学 | 81(9.7%) | 196(20.6%) | 100(14.3%) | 135(13.9%) | 21(2.9%) |
| | 兰州理工大学 | 132(15.9%) | 104(10.9%) | 70(10.0%) | 54(5.6%) | 151(21.1%) |
| | 兰州交通大学 | 149(17.9%) | 140(14.7%) | 116(16.6%) | 133(13.7%) | 59(8.3%) |
| | 甘肃农业大学 | 145(17.4%) | 108(11.4%) | — | 175(18.0%) | 111(15.5%) |

续表 1.3.1

| 年份 | | 2007年 | 2008年 | 2009年 | 2010年 | 2013年 |
| --- | --- | --- | --- | --- | --- | --- |
| | 兰州财经大学 | — | 21(2.2%) | 62(8.9%) | — | 73(10.2%) |
| | 甘肃中医学院 | — | 117(12.3%) | 16(2.3%) | — | 23(3.2%) |
| | 缺失值 | 0 | 0 | 0 | 0 | 5(0.7%) |
| 学历 | 硕士 | 811(97.5%) | 914(96.2%) | 666(95.4%) | 910(93.8%) | 696(97.9%) |
| | 博士 | 21(2.5%) | 36(3.8%) | 26(3.7%) | 48(4.9%) | 15(2.1%) |
| | 缺失值 | 0 | 0 | 6(0.9%) | 12(1.2%) | 0 |
| 专业属性 | 文科 | 336(40.4%) | 430(45.3%) | 311(44.6%) | 358(36.9%) | 368(51.5%) |
| | 理工科 | 453(54.4%) | 520(54.7%) | 348(49.8%) | 558(57.5%) | 339(47.5%) |
| | 缺失值 | 43(5.2%) | 0 | 39(5.6%) | 54(5.6%) | 7(1.0%) |
| 培养类型 | 公费 | 276(33.2%) | 307(32.3%) | 264(37.8%) | 446(46.0%) | — |
| | 定向 | 35(4.2%) | 60(6.3%) | 25(3.6%) | 44(4.5%) | — |
| | 委培 | 27(3.2%) | 38(4.0%) | 24(3.4%) | 42(4.3%) | — |
| | 自筹经费 | 487(58.%) | 545(57.4%) | 378(54.2%) | 419(43.2%) | — |
| | 缺失值 | 7(0.8%) | 0 | 7(1.0%) | 19(2.0%) | 0 |
| 家庭所在地 | 直辖市 | 21(2.5%) | 34(3.6%) | 20(2.9%) | 44(4.5%) | 40(5.7%) |
| | 省会城市 | 141(16.9%) | 204(21.5%) | 103(14.8%) | 165(17.0%) | 168(24.0%) |
| | 其他城市 | 322(38.7%) | 316(33.3%) | 250(35.7%) | 366(37.7%) | 322(46.0%) |
| | 农村 | 334(40.1%) | 394(41.4%) | 318(45.6%) | 377(38.9%) | 167(23.9%) |
| | 缺失值 | 14(1.7%) | 2(0.2%) | 7(1.0%) | 18(1.9%) | 16(2.2%) |

注:括号内数字为所占百分比,“—”表示当年调查没有涉及的学校

**表1.3.2　2007—2013年甘肃省高校本专科毕业生抽样调查数据统计表**

| 年份 | | 2007年 | 2008年 | 2009年 | 2010年 | 2012年 | 2013年 |
|---|---|---|---|---|---|---|---|
| 样本高校(所) | | 11 | 15 | 15 | 6 | 8 | 19 |
| 样本数量(人) | | 3757 | 3451 | 3807 | 1627 | 2288 | 5505 |
| 性别 | 男 | 1889(50.3%) | 1650(47.8%) | 1725(45.3%) | 808(49.7%) | 1197(52.1%) | 2536(47.9%) |
| | 女 | 1817(48.4%) | 1732(50.2%) | 2021(53.1%) | 819(50.3%) | 1020(44.6%) | 2765(50.2%) |
| | 缺失值 | 51(1.3%) | 69(2.0%) | 61(1.6%) | 0 | 71(3.1%) | 104(1.9%) |
| 样本学校 | 兰州大学 | 402(10.7%) | 318(9.2%) | 210(5.5%) | 299(18.4%) | — | 647(11.8%) |
| | 西北师范大学 | 354(9.4%) | 353(10.2%) | 321(8.4%) | — | 387(16.9%) | 273(5.3%) |
| | 西北民族大学 | 217(5.8%) | 261(7.6%) | 266(7.0%) | 158(9.7%) | — | 187(3.4%) |
| | 兰州理工大学 | 409(10.9%) | 337(9.8%) | 280(7.4%) | 79(4.9%) | 325(14.2%) | 332(6.0%) |
| 样本学校 | 兰州交通大学 | 189(5.0%) | 124(3.6%) | 292(7.7%) | 155(9.5%) | 210(9.2%) | 265(4.8%) |
| | 甘肃农业大学 | 70(1.9%) | 110(3.2%) | 119(3.1%) | 156(9.6%) | — | 235(4.3%) |
| | 甘肃政法学院 | — | — | — | — | 214(9.4%) | — |
| | 兰州财经大学 | — | 173(5.0%) | 201(5.5%) | 113(6.9%) | | 237(4.3%) |
| | 甘肃中医学院 | — | 204(5.9%) | 186(4.9%) | — | 250(10.9%) | 312(5.7%) |
| | 陇东学院 | 438(11.7%) | 429(12.4%) | 355(9.3%) | — | — | — |
| | 天水师范学院 | 579(15.4%) | 491(14.2%) | 298(7.8%) | — | 266(11.6%) | — |
| | 兰州城市学院 | 488(13.0%) | 243(7.0%) | — | — | 347(15.2%) | 156(2.8%) |
| | 河西学院 | 523(13.9%) | 65(1.9%) | 190(5.0%) | — | 283(12.4%) | 370(6.7%) |

续表 1.3.2

| 年份 | | 2007年 | 2008年 | 2009年 | 2010年 | 2012年 | 2013年 |
|---|---|---|---|---|---|---|---|
| | 甘肃民族师范学院 | — | — | 228（6.0%） | — | — | — |
| | 兰州工业学院 | — | — | — | — | — | 372（6.8%） |
| | 甘肃文理学院 | — | — | — | — | — | 211（3.8%） |
| | 甘肃交通职业技术学院 | 88（2.3%） | 77（2.2%） | 76（2.0%） | — | — | 291（5.3%） |
| | 兰州资源环境职业技术学院 | — | — | — | — | — | 125（2.3%） |
| | 甘肃建筑职业技术学院 | — | — | — | — | — | 241（4.4%） |
| | 兰州外语职业学院 | — | — | — | — | — | 461（8.4%） |
| | 兰州职业技术学院 | — | — | — | — | — | 225（4.1%） |
| | 知行学院 | — | 93（2.7%） | 417（11.0%） | — | — | 169（3.3%） |
| | 长青学院 | — | 172（5.0%） | 359（9.4%） | — | — | 304（5.9%） |
| | 缺失值 | 0 | 1（0.1%） | 0 | 0 | 5（0.2%） | 66（1.2%） |

注：括号内数字为所占百分比，"—"表示当年调查没有涉及的学校

## 三、核心概念界定

### （一）高校毕业生

高校毕业生是高等学校毕业生的简称，高等学校泛指对公民进行高等教育的学校，是大学、专门学院和高等专科学校的统称。从学历上讲，包括专科、本科、硕士研究生和博士研究生四个层次。大学仅仅是高等学校的一部分，专门学院如医科学院、戏曲学院、音乐学院、美术学院以及高等专科学校如职业技术学院、职业学院等都是高等学校系列，但并不是大学的系列。大学指的是包含多门学科的综合性高等学校。所以，严格意义上来讲，大学毕业生并不等于高校毕业生，要比高校毕业生的范围狭窄的多。但是，一般的研究都将大学生等同于高校毕业生，原因可能有三：一是因为目前大学生是高校毕业生的主体，可以用"大学生"的称谓来替代"高校毕业生"；二是

"大学生"是日常生活中人们常用的可以理解的概念，没有必要专门定义；三是一些适用于高校毕业生的政策在具体规定的时候往往被缩小为只针对大学本科生以上毕业生。

2009年4月29日，教育部、人社部联合公布《国家促进普通高校毕业生就业政策百问》中明确指出"高校毕业生指中央部门和地方所属全日制公办普通高等学校、民办普通高等学校和独立学院的全日制普通本专科含高职、研究生、第二学士学位应届毕业生。不包括往届毕业生及成人高等教育、高等教育自学考试类学生、各类非学历教育的学生"。

本书将"高校毕业生"定义如下：高校毕业生是高等学校毕业生的简称，是指公办普通高等学校、民办普通高等学校和独立学院的全日制普通本专科生、硕士生和博士生。需要说明的是，在已有的相关文献中"大学毕业生"出现的频率也比较多，所以本书有时也将"高校毕业生"和"大学毕业生"两者互用。

（二）就业

《现代汉语词典》解释：就业，顾名思义，就是得到职业，参加工作。《辞海》中的就业亦称"劳动就业"，指具有劳动能力和求职欲望的人，从事某种社会劳动，并取得相应报酬或经营收入的行为。在众多的工具书和有关就业的专著中，一般对就业的传统界定是指劳动力与生产资料相结合的形式，是指在劳动年龄内或超过劳动年龄但有劳动能力的人在一定的社会工作岗位从事合法社会劳动，并获得相应的劳动报酬或经营收入的状态。[1]从宏观角度分析是如何配置和利用劳动力资源的问题，因而它与经济发展相互促进并密切相关。微观来看，就业是劳动者的个体行为，决定于劳动者的就业观念、择业意识和劳动技能等关键因素，是劳动者生存和发展的物质前提。同时它对劳动者的其他社会行为产生重要影响。[2]从这个定义上可以看出，就业必须符合四个条件：第一，劳动主体必须从事社会劳动的一部分，即在国民经济一定部门、一定职业岗位上进行劳动；第二，劳动必须要有报酬或经营收入；第三，所从事的是合法的社会劳动；第四，劳动主体必须符合法定就业年龄，并具有劳动能力，即具有健康的身体及一定的文化科学技术知识和劳动技能。[3]只要具备以上这四种基本条件，不论是在全民所有制单位、集体所有制单位、合资企业、私营企业工作，不论其工作是固定性职业，还是临时性职业，也不论其工作地点在城镇或农村、在国内或国外，都应视为就业。

（三）初次就业率

目前我国大学生就业情况是通过衡量毕业生初次就业率进行描述的，初次

[1] 彭薇，王旭东.就业概论[M].北京：经济管理出版社，2002：2.

[2] 卢佼.全球背景下我国青年失业问题及对策之研究[D].上海：华东师范大学，2003.

[3] 黄才华.就业指导与创业教育[M].北京：教育科学出版社，2003：2.

就业率指离校前已经确定就业去向的毕业生人数占全体毕业生总数的比例。目前高校上报的就业统计数据中，毕业生的状况分为10类，分别为：（1）已确定单位（工作）；（2）待就业；（3）不就业拟升学；（4）其他暂不就业；（5）自主创业；（6）自由职业；（7）其他灵活就业；（8）升学；（9）出国、出境；（10）其他。其中："（1）已确定单位（工作）、（5）自主创业、（6）自由职业、（7）其他灵活就业、（8）升学、（9）出国、出境"这六类毕业生归为"已经确定去向的毕业生"。

1999年以来，教育部一直采用"初次就业率"指标作为对高校毕业生就业情况的基本统计。其具体计算公式如下：

$$\text{初次就业率（\%）} = \frac{\text{确定去向毕业生}}{\text{全体毕业生}} \times 100\%$$

$$= \frac{\text{全体毕业生} - \text{待就业毕业生}}{\text{全体毕业生}} \times 100\%$$

其中，待就业毕业生人数包括截止到该年度8月底仍没有落实就业单位的毕业生人数，和已申请不参加本年度就业的毕业生人数。

这一指标的关键在于，学生的就业只有符合正式的就业程序，才能够算作就业。而办理正式的就业手续在学校和单位都是有时间限制的。因此，初次就业指标只能反映在正规就业程序截止之时符合正规就业程序的就业的毕业生的比例。很明显，这一指标既不能反映大学生就业中非正规就业（用人单位不能正式接收大学毕业生）的数量，也不能反映退出劳动力市场部分毕业生，即选择不就业（如准备考研或出国）的学生。而这两部分的就业比例在统计失业总体中占有相当大的比例，尤其在一些不发达地区、非名牌高校或者冷门专业中，这一比例不可小视。而且，一部分大学毕业生在不能实现"初次就业"之后，会参加该户籍所在省市的"二次就业"，这部分就业人数虽然不多，但每年都占有一定比例。而"初次就业率"指标将这一部分就业也算作失业。正确地计算方法是将第一部分大学生（非正规就业）由分母调整到分子，而再从分母中减去第二部分大学生（退出劳动力市场）才是真正的大学生失业率。如果再考虑"二次就业"的部分大学生，还要将这部分学生数从分母移到分子上。显然这样调整之后大学生就业率将会有相当程度的提高。因此，与此相对的大学生失业率也必然会有相当程度的下降。

相对而言，发达地区、名牌或重点高校以及非冷门专业，正规就业的比例相对较高，所以采用"一次就业率"作为就业统计指标可信度可能要稍微高一些。而与此相对的不发达地区高校、非名牌非重点高校以及冷门专业按照"一次就业率"作为统计指标就可能会在一定程度上低估大学生就业率，从而高估大学生失业率。

# 第二章　甘肃省高校毕业生签约率和确定去向落实率

摘要：本章对2007—2013年在甘肃省大学毕业生中的抽样调查数据进行分析，对签约率和确定去向落实率的变化趋势进行了比较，同时还从不同学历、专业、不同学校类型、性别等影响就业率的相关因素进行了分析和探讨。总体来看，2007—2013年大学本专科生签约率较低，基本稳定在20%～30%之间，确定去向落实率逐年上升，2007年是45.1%，2013年达到了63.6%。研究生的签约率和确定去向落实率经过2009年的低谷后逐渐回升，并趋于平稳。此外，不同学历之间，随着学历层次的不断提高，确定去向落实率也呈现上升趋势；不同的学校类型之间，重点高校毕业生的确定去向落实率明显高于非重点院校的学生，省会城市毕业生的签约率高于非省会城市的毕业生；不同专业之间，非师范类大学生的签约率高于师范类的大学生，工程、计算机等专业毕业生的签约率高于教育学、数学等专业的毕业生，理工科研究生的签约率高于文科研究生；不同性别之间，女生的签约率和确定去向落实率均低于男生。

## 第一节　签约率和确定去向落实率

毕业生的就业流向主要从毕业生的签约率和确定去向落实率分析。2007—2012年《甘肃省毕业生调查问卷》中，大学毕业生就业状况分为6类，分别为（1）已经落实了工作单位；（2）上学/继续上学；（3）出国；（4）没有落实工作单位，正在继续寻找工作；（5）打算自主创业；（6）目前不想找工作。2013年《甘肃省毕业生调查问卷》中，大学毕业生就业状况分为10类，分别为：（1）已确定单位；（2）升学；（3）出国出境；（4）自由职业；（5）自主创业；（6）灵活就业；（7）待就业；（8）不就业拟升学；（9）其他暂不就业；（10）其他。上

述大学毕业生就业情况称为毕业生的就业流向。我们把“已经落实了工作单位”（2013年为“已确定单位”）的毕业生占调查毕业生总数的比例称为签约率；把毕业生中“继续上学”（2013年为“升学”“不就业拟升学”）、“出国”（2013年为“出国出境”）、“打算自主创业”（2013年为“自主创业”“灵活就业”）、“目前不想找工作”（2013年为“其他暂不就业”“其他”）和“已经落实了工作单位”（2013年为“已确定单位”）的比例之和定义为确定去向落实率。

## 一、本专科生签约率总体较低，确定去向落实率稳中有升

表2.1.1统计了2007—2013年甘肃省大学本专科毕业生的就业流向。其中签约率分别为25.9%、25.8%、22.1%、28.7%、28.9%、23.7%。从表中，我们可以看出，这几年大学毕业生的签约率都比较低，尤其是2009年仅为22.1%，其他年度基本保持在23%～30%之间，总体的趋势比较平稳。

从“确定去向落实率”来看，2007年为45.1%、2008年为51.1%、2009年为48.7%、2010年为58.7%、2012年为63.6%、2013年为63.3%。如表2.1.1所示，经过2009年金融危机后，国家各项政策的出台使得本专科毕业生确定去向的落实率逐年呈上升的趋势。

表2.1.1　本专科毕业生签约率和确定去向落实率比较(%)

| 就业状况 | 2007年 | 2008年 | 2009年 | 2010年 | 2012年 | 2013年 |
|---|---|---|---|---|---|---|
| 签约率 | 25.9 | 25.8 | 22.1 | 28.7 | 28.9 | 23.7 |
| 确定去向落实率 | 45.1 | 51.1 | 48.7 | 58.7 | 63.6 | 63.3 |

## 二、研究生签约率和确定去向落实率逐渐回升，趋于平稳

在研究生的调查中，我们同样把毕业生就业状况分为六类，从表2.1.2中可以看出，2007年研究生的签约率最高，达到55.3%，2009年最低，仅为28.4%。2007—2009年研究生的签约率有下降的趋势，但2010年和2013年，研究生的签约率又有所上升，2013年上升到了37.2%。同样，如果将“继续上学”“出国”“自主创业”和“目前不想找工作”的情况均视为“确定去向”，则“确定去向落实率”2007年为68.6%、2008年为60.4%、2009年为59.4%、2010年为63.3%、2013年为73.2%（如表2.1.2所示）。可以看出，经过2009年的低谷，2010年至2013年研究生确定去向落实率逐渐回升。

表2.1.2 研究生签约率和确定去向落实率比较(%)

| 就业状况 | 2007年 | 2008年 | 2009年 | 2010年 | 2013年 |
|---|---|---|---|---|---|
| 签约率 | 55.3 | 34.2 | 28.4 | 33.6 | 37.2 |
| 确定去向落实率 | 68.6 | 60.4 | 59.4 | 63.3 | 73.2 |

## 第二节 影响就业的因素分析

### 一、学历与就业

近年来，高学历就业难现象不断受到各方面的关注。研究生就业也面临着“皇帝的女儿也愁嫁”的状况。那么，对于地处西部地区的甘肃省来说，不同学历的毕业生就业情况又如何呢？我们分别统计了2007—2013年（截至6月份）不同学历层次高校毕业生的签约率和确定去向落实率，具体见表2.2.1。

表2.2.1 不同学历层次毕业生签约率比较(%)

| 学历 | 2007年 | 2008年 | 2009年 | 2010年 | 2012年 | 2013年 |
|---|---|---|---|---|---|---|
| 研究生 | 55.3 | 34.2 | 28.4 | 33.6 | — | 37.2 |
| 本科生 | 29.9 | 27.8 | 25.3 | 28.7 | 28.6 | 26.1 |
| 专科(高职)生 | 12.5 | 12.1 | 8.9 | — | 30.3 | 20.0 |

注：图中的“—”表示当年调查数据未涉及的学历层次

如表2.2.1所示，2007—2009年，研究生就业率逐年下降，分别为55.3%、34.2%、28.4%，2010年和2013年略有上扬达到33.6%和37.2%；本科生的就业率相对稳定，从2007年至2013年均在25%至30%之间；专科生的就业率经过2009年的谷底之后，呈现上升趋势，尤其是2012年达到30.3%，超过本科生的就业率。

如表2.2.1所示，从学历层次看，伴随学历的提高，签约率不断增加。研究生的签约率最高，其次是本科生，专科生就业率最低，由此可以看出，学历越高越有助于毕业生顺利就业。

表2.2.2为2007—2013年（截至6月）不同学历毕业生确定去向落实率比较。六年数据统计结果显示，研究生确定去向落实率最高，均高于本科生和专科生。其中，2008年的确定去向落实率最低为60.4%，2013年最高达到了73.2%；本科毕业生确定去向落实率逐年上升，从2007年的50.1%上升至2013

年的69%；专科毕业生确定去向落实率每年都有较大起伏，2007年、2008年和2009年3年较低，分别为27.8%、31.6%、22.8%，2012年的确定去向落实率高达75.8%，超过本科生13个百分点，2013年则又回落至54.8%。

**表2.2.2　不同学历层次毕业生确定去向落实率比较(%)**

| 学历 | 2007年 | 2008年 | 2009年 | 2010年 | 2012年 | 2013年 |
|---|---|---|---|---|---|---|
| 研究生 | 68.6 | 60.4 | 68.6 | 63.3 | — | 73.2 |
| 本科生 | 50.1 | 53.9 | 54.8 | 58.7 | 62.8 | 69.0 |
| 专科(高职)生 | 27.8 | 31.6 | 22.8 | — | 75.8 | 54.8 |

注：图中的“—”表示当年调查数据未涉及的学历层次

## 二、专业与就业

毕业生就业除了学历的因素外，不同专业的毕业生在就业中也面临着不同的处境。相对而言，有些专业的毕业生社会需求比较旺盛，有些专业的毕业生则供过于求，出现“滞销”的局面。在具体的调查中，我们对不同专业的大学生和研究生都做了比较分析。

（一）不同专业本专科毕业生就业状况

1.师范类和非师范类大学毕业生就业状况

图2.2.1和图2.2.2为2007届至2010届师范类与非师范类本专科生签约率和确定去向落实率情况。可以看出，同一年度非师范类高校毕业生签约率和去向落实率均高于师范类高校毕业生。2007届非师范类本专科生的签约率和确定去向落实率较师范类分别高出27.4个百分点、35.4个百分点；2008届非师范类比师范类分别高出9.3个百分点、17.8个百分点；2009届非师范类比师范类分别高出17.6个百分点、23.8个百分点；2010届非师范类比师范类分别高出15.0个百分点、26.6个百分点。

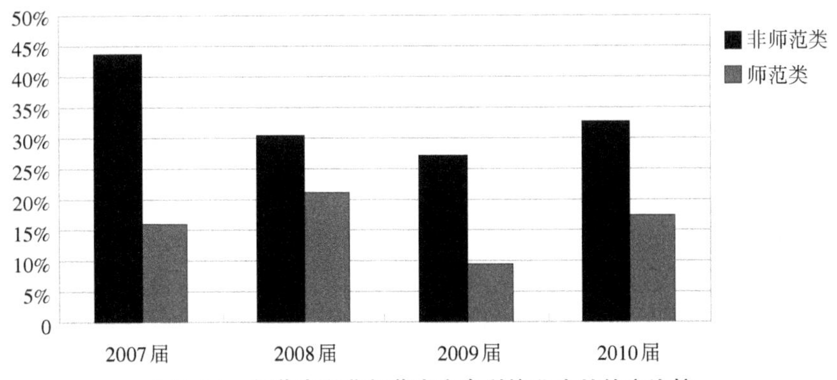


**图2.2.1　师范类和非师范类本专科毕业生签约率比较**

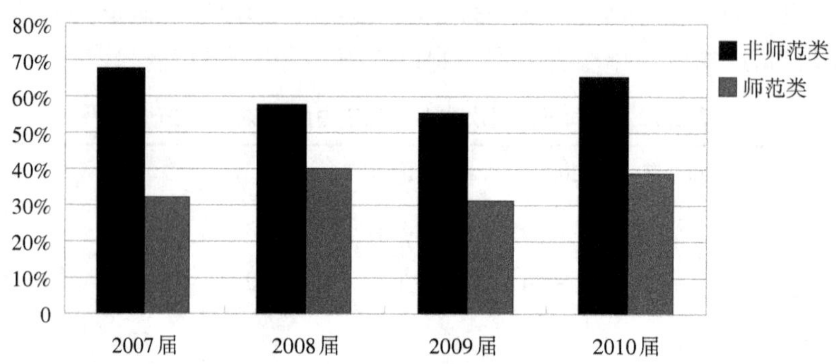


图2.2.2 师范类和非师范类本专科毕业生确定去向落实率比较

2.不同专业本专科生就业状况

表2.2.3是2008—2010年不同专业本专科生的签约率和确定去向落实率比较。可以看出，2008届本专科生签约率最高的专业是工程专业（48.3%）、外语专业（35.8%）和计算机专业（34.6%），签约率最低的是医学（10.1%）、教育学（13.2%）和数学（17.2%）；确定去向落实率最高的专业是工程专业（71.0%）、计算机专业（70.2%）和法学专业（57.1%），确定去向落实率最低的是数学（34.5%）和教育学专业（34.9%）；2009年本专科生签约率最高的专业是工程专业（53.3%）、经济学（29.7%）和化学专业（29.5%），最低的是教育学（3.8%）专业；确定去向落实率最高的是工程专业（74.4%）、生物（64.0%），和医学（58.6%），最低的是教育学（18.8%）。2010年本专科生签约率最高的专业仍然是工程专业（63.4%），其次是经济学（38.9%），第三是化学（33.3%），最低的是医学专业（12.0%）；确定去向落实率最高的是医学（84.0%），其次是工程专业（81.2%），第三是地理学（76.5%），最低是外语专业（41.5%）。2013年问卷设置的专业类别与2008—2018年有不同。因此，2013年大学生签约率最高的专业是工学（45.7%），其次是医学（37.2%），第三是经济学（21.8%）；最低的是教育学（4.4%），其次是法学（9.7%），第三是管理学（9.8%）和体育学（9.8%）；确定去向落实率最高的是历史学（79.2%），其次是医学（76.9%），第三是工学（75.4%），最低是体育学（31.7%）。总体来看，签约率和确定去向落实率较高的专业是工程、计算机、经济学和医学等专业，而签约率较低的是教育学、数学等专业。

从2008、2009、2010这三年同一专业的签约率来看，数学、工程、地理学、经济学、管理学、中文六个专业的签约率呈上升的趋势；物理、计算机、法学、外语、艺术五个专业的签约率呈下降趋势；其中下降幅度最显著的是物理、外语以及计算机专业，2010年比2008年分别下降20.0个百分点、18.5个百

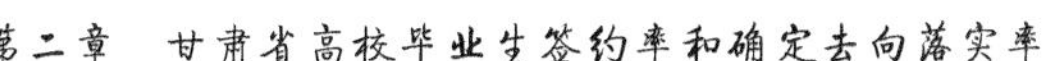

分点、5.8个百分点。化学、医学、教育学和农学四个专业的签约率变化基本不大。

表 2.2.3　不同专业本专科生签约率与确定去向落实率比较(%)

| | 2008年 | | 2009年 | | 2010年 | |
|---|---|---|---|---|---|---|
| 专业 | 签约率 | 确定去向落实率 | 签约率 | 确定去向落实率 | 签约率 | 确定去向落实率 |
| 数学 | 17.2 | 34.5 | 9.7 | 31.4 | 30.0 | 60.0 |
| 物理 | 33.3 | 53.5 | 17.9 | 53.7 | 13.0 | 52.2 |
| 计算机 | 34.6 | 70.2 | 24.5 | 55.5 | 28.8 | 57.8 |
| 工程 | 48.3 | 71.0 | 53.3 | 74.4 | 63.4 | 81.2 |
| 化学 | 27.5 | 50.0 | 29.5 | 52.0 | 33.3 | 74.1 |
| 生物 | 18.8 | 53.1 | 12.2 | 64.0 | 23.3 | 43.3 |
| 医学 | 10.1 | 54.2 | 7.8 | 58.6 | 12.0 | 84.0 |
| 地理学 | 18.8 | 50.0 | 9.0 | 50.0 | 23.5 | 76.5 |
| 法学 | 20.0 | 57.1 | 9.6 | 40.8 | 18.4 | 56.9 |
| 经济学 | 30.9 | 55.4 | 29.7 | 54.3 | 38.9 | 63.9 |
| 管理学 | 23.2 | 47.4 | 27.3 | 52.6 | 28.9 | 59.7 |
| 中文 | 17.7 | 39.9 | 12.6 | 41.3 | 20.6 | 54.9 |
| 外语 | 35.8 | 56.3 | 14.7 | 33.5 | 17.3 | 41.5 |
| 艺术 | 19.8 | 46.7 | 22.5 | 47.5 | 14.3 | 57.1 |
| 教育学 | 13.2 | 34.9 | 3.8 | 18.8 | 14.8 | 48.1 |
| 农学 | 25.0 | 41.7 | 25.0 | 50.0 | 27.3 | 72.7 |

（二）不同专业研究生的就业状况

如表2.2.4所示，甘肃省研究生签约率也逐渐呈下降的趋势。按年份来比较，2007—2010年文科类的签约率从46.1%下降到27.7%。理工科类从61.4%下降到39.5%。同时，文科类的确定去向落实率基本稳定在50%至60%之间，理工科类从2007年的74.9%下降至2009年的58.7%，到2010年又上升至72.9%。

从文科和理工科比较来看，文科类的签约率和确定去向落实率显著低于理工科，文科类毕业生的就业压力明显大于理工科毕业生。

表2.2.4 文科和理工科研究生签约率和确定去向落实率比较(%)

| 专业属性 | 就业状况 | 2007年 | 2008年 | 2009年 | 2010年 |
|---|---|---|---|---|---|
| 文科 | 签约率 | 46.1 | 19.9 | 21.7 | 27.7 |
| | 确定去向落实率 | 59.0 | 52.2 | 57.8 | 52.2 |
| 理工科 | 签约率 | 61.4 | 45.7 | 32.9 | 39.5 |
| | 确定去向落实率 | 74.9 | 66.9 | 58.7 | 72.9 |

对2008—2013年不同学科门类的研究生进行调查可以看出（如表2.2.5），2008届研究生签约率最高的学科是工学（59.7%），其次是军事学（50.0%），第三是理学（44.6%）；签约率最低的是历史学，仅为5.6%，其次是医学（14.4%），第三是法学（17.8%）。2009届研究生签约率最高的学科是医学（61.5%），其次是经济学（44.6%），第三是工学（42.0%）；签约率最低的是文学，仅为6.8%。2010届研究生签约率最高的是工学（59.1%），其次是经济学、管理学，均为50%，第三是医学（48.3%）；签约率最低的是教育学（10.1%），其次是农学（11.5%）。2013届研究生签约率最高的学科是工学（57.0%），其次是经济学（47.8%），第三是管理学（44%）；签约率最低的是体育学（0），其次是理学（21.0%），第三是文学（21.3%）。

表2.2.5 不同专业研究生签约率和确定去向落实率比较(%)

| 专业 | 2008年 | | 2009年 | | 2010年 | | 2013年 | |
|---|---|---|---|---|---|---|---|---|
| | 签约率 | 确定去向落实率 | 签约率 | 确定去向落实率 | 签约率 | 确定去向落实率 | 签约率 | 确定去向落实率 |
| 哲学 | 23.3 | 70.0 | 36.4 | 72.7 | 27.8 | 52.8 | 28.6 | 78.6 |
| 经济学 | 30.2 | 62.3 | 44.6 | 80.4 | 50.0 | 76.9 | 47.8 | 72.5 |
| 法学 | 17.8 | 51.5 | 22.0 | 73.2 | 16.7 | 52.4 | 31.0 | 71.4 |
| 教育学(含体育学) | 27.3 | 56.8 | 18.5 | 44.4 | 10.1 | 62.3 | 30.0 | 80.0 |
| 文学(含艺术学) | 28.6 | 71.4 | 6.8 | 61.0 | 26.5 | 46.9 | 21.3 | 78.7 |
| 历史学 | 5.6 | 11.1 | 21.4 | 46.4 | 30.8 | 30.8 | 33.3 | 88.9 |
| 理学 | 44.6 | 62.2 | 29.1 | 53.8 | 33.0 | 55.7 | 21.0 | 74.0 |
| 工学（含力学） | 59.7 | 72.1 | 42.0 | 67.9 | 59.1 | 83.2 | 57.0 | 78.2 |

续表2.2.5

| 专业 | 2008年 | | 2009年 | | 2010年 | | 2013年 | |
|---|---|---|---|---|---|---|---|---|
| | 签约率 | 确定去向落实率 | 签约率 | 确定去向落实率 | 签约率 | 确定去向落实率 | 签约率 | 确定去向落实率 |
| 农学（含林学） | 21.1 | 57.9 | 40.0 | 40.0 | 11.5 | 65.4 | 21.4 | 50.0 |
| 医学 | 14.4 | 44.1 | 61.0 | 100 | 48.3 | 65.5 | 25.0 | 39.3 |
| 军事学 | 50.0 | 100 | — | — | 0 | 100 | — | — |
| 管理学 | 25.0 | 57.5 | 20.0 | 42.2 | 50.0 | 62.5 | 44.0 | 74.7 |
| 艺术学 | — | — | — | — | — | — | 25 | 50 |
| 体育学 | — | — | — | — | — | — | 0 | 40 |

注：图中的“—”表示当年调查数据未涉及的专业

从确定去向落实率来看，2008届研究生确定去向落实率最高的学科是军事学（100%），其次是工学（72.1%），第三是文学（含艺术学）（71.4%）；确定去向落实率最低的是历史学，仅为11.1%；2009届研究生确定去向落实率最高的学科是医学（100%），其次是经济学（80.4%），第三是法学（73.2%）；确定去向落实率最低的是农学（40.0%）；2010届研究生确定去向落实率最高的学科是军事学（100%），其次是工学（83.2%），第三是经济学（76.9%）；确定去向落实率最低的是历史学（30.8%）；2013届研究生确定去向落实率最高的学科是历史学（88.9%），其次是教育学（80.0%），第三是文学（78.7%）；确定去向落实率最低的是体育学（40.0%）。

## 三、学校类型与就业

对于甘肃省高校毕业生的就业情况，除了从学历和专业两方面进行分析，我们还对学校类型与毕业生就业情况进行分析比较。我们将学校的性质分为：省内重点本科院校（211、985高校）、省内普通本科院校、专科院校和独立学院；按照学校所处的地理位置分为：省会高校和非省会高校。具体分析结果如下：

（一）不同性质学校大学生就业状况

由表2.2.6可见，从省内重点本科院校2007—2013年毕业生的签约率和确定去向落实率来看，2009年毕业生的签约率最高，达到33.0%，而2010年最低，只有16.6%。省内重点本科院校毕业生的确定去向落实率呈上升趋势，其中2013年最高，达到82.3%。

表2.2.6　不同学校类型本专科生签约率和确定去向落实率比较(%)

| 学校类型 | 年份 | 签约率 | 确定去向落实率 |
|---|---|---|---|
| 重点本科院校 | 2007 | 25.6 | 69.9 |
| | 2008 | 27.2 | 64.1 |
| | 2009 | 33.0 | 77.8 |
| | 2010 | 16.6 | 80.1 |
| | 2012 | — | — |
| | 2013 | 23.9 | 82.3 |
| 普通本科院校 | 2007 | 27.6 | 46.8 |
| | 2008 | 27.6 | 54.5 |
| | 2009 | 24.5 | 50.3 |
| | 2010 | 31.3 | 54.0 |
| | 2012 | 28.9 | 63.6 |
| | 2013 | 30.5 | 66.6 |
| 专科院校 | 2007 | 16.9 | 35.5 |
| | 2008 | 12.6 | 28.0 |
| | 2009 | 22.9 | 55.6 |
| | 2010 | — | — |
| | 2012 | — | — |
| | 2013 | 15.2 | 47.5 |
| 独立学院 | 2007 | — | — |
| | 2008 | 19.1 | 37.1 |
| | 2009 | 11.5 | 39.8 |
| | 2010 | — | — |
| | 2012 | — | — |
| | 2013 | 2.1 | 58.4 |

注：图中的“—”表示当年调查数据未涉及的院校

普通本科院校毕业生的签约率变化不大，2010年最高，为31.3%，2009年最低，为24.5%。普通本科院校的确定去向落实率呈上升趋势，2007年最低，为46.8%，2013年最高，为66.6%。

专科院校签约率和确定去向落实率在2009年最高，与2007年和2008年相比，签约率分别提高了6.0个百分点、10.3个百分点；确定去向落实率分别提高了20.1个百分点、27.6个百分点。

独立学院毕业生的签约率呈明显下降趋势，2009年比2008年签约率下降7.6个百分点，2013年签约率仅2.1%，而确定去向落实率却呈上升趋势。

从同一年度来看，2007年普通本科院校的签约率最高、重点本科院校次之、专科院校排在第三。重点本科院校、普通本科院校、专科院校签约率分别为25.6%、27.6%、16.9%；2008年普通本科院校的签约率最高、重点本科院校次之、独立学院排在第三、专科院校排在第四。重点本科院校、普通本科院校、专科院校、独立学院的签约率分别为27.2%、27.6%、12.6%、19.1%；2009年重点本科院校的签约率最高、普通本科院校次之、专科院校排在第三、独立学院排在第四。重点本科院校、普通本科院校、专科院校、独立学院的签约率分别为33.0%、24.5%、22.9%、11.5%；2013年普通本科院校的签约率最高、重点本科院校次之、专科院校排在第三、独立学院排在第四。重点本科院校、普通本科院校、专科院校、独立学院的签约率分别为23.9%、30.5%、15.2%、2.1%。

从确定去向落实率来分析，2008年重点本科院校、普通本科院校、专科院校、独立学院的确定去向落实率分别为64.1%、54.5%、28.0%、37.1%；2009年重点本科院校、普通本科院校、专科院校、独立学院的确定去向落实率分别为77.8%、50.3%、55.6%、39.8%；2013年重点本科院校、普通本科院校、专科院校、独立学院的确定去向落实率分别为82.3%、66.6%、47.5%、58.4%。总之，2008年、2009年和2013年重点本科院校的确定去向落实率明显高于普通本科院校、专科院校以及独立学院。

由表2.2.7可见，在2007—2013年中，省会城市高校毕业生签约率较为平稳，变化幅度不大。从确定去向落实率来比较，2007—2009年，省会城市高校确定去向落实率呈现下降趋势，到2010年开始上升，2012年达到最高，为70.2%。到2013年，省会城市高校毕业生签约率和确定去向落实率较2012年均有所下降，签约率下降7.3个百分点，确定去向落实率下降4.4个百分点。另外，可以看出同一年度中，省会城市高校毕业生签约率和确定去向落实率均高于非省会城市高校。

表2.2.7 省会和非省会城市本专科生签约率和确定去向落实率比较(%)

| 类别 | 年份 | 签约率 | 确定去向落实率 |
|---|---|---|---|
| 省会高校 | 2007 | 32.6 | 56.9 |
| | 2008 | 28.4 | 56.5 |
| | 2009 | 26.5 | 54.7 |
| | 2010 | 28.7 | 58.7 |
| | 2012 | 32.4 | 70.2 |
| | 2013 | 25.1 | 65.8 |
| 非省会高校 | 2007 | 17 | 29.3 |
| | 2008 | 19.4 | 38.6 |
| | 2009 | 13.5 | 36.8 |
| | 2010 | — | — |
| | 2012 | 18 | 43.3 |
| | 2013 | 5.2 | 31.0 |

注：图中“—”表示当年调查数据未涉及的院校

## 四、性别与就业

面对就业压力，相对男生，本专科女生在求职过程中就业难的问题尤其突出。不少被调查者指出，在求职过程中，许多用人单位直接或间接的提出“只要男生”或同等条件下“男生优先”等条件。那么，甘肃省女大学生就业状况与男生相比又如何？我们通过问卷调查，主要表现在如下几方面：

（一）与男生相比，本专科女生的签约率较低，且呈现逐年下降的趋势

从表2.2.8我们可以看出，2007—2013年本专科女生的签约率均低于男生，尤其是2009年、2010年、2012年和2013年分别比男生低13.1%、12.2%、20.0%和18.8%。同时，女生的确定去向落实率也均低于男生。

表2.2.8 不同性别本专科生签约率和确定去向落实率比较(%)

| 性别 | 就业状况 | 2007年 | 2008年 | 2009年 | 2010年 | 2012年 | 2013年 |
|---|---|---|---|---|---|---|---|
| 男生 | 签约率 | 29.0 | 27.0 | 29.2 | 34.9 | 37.9 | 33.4 |
| | 确定去向落实率 | 49.4 | 54.6 | 55.4 | 63.9 | 70.9 | 71.4 |

续表2.2.8

| 性别 | 就业状况 | 2007年 | 2008年 | 2009年 | 2010年 | 2012年 | 2013年 |
|---|---|---|---|---|---|---|---|
| 女生 | 签约率 | 22.4 | 24.8 | 16.1 | 22.7 | 17.9 | 14.6 |
| | 确定去向落实率 | 40.0 | 47.5 | 42.9 | 53.8 | 54.8 | 56.1 |

（二）与男生相比，女性研究生的签约率和确定去向落实率低于男性研究生

对2007—2013年研究生毕业生的调查可以看出，女性研究生签约率与确定去向落实率均低于男性研究生（如表2.2.9所示），尤其是2008年女性研究生比男性研究生的签约率低了20个百分点。

**表2.2.9 不同性别研究生的签约率和确定去向落实率比较(%)**

| 性别 | 就业状况 | 2007年 | 2008年 | 2009年 | 2010年 | 2013年 |
|---|---|---|---|---|---|---|
| 男生 | 签约率 | 58.6 | 42.9 | 33.9 | 34.5 | 38.6 |
| | 确定去向落实率 | 71.2 | 65.3 | 65.5 | 68.5 | 79.5 |
| 女生 | 签约率 | 51.2 | 22.9 | 21.6 | 32.3 | 35.1 |
| | 确定去向落实率 | 65.3 | 54.0 | 51.8 | 56.2 | 63.9 |

（三）女性研究生签约率和确定去向落实率均高于本专科女性，学历优势比较明显

通过数据分析（如表2.2.10所示），我们可以看出，女性研究生的工作落实率均高于女性本专科生。2007年女性研究生的工作落实率高出女性本专科生28.8个百分点；2008年和2009年的就业优势减少，2009年女性研究生的签约率仅高出女性本专科生5.5个百分点；2013年女性研究生的工作落实率高出女性本专科生20.5个百分点。

**表2.2.10 不同学历层次女性高校毕业生签约率和确定去向落实率比较(%)**

| 学历 | 就业状况 | 2007年 | 2008年 | 2009年 | 2010年 | 2013年 |
|---|---|---|---|---|---|---|
| 研究生 | 签约率 | 51.2 | 22.9 | 21.6 | 32.3 | 35.1 |
| | 确定去向落实率 | 65.3 | 54 | 51.8 | 56.2 | 63.9 |
| 本专科生 | 签约率 | 22.4 | 24.8 | 16.1 | 22.7 | 14.6 |
| | 确定去向落实率 | 40.0 | 47.5 | 42.9 | 53.8 | 56.1 |

# 第三章　未就业高校毕业生与西部人才结构性短缺

**摘要：**高校毕业生是宝贵的人才资源，其就业问题已引起了社会的高度关注。随着高校扩招政策的施行，越来越多高校毕业生出现“毕业即失业”的现象。从一方面看，高校毕业生就业难是因为出现了过度教育的结果，毕业生总量大于劳动力市场的需求；另一方面，在大学生就业难的背景下西部地区还存在人才结构性短缺的尴尬。基于2007—2013年甘肃省各高校毕业生就业统计数据，从学历构成、性别差异、院校类型以及学科（专业）门类、家庭所在地、毕业生的思维惯性、就业期望以及不同学历、不同专业毕业生的结构性失业等方面进行了分析，从政府、高校和毕业生的角度提出相关建议。

## 第一节　理论基础和文献综述

### 一、研究背景分析

近年来，高校毕业生的就业问题已引起全社会极大关注，而高校毕业生就业难也已经成为社会焦点。就业是民生之本，就业稳则心定、家宁、国安。可以说，高校毕业生就业与社会、国家都息息相关，它关系着国家的长治久安、社会的稳定及人民的利益。当下，由于国际国内经济环境多方面因素的影响，高校毕业生就业问题日趋严峻。国际方面，世界经济发展形势仍然不确定，风险和变数依旧较多，欧美主要经济体面临着财政紧缩、主权债务风险上升等诸多问题，新兴经济体面临着经济结构调整、出口下滑等问题，世界经济艰难复苏，影响着出口型经济及就业的发展。国内方面，中国经济整体仍处下滑周期中，经济发展速度的放缓和结构的调整，客观上对劳动者就业结构产生影响，同时也会对就业总体规模产生挤压效应，对劳动者就业产生影响，尤其是传统

支柱产业改革重组加快、淘汰落后产能、部分行业持续低迷及产能过剩将造成结构性失业和转型性失业，就业难度加大。甘肃省经济发展正处于负重爬坡的关键时期，经济增速换挡、结构调整阵痛、新旧动能转换，都必然会影响和反映到就业上来，就业总量矛盾将长期存在，结构性矛盾会更加凸显。总之，甘肃省高校毕业生就业形势依然严峻，任务十分繁重。

2011年全国普通高校生有660万人，2013年达到699万人，2017年达到795万人，毕业生就业矛盾十分突出，高校未就业毕业生已经成为一个数量庞大的特殊群体。随着这一群体的不断扩大，对于实现人力资源的有效配置、社会稳定、经济发展都将造成负面影响。因此，深入了解当下高校毕业生的群体特征对于分析当下就业难现象具有非常重要的现实意义。

在2007—2012年度《甘肃省毕业生调查问卷》中，大学毕业生就业状况被分为6类，分别为（1）已经落实了工作单位；（2）上学/继续上学；（3）出国；（4）没有落实工作单位，正在继续寻找工作；（5）打算自主创业；（6）目前不想找工作。2013年度《甘肃省毕业生调查问卷》中，大学毕业生就业状况分为10类，分别为：（1）已确定单位；（2）升学；（3）出国出境；（4）自由职业；（5）自主创业；（6）灵活就业；（7）待就业；（8）不就业拟升学；（9）其他暂不就业；（10）其他。我们可以将甘肃省未就业高校毕业生数据范围确定为：2007年至2012年的“（4）没有落实工作单位，正在继续寻找工作”和2013年的“（7）待就业”的大学毕业生。从表3.1.1可以看出，2007—2013年，本专科生未落实工作群体人数占调查总人数（样本总量）的比例分别为：54.9%、48.5%、51.3%、41.3%、36.4%、34.6%；2007—2013年（2012年无数据），研究生未落实工作的人数占调查样本总量比例分别为31.4%、39.6%、40.6%、36.7%、26.8%。

**表3.1.1　2007—2013年高校毕业生未落实工作人数占调查总人数的百分比**

| 年份 | 2007年 | 2008年 | 2009年 | 2010年 | 2012年 | 2013年 |
|---|---|---|---|---|---|---|
| 本专科生 | 54.9% | 48.5% | 51.3% | 41.3% | 36.4% | 34.6% |
| 研究生 | 31.4% | 39.6% | 40.6% | 36.7% | — | 26.8% |

注：“—”表示无数据

## 二、理论基础

### （一）供给和需求理论

20世纪70年代至80年代，以萨缪尔森为代表的新古典综合派经济学家提出了“结构性失业问题”，他们认为该问题主要应从劳动力供给与劳动力需求的视角来分析（刘艳，李树民，2008）[1]。

对于供给和需求的定义，马克思在展开全面分析时就首先指出："要给需求和供给这两个概念下一般的定义，真正的困难在于，它们好像只是同义反复"。接着，马克思说，从自然属性来看，所谓供给（supply），"就是处在市场上的产品，或者能够提供给市场的产品"。所谓需求（demand），是指"有支付能力的需要，市场上出现的对商品的需要"。从社会属性来看，"供给等于某种商品的卖者或生产者的总和，需求等于这同一商品的买者或消费者（包括个人消费和生产消费）的总和[2]。"关于供给和需求的关系，马克思指出供给和需求是辩证统一的关系。他认为，"这两个总和（既供给和需求）是作为两个统一体，两个集合力量互相发生作用的"。并且指出"需求决定供给，反过来供给决定需求[3]。"

所谓供需均衡，从单个生产部门来讲，"如果供求之间处于这样的比例，以至某个生产部门的商品总量能够按照它们的市场价值出售，既不高，也不低，供求就是一致的"。对所有生产部门来讲，"如果商品都能按照它们的市场价值出售，供求就是一致的。"但供求实际上从来不会一致，"如果它们达到一致，那也只是偶然现象，所以在科学上等于零，可以看作没有发生过的事情[4]。"

（二）失业理论

1.失业

失业是指在规定的劳动年龄内，具有劳动能力，在调查期内无业并以某种方式寻找工作的人员。具体包括（1）16岁以上各类学校毕业与肄业的学生中，初次寻找工作但尚未找到工作者；（2）企业宣告破产后，尚未找到工作的人员；（3）被企业终止、解除劳动合同或辞退后，尚未找到工作的人员；（4）辞去原单位工作后，尚未找到工作的人员；（5）符合失业人员定义的其他人员。按失业的成因分类为摩擦性失业、结构性失业、周期性失业、技术性失业、季节性失业[5]。

2.摩擦性失业

摩擦性失业是指劳动者想要工作与得到工作之间的时间消耗造成的失业。在实际劳动市场上，失业率总是围绕自然失业率波动，原因之一是工人寻找最适于自己的工作需要时间。由使工人与工作相匹配的过程所引起的失业即摩擦性失业（Frictional Unemployment），它是由于经济运行中各种因素的变化和劳动

[1] 刘艳，李树民.大学生就业的结构性矛盾分析[J].太原理工大学学报：社会科学版，2008（2）：27-29.

[2] 中共中央马克思著作编译局.资本论（第三卷）[M].北京：人民出版社，1975.

[3] 王春新.供需平衡与宏观调控[M].北京：中国经济出版社，1993.

[4] 王春新.供需平衡与宏观调控[M].北京：中国经济出版社，1993.

[5] 胡学勤、秦兴方.劳动经济学[M].北京：高等教育出版社，2004.

力市场的功能缺陷所造成的临时性失业。经济总是变动的，工人寻找最适合自己嗜好和技能的工作需要时间，一定数量的摩擦性失业必然不可避免。

3.结构性失业

结构性失业是指由于经济结构的变动，劳动力供给和需求在职业、技能、产业、地区分布等方面的不适应所引起的失业。其显著特点是职位空缺与失业并存。一方面一些新行业的工作岗位空缺，找不到适合的劳动者，另一方面存在着大量失业劳动者（魏星，2007）[1]。

4.周期性失业

周期性失业（Cyclical unemployment）又称为总需求不足的失业，是由于整体经济的支出和产出水平下降即总需求不足而引起的短期失业，它一般出现在经济周期的萧条阶段。这种失业与经济中周期性波动是一致的。在复苏和繁荣阶段，各厂商争先扩充生产，就业人数普遍增加。在衰退和谷底阶段，由于社会需求不足，前景暗淡，各厂商又纷纷压缩生产，大量裁减雇员，形成令人头疼的失业大军。

5.技术性失业

技术性失业是由于技术进步所引起的失业。在经济增长过程中，技术进步的必然趋势是生产中越来越广泛地采用了资本、技术密集性技术，越来越先进的设备替代了工人的劳动，这样，对劳动需求的相对减小就会使失业增加。此外，在经济增长过程中，资本品相对价格下降和劳动力价格相对上升也加剧了机器取代工人的趋势，从而也加重了这种失业。

6.季节性失业

季节性失业（Seasonal unemployment）是指由于某些部门的间歇性生产特征而造成的失业。它通过影响某些产业的生产或影响某些消费需求而影响对劳动力需求。例如一些部门或行业对劳动力的需求随季节的变化而波动，如农业、旅游业、建筑业、航运业等。

## 三、未就业大学生概述

### （一）未就业高校毕业生的基本概念

未就业大学生包括未就业专科生、本科生和未就业研究生（硕士生、博士生），本章着重考虑其群体特征。研究未就业大学生群体的特征，首先要界定未就业大学生群体的基本概念。

1.从概念自身定义

未就业大学生可以定义为毕业后仍未找到体力或者脑力劳动工作，从而获

[1] 魏星.什么是结构性失业[EB/OL].（2007-04-16）[2016-12-3]. http://theory.people.com.cn/GB/49154/49156/5619195.html.

取相应报酬的大学毕业生。[1]本章所研究的未就业大学生群体是指虽然已经完成了高校期间的学习并取得了相应的学历，却还未落实就业单位的群体。我们对未就业大学生群体概念深入分析后得到以下几点：

（1）未就业大学生是已经毕业的大学生，不包括在校生。虽然高校中临近毕业的高年级学生也面临着就业困难问题，但他们不属于未就业大学生。未就业大学生是指那些毕业后无论出于什么原因没有进入工作岗位的群体，所以也不包括自主创业的高校毕业生。

（2）蔡俊彬认为，未就业大学生的工作收入不稳定，虽然也可能打一些零工，但是缺乏基本的物质保证，其生活没有安全感，前途无望。[2]

（二）从社会学角度定义

目前，有些学者从社会学的角度把未就业大学生定义为“新失业群体”“校漂族”。

1.“新失业群体”

“新失业群体”最早是由社会学家孙立平提出。我国经济转型时期，因国有企业进行改革重组，出现了部分下岗、失业人员而定义的概念。随着我国经济和社会的发展，也出现了难以就业或不愿意就业的青年群体，即在老失业群体问题解决的同时，又出现了“新失业群体”。[3]不少研究者把未就业大学生，或在初次就业中失败的这一部分人归属于“新失业群体”。

2.“校漂族”

薛慧锋学者把那些已经毕业了，但为了考研或找到理想的工作，抑或害怕面对激烈的就业环境而继续留在母校及其附近其他学校周围的大学毕业生群体，称之为“校漂族”。并从“校漂族”的形成原因、生存现状、社会影响等方面开展了调查研究。[4]

## 四、相关文献综述

（一）高校毕业生供需的界定

从经济学的角度来看，大学毕业生寻找工作时，就意味着他们作为一种生产要素—劳动力进入就业市场，所以，大学毕业生供给需求是一种生产要素的供给需求，这不同于一般商品。因此，在界定大学毕业生的供求时，应该从生

---

[1] 李文静.未就业大学生的思想政治教育研究[J].长春理工大学学报：社会科学版，2011，24（7）：115-116.

[2] 蔡俊彬.未就业大学生思想政治教育研究[D].吉首大学，2012.

[3] 孙立平.关注“新失业群体”[J].发展，2005（7）：21.

[4] 薛慧锋.对校漂族群体的深层次探究——“校漂一族”的现状分析与应对策略[J].社会科学论坛：学术研究卷，2009（6）：159-162.

产要素的角度进行定义。吴克明认为，大学毕业生需求是指在各种工资水平条件下，用人单位愿意雇佣的毕业生数量。但是，真正实现的大学毕业生需求必须同时具备两个条件，即用人单位既有雇佣意愿，也有雇佣能力，二者不可或缺。如果用人单位对大学毕业生没有雇佣欲望（表现为不需要引进大学毕业生）或没有雇佣能力（表现为不能满足大学毕业生对工资的要求），就都不能形成现实的大学毕业生需求，而只是一种潜在的需求（吴克明，2005）[1]。

大学毕业生供给是指在各种工资水平下，大学毕业生愿意就业的数量。同样，吴克明认为，真正能够实现的大学毕业生供给也需要同时具备两个条件，即大学毕业生既有就业意愿，也有就业能力，二者不可或缺。如果某高校毕业生没有就业愿望（表现为不接受用人单位提供的工资等条件）或没有就业能力（表现为就业能力不符合用人单位的要求），就都不能形成现实的大学毕业生供给，这样就导致大学生失业（吴克明，2005）。

（二）劳动力供需结构性失衡原因的多层次分析

1. 从国家的宏观层面来看：我国劳动力供需结构性矛盾还将长期存在，国家的政策对大学生就业产生巨大影响。著名经济学家胡鞍钢认为，中国的经济增长正在经历迅速的资本深化过程，国有工业企业资本密集程度迅速增高，不仅不吸收新增劳动力，还要不断排斥大量富余人员。在高速工业化过程中，产业、经济结构的不断调整，带来中、高级劳动力市场的结构矛盾。这些因素在2020年前不会发生根本改变（胡鞍钢，2007）[2]。据雷红预测，扩招的直接后果是：最近三年，本专科毕业生平均就业率一直在70%左右徘徊。若按平均就业率70%预测，大学生失业群体2006年为124万，2007年为149万，2008年174万，2009年为197万，2010年为206万人。根据她的预测，整个十一五期间，全国将有2832万名普通高校毕业生需要就业，大学生失业群体达到850万。同时，我国已进入劳动年龄人口增长高峰期，每年劳动力供求缺口仍在1300万到1400万人左右，对高校毕业生有效需求的增长相对滞后，总量性和结构性矛盾突出（雷红，2008）[3]。

2. 从西部地区的中观层面看：高校毕业生就业出现困难，原因不是总量问题而是结构问题。从西部地区来看，劳动力供大于求的矛盾非常突出：从劳动需求分析，经济发展水平低，就业机会较少；城市化率较低，第三产业发展缓慢；就业弹性处于较低水平，经济增长对就业的拉动能力有限。从劳动供给分析，西部地区人口自然增长率偏高，新增劳动力的压力相对较大；国有企业改革，下岗待安置的失业人员规模庞大；农村存在大量剩余劳动力（孙百才，

[1] 吴克明，张宏武．大学毕业生供求的经济学分析[J]．高等农业教育，2005（5）：80-82.

[2] 白领失业族大扩容，http：//finance.sina.com.cn/leadership/mrcjz/20070206/16053317448.shtml。

[3] 雷红．基于供求关系的现阶段我国大学生失业问题分析[J]．知识经济，2008（10）：156-157.

2008）[1]。国家关于大学毕业生的就业政策对于大学毕业生就业行为的选择、就业机会的获得和就业能力的提高均产生了一定的影响（陈成文，杨歌舞等，2008）[2]。蔡昉认为，大学生就业出现困难，原因不是总量问题而是结构问题。目前，在我国15～59岁劳动年龄人口中，具有大学专科以上学历的只占不到5%，与发达国家的差距很大。然而，由于长期以来我国高等教育学科专业的设置是供给导向型的，许多专业培养的大学生并不符合就业市场的需要。因此，在总量供不应求的条件下，也可能出现结构性供给过剩的现象（蔡昉，2003）[3]。

目前国内关注高等教育规模与劳动力市场的课题主要有：北京大学“高等教育规模扩展与劳动力市场”课题组在2003年和2005年分别做了两次大型调查；北京师范大学“大学毕业生失业问题研究”课题组在2002年做了一次大型调查。对于高等教育与劳动力市场脱节的原因，我国学者们分别从就业率、过度教育（李峰亮，2005）；劳动力市场存在的“信息不对称”（郭蕾，2006）；劳动力市场分割（赖德胜，2001）；劳动力市场的运行与劳动力供求（王善迈，1997）；劳动力市场不完善（黄敬宝，2007）；高等学校与劳动力市场二者的衔接问题（鲍玉琴，2006）；高速工业化过程中，产业、经济结构的不断调整，带来中、高级劳动力市场的结构矛盾（胡鞍钢，2007）；对大学毕业生有效需求的增长相对滞后，总量性和结构性矛盾突出（雷红，2008）等角度进行了探讨。

3. 针对县域人才短缺的原因，学者们分别从县域经济发展和人才支撑互动关系的理论（傅为忠，2007）；人才结构与经济增长的协调度（李春平，2007）；产业结构调整与人才需求的关系（刘卉，2007）；毕业生求职就业的机会与社会提供就业岗位数量之间的矛盾（李大光，2008）；运用SWOT工具分析了县域人才工作中的优势、劣势，预测了今后的人才需求（刘文辉，2009），建议构建县域经济跨越式发展的人才支撑体系（左蕾蕾等，2010）。

（三）文献的简要总结

上述的研究中，研究者主要探讨了我国劳动力供给和需求失衡的原因，不同的研究得出不同的结论。我们将其分为两大类：第一类，劳动力总量供给大于需求。第二类，劳动力供给需求失衡，原因不是总量问题而是结构问题。总的来看，对于大学生就业难问题，大部分学者同意第二种观点。

---

[1] 孙百才，仝辉.西部地区的就业潜力与对策[J].三峡大学学报：人文社会科学版，2009，31（1）：69-72.

[2] 陈成文，杨歌舞，谭日辉.就业政策与大学毕业生就业的关系——基于2008届大学毕业生的实证研究[J].高等教育研究，2008（11）：117-119.

[3] 蔡昉.需求导向型的教育体制[N].文汇报，2003-08-04.

对于有关县域人力资源的研究主要通过人才与县域经济发展的协调度分析、产业调整与人才需求关系研究，探讨了县域人才总量、分布结构、素质、引进等问题。但是关于甘肃区域人才结构性短缺的相关研究非常少。基于此，课题组将运用供给和需求理论分析和探讨毕业生就业难与县域人才短缺结构性失衡的原因做进一步的调查和分析。

## 第二节　未落实工作单位毕业生群体特征分析

本章将2007—2013年甘肃省大学毕业生抽样调查数据分为研究生、本科生和专科（高职）生三类进行分析，具体情况如下。

### 一、学历比例构成

如表3.2.1所示，在未就业毕业生中，2007—2009年研究生学历占当年未落实工作毕业生人数比例基本持平，2010年有所上升，达到26.7%，2013年下降到6.7%；未落实工作本科生在2007—2012年呈逐渐上升的趋势，2013年下降到40.7%；专科生2013年未就业比例达到52.6%。

表3.2.1　不同学历未落实工作毕业生占当年全部未落实工作毕业生比例(%)

| 年份 | 研究生 | 本科生 | 专科生 |
| --- | --- | --- | --- |
| 2007 | 10.4 | 62.7 | 26.9 |
| 2008 | 14.9 | 69.5 | 15.6 |
| 2009 | 10.4 | 65.9 | 23.7 |
| 2010 | 26.7 | 73.3 | — |
| 2012 | — | 98.3 | 1.7 |
| 2013 | 6.7 | 40.7 | 52.6 |

注：“—”表示无数据

### 二、性别比例构成

从图3.2.1可以看出，2007年未就业本专科生男生与女生百分比例相差并不大，只有5.8%，2008年相差8.8%，2009年相差19.4%，2010年相差14.0%，2012年相差13.4%，2013年差距达到25%。可以看出，历年来男生就业情况好于女生，并且这种性别优势在逐年扩大。

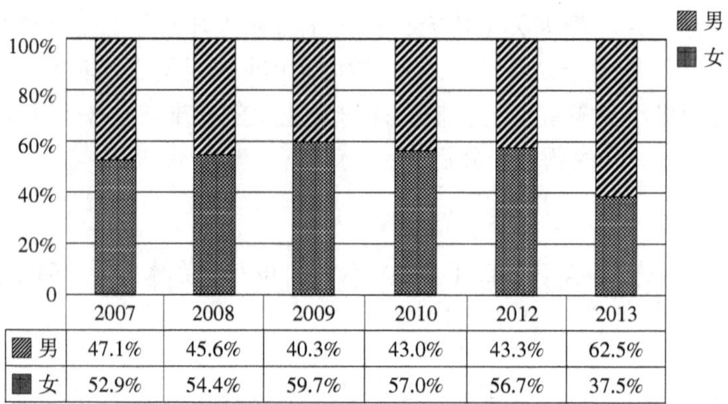


| | 2007 | 2008 | 2009 | 2010 | 2012 | 2013 |
|---|---|---|---|---|---|---|
| 男 | 47.1% | 45.6% | 40.3% | 43.0% | 43.3% | 62.5% |
| 女 | 52.9% | 54.4% | 59.7% | 57.0% | 56.7% | 37.5% |

**图3.2.1　未就业本专科生性别构成比例**

图3.2.2显示，除了2013年男女生比例相差10%，未就业研究生男生与女生百分比例相差也并不大。2007年相差1.6%，2008年相差0.6%，2009年相差5.6%，2010年年龄相差比例仅为0.4%。可以看出，研究生的性别优势没有本科生那么明显，但是也呈现一种不断扩大的趋势。

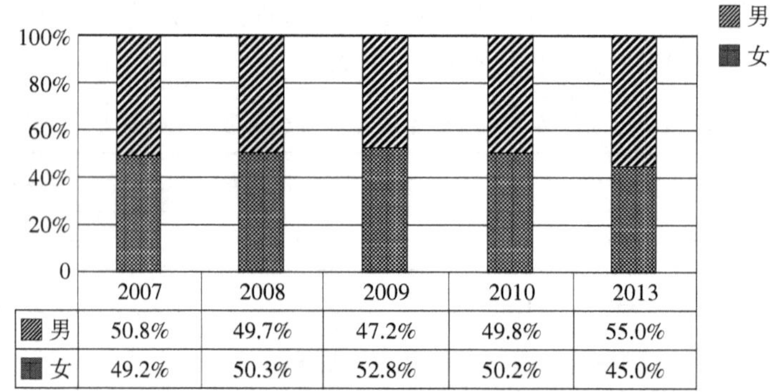


| | 2007 | 2008 | 2009 | 2010 | 2013 |
|---|---|---|---|---|---|
| 男 | 50.8% | 49.7% | 47.2% | 49.8% | 55.0% |
| 女 | 49.2% | 50.3% | 52.8% | 50.2% | 45.0% |

**图3.2.2　未就业研究生性别构成比例**

## 三、所学专业比例构成

如表3.2.2所示，2008年未就业本专科生从专业构成分布来看，文学占35.2%，是未就业大学生最多的专业，其次分别为理学24.7%、管理学10.5%。2009年未就业大学生最多的专业是理学（22.1%）和文学（22.0%），其次为管理学（15.4%）和教育学（14.4%）。2010年未就业大学生专业构成文学占39.6%，占比例最大，其次分别为管理学（14.1%）和理学（12.9%）。2013年未就业大学生专业构成工学专业占18.4%，占比例最大，其次分别为教育学（17.4%）和文学（16.1%）。

表3.2.2　未就业本专科生所学专业构成比例(%)

| 所学专业 | 所占比例 | | | |
|---|---|---|---|---|
| | 2013年 | 2010年 | 2009年 | 2008年 |
| 哲学 | 1.2 | — | — | — |
| 经济学 | 12.3 | 10.9 | 13.6 | 5.5 |
| 法学 | 7.4 | 12.6 | 4.5 | 5.3 |
| 教育学 | 17.4 | 2.3 | 14.4 | 5.9 |
| 文学 | 16.1 | 39.6 | 22.0 | 35.2 |
| 历史学 | 0.3 | — | — | — |
| 理学 | 8.5 | 12.9 | 22.1 | 24.7 |
| 工学 | 18.4 | 5.9 | 4.4 | 6.7 |
| 农学 | 1.7 | 1.0 | 0.7 | 0.5 |
| 医学 | 4.0 | 0.7 | 2.9 | 5.7 |
| 管理学 | 12.7 | 14.1 | 15.4 | 10.5 |

注："—"表示无数据

如表3.2.3所示，2008年未就业研究生专业构成中医学占20.8%，是专业中占比最大的。其次分别为工学、法学。2009年未就业研究生专业构成里理学占36.2%、其次为教育学、工学、管理学。2010年未就业研究生专业构成中文学占20.1%，占比最大，其次分别为理学、法学。2013年未就业研究生专业构成中工学占20.6%，占比例最大，其次分别为理学、法学。

表3.2.3　未就业研究生所学专业构成比例(%)

| 所学专业 | 所占比例 | | | |
|---|---|---|---|---|
| | 2013 | 2010 | 2009 | 2008 |
| 哲学 | 1.6 | 6.6 | 1.3 | 3.0 |
| 经济学 | 10.1 | 4.6 | 4.7 | 6.7 |
| 法学 | 12.7 | 15.4 | 4.7 | 16.4 |
| 教育学 | 2.4 | 10.0 | 12.9 | 6.4 |
| 文学 | 11.2 | 20.1 | 9.9 | 4.7 |
| 历史学 | 1.1 | 3.5 | 6.5 | 5.4 |

续表 3.2.3

| 所学专业 | 所占比例 | | | |
|---|---|---|---|---|
| | 2013 | 2010 | 2009 | 2008 |
| 理学 | 13.8 | 18.1 | 36.2 | 9.4 |
| 工学 | 20.6 | 9.7 | 11.2 | 18.8 |
| 农学 | 7.4 | 6.9 | 1.3 | 2.7 |
| 医学 | 9.0 | 3.9 | — | 20.8 |
| 管理学 | 10.1 | 1.2 | 11.3 | 5.7 |

注:"—"表示无数据

## 四、家庭所在地比例构成

如图3.2.3所示，2007—2013年家庭所在地皆为地处农村的未就业本专科生所占比例最大，最高的为2012年达到了72.8%；家庭所在地地处直辖市的未就业本专科生所占比例最小。

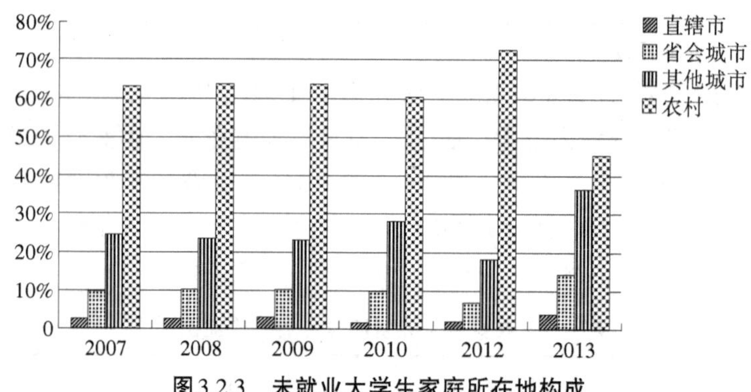


图3.2.3 未就业大学生家庭所在地构成

如图3.2.4所示，2007年家庭所在地选择其他城市的未就业研究生所占比例最大，比例为42.5%，其次为农村地区的，比例为41.6%，家庭所在地处直辖市的未就业研究生比例最小，为2.0%；2008年与2009年家庭所在地处农村的未就业研究生所占比例最大，比例分别为47.7%、50.1%，其次为其他城市的，比例分别为34.0%、36.4%，家庭所在地处直辖市的未就业研究生比例最小，比例分别为2.0%、0.9%；2010年家庭所在地处其他城市的未就业研究生所占比例最大，比例为41.4%，其次为农村地区的，比例为41.0%，家庭所在地处直辖市的未就业研究生比例最小，为4.3%；2013年家庭所在地处其他城市的未就业研究生所占比例最大，比例为48.6%，其次为农村地区的，比例为27.4%，家庭所在

地处直辖市的未就业研究生比例最小，为3.8%。

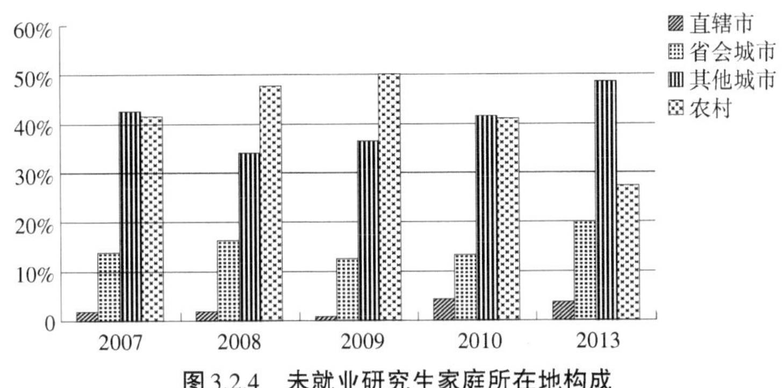


图3.2.4　未就业研究生家庭所在地构成

## 五、未就业毕业生认为就业的不利因素

如表3.2.4所示，2007届未就业本专科生认为就业不利因素前三位为：学校知名度低、没有社会关系、专业冷门；2008届未就业本专科生认为就业不利因素前三位为：学校知名度低、没有社会关系、实践能力较低；2009届未就业本专科生认为就业不利因素前三位为：学校知名度低、没有社会关系、实践能力较低；2010届未就业本专科生认为就业不利因素前三位为：没有社会关系、学校知名度低、专业冷门或者实践能力较低；2012届未就业本专科生认为就业不利因素前三位为：学校知名度低、专业冷门、没有社会关系；2013届未就业本专科生认为就业不利因素前三位为：没有社会关系、学校知名度低、专业冷门。由此可以看出，未就业本专科毕业生认为影响就业的不利因素大体为以下四种：学校知名度低、专业冷门、没有社会关系、实践能力较低。

如表3.2.5所示，2007届未就业研究生认为就业不利因素前三位为：学校知名度低、没有社会关系、专业冷门；2008届未就业研究生认为就业不利因素前三位为：没有社会关系、学校知名度低、专业冷门；2009届未就业研究生认为就业不利因素前三位为：没有社会关系、学校知名度低、专业冷门；2010届未就业研究生认为就业不利因素前三位为：没有社会关系、专业冷门、学校知名度低；2013届未就业研究生认为就业不利因素前三位为：没有社会关系、学校知名度低、专业冷门。由此可以看出，研究生认为影响就业的不利因素大体为以下三种：学校知名度低、专业冷门、没有社会关系。

表3.2.4 未就业本专科生认为就业的不利因素

| 不利因素 | 2007 | | 2008 | | 2009 | | 2010 | | 2012 | | 2013 | |
|---|---|---|---|---|---|---|---|---|---|---|---|---|
| | 人数 | % | 人数 | % | 人数 | % | 人数 | % | 人数 | % | 人数 | % |
| 学校知名度低 | 1131 | 59.2 | 883 | 60.6 | 923 | 54.5 | 294 | 48.2 | 439 | 54.9 | 731 | 42.4 |
| 专业冷门 | 782 | 40.9 | 482 | 33.1 | 512 | 30.2 | 226 | 37.0 | 360 | 45.0 | 694 | 40.2 |
| 外语水平较低 | 408 | 21.4 | 301 | 20.7 | 457 | 27.0 | 129 | 21.1 | 164 | 20.5 | 401 | 23.2 |
| 计算机水平较低 | 195 | 10.2 | 107 | 7.3 | 141 | 8.3 | 48 | 7.9 | 64 | 8.0 | 182 | 10.5 |
| 性别歧视 | 276 | 14.4 | 220 | 15.1 | 276 | 16.3 | 141 | 23.1 | 105 | 13.1 | 250 | 14.5 |
| 没有社会关系 | 870 | 45.5 | 708 | 48.6 | 830 | 49.0 | 299 | 49.0 | 359 | 44.9 | 814 | 47.2 |
| 实践能力较低 | 607 | 31.8 | 537 | 36.9 | 700 | 41.3 | 226 | 37.0 | 309 | 38.6 | 647 | 37.5 |
| 就业信息滞后 | 473 | 24.8 | 337 | 23.1 | 338 | 19.9 | 153 | 25.1 | 189 | 23.6 | 302 | 17.5 |
| 户口限制 | 253 | 13.2 | 184 | 12.6 | 166 | 9.8 | 57 | 9.3 | 91 | 11.4 | 158 | 9.2 |

表3.2.5 未就业研究生认为就业的不利因素

| 不利因素 | 2007 | | 2008 | | 2009 | | 2010 | | 2013 | |
|---|---|---|---|---|---|---|---|---|---|---|
| | 人数 | % | 人数 | % | 人数 | % | 人数 | % | 人数 | % |
| 学校知名度低 | 136 | 54.4 | 152 | 51.4 | 122 | 53.7 | 117 | 46.4 | 100 | 52.9 |
| 专业冷门 | 114 | 45.6 | 123 | 41.6 | 98 | 43.2 | 129 | 51.2 | 88 | 46.6 |
| 外语水平较低 | 43 | 17.2 | 55 | 18.6 | 24 | 10.6 | 51 | 20.2 | 35 | 18.5 |
| 计算机水平较低 | 5.0 | 2.0 | 9 | 3.0 | 7.0 | 3.1 | 27 | 10.7 | 8.0 | 4.2 |
| 性别歧视 | 70 | 28.0 | 72 | 24.3 | 63 | 27.8 | 73 | 29.0 | 48 | 25.4 |
| 没有社会关系 | 123 | 49.2 | 174 | 58.8 | 141 | 62.1 | 138 | 54.8 | 106 | 56.1 |
| 实践能力较低 | 62 | 24.8 | 91 | 30.7 | 58 | 25.6 | 67 | 26.6 | 49 | 25.9 |
| 就业信息滞后 | 66 | 26.4 | 43 | 14.5 | 26 | 11.5 | 55 | 21.8 | 34 | 18.0 |
| 户口限制 | 13 | 5.2 | 18 | 6.1 | 14 | 6.2 | 39 | 15.5 | 19 | 10.1 |

## 六、主要结论

通过对2007—2013年甘肃省高校未就业毕业生状况的调查，对调查资料进行统计和分析后，可得到以下主要结论：

（一）未就业本专科生

从学历构成来看，在2007至2012年，具有本科学历的未就业毕业生占当年未落实工作人数比例分别是：62.7%、69.5%、65.9%、73.3%、98.3%，有逐渐上升的趋势，2013年下降到40.7%；而专科生的比例规律却不明显，除了2010年数据空缺以外，2007年至2012年，比例分别为：26.9%、15.6%、23.7%、1.7%，2013年所占比例最高为52.6%。

从性别构成来看，2007年未就业本专科生男生与女生百分比例相差并不大，女生比例52.9%，男生比例为47.1%，只有5.8%；2008年女生比例为54.4%，男生比例45.6%，相差8.8%；2009年相差女生男生比例分别为：59.7%和40.3%，相差19.4%；2010年女生男生比例分别为：57.0%与43.0%，相差14.0%；2012年女生比例为56.7%，男生比例为43.3%，比例相差13.4%；2013年男生所占比例比女生多，男生比例为62.5%，女生比例为37.5%，相差25.0%。2013年男女生未就业人数相差比例最高，相比之下，男生就业情况好于女生。

从所学专业来看，2008年未就业本专科生从专业构成分布来看，文学占35.2%，是未就业本专科生最多的专业，其次分别为理学24.7%、管理学10.5%。2009年未就业本专科生最多的专业是文学22.0%和理学22.1%，其次为管理学15.4%和教育学14.4%。2010年未就业本专科生专业构成文学占39.6%，占比例最大，其次分别为管理学14.1%、理学12.9%。2013年未就业大学生专业构成工学专业占18.4%，占比例最大，其次分别为教育学17.4%、文学16.1%。

从家庭所在地来看，2007年至2013年家庭所在地位于农村的未就业本专科生所占比例最大，比例分别为：63.3%、63.8%、63.8%、60.5%、72.8%、45.2%，最高为2012年达到了72.8%；家庭所在地位于直辖市的未就业本专科生所占比例最小，自2007年起至2013年，位于直辖市未就业本专科生比例分别为：2.5%、2.6%、3.0%、1.7%、2.1%、4.1%。其他城市中未就业本专科生比例分别为：24.6%、23.4%、23.0%、28.0%、18.1%、36.5%。位于省会城市的未就业本专科生比例也较少，2007年至2013年，比例分别为：9.6%、10.2%、10.2%、9.8%、7.0%、14.1%。

从未就业本专科生自身认为的不利因素来看，2007届毕业生认为就业不利因素排名前三位的是：学校知名度低比例占59.2%、没有社会关系占45.5%、专业冷门占40.9%；2008届毕业生认为就业不利因素排名前三位的是：学校知名度低占60.6%、没有社会关系占48.6%、实践能力较低比例占36.9%；2009届毕业生认为就业不利因素前三位为：学校知名度低占54.5%、没有社会关系占49.0%、实践能力较低占41.3%；2010届毕业生认为就业不利因素前三位为：没有社会关系占49.0%、学校知名度低占48.2%、专业冷门或者实践能力较低都占

37.0%；2012年毕业生认为就业不利因素前三位为：学校知名度低占54.9%、专业冷门占45.0%、没有社会关系占44.9%；2013年毕业生认为就业不利因素前三位为：没有社会关系占47.2%、学校知名度低占42.4%、专业冷门占40.2%。由此可以看出，毕业大学生认为影响就业的不利因素大体为以下四种：学校知名度低、专业冷门、没有社会关系、实践能力较低。

（二）未就业研究生

从学历构成看，2007年至2009年具有研究生学历的未就业人数占当年未落实工作人数比例分别是：10.4%、14.9%、10.4%属于基本持平的状态，2010年有所上升，达到26.7%，由于2012年没有具体调查数据，2013年比例由2010年的26.7%下降到6.7%。

从男女生性别比例看，除了2013年女生比例45.0%，男生比例占55.0%，相差10%以外，未就业研究生男生与女生百分比例相差并不大。2007年女生与男生比例分别为：49.2%和50.8%，相差1.6%；2008年女生比例50.3%，男生比例为49.7%，相差0.6%；2009年女生与男生比例各为：52.8%与47.2%，相差5.6%；2010年男女生性别比例相差仅为0.4%，女生比例为50.2%，男生比例为49.8%。

从所学专业来看，2008年未就业研究生专业构成中医学占20.8%，是专业中占比最大的，其次分别为工学18.8%、法学16.4%。2009年未就业研究生专业构成里理学占36.2%，其次为教育学、工学、管理学。2010年未就业研究生专业构成中文学占20.1%，占比最大，其次分别为理学、法学。2013年未就业研究生专业构成中工学占20.6%，占比例最大，其次分别为理学、法学。

从家庭所在地看，2007年家庭所在地位于其他城市的未就业研究生所占比例最大，比例为42.5%，其次为农村地区的，比例为41.7%，家庭所在地位于直辖市的未就业研究生比例最小，仅为2%；2008年与2009年家庭所在地位于农村的未就业研究生所占比例最大，比例分别为47.7%、50.2%，其次为其他城市的，比例分别为34%、36.4%，家庭所在地位于直辖市的未就业研究生比例最小，比例分别为2%、0.9%；2010年家庭所在地位于其他城市的未就业研究生所占比例最大，比例为41.4%，其次为农村地区的，比例为41%，家庭所在地位于直辖市的未就业研究生比例最小，为4.5%；2013年家庭所在地处其他城市的未就业研究生所占比例最大，比例为48.6%，其次为农村地区的，比例为27.3%，家庭所在地处直辖市的未就业研究生比例最小，为3.8%。

从未就业研究生自身所认为的不利因素看，2007年毕业研究生认为就业不利因素前三位为：学校知名度低占比例为54.4%、没有社会关系占49.2%、专业冷门占45.6%；2008年毕业研究生认为就业不利因素前三位为：没有社会关系占58.8%、学校知名度低占51.4%、专业冷门占41.6%；2009年毕业研究生认为就业不利因素前三位为：没有社会关系占比例为62.1%、学校知名度低占

53.7%、专业冷门占43.2%；2010年毕业研究生认为就业不利因素前三位为：没有社会关系占54.8%、专业冷门占51.2%、学校知名度低占46.4%；2013年毕业研究生认为就业不利因素前三位为：没有社会关系占56.1%、学校知名度低占52.9%、专业冷门占46.6%。由此可以看出，毕业研究生认为影响就业的不利因素大体为以下三种：学校知名度低、专业冷门、没有社会关系。

## 第三节　毕业生就业难与西部人才结构性短缺原因分析

结构性失业的特征是，一方面存在有工作无人做，即“事找人”，另一方面又存在着有人无工作的现象，即“人找事”，从而出现“失业与空位”并存的现象（白清平，2006）[1]。毕业生就业难与县域人才结构性短缺产生的根源在于劳动力市场供需结构的不一致。引发这种失业与职位空缺并存的现象原因很多，既有供给方面的原因，又有需求方面的原因；既有客观上的原因，也有主观上的原因。加上我国对某些政策的推行力度不够，不利于结构性失衡问题的解决，从而加剧了这一问题的严重性。主要表现在以下几个方面：

### 一、劳动市场分割导致毕业生失业

劳动力市场分割理论是指对劳动力市场“按行业、地理区域，或者按性别、种族之类的人口特点而进行的分类”。该理论认为现实中的劳动力市场都是被划分为相互隔绝、自成系统的被分割的不同部分。最早的思想来源于约翰·斯图亚特·穆勒（John Stuart Mill，1848）和约翰·E.凯恩司（John E. Cairnes，1874）所提出的“非竞争集团”概念。1954年克拉克·科尔（Clark Kerr）对劳动力市场划分理论进行了较为系统的论述。1971年皮特·多林格（Doeringer，P.）和米切尔·J.皮奥里（Michael J. Piore）发表了《内部劳动力市场与人力政策》，标志着劳动力市场分割理论正式诞生[2]。

赖德胜教授认为，目前大学生就业难与我国的体制改革还没有到位、不彻底有重要关系。我们的大学生走向市场就业，还存在着体制本身的障碍，比如劳动力市场的分割问题。由于我国经济发展的不平衡，不同地域之间经济及文化发展存在着一定的差距，二元社会的特点十分明显。从地域上看，劳动力市场可以分为城市劳动力市场、农村劳动力市场，东部劳动力市场、西部劳动力市场。不同的劳动力市场之间存在许多差别，例如，生活在城市不仅收入高，

[1] 白清平.试论我国结构性失业的成因及对策[D].西安：西北大学，2006.

[2] 赖得胜，孟大虎.中国大学毕业生失业问题研究[M].北京：中国劳动社会保障出版社，2008.

而且各种信息资源丰富，公共服务设施齐备，人们能便捷地享受现代社会文明成果，生活质量高。相反，生活在农村，不仅往往收入低，而且难以充分享受现代物质文明和精神文明生活。目前，很多大学毕业生不去农村工作，是因为去了回不来，户口、社会保障等问题都很难办，所以宁愿没工作也要耗在城市里。因此，很多学生就滞留在大中城市和东部沿海地区（赖德胜，2003）。

据我们的调查统计（如表3.3.1所示），愿意去西部地区工作的大学生比例较高，在2008年至2012年期间，比例均在70%以上，2013年的比例达到77.4%。但问及是否愿意去农村工作时比例则一直保持在60%左右（如表3.3.2所示）。2013年愿意去农村就业的毕业生比例为60.6%。对于不愿意去农村就业的原因，毕业生认为最主要的是没有发展机会和收入太低。可以看出如果两种劳动力市场之间不存在分割，大学毕业生工作后如果能够很方便地从农村流入城市，那么他们毕业时如果在城市找不到工作，他们就会愿意暂时选择到农村就业，等到将来有机会时再进入城市。但是，正是由于两种劳动力市场之间存在着分割，比如一些比较严格的户籍制度等体制性障碍限制了大学生的自由流动，使得他们一旦选择农村，以后要进入城市需要付出很高的工作转换成本，这些成本包括工作接受成本、工作离开成本以及与原单位的交易成本。在对毕业生的调查中，34.1%的毕业生认为最想去的工作地区是沿海地区。对于毕业生来说，“宁要城里一张床，不要农村一幢房”的思想仍然影响着他们，一些毕业生把“留大城市、去沿海、进特区”当成首选，而不愿意接受西部农村教师的工作岗位。

**表3.3.1　高校毕业生愿意到西部地区就业的比例(%)**

| 愿意到西部就业 | 年份 | | | | | | |
|---|---|---|---|---|---|---|---|
| | 2007年 | 2008年 | 2009年 | 2010年 | 2011年 | 2012年 | 2013年 |
| 本专科生 | 69.3 | 75.7 | 74.8 | 73.8 | 78.9 | 76.1 | 77.4 |
| 研究生 | 58.4 | 67.1 | 60.2 | 69.0 | — | — | 56.7 |

注：“—”表示无数据

**表3.3.2　高校毕业生愿意到农村就业的比例(%)**

| 愿意到农村就业 | 年份 | | | | | | |
|---|---|---|---|---|---|---|---|
| | 2007年 | 2008年 | 2009年 | 2010年 | 2011年 | 2012年 | 2013年 |
| 本专科生 | 55.1 | 61.5 | 60.5 | 61.2 | 58.1 | 60.4 | 60.6 |
| 研究生 | 30.0 | 46.4 | 32.9 | 43.8 | — | — | 43.9 |

注：“—”表示无数据

## 二、就业期望值过高导致毕业生“选择性失业”

从人们选择上大学的期望动机来看：一般是从两个方面来考虑，其一是物质利益动机，其二是精神消费动机。从物质利益动机方面来看，是把教育作为一种投资，为了在未来能获得更高的收入。也就是说，是一种人力资本投资的行为。改革开放以来，大学生群体历来是社会上学历较高的群体，他们拥有丰富的理论知识和良好的综合素质。几年前，大学毕业生的就业都比较理想，特别是重点大学的毕业生，这样，往往会产生一种思维惯性，导致现在大学生的就业期望比较高，都希望毕业后能找到一个社会地位、收入等方面都比较高的职位，所以就业的期望均衡点比较高。

从我国的现状来看，大学生的就业期望依然很高。曾湘泉在《中国就业战略报告2004》一书中指出，大学生就业难的原因之一就是大学生的预期收入与用人单位提供的工资之间存在匹配上的困难。据相关研究显示：用人单位提供的工资与我国大学生就业预期收入之间存在明显差距。应届大学毕业生收入预期高估幅度达40%左右，远远高于美国和欧洲等国家10%左右。大学生多选择在发达地区、高薪部门就业也是就业难的主要原因。

尽管有学者认为，改变大学生的就业观念，降低期望值是化解就业难题的“一剂良药”，但现实并非如此，对学生来说并不认同。事实上，尽管高等教育越来越大众化，但是培养大学生的成本并没有大众化。在农村，培养一个大学生的所有费用相对于现在农民的经济承受能力来说是还是比较高的，一家人砸锅卖铁、节衣缩食，供养孩子上大学的例子并不少见。从精神期望值来看，家长们竭尽全力供孩子上大学主要还是受到传统观念的影响，在人们心目中上大学是进入上流社会的唯一途径。对毕业生而言，留在城市工作，成为城里人能够给家人带来荣耀；而回到农村则会被人看成是没本事，被人瞧不起。因此，在城市能找到一份稳定的工作就是成功的标志。这种家庭的期望与自我的期盼都让毕业生对城市拥有一份异常复杂的情绪，他们也许很难适应残酷的竞争环境，但却不得不留在城市里等待机会。在这种人才培养的模式下，毕业生的投资收益和价值取向只有在城市才能得到更好的体现。他们对收入和未来发展的期望值过高也在情理之中。

## 三、学历、专业差异导致毕业生“结构性失业”

经过交叉统计，如表3.3.3、表3.3.4所示，我们发现在一般本科院校和重点本科院校的毕业生，专科毕业生和本科毕业生之间对于是否愿意去农村就业还存在着很大的差别。从2013年的数据分析，毕业生愿意去西部地区就业的比例随着学历层次的提升呈现下降趋势；毕业生愿意去农村就业的比例在本科、硕士和博士毕业生中的比例为零，也就是说，本科、硕士和博士应届毕业生都不愿意去农村基层就业。从数据比较中，我们可以看出一般本科院校的毕业生比重点本科学校的毕业生更愿意到农村就业，专科生比本科生更愿意去农村任教。然而，在现实中“下农村就业”专科生难，本科生易；一般师范院校的难，重点师范院校的易。访谈中，基层用人单位纷纷表示，在同等条件下，会首先考虑要重点本科院校毕业的学生。在对大学生的录用上，甚至有的用人单位明确规定不用专科生，没有本科学历、学士学位的不予录用。对于所有专科生，由市委市政府同意几年组织一次录用考试，录用后的人员一年内只发给200～300元的生活费用。

**表3.3.3　不同学历层次毕业生是否愿意去西部地区就业(%)**

| | 高职 | 专科 | 本科 | 硕士 | 博士 |
|---|---|---|---|---|---|
| 是 | 79.5 | 78.3 | 72.7 | 59.0 | 53.3 |
| 否 | 20.5 | 21.6 | 25.2 | 40.9 | 40.0 |

**表3.3.4　不同学历层次毕业生是否愿意去农村就业(%)**

| | 高职 | 专科 | 本科 | 硕士 | 博士 |
|---|---|---|---|---|---|
| 是 | 74.9 | 68.7 | 0 | 0 | 0 |
| 否 | 25.1 | 31.3 | 38.9 | 0 | 0 |

此外，除了学历的因素外，学科专业供需结构矛盾也十分突出，不同专业的毕业生在就业中面临不同的处境，有的专业的毕业生相对而言社会需求比较旺盛；而有的专业的毕业生则供过于求，出现过剩的状况。从调查中我们发现(如表3.3.5所示)，由于专业不同，毕业生的就业率也有较大差异。2008届本专科生签约率最高的是工程专业、外语专业和计算机专业，签约率最低的是医学、教育学和数学，2009届本专科生签约率最高的专业是工程专业、经济学和化学专业，最低的是教育学专业；2010届本专科生签约率最高的专业仍然是工程专业，其次是经济学，第三是化学，最低的是医学专业；2013届本专科生签约率最高的专业是工学，其次是医学，第三是经济学；最低的是教育学，其次是法学，第三是管理学和体育学。总体来看，签约率和确定去向落实率较高的专业是工程、计算机、经济学和医学等热门专业，而签约率较低的专业是教育学、数学等冷门专业。

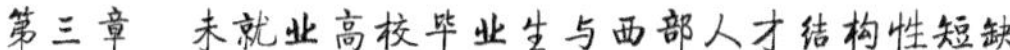

表3.3.5　不同专业本专科毕业生签约率(%)

| 专业 | 2008年签约率 | 2009年签约率 | 2010年签约率 |
|---|---|---|---|
| 数学 | 17.2 | 9.7 | 30.0 |
| 物理 | 33.3 | 17.9 | 13.0 |
| 计算机 | 34.6 | 24.5 | 28.8 |
| 工程 | 48.3 | 53.3 | 63.4 |
| 化学 | 27.5 | 29.5 | 33.3 |
| 生物 | 18.8 | 12.2 | 23.3 |
| 医学 | 10.1 | 7.8 | 12.0 |
| 地理学 | 18.8 | 9.0 | 23.5 |
| 法学 | 20.0 | 9.6 | 18.4 |
| 经济学 | 30.9 | 29.7 | 38.9 |
| 管理学 | 23.2 | 27.3 | 28.9 |
| 中文 | 17.7 | 12.6 | 20.6 |
| 外语 | 35.8 | 14.7 | 17.3 |
| 艺术 | 19.8 | 22.5 | 14.3 |
| 教育学 | 13.2 | 3.8 | 14.8 |
| 农学 | 25.0 | 25.0 | 27.3 |

## 四、大学生课程设置的结构性缺陷导致毕业生失业

(一)课程设置单一，毕业生知识结构方面的缺陷

在我国的高等教育中，片面的专业教育表现为单一的学科类教育，由于学科与学科的分离，使培养的学生在知识构成上具有局限性，因此，这种片面的全程教育突出表现在专业知识、技能培养和综合素质培养的分离，培养的人才专业较强，综合素质较弱（王春英等，2001）。在与毕业生的访谈中，他们认为，在校学习期间，所学课程或多或少存在知识信息量小，体系单薄等问题。通过调查，我们发现在工作搜寻过程中，大部分毕业生对于工作和专业是否对口没有特别的要求，他们认为工作和专业可以有一定相关性，不一定对口。而受计划模式的影响，目前，我国高校课程的设置缺乏明显特色，教学内容和课程体系过于强调专业知识的“对口”与“适应”，单一课程多，缺乏变通，对学生综合素质的培养重视不够。

（二）实践性课程比较薄弱，毕业生能力方面的缺陷

在调查中，我们了解到毕业生认为对就业的不利因素除了学校知名度低和专业冷门，实践能力较低也是影响大学生就业的一个重要原因。2008年的调查数据显示，一方面，毕业生认为课程设置不合理的主要原因是课程设置与实践相脱离，在就业中不实用。另一方面，对学校安排的教育实习，41.1%的学生表示不满意。对于教育实习不满意的原因，31.1%的毕业生认为不能深入基层，与实际工作脱节；30.7%的毕业生认为实习的时间太短；28.9%的认为是教师的指导不够；4.2%的毕业生认为是自身因素不能很好地胜任实习工作；5.0%是由于其他原因。

（三）职业指导课程开设太晚，毕业生就业信息来源不畅

甘肃省高校职业指导课程开设时间普遍较晚，2013年的调查数据显示，63%的毕业生认为从大二或大三开始接受职业指导是最合适的。但是，很多高校就业指导课程开设时间在大四，例如，某师范院校大学生就业指导课程开设在大四第二期，但是部分用人单位在大四第一学期就已开始校招。

就业信息来源不畅也导致一些毕业生错失就业机会。2008年的调查数据发现，虽然大部分毕业生表示愿意参与大学生就业“西部计划”（占75.4%），但仍有60.4%的学生表示并不了解“西部计划”的具体内容内容。在访谈中，一些毕业生尽管听说过西部农村支教计划，但是对支教的具体要求和流程等并不清楚。

## 第四节　对策建议

### 一、毕业生就业市场的需求方——政府的应对之策

（一）深化人事制度改革，降低劳动力流动成本，使大学毕业生“能进能出”

许多学者的研究都表明，严格的户籍制度是阻碍我国乡城劳动力流动的重要制度性因素。就我国现行的农村教师人事管理制度而言，对农村中小学教师的户口、档案、人事组织关系等的控制相当严格，导致在现行的农村中小学教师人事管理制度下，大学毕业生有所顾虑，他们害怕一旦下到农村中小学任教，将很难流动，对“下农村”望而却步。也就是说农村教师合理流动的机会成本太昂贵，个人理性选择不会对其进行投资。因此，激励大学生投身西部基础教育的根本办法是要发展西部农村经济，缩小地区间和城乡之间教育与收入

差距，但这是个长期的过程。从近期来看，疏通大学生供给过多与西部农村基础教育教师短缺的矛盾是当务之急。需要创造使大学生自由流动的条件，使大学生“能进能出”，要改革户籍制度对劳动力市场供需双方的自主选择的约束，降低劳动力迁移的成本，促进劳动力在地区之间的流动。随着我国劳动力流动制度改革的不断深入，劳动力市场的分割性不断削弱，劳动力的流动性逐渐增强，在这个过程中，不仅要淡化单位的福利保障功能，建立健全社会保障制度，同时还要搭建大学生就业信息服务平台。

（二）建立大学生农村就业保障机制，确保大学生既“下得去”更“留得住”

调查发现，对于高校毕业生不愿到基层就业的原因，主要是基层的待遇相对较差，担心没有发展空间。在这种情况下，要想让大学生“到基层去，到人民最需要的地方去”，必须有完备的政策跟进。因此，相关部门除了制定优惠政策，还应有相应的保障机制确保大学生愿意留在农村就业。

首先，国家要采取更多特殊政策和优惠政策提高大学生的待遇，比如依法保障教师的收入水平，提高大学生的安家费；改善基层工作和生活的条件，比如教师的食宿、医疗、交通等，帮助他们解决工作和生活中存在的实际困难，形成“人才倒流”。其次，对于通过各类项目已经在基层服务的毕业生，要认真研究和抓紧解决他们在服务期间和服务期满后的管理与后续发展问题，切实保证有关政策落到实处。

## 二、我国大学生就业市场的供给方——高校的应对之策

（一）积极宣传优惠政策，鼓励大学毕业生到西部县域基层就业

目前，只要城乡差距和东西部差距不改变，大学毕业生拥挤在城市和沿海地区的局面就不可能完全扭转。因此，国家通过了一系列政策来引导大学生去西部农村就业，虽然这方面的工作已经启动，但在宣传上还应继续总结经验，加大执行的力度。2008年的数据显示，虽然大部分毕业生表示愿意参与大学生就业西部计划，但有大部分的学生表示并不了解这一内容，虽然甘肃地处西部地区，高校毕业生却不太了解“西部计划”。这说明西部高校及就业指导部门对西部就业的相关政策宣传解释不够，没有充分发挥学校就业指导部门对毕业生就业指导的作用。目前，高等院校在培养高素质人才的同时，还有一项重要职责就是为毕业生提供大量及时、准确的职业需求信息。

（二）重视大学生的教育实习，提高毕业生在县域基层工作的适应能力

劳动力市场需求是多样化的，不同的工作岗位对毕业生素质的要求也不一样。因此，对于毕业生的教育实习，要构建一个合理的实践能力训练体系，把大学的课堂向有伙伴关系的县域基层延伸，为毕业生提供在基层见习、实习的

机会，把基层看作是教育研究的实验室和进一步丰富发展教育理论的发源地，让每个毕业生在4年中能经过多次这种实践环节的培养和训练，尽可能多的为他们提供一个比较好的实践环境。在课程内容的设计上，尽可能的贴近农村实际的需要，增加课程的应用性与实用性，提高大学生的实践技能，为毕业生能顺利就业打下一个扎实的基础。

（三）尽早进行就业指导，帮助毕业生做好县域基层工作的职业规划

大学生就业指导工作是大学生就业工作中的重要环节，指导大学毕业生择业不应当等到毕业前才开始准备，而是应该将其贯穿于大学生活的始终。高校应从大学一年级就开始，对大学生进行相关的职业生涯规划教育和指导，帮助他们树立正确的择业观，让大学生从进入高校的那一刻起，就开始考虑自己未来工作的地点和想要从事的职业，并帮助他们针对目标逐步补充和完善自己的知识结构。

## 三、我国大学生就业市场的供给方——毕业生的应对之策

（一）毕业生应增强社会责任感，提高自身的职业道德意识

目前，部分毕业生对自身定位不准，心态较为浮躁，有的同学频繁更换工作单位，好高骛远；有的同学颇有干一番事业的理想，却不愿从小事踏踏实实地做起。在对用人单位的访谈中，部分单位认为，现在的大学生大多积极肯干，工作踏实主动，敢于挑重担，在工作中起到了模范带头作用，推动了本单位各项工作的顺利开展。但是，也有一部分用人单位认为，现在的大学生适应社会环境不强，缺乏吃苦精神，有些毕业生小事不愿做，大事做不来，很少安心工作。因此，对于大学生来说，正确定位、放稳心态，坚持良好的职业道德修养，增强自身的责任感和使命感是顺利就业的坚实基础。

（二）毕业生应树立均衡发展的思想，提高自身的综合素质

大学校园里的文艺活动丰富多彩，为每位学生的个性发挥提供了广阔舞台。毕业生对于学校各级组织或各种学生社团组织的各项活动，在完成好自己学习任务的前提下，可根据自己的兴趣和爱好积极参加，一方面能汲取知识，另一方面积极参与，能全面提高自己的综合素质。因此，大学生在课程和社团的选择上应该树立均衡发展的观念，注重文理渗透，兼顾专业素质和人文素质两方面，使两者是相辅相成的，全面提高自身的综合素质。

（三）毕业生应树立科学就业的观念，提高自身的实践能力

毕业生要正确认识自己，主动适应社会，在择业的过程中，应当给自己做出一个正确的评价。也就是说，毕业生既要看到自己长处的一面，又要看到自己短处的一面；既要看到就业的压力，也要看到就业的机遇，做到扬长避短，发挥优势。同时，在上学期间，还应该经常参加社会实践，提高抗挫折能力，

树立科学的就业观。在访谈中，有些用人单位认为当代大学生对社会的看法简单化、片面化、理想化，刚开始工作时，他们往往充满激情，但工作一段时间后，稍有挫折就容易消极处事。因此，大学生应积极投身于社会实践，借助社会实践平台，通过各种切身感受和体验，提前了解社会发展的各种现象和问题，了解即将面临的就业环境、政策和形势，分析现状，评判自我，找到与自己的知识水平、性格特征、能力素质等相匹配的最佳职业结合点，为自己顺利就业多做准备。

## 四、结语

总的来说，劳动力供给与需求矛盾需要政府、高校和毕业生等多方协调起来，共同努力。对于政府来说，应该增加教育经费的投入，明确政府职责，深化人事制度改革，鼓励大学生下基层就业并建立大学生基层就业保障机制；高校则应积极宣传西部基层就业优惠政策，针对基层培养“一专多能”的优秀毕业生，重视毕业生在基层的教育实习，提高大学生职场适应能力，并尽早帮助毕业生做好生涯规划；毕业生需要增强自身责任意识，转变观念，抓住机遇，提高素质，准确定位，加强自身的竞争力。

大学毕业生是国家宝贵的人才资源，其就业问题关系到国家经济建设、社会稳定和人民群众的根本利益，关系到高等教育的持续健康协调发展。解决西部县域人才的结构性短缺问题，引导高素质的大学生投身西部基层事业将是一项“双赢”之举，这样既缓解了大学生就业的压力，又有利于西部地区的发展，从而实现大学生与县域经济的优化组合，共同发展。

# 第四章 甘肃省高校毕业生毕业流向和跨区域流动

**摘要：** 在我国贯彻实施“西部大开发”战略政策的大背景下，如何兼顾东中西部的利益，缩小区域间的不平等已成为人们关注的焦点之一。本章基于甘肃省各高校毕业生就业统计数据，对甘肃省高校毕业生从跨地区和跨省两种流动方式进行了相关的数据分析，并考察了2013届省外就业甘肃生源高校毕业生和甘肃就业非甘肃生源毕业生的个体特征、家庭情况，相关人才政策和人力资本，研究影响甘肃省高校毕业生流动的内部机制，为制定甘肃地区吸引人才“留甘建甘”做科学合理的实证支持。

## 第一节 劳动力流动相关理论梳理

人力资源流动是理性人追求收益最大化的结果，其必然带来相应的成本和收益效应。[1]高校毕业生流动是劳动力流动的一种最常见形式，在社会中非常普遍。劳动力流动可划分为三种情况：1.个人在不同的就业状态之间的流动，即工作流动；2.个人在不同工作组织之间以及在不同的职业和行业之间的流动，即职业流动；3.个人在不同地域之间的流动，即地域流动。就本研究而言，只关注毕业生在完成高等教育阶段的学习后进入劳动力市场的求职过程中在地理位置上发生的变化。

高校毕业生在求职过程中对就业地域选择从本质上就属于劳动力流动的一种形式，因此符合劳动力流动的基本理论。

[1] Burgess C J, Fang T, Zikic J, et al. “Career success of immigrant professionals: stock and flow of their career capital” [J]. *International Journal of Manpower*, 2009, 30 (9): 472-488.

## 一、人口迁移推拉理论

早期的人口迁移推拉理论指出：人口迁移的首要原因是经济因素，其次，人口迁移也同时受到歧视、压迫、气候不佳、沉重的负担、生活条件不适合等多方面原因的影响。随后，康纳德、博格等学者在20世纪50年代提出了比较系统的人口迁移推拉理论。其研究认为，因为有利的区域经济发展而无形之中产生的一种“拉力”是造成的劳动力迁移最可能的原因之一，相反，不利的地区经济发展也会形成得一种“推力”。[1]从而可以理解，个人在就业过程中因为“推力”起到了主导作用，即迁出地由于生产成本增加、自然资源枯竭、经济收入水平低、劳动力过剩导致的失业等因素使得劳动力迁出。同时，迁入地因为有较多充足就业机会、较高丰厚的薪酬收入、较好优质的生活水平、较好优良的受教育机会、较有亲和力的地域文化和便利的交通条件、优美的气候环境等因素，从而产生一种拉力，将外地人才吸引过来。胡蝶、涂雯雯等在针对毕业生就业地域选择的研究中发现，有一半的大学毕业生选择沿海大中型城市作为自己理想的就业地。[2]梁英对北京地区高校毕业生的调查发现，北京大学生理想的就业地域主要还是集中在沿海发达城市为主，其中以北京为主的少数一线城市地区的比例约为40%，对于到西部地区就业态度冷淡，就业比例低。[3]这些研究都证实了沿海发达的经济、优越的地理位置等因素对高校毕业生所产生的拉力。必须指出，这种沿海大城市优越的地位所产生的拉力也不是绝对的，例如也有一些不利因素，像亲人分离、激烈残酷的竞争环境、陌生的人文信息等因素对迁入者所产生的推力。而迁出地区也并不单纯的只有推力，也同时并存一些吸引人的拉力因素，如长期培养的社交网络、熟识的社区环境以及与家人的团聚等因素。这些因素会使得劳动力迁移者有一个衡量过程，即迁入地的拉力所带来的利益大于推力，拉力就占据了主导地位，反之亦然。

## 二、无限供给劳动转移理论

20世纪50年代，刘易斯在《无限劳动供给下的经济发展》的论文中提出并建立了人口转移模型。他认为一些人口众多的发展中国家存在“劳动力无限供给”这个假设，并将这些劳动力过剩的发展中国家的整个经济划分为经济效益部门和维持生计的部门，维持生计的部门主要指传统的农业工业部门，这些部门的劳动边际生产率十分低，并且存在大量剩余劳动力；在此基础上，他将在

[1] 段敏芳.中国人口迁移流动现状及发展趋势[J].中南财经政法大学学报，2003（6）：16-20.

[2] 胡蝶，涂雯雯，陈文新，等.大学生择业意向特点及其启示[J].江西农业大学学报：社会科学版，2005（12）：115-116.

[3] 梁英.新形势下北京地区大学生的就业价值取向[J].大众科技，2006（1）：189-190.

这些劳动力过剩的发展中国家的经济发展过程中分层，其中有两个阶段：第一阶段为无限的劳动力供给阶段，第二阶段为包括劳动力在内的所有生产要素稀缺阶段。随着经济效益部门的边际劳动生产率不断提高，剩余劳动力逐步向这些经济效益部门转移，这个过程一直进行到剩余劳动力全部转移到经济效益部门为止。[1]

孟续铎等学者对北京地区高校的毕业生就业状况的研究中发现，高校毕业生在就业行业类型的选择上最倾向于选择“银行、金融、保险、房地产、租赁和商务服务业”，其次是选择“商贸餐饮业、文化、体育和娱乐业”与“公共管理与社会组织、国际组织”。而毕业生心目中最理想的工作单位类型中，前三位依次为：外资企业、政府机关和国有企业。从以上毕业生就业价值观的两方面就可以看出，毕业生更愿意选择经济效益好，收入高的行业与单位，而不愿意到收入少、工作辛苦的行业和单位就业。[2]

刘易斯的模型中假定一个求职者在迁入地不存在失业，即任何一个愿意流动到城市的劳动者，都可以在迁入地找到工作。以此假设为基础，将劳动者从迁出地到迁入地的唯一原因视为经济收入上的差距，只要迁入地的薪酬收入高于迁出地，劳动力就愿意流动到区域工作。当然，在这个过程中，是可能存在短期失业的，但这样会降低薪酬水平，从而在另一方面减缓了流动的就业者流动到迁入地的速度和规模，使得迁入地的劳动力的需求和供给达到充分就业的均衡状态。

## 三、托达罗劳动力迁移模型

托达罗劳动力迁移模型的基本理念是，劳动力由迁出地向迁入地流动取决于在迁入地区内获得较高收入的概率和长时间内成为失业者风险的权衡。该模型认为劳动力迁移是按地区间的预期收入差别而不是实际收入的差别进行的，预期收入差异越悬殊，流入迁入地的劳动力人口规模越大。[3]在托达罗劳动力迁移模型中，是按照就业流动者在迁入地与迁出地区间薪酬实际差别和一个劳动者得到迁入地工作的可能性来衡量预期收入水平，其中劳动力在迁入地的就业概率在迁移决策中有不可忽视的影响。与刘易斯模型相比，托达罗模型更多地考虑了发展中国家的劳动力市场现状与劳动力的决策能力，用永久收入理论代替了现期工资差异理论，所以成为有关劳动力迁移的经典理论。

---

[1] 威廉·阿瑟·刘易斯.二元经济论[M].施炜等，译.北京：北京经济学院出版社，1989.

[2] 孟续铎.2006年北京地区大学应届毕业生职业价值观调查研究[J].人口与经济，2007（1）：41-47.

[3] M.P.托达罗.第三世界的经济发展[M].于同申、苏蓉生等，译.北京：中国人民大学出版社，1988.

## 四、人力资本投资理论与成本-收益模型

20世纪60年代，著名经济学家舒尔茨首次创建了人力资本投资理论，之后斯加斯塔学者在其理论框架下，科学分析了劳动力流动的成本与收益。

在舒尔茨著作《人力资本投资》中提出:人力资本指的是人力资源或劳动力质的方面，即专业技术、知识素养和能影响个人从事生产性工作的能力的其他特征。而人力资本投资则表现在通过付出时间或金钱获得与优化劳动力质的方面，如教育支出、健康投入和为获得优越工作机会而进行的内部迁移都属于人力资本投资的范畴。舒尔茨用人力资本投资理论对“年轻人比年长的工人更愿意迁移，即更容易就业流动”这一现象做出了合理的经济诠释。[1]

斯加斯塔认为，迁移需要付出一定的成本，所以也是一种能提高人力资源的生产力的投资，并可以促进资源的有效配置。因此需要分析迁移投资的成本和收益，从而得到迁移投资的回报率。人力资本投资理论指出由于劳动力迁入地与迁出地的薪酬收入差与劳动力流动产生的成本存在差距，其差距的大小直接影响劳动力流动的决策。流动产生的成本包括经济成本和非经济成本。经济成本由直接成本和机会成本组成，如生存费用、流动费用，由于外出就业而放弃的在原就业地能够获得的收入；非经济成本指流动者离开亲人、家乡所产生的思乡情绪所造成的心理成本，如受到当地居民不善意的对待的地方社会歧视、制度约束成本等。劳动力流动的收益由经济收益和非经济收益构成，主要包括货币性收益、技能性收益、文化性收益。当流动获得总经济收益与非经济收益大于劳动力流动产生的成本时，即净收益大于零时，流动就可能发生。反之，流动的总经济收益和非经济收益小于或等于劳动力流动所产生的成本时，即净收益小于或等于零，则流动决策达到均衡，劳动力不选择流动。

舒尔茨的人力资本理论与成本收益模型为劳动力流动研究领域开拓了新的研究视野，由于劳动力在流动时既有成本又有收益，所以该理论将劳动力的流动看成是个人的投资，认为劳动力的流动，只有在投资成本与收益成本相抵后，有净收益时流动才会发生。因此，劳动者进行流动决策时就必须考虑流动成本与流动收益问题。

## 五、距离衰减理论

凯雷所提出的距离衰减理论是指，各个人口聚集的居民点之间有类似于万有引力的吸引力，其公式为两个居民点的人口数量的乘积除以两个居民点之间物理距离的平方。从公式可以看出，凯雷所说的距离衰减理论用劳动力流动的

[1] 西奥多·W.舒尔茨.论人力资本投资[M].吴珠华等，译.北京：北京经济学院出版社，1987.

距离和流入地与流出地的人口数量解释流入地对劳动力的吸引力，即劳动力的流动与流入地人口成正比，与流入地与流出地之间的距离成反比，我国东部人口基数大，经济基础雄厚，对人才的吸引力强。距离衰减理论从一方面也印证了高校毕业生“孔雀东南飞”的流动现状。

## 六、相对剥夺理论

Stark在20世纪80年代提出的相对剥夺理论以劳动者相对的收入差距所产生的相对剥夺心理解释了劳动力迁移的心理动机。简单地说，相对剥夺理论认为，劳动者会选择与自己情况相仿的具有一定参照性的劳动群体或单个劳动者的收入与自己的收入进行比较，这种比较让劳动者自身产生了一种心理收益，这种收益可正可负，当$i$劳动者的收入$y$比参照对象或参照群体的收入$\bar{Y}$低时，劳动力$i$就产生了负的心理收益，即相对剥夺感，要消除这种相对剥夺感的有效方式就是流动到另外一个城市从而获得更高的收入，收入$y$与参照对象的收入$\bar{Y}$差距越大，劳动力流动的动机越强。

由于相对剥夺感的存在，使的一个劳动群体中因为收入差距让收入较低的劳动者产生了相对剥夺感，这些有相同剥夺感的劳动群体会向收入高的地区和劳动部门转移（假设他们能在较发达的地区获得收入较高的工作），随着他们收入的增加，又会造成新一批人的相对剥夺感，从而使得这个劳动群体整体收入水平增加。从相对剥夺理论可以看出，劳动者之间的相对剥夺感和收入差距是推动劳动力流动的双重动机。

## 七、劳动力市场搜寻理论

劳动力市场搜寻理论从微观层面剖析了毕业生就业流动的内部机制（如图4.1.1所示）。其中，劳动力市场的搜寻包含两个方面：毕业生对工作的搜寻和企业对毕业生的搜寻。对企业而言，对毕业生的搜寻是要付出一定成本的，因此企业也在寻求成本的最小化。搜寻范围越广，成本越小，由于西部地区和东部地区在地理位置和经济发展上存在差异，所以搜寻的范围也不同。

在发达地区的企业对毕业生的搜寻范围较大，并且发达地区高等教育发达，受教育程度较高毕业生的密度相对较大，同时拥有较高收入水平、优越的公共设施、良好的教育条件等，对外地毕业生产生了强烈的吸引力，这样当地就有足够多的毕业生可供选择，所以这些企业即使不到外地搜寻毕业生，也能取得同样的效果。总而言之，发达地区企业更倾向于在当地搜寻，到外地搜寻的概率较小。相比之下，落后地区的企业在搜寻毕业生时，由于当地劳动力市场范围较小，且受教育程度较高毕业生密度相对较低，这样企业没有足够多的合适毕业生可供选择，于是到外地搜寻的概率更大。

对毕业生而言，发达地区受教育程度较高毕业生在搜寻工作时，由于当地劳动力市场广阔，就业机会多，且工资水平较高，他们在当地搜寻找到合适工作的概率很大，所以倾向于在当地搜寻，外地搜寻的概率很小。与此相比，落后地区毕业生在搜寻工作时，由于当地劳动力市场相对狭窄，就业机会较少，且收入水平、公共设施、文化环境等条件都不如一级城市，这样他们不仅会在当地搜寻，也很有可能甚至更偏好于到外地搜寻。

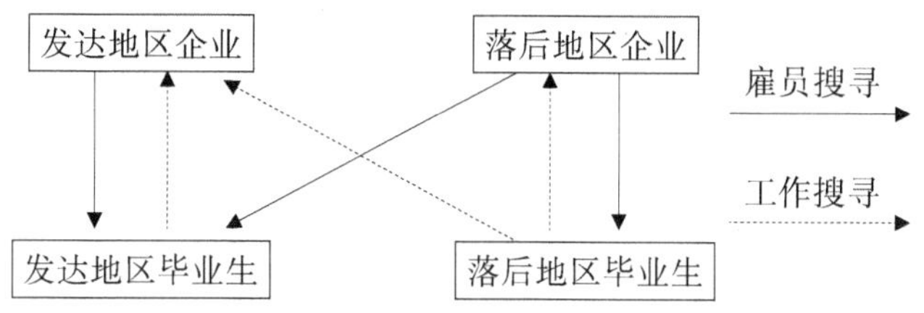


**图4.1.1　不同地区的企业和毕业生的搜寻行为**

## 第二节　影响高校毕业生就业流动因素的文献梳理

### 一、高校毕业生就业流动现状

刘锦雯根据2004年大学生求职趋向报告研究指出，在参加调查的14 000多名高校毕业大学生当中，选择在上海就业的有5732人，占38.51 %，在北京的有3218人，占21.62%。可以看出，仅京沪两地就吸引了将近六成的大学生的流动[1]。

敖荣军通过收集调研数据，运用实证研究指出越来越多的，并且接受了较高层次教育的年轻劳动力由中西部地区向东部地区持续转移。[2]马红玉在这方面研究发现，毕业生的期望工作地点依次为：中等城市、北上广深、其他大城市、小城市、城乡村镇。说明受社会的激烈竞争、生存压力或家庭原因等因素影响，学生主观上更愿意向二线城市、中等城市转移。而研究发现，学生实际签约的工作地点集中分布在大中城市，其中中等城市占37.5%，北上广深次之（占27.08%），其他大城市排名第三（占22.92%）。总体来看，毕业生对签约大

[1] 刘锦雯．人力资本流动的“马太效应”及政府的应对策略[J].山西大学学报：哲学社会科学版，2005（5）：69-74.

[2] 敖荣军．劳动力区际流动的选择性及其人力资本再分配效应——基于第5次全国人口普查数据的实证分析[J].华中师范大学学报：自然科学版，2007（3）：469-472.

城市比较热衷，并可能成为一大趋势。[1]羊健等对重庆市2009届毕业生的调查中发现，有将近七成的毕业生将就业地区选在沿海开放城市，而愿意到欠发达地区和农业基层的毕业生只占总毕业生的不到一成。可以看出，大学生在就业流动地区的选择上明显地倾向于沿海大中型经济发达城市。[2]

钟秋明以湖南省高校毕业生为研究对象，分析了湖南省高校毕业生的就业流向。研究显示，在湖南省就学的普通高校毕业生中，流动到内蒙古、广西、重庆、四川、贵州、云南、西藏、陕西、甘肃、青海、宁夏、新疆12个西部省区的毕业生人数占该省总就业人数的比例仅为11.8%。可以看出，高校毕业生就业流动依然存在“孔雀东南飞”现象。[3]

李华通过研究西安高校毕业生的流动表明，西安高校毕业生在就业流动趋势上，普遍存在倾向于到东部沿海地区和经济发达城市和就业。数据调查显示，去东部地区和沿海发达城市就业的毕业生比例分别达到40%和50%，相比之下，留在本省就业的毕业生只有25%。[4]

曾湘泉对在北京就业的毕业生研究发现，在北京就业的毕业生中竟有69%为非北京生源毕业生，可见北京作为中国政治经济文化中心吸引大量高校毕业生前往就业。[5]

麦可思研究机构对2008届高校毕业生跨区域流动研究显示，东部和沿海发达地区高校毕业生迁入率非常高，而中西部地区应届大学毕业生都以流出为主。由此可见，西部依然是呈现“孔雀东南飞”的趋势，这种西部地区高校毕业生的跨区域就业流动呈“西材东送”的局面。[6]

马莉萍将就业流动模式定义为五种：不动、返回流动、前期流动、后期流动和不断流动。通过研究发现在这5种模式中，西部地区高校毕业生不动流动模式比例低、返回流动的比例很高。京津沪和东部地区的不动比例最高。[7]

孙百才以西部地区研究生就业为研究对象，通过对“甘肃省高等教育规模

---

[1] 马红玉，王少坤，夏显力等.大学生就业期望与实际签约情况比较研究——以西北农林科技大学2012届本科毕业生为例[J].中国农业教育，2013（2）：61-66，81.

[2] 羊健，苏永红.大学生就业意向和职业观念调查[J].中国成人教育，2010（22）：103-104.

[3] 钟秋明，唐超学.高校毕业生基层就业障碍及其成因与对策——湖南省高校毕业生就业现状的调查与思考[J].当代教育论坛，2006（7）：106-107.

[4] 李华，王文金.西安高校毕业生流动状况分析及对策[J].人才开发，2008（6）：50-52.

[5] 曾湘泉.变革中的就业环境与中国大学生就业：中国就业战略报告2004[M].北京：中国人民大学出版社，2004.

[6] 麦可思中国大学生就业研究课题组.就业蓝皮书：2009年中国大学生就业报告[M].北京：社会科学文献出版社，2009.

[7] 马莉萍，丁小浩.高校毕业生求职中人力资本与社会关系作用感知的研究[J].清华大学教育研究，2010，31（1）：84-92.

扩展与劳动市场衔接”课题组2007—2010年调查数据研究发现，西部地区毕业的研究生在西部地区就业的比例从2007年的51.4%下降到2010年的31.9%，在中部地区就业的研究生比例从2007年的19.2%上升到2010年的31.9%。可以看出西部生源研究生就业流动呈现出向中部地区转移的趋势。[1]

## 二、高校毕业生就业流动的影响因素

### （一）地区间收入差距对就业流动的影响

在地区间收入差距对高校毕业生就业流动的影响因素研究方面，较早的研究中，Harris和Todaro在20世纪70年代通过建立“现代劳动力流动”理论将劳动力流动的原因归纳为迁入地和迁出地收入差距的刺激作用。例如，这些刺激体现在地区间的薪酬水平差距和流动的劳动力在迁入地预期更有可能获得理想的工作机会等。[2]

Borjas在20世纪90年代研究发现，劳动力的流动不只是受到迁入地的薪酬水平的影响，也可能会因为不同地区之间劳动技能水平的差异，学习技能。[3]罗守贵学者通过实证研究指出高校毕业生流向沿海发达地区的主要原因是该地区能获得较高收入。[4]

何淑云等研究发现，大学毕业生对地区的选择首要考虑的因素是收入高低、待遇好坏；以“轻松稳定”“劳动条件好”“待遇优越”的岗位作为自己选择单位和衡量的标准。[5]

蔡昉对比了当地农民与全国农民的人均收入，发现其比例对农民的劳动力流动有显著影响。当地的农村居民平均收入越高，劳动力流动的比例越小，当地居民收入与全国平均收入差距越大，越容易流动。[6]

岳昌君使用2009年的全国高校毕业生就业状况调查数据分析了大学生跨区域流动的去向和影响因素，研究发现，高校毕业生跨区域就业流动以从中西部内陆省份到东部沿海省份为主要方向，其中经济收入因素是导致高校毕业生流动的主要原因。[7]

Zhang K H，Song Shunfeng对劳动力的省际与省内流动进行了时序和截面数

[1] 孙百才，高欣秀，徐敬建.甘肃省研究生就业状况调查报告（2007—2010年）[J].中国高教研究，2011（2）：29-32.

[2] Harris J R，Todaro M P. Migration，“Unemployment and Development：A Two-Sector Analysis”[J]. *American Economic Review*，1970，60（1）：126-142.

[3] Borjas G J. “The Economics of Immigration” [J]. *Contemporary Sociology*，1994，32（4）：1667-1717.

[4] 罗守贵.我国高校毕业生跨区域流动的机制、影响及其对策[J].软科学，2001（2）：84-88.

[5] 何淑云，姜林.对当代大学生择业观和择业意向的剖析[J].高等建筑教育，1997（1）：61-63.

[6] 蔡昉.劳动力迁移和流动的经济学分析[J].中国社会科学季刊，1996（33）：120-135.

[7] 岳昌君.大学生跨省流动的特点及影响因素分析[J].复旦教育论坛，2011，9（2）：57-62.

据分析，发现在省内和省际流动的劳动力中，收入差距是导致劳动力流动的重要因素。并指出，如果有方法减少这种收入差距将可以有效地控制劳动力向沿海发达城市转移，为中西部留下更多的人力资源。[1]

Zhu Nong通过对劳动力流动前与流动后的收入差回归分析发现，城乡的收入差距是劳动力从农村向城市转移的主要动力。[2]学者肖严华通过研究得出了与之相同的结论，并且指出劳动力流动呈现从农村到城市、中西部到东部的趋势，其中城乡差距的扩大是主要推手。[3]

林毅夫利用2004年的人口普查数据对劳动力流动的内部因素进行研究，发现地区间的收入水平对劳动力的流动呈显著相关，是影响劳动力流动的主要因素，并指出劳动力流动对地区收入差距的反应显著提高。[4]

（二）区域发展水平对就业流动的影响

在区域经济发展水平差异对高校毕业生就业流动的影响因素研究方面，马莉萍、岳昌君等通过2009年的高校毕业生就业流动数据研究发现，就业地经济发展水平对高校毕业生就业流动具有显著的影响，高校毕业生的就业流动不仅仅是“孔雀东南飞”的单一形式，中西部地区内部的跨省流动比例也很高，只要就业地的经济发展水平相对于迁出地优越，就有可能导致高校毕业生就业流动，这种流动的好处还在于邻省之间的地域文化、生活习惯可以保持一致，可以看出就业地的经济发展水平是高校毕业生就业流动的主要原因。[5]

马莉萍站在全国高校布局的视角上研究发现，在经济较为发达的东部地区，本地高校毕业生留在本地就业的比率高达90%以上，相比之下中西部地区院校的本地毕业生留在就学地就业的比例相对较低，仍有一半左右的学生毕业后选择到其他地区就业。[6]

杨云彦在早期就通过对劳动力流动的数据研究发现，劳动力的迁入地主要是沿海经济发达省份；同时计算得出迁入的劳动规模与地方的经济发展相关指数达到0.945，这表明地区的经济发展水平对劳动力流动具有很强的牵引效

[1] Zhang K H，Song Shunfeng. “Rural-Urban Migration and Urbanization in China Evidence from Time-series and Cross-section Analysis” [J]. *China Economic Review*，2003，14（4）：386-400.

[2] Zhu Nong. “The Impacts of Income Gaps on Migration Decisions in China” [J].*China Economic Review*，2002,13（2-3）：213-230.

[3] 肖严华.中国社会保障制度的多重分割及对人口流动的影响[J].江淮论坛，2007（5）：66-74.

[4] Justin Y L，Wang Gewei，Zhao Yaohui. “Regional Inequality and Labor Transfers in China” [J]. *Economic Development and Cultural Change*，2004，52（3）：587-603.

[5] 马莉萍，岳昌君，闵维方.高等院校布局与大学生区域流动[J].教育发展研究，2009,29（23）：31-36.

[6] 马莉萍，岳昌君，闵维方.高等院校布局与大学生区域流动[J].教育发展研究，2009，29（23）.

应。[1]

卢珊等通过研究上海高校本科毕业生就业流动发现，城市的经济发展水平是高校毕业生就业流动中考虑的主要因素，通过调查发现，学生流动的城市中经济发展的综合竞争力排名全部在全国25名以内。[2]

从而不难看出，迁入地经济发展水平是牵引高校毕业生流动的重要因素。佟文英指出，我国现存的东中西部地区间显著的经济发展差距是导致高校毕业生就业流动的主要动力。劳动者一般倾向于从经济欠发达地区或不发达地区向经济发达地区流动。在我国表现为中西部内陆地区向东南沿海发达地区的流动。[3]

陆慧与李东使用苏北地区劳动力数据分析劳动力流动过程中的影响因素发现，人均收入与地区经济发展速度对劳动力流动有阻力作用，即劳动力的人均收入越高、所在地的经济发展水平越快，劳动力越不容易流动。[4]

（三）制度与政策因素对就业流动的影响

杜育红和孙志军将劳动力流动的类型划分为物理流动和工作流动。对于物理流动，主要是指劳动力的工作搜寻与其他因素导致劳动力地域之间迁移，劳动力工作流动主要指工作跳槽的迁移。在制度中对物理流动与工作流动影响最大的分别是户籍制度与人事制度。[5]

肖严华从社会保障制度分割不平均的实际情况出发，考察了农村劳动力流动中社会保障方式和保障水平存在差异对劳动力流动的影响因素。研究发现，在社会保障费用上，将近两成的城市人口占了八成农村人口社会保障费用，这种不平均导致了地区间的差距不断扩大和劳动力流动。[6]学者袁洪泉在分析影响劳动力流动的因素时发现，制度和政策对劳动力流动的影响比其他因素都要显著。[7]

---

[1] 杨云彦.劳动力流动、人力资本转移与区域政策[J].人口研究，1999（5）：9-15.

[2] 卢珊，王琼.来沪就读本科生地域流动与中国的地区平衡——大学生就业地选择的调查与思考[J].中国青年研究，2007（4）：52-56.

[3] 佟文英.人力资源区域流动对西部大开发战略的影响[J].中南民族大学学报：人文社会科学版，2003（$S_1$）：80-82.

[4] 陆慧，李东.基于层次分析法的劳动力流动影响因素研究——以江苏省苏北地区劳动力流动为例[J].企业经济，2008（1）：93-96.

[5] 杜育红，孙志军.中国欠发达地区的教育、收入与劳动力市场经历——基于内蒙古赤峰市城镇地区的研究[J].管理世界，2003（9）：68-75，88.

[6] 肖严华.中国社会保障制度的多重分割及对人口流动的影响[J].江淮论坛，2007（5）：66-74.

[7] 袁洪泉.我国农村剩余劳动力转移影响因素的实证分析[J].山东农业大学学报：社会科学版，2006（4）：43-47，52.

（四）其他因素对就业流动的影响

在劳动经济学中，劳动力流动是指劳动者为了追求更大的收益在不同地理区域或不同工作岗位之间的流动。在这个过程中，具有一定能力或某种特质如年龄、性别、受教育程度等的劳动者更容易发生流动。

赵耀辉对四川地区流动的劳动力进行调查，发现流出本地区的劳动力都存在共同的特点，如受教育程度较高、性别多为男性、在婚姻状况上处于未婚的劳动力更倾向于流动。[1]

许静娴在2007年对高校毕业生的就业收益率进行测量，发现高校毕业生在流动前会主动衡量流动成本和流动收益，其中流动成本就是指流动过程中所花费的物质成本和精神成本，如交通费、中介费、离开自己熟悉的环境所承受的心理压力，或远离家乡亲人和朋友所带来的额外损失等。流动收益主要指更好的工作环境与更高的薪酬收入，优越的城市、完善的社会福利制度与文化设施，外出培训的机会与更广阔的就业渠道。研究证明，拥有更好的文化资本的大学生更容易流动且流动过程中会获得更高的收益。[2]

## 三、区域人才吸引力

甘肃省地处西部，相比于中东部省份经济发展落后、自然环境恶劣，要想留住人才为甘肃经济发展献力献策，就必须依靠强有力的政策指引吸引人才。

在概念方面，张珍花较早提出人才吸引对一个国家或地区的重要性，并将人才吸引的决定因素定位为所在地区为人才所能提供的发展环境。[3]同时，学者牛冲槐将区域人才聚集力更形象地定义为在一定的区域空间和时间内，凭借所在地域中先天和后天所享赋和条件吸引和聚集人才的能力。[4]

张海洋在研究中结合马斯洛需求理论，认为是否能够充分满足人才的五种需求决定着一个地区和城市对人才吸引力的大小。[5]

人才资源有别于其他资源，其本质特征是具有自主流动性，人才的这种自主流动性通常受到一个区域间对人才吸引力的大小的影响。通常情况下，人才吸引力高的地区对人才吸引力低的地区中的人才流动有一定的牵引力，导致在

---

[1] 赵耀辉.中国农村劳动力流动及教育在其中的作用——以四川省为基础的研究[J].经济研究，1997（2）：37-42，73.

[2] 许静娴，吴克明.大学生就业收益偏低的经济学分析：劳动力流动的视角[J].教育科学，2007（6）：11-15.

[3] 张珍花，查奇芬，王瑛.江苏省人才吸引力探讨[J.]江苏大学学报：社会科学版，2002（4）：126-129.

[4] 牛冲槐，唐朝永.中国区域人才聚集力比较分析[J].机械管理开发，2007（S1）：138-140.

[5] 张海洋.对城市人才流动的分析[D].北京：清华大学硕士论文，2005.

发达地区，人才吸引力强的地域出现集聚人才，而相对于人才吸引力处于劣势的地区面临人才流失的巨大压力。在人才吸引力与人才跨区域流动联系的研究方面，学者宋鸿等指出，区域间人才吸引力相对差异是人才流动的原动力。[1]

王崇曦通过对比不同地区间的产业集群环境吸引力发现，我国各地区在人才吸引力方面存在很大的差异。发达地区比中西部地区的人才吸引力要高，更能吸引和留住人才。[2]

张同全研究指出，一个地区的人才吸引力主要指薪酬水平、人文环境、城市环境、城市配套设施的完善程度等指标，这些指标对能否吸引更多的人才来工作有绝对的影响。[3]

## 四、对已有研究的评述

通过对文献的梳理发现，笔者对目前国内高校毕业生就业流动的研究有了一定的了解，其现状研究的大体情况是：高校毕业生就业流动大体趋势以西部地区向中东部地区流动、以落后地区向发达地区转移，并且高校毕业生的就业迁移长期受到地区间薪酬收入差异与经济总体发展水平差异的影响。总的来说，尽管已有的研究已经涉及毕业生就业流动的方方面面，但以上研究中有若干不足之处：1.关于高校毕业生就业流动的研究中，大多数都是站在东部或全国视角上对毕业生就业流动进行研究，立足于西部地区的研究较少，并且在研究方法上，大多数研究主要采用问卷调查，并在数据的处理上以描述现状为主，较少进行深层次的因果分析。2.在研究主体上，多数研究都是以东、中、西部区域划分为研究主体，立足于省内的研究很少，岳昌君研究发现，高校毕业生就业流动不光是单一的“孔雀东南飞”，区域内部的省际就业流动比例也很高，本文将针对甘肃省考察高校毕业生跨省就业流动进行深入研究。3.以往研究都是在一个固定时点上，缺少在时序变化上考察高校毕业生就业流动的变化规律。由于每年的就业形势会发生变化，在一个固定时间上对高校毕业生就业流动的研究和考察对其特点和规律的解释力度以及时效性都不强。高校毕业生就业环境瞬息万变，通过以年为单位的一段时间序列来考察甘肃省高校毕业生就业流动会更为准确和科学，能更好地抓住其内部特征和规律，这是本文对以上文献不足的弥补和创新点。

---

[1] 宋鸿，陈晓玲.区域人才吸引力的定量评价与比较[J].中国人力资源开发，2006（3）：26-28.

[2] 王崇曦，胡蓓.产业集群环境人才吸引力评价与分析[J].中国行政管理，2007（4）：50-53.

[3] 张同全.人才集聚效应评价指标体系研究[J].现代管理科学，2008（8）：83-84，104.

# 第三节　甘肃省高校毕业生的跨地区和跨省就业流动

## 一、甘肃省高校毕业生的跨地区就业流动

（一）就业分布

首先从各地区生源的签约率可以看出（如表4.3.1所示），2007、2013年东部、中部和西部地区的本专科毕业生签约率中，西部的签约率都明显低于其他地区。从研究生样本来看，除2008年外，东、中、西部的研究生签约率差别不大，趋于平均，只有2009年西部生源的研究生签约率高于东部和中部地区。

**表4.3.1　部分生源地毕业生签约率(%)**

| 分类 | 年份 | 东部地区 | 中部地区 | 西部地区 |
|---|---|---|---|---|
| 本专科生 | 2007年 | 37.0 | 40.6 | 23.7 |
| | 2013年 | 29.3 | 23.6 | 20.6 |
| 研究生 | 2007年 | 54.6 | 61.5 | 53.3 |
| | 2008年 | 45.5 | 42.2 | 26.2 |
| | 2009年 | 28.4 | 27.2 | 29.0 |
| | 2010年 | 37.1 | 35.8 | 31.4 |
| | 2013年 | 38.7 | 38.8 | 37.1 |

从历年确定单位的毕业生按照生源地分布分析（如表4.3.2所示），西部地区生源所占的比例最高，2007年西部生源的本专科毕业生占78.7%，2013年西部生源本专科生占85.7%；2007年、2008年、2009年、2010年和2013年西部生源毕业研究生所占的比例分别为53.7%、42.0%、49.7%、48.4%、48.0%，高于东部和中部地区生源毕业生所占比例，这与甘肃省高校的招生范围有关，甘肃省高校主要面对西部地区招生，毕业生西部地区生源人数比例最高，因而确定单位的毕业生人数比例也相对较高。

**表 4.3.2 落实单位毕业生的生源地分布**

| 分 类 | | | 东部地区 | 中部地区 | 西部地区 | 合计 |
|---|---|---|---|---|---|---|
| 本专科生 | 2007年 | 人数 | 95 | 95 | 700 | 890 |
| | | % | 10.7 | 10.7 | 78.7 | 100 |
| | 2013年 | 人数 | 71 | 105 | 1051 | 1227 |
| | | % | 5.8 | 8.6 | 85.7 | 100 |
| 研究生 | 2007年 | 人数 | 107 | 99 | 239 | 445 |
| | | % | 24.0 | 22.2 | 53.7 | 100 |
| | 2008年 | 人数 | 80 | 65 | 105 | 250 |
| | | % | 32.0 | 26.0 | 42.0 | 100 |
| | 2009年 | 人数 | 42 | 34 | 75 | 151 |
| | | % | 27.8 | 22.5 | 49.7 | 100 |
| | 2010年 | 人数 | 56 | 57 | 106 | 219 |
| | | % | 25.6 | 26.0 | 48.4 | 100 |
| | 2013年 | 人数 | 53 | 78 | 121 | 252 |
| | | % | 21 | 30.9 | 48.0 | 100 |

如表4.3.3所示，从确定单位的本专科毕业生分布来看，在西部就业的比例相比于其他两个地区要高，这是因为甘肃高校主要以甘肃及周边省份生源为主，毕业生基数较大，所以在西部地区就业的人数也较多。从时间上来看，本专科毕业生在西部就业的比例呈逐渐上升的趋势，2007年为56.7%，到2013年达到74.1%，升幅30.7%。本专科生在东部和中部就业的比例呈下降趋势，东部从2007年的22.1%下降到2013年的15.3%，中部从2007年的21.1%下降到2013年的10.6%，可以看出，近年来越来越多的大学本专科生愿意在西部地区工作。

从研究生确定单位的分布可以看出（表4.3.3），西部地区大于其他两类地区，这与本专科的对比结果相同。从时间上看，2007年研究生在西部确定工作的比例达到了最高51.4%，随后呈逐年下降趋势，东部地区和中部地区的比例逐年上升，到2010年研究生在东、中、西部工作的比例基本持平，分别达到36.1%、31.9%、31.9%。随后西部地区呈上升趋势，2013年达到48.7%，升幅52.7%。中部地区下降到18.7%。可以看出甘肃地区大学毕业生就业经历了一个外流过后回流的过程。

表4.3.3 落实单位毕业生就业地分布

| 分类 | | | 东部地区 | 中部地区 | 西部地区 | 合计 |
|---|---|---|---|---|---|---|
| 本专科生 | 2007年 | 人数 | 199 | 189 | 509 | 897 |
| | | % | 22.2 | 21.1 | 56.7 | 100 |
| | 2008年 | 人数 | 174 | 120 | 293 | 587 |
| | | % | 29.6 | 20.4 | 49.9 | 100 |
| | 2009年 | 人数 | 126 | 98 | 297 | 521 |
| | | % | 24.2 | 18.8 | 57.0 | 100 |
| | 2010年 | 人数 | 64 | 61 | 133 | 258 |
| | | % | 24.8 | 23.6 | 51.6 | 100 |
| | 2012年 | 人数 | 113 | 131 | 256 | 500 |
| | | % | 22.6 | 26.2 | 51.2 | 100 |
| | 2013年 | 人数 | 149 | 104 | 724 | 977 |
| | | % | 15.3 | 10.6 | 74.1 | 100 |
| 研究生 | 2007年 | 人数 | 93 | 61 | 163 | 317 |
| | | % | 29.3 | 19.2 | 51.4 | 100 |
| | 2008年 | 人数 | 84 | 55 | 84 | 223 |
| | | % | 39.5 | 23.8 | 36.8 | 100 |
| | 2009年 | 人数 | 42 | 38 | 43 | 122 |
| | | % | 34.2 | 30.8 | 34.9 | 100 |
| | 2010年 | 人数 | 68 | 60 | 60 | 187 |
| | | % | 36.1 | 31.9 | 31.9 | 100 |
| | 2013年 | 人数 | 75 | 43 | 112 | 230 |
| | | % | 32.6 | 18.7 | 48.7 | 100 |

从西部地区人才流失角度来看，除了2013年研究生就业分布比例高出生源地分布比例0.7个百分点外，在任何一个调查年份，生源地分布比例都高于就业地分布比例。而东部地区的情况恰恰相反，每个调查年份的生源地分布比例都低于就业地分布比例。由此看来，东部地区属于人才净流入区域，西部地区属于人才净流失区域。

（二）两类毕业生就业流动现状

两类毕业生的就业流动，即西部生源流动到其他地区的毕业生和其他地区生源流动到西部就业的毕业生。由于本数据包的采集以甘肃高校为主，因此生源地和就业地为西部地区的毕业生大多数在甘肃省，具有一定代表性，所以下面将在时间上对比西部生源和非西部生源的就业流动现状。从表4.3.4可以看出，按照生源地划分，西部生源流出西部地区的人数一直大于外地生源流入西部地区就业的人数，这使得西部地区的人才出现“顺差”，但差额在逐年下降。西部生源本专科毕业生流出与外地生源流入的差额在2007年为188，到2013年下降到132，差额比从2010年的21.1%下降到2013年9.8%。相对研究生而言，2007年的差额为24，到2013年下降到2，说明更多的研究生选择留在西部工作。西部生源一直是西部发展的主力军，但数据表明，西部地区是人才高流失地区，这对地方经济建设造成一定影响。

**表4.3.4 西部地区高校毕业生流动比较**

| 分类 | 本专科生 | | 研究生 | | | | |
|---|---|---|---|---|---|---|---|
| | 2007年 | 2013年 | 2007年 | 2008年 | 2009年 | 2010年 | 2013年 |
| 流出人数（西部生源） | 224 | 178 | 37 | 33 | 21 | 33 | 27 |
| 流入人数（外地生源） | 36 | 46 | 13 | 21 | 13 | 16 | 25 |
| 差额（流出-流入） | 188 | 132 | 24 | 12 | 8 | 17 | 2 |
| 确定单位的西部生源毕业生 | 890 | 1341 | 445 | 250 | 151 | 219 | 140 |
| 差额占西部生源毕业生的比例 | 21.1% | 9.8% | 5.4% | 4.8% | 5.3% | 7.8% | 1.4% |

从表4.3.5可以看出两类毕业生的流动比例，2007年西部生源的本专科毕业生流动到西部以外就业的比例为32.3%，大于非西部的本专科毕业生在西部地区就业的比例，到2013年这个比例下降到13.7%，小于当年非西部生源大学毕业生在西部就业的比例。西部生源研究生在西部地区以外工作的比例在时间顺序上呈现波动，2007—2010年呈现上升趋势，在2013年下降到19.1%，相对于2010年的峰值39.3%下降了20.2个百分点。非西部生源的毕业研究生在西部工作的比例在2007—2010年呈下降趋势，在2013年有所回升。总的来看，西部生源的研究生在外地就业的比例大于非西部生源研究生在西部就业的比例。

**表4.3.5　高校毕业生的流动状况比较(%)**

| 分类 | 本专科生 | | 研究生 | | | | |
|---|---|---|---|---|---|---|---|
| | 2007年 | 2013年 | 2007年 | 2008年 | 2009年 | 2010年 | 2013年 |
| 西部生源流动到外地就业的毕业生比例(确定单位的毕业生) | 32.3 | 13.7 | 22.2 | 30.5 | 37.5 | 39.3 | 19.1 |
| 非西部生源在西部就业的毕业生比例(确定单位的毕业生) | 13.7 | 24.9 | 21.2 | 14.4 | 16.7 | 13.7 | 15.7 |

表4.3.6可以看出确定单位的西部生源毕业生在其他地区工作的比例和非西部生源毕业生在西部工作的比例。2007年西部生源的本专科生和研究生在东部和中部就业的比例差距不大，仅0.3和1.8。西部生源的本专科生在东部和中部就业的比例在2013年缩小至8.1%、5.6%。西部生源研究生在东部和中部就业的占比差距随着年份的增长逐步扩大，在东部工作的比例不断增长，到2010年达到峰值22.6%。随后2013年回落至12.9%，总体来看，在其他地区就业的西部生源毕业生更倾向于选择在东部地区就业。

**表4.3.6　落实单位的西部生源毕业生在其他地区工作的比例(%)**

| 分类 | 本专科生 | | 研究生 | | | | |
|---|---|---|---|---|---|---|---|
| | 2007年 | 2013年 | 2007年 | 2008年 | 2009年 | 2010年 | 2013年 |
| 东部地区 | 16.3 | 8.1 | 12.0 | 14.8 | 21.4 | 22.6 | 12.9 |
| 中部地区 | 16.0 | 5.6 | 10.2 | 15.7 | 16.1 | 16.7 | 6.4 |

从落实单位的非西部生源毕业生在西部地区工作的比例来看（表4.3.7），除2009年以外，中部地区生源的毕业生占比明显高于东部地区毕业生，这说明中部地区毕业生比东部地区毕业生更愿意留在西部工作。在西部工作的非西部生源2007届本专科毕业生中，来自东部地区的占16.3%，来自中部的占21.6%，到2013年这一比例分别上升到21.5%、27.1%。可以看出东部生源的本专科生在西部工作的比例越来越高，西部地区对东部生源毕业生吸引力逐年增强。从研究生可以看出，2007年在西部工作的东部生源毕业研究生比例为17.6%，中部生源研究生为25.0%，随着时间的推移，这一占比逐渐下降，到2010年比例分别达到11.3%、16.4%，在2013年又有轻微的上涨。

东、中、西部生源地毕业生流动到各个地区工作的人数可以更真实地反映出毕业生的流动情况。从表4.3.8可以看出，本专科毕业生中，东部生源地的人数从2007年296人下降到2013年的217人，但该生源在西部就业的人数比例却从2007年的5.1%上升到2013年的6.5%。中部生源地人数从2007年的259人扩

大到2013年的416人，但在西部工作的比例却从2007年的8.1%下降到2013年的7.7%。西部生源在西部工作的比例相对于其他地区最高，从2007年的15.3%上升到2013年的26.6%。在毕业研究生中，东部生源在西部工作的比例呈现波动趋势，但在西部工作的东部生源比例却呈上升态势。中部生源中在西部工作的毕业研究生在2007—2009年一直呈下降趋势，到2009年下降到最低点2.6%，随后到2013年上升到8.9%。从东部生源和中部生源在西部工作的变化中可以发现，在2010年以后，虽然生源总数有所减少，但在西部工作的比例却不断上升。

**表4.3.7 落实单位的非西部生源毕业生在西部地区工作的比例(%)**

| 分类 | 本专科生 | | 研究生 | | | | |
|---|---|---|---|---|---|---|---|
| | 2007年 | 2013年 | 2007年 | 2008年 | 2009年 | 2010年 | 2013年 |
| 东部地区 | 16.3 | 21.5 | 17.6 | 9.8 | 19.6 | 11.3 | 11.7 |
| 中部地区 | 21.6 | 27.1 | 25.0 | 20.3 | 12.5 | 16.4 | 18.6 |

**表4.3.8 不同生源地毕业生流动到不同就业地落实工作人数占该地区全部生源的比例**

| 分类 | | 本专科生 | | 研究生 | | | | |
|---|---|---|---|---|---|---|---|---|
| 生源地 | 就业地 | 2007年 | 2013年 | 2007年 | 2008年 | 2009年 | 2010年 | 2013年 |
| 东部生源 | 东部 | 17.2% | 21.7% | 22.0% | 27.5% | 14.9% | 18.6% | 34.1% |
| | 中部 | 8.8% | 1.8% | 8.5% | 5.9% | 5.5% | 7.6% | 4.3% |
| | 西部 | 5.1% | 6.5% | 6.5% | 3.6% | 5.0% | 3.3% | 5.1% |
| 东部生源合计 | | 296 | 217 | 200 | 222 | 181 | 210 | 138 |
| 中部生源 | 东部 | 10.8% | 9.4% | 16.3% | 10.1% | 3.3% | 4.4% | 16.3% |
| | 中部 | 18.5% | 11.8% | 16.3% | 16.9% | 15.1% | 15.9% | 23.8% |
| | 西部 | 8.1% | 7.7% | 10.8% | 6.9% | 2.6% | 4.0% | 8.9% |
| 中部生源合计 | | 259 | 416 | 166 | 189 | 152 | 227 | 202 |
| 西部生源 | 东部 | 3.7% | 2.4% | 4.4% | 3.1% | 4.3% | 4.2% | 5.4% |
| | 中部 | 3.6% | 1.6% | 3.7% | 3.3% | 3.0% | 3.1% | 2.7% |
| | 西部 | 15.3% | 26.6% | 28.6% | 14.8% | 11.6% | 11.2% | 34.1% |
| 西部生源合计 | | 3067 | 4364 | 454 | 508 | 303 | 456 | 331 |

本章关注的毕业生流动为前期流动、后期流动，即西部生源的毕业生在西部地区以外的地区就业、非西部地区生源的毕业生在西部地区就业。对于后期

流动（见表4.3.9），西部生源毕业生向西部地区以外流动的过程中，2007年本专科生流动到东部地区的毕业生人数比例为50.4%，到2013年上升到59.1%，相对于中部地区较高。西部生源地研究生向西部地区以外流动中，流动到东部地区的比例普遍偏高，只有2008年低于中部地区3个百分点，并且随着年份的增长，东部和西部比例的差距不断扩大，到2013年达到峰值。

**表4.3.9　西部地区生源地毕业生向西部地区以外流动的情况**

| 学历 | 年份 | 毕业生流动的具体路径 | | | 人数 | % |
|---|---|---|---|---|---|---|
| | | 生源地 | 就学地 | 就业地 | | |
| 本专科生 | 2007年 | 西部地区 | 西部地区 | 东部地区 | 113 | 50.4 |
| | | 西部地区 | 西部地区 | 中部地区 | 111 | 49.6 |
| | 2013年 | 西部地区 | 西部地区 | 东部地区 | 113 | 59.1 |
| | | 西部地区 | 西部地区 | 中部地区 | 78 | 40.8 |
| 研究生 | 2007年 | 西部地区 | 西部地区 | 东部地区 | 20 | 54.1 |
| | | 西部地区 | 西部地区 | 中部地区 | 17 | 45.9 |
| | 2008年 | 西部地区 | 西部地区 | 东部地区 | 16 | 48.5 |
| | | 西部地区 | 西部地区 | 中部地区 | 17 | 51.5 |
| | 2009年 | 西部地区 | 西部地区 | 东部地区 | 12 | 57.1 |
| | | 西部地区 | 西部地区 | 中部地区 | 9 | 42.9 |
| | 2010年 | 西部地区 | 西部地区 | 东部地区 | 19 | 57.6 |
| | | 西部地区 | 西部地区 | 中部地区 | 14 | 42.4 |
| | 2013年 | 西部地区 | 西部地区 | 东部地区 | 18 | 66.7 |
| | | 西部地区 | 西部地区 | 中部地区 | 9 | 33.3 |

表4.3.10是非西部生源毕业生在西部就业的流动轨迹，2007届非西部生源本专科生中，东部生源到西部地区工作的人数远高于中部生源毕业生，比例相差77.8%。到2013年东部生源在西部工作的毕业生急剧下降到30.4%，中部生源上升至69.6%。在研究生的流动中，除2009年以外，都是中部生源的毕业生人数比例高于东部生源毕业生，说明中部生源的研究生更倾向选择在西部地区就业。这一现象是由于毕业生就业的“邻里效应”，即毕业生选择离生源地更近的地区就业；关于2009年之所以会出现东部生源毕业生人数高于中部地区毕业生人数的现象，可能是由于金融危机的影响，东部地区劳动力市场就业压力加大，促使更多的东部地区毕业研究生流动到西部地区就业。

表4.3.10　非西部生源毕业生在西部地区就业的流动情况

| 学历 | 年份 | 毕业生流动的具体路径 | | | 人数 | % |
|---|---|---|---|---|---|---|
| | | 生源地 | 就学地 | 就业地 | | |
| 本专科生 | 2007年 | 东部地区 | 西部地区 | 西部地区 | 32 | 88.9 |
| | | 中部地区 | 西部地区 | 西部地区 | 4 | 11.1 |
| | 2013年 | 东部地区 | 西部地区 | 西部地区 | 14 | 30.4 |
| | | 中部地区 | 西部地区 | 西部地区 | 32 | 69.6 |
| 研究生 | 2007年 | 东部地区 | 西部地区 | 西部地区 | 13 | 41.9 |
| | | 中部地区 | 西部地区 | 西部地区 | 18 | 58.1 |
| | 2008年 | 东部地区 | 西部地区 | 西部地区 | 8 | 38.1 |
| | | 中部地区 | 西部地区 | 西部地区 | 13 | 61.9 |
| | 2009年 | 东部地区 | 西部地区 | 西部地区 | 9 | 69.2 |
| | | 中部地区 | 西部地区 | 西部地区 | 4 | 30.8 |
| | 2010年 | 东部地区 | 西部地区 | 西部地区 | 7 | 43.8 |
| | | 中部地区 | 西部地区 | 西部地区 | 9 | 56.3 |
| | 2013年 | 东部地区 | 西部地区 | 西部地区 | 7 | 28.0 |
| | | 中部地区 | 西部地区 | 西部地区 | 18 | 72.0 |

## 二、甘肃省高校毕业生的跨省就业流动

在跨省就业流动上，以甘肃省为研究视角，将毕业生的生源地、就业地分为甘肃与非甘肃对毕业生就业流动进行考察，由于只有2013年的问卷在生源地、就业地变量中涉及具体省份，其他年份的数据库中关于生源地和就业地只涉及东、中、西部，故仅使用2013年数据进行分析。

（一）就业分布

本节将高校毕业生划分为东、中、西部其他省份，西部其他省份生源是指除甘肃以外地处西部的其他省份。从表4.3.11可以看出，2013年甘肃生源人数远高于其他地区生源。在本专科生中，甘肃生源占整个毕业生总数的80.2%，人数达到4007人，生源最小的是东部地区，仅占比4.3%。说明甘肃省各大高校在招生方面对其他地区的招生力度偏小，另一方面反映愿意到甘肃求学的外地生源大学生较少。在研究生中，东部生源的研究生占比20.3%，中部生源研究生占比30.5%，与甘肃生源研究生占比相差13.5%、3.3%。

表4.3.11 甘肃高校2013届毕业生各地方生源情况

<table>
<tr><td rowspan="2">学历</td><td rowspan="2">分类</td><td colspan="3">非甘肃生源</td><td rowspan="2">甘肃生源</td><td rowspan="2">合计</td></tr>
<tr><td>东部</td><td>中部</td><td>西部其他省份</td></tr>
<tr><td rowspan="2">本专科生</td><td>人数</td><td>217</td><td>416</td><td>357</td><td>4007</td><td>4997</td></tr>
<tr><td>%</td><td>4.3</td><td>8.3</td><td>7.1</td><td>80.2</td><td>100.0</td></tr>
<tr><td rowspan="2">研究生</td><td>人数</td><td>136</td><td>204</td><td>103</td><td>226</td><td>669</td></tr>
<tr><td>%</td><td>20.3</td><td>30.5</td><td>15.4</td><td>33.8</td><td>100.0</td></tr>
<tr><td colspan="2">合计</td><td colspan="3">1433</td><td>4233</td><td>5666</td></tr>
</table>

下面考察甘肃生源和非甘肃生源毕业生的分布，通过生源地的分类可以看出（表4.3.12），在甘肃生源中，本专科生和研究生中留在甘肃本地就业的比例最大，分别达到69.3%、71.3%，其中本专科生留在西部其他省份的比例为18.4%，这一比例大于在东部和中部地区就业的大学毕业生。由于“邻里效应”，甘肃生源毕业生更多的会选择在甘肃周边的西部省份就业。在研究生中，选择在东部地区就业的甘肃生源研究生的比例为11.9%，仅次于在甘肃地区就业的比例，高于在西部其他省份就业的比例，这点有别于大学毕业生。从表4.3.12还能看出，甘肃高校甘肃生源本专科生和研究生的就业流失率分别为30.7%、28.7%。

表4.3.12 2013届甘肃生源毕业生落实单位分布情况

<table>
<tr><td colspan="2">分类</td><td>东部</td><td>中部</td><td>西部其他省份</td><td>甘肃</td></tr>
<tr><td rowspan="2">本专科生</td><td>人数</td><td>89</td><td>62</td><td>226</td><td>852</td></tr>
<tr><td>%</td><td>7.2</td><td>5.0</td><td>18.4</td><td>69.3</td></tr>
<tr><td rowspan="2">研究生</td><td>人数</td><td>12</td><td>6</td><td>11</td><td>72</td></tr>
<tr><td>%</td><td>11.9</td><td>5.9</td><td>10.9</td><td>71.3</td></tr>
</table>

表4.3.13是非甘肃生源就业分布情况，从表中可以看出，留在东部就业的毕业生占大多数，本专科生和研究生分别占到了42.7%、49.1%，其次是中部地区，达到25.3%、29.7%。在西部就业的毕业生中留在甘肃的比例最高，本专科生为19.5%，研究生为12.6%，而本专科生和研究生在西部其他地区工作的总数仅占12.4%、8.6%。可以看出，大多数外地生源的毕业生都选择东部发达地区或回乡就业。同时，非甘肃生源在甘肃工作的比例大于在西部其他省份工作的比例，这是由于毕业生求学地在甘肃，所以部分毕业生会选择在自己的求学地就业。总体来看，甘肃高校非甘肃生源本专科生和研究生就业流失率分别为80.5%、87.4%，这种高流失率在一定程度上阻碍了甘肃经济的发展。

**表4.3.13　2013届已落实单位的非甘肃生源毕业生就业分布情况**

| 分类 | | 东部 | 中部 | 西部其他省份 | 甘肃 |
|---|---|---|---|---|---|
| 本专科生 | 人数 | 103 | 61 | 30 | 47 |
| | % | 42.7 | 25.3 | 12.4 | 19.5 |
| 研究生 | 人数 | 86 | 52 | 15 | 22 |
| | % | 49.1 | 29.7 | 8.6 | 12.6 |

表4.3.14是2013届不同生源地大学毕业生就业分布情况，通过观察不同生源地的毕业生就业分布可以看出，生源地在东部的毕业生更倾向于选择在自己家乡就业，比例达到78.3%，选择在甘肃就业的仅占11.7%，在中部工作本专科生比例最少，只占3.3%。中部生源的本专科生也有相同的特征，即选择在中部就业的比例最高，达到40.5%，选择在东部就业的比例为32.2%。西部其他省份的毕业生选择在甘肃工作的比例最高，达到33.3%，其次是在东部就业。甘肃生源中，毕业生留在甘肃就业的比例占了绝对优势，达到69.3%。从整体来看，毕业生绝大多数都选择在自己生源地区就业，除此之外更多地倾向于东部发达地区就业，说明东部发达地区对高校毕业生有较大的就业吸引力。在西部其他省份中留在甘肃就业的毕业生比例最大，不同于东部和中部地区生源毕业生回本地区工作的比例最大的规律，说明在相同地区中，由于毕业生在甘肃就学，毕业后会更多地选择甘肃就业。同时，对于甘肃生源的毕业生，除了留在生源地甘肃就业外，也有一部分选择在西部其他省份就业，说明甘肃籍毕业大学生由于邻里效应更愿意在西部周边的省份就业。

**表4.3.14　2013届不同生源地本专科毕业生就业分布情况**

| 分类 | | 东部 | 中部 | 西部其他省份 | 甘肃 |
|---|---|---|---|---|---|
| 东部生源 | 人数 | 47 | 2 | 4 | 7 |
| | % | 78.3 | 3.3 | 6.7 | 11.7 |
| 中部生源 | 人数 | 39 | 49 | 13 | 20 |
| | % | 32.2 | 40.5 | 10.7 | 16.5 |
| 西部其他省份生源 | 人数 | 17 | 10 | 13 | 20 |
| | % | 28.3 | 16.7 | 21.7 | 33.3 |
| 甘肃生源 | 人数 | 89 | 62 | 226 | 852 |
| | % | 7.2 | 5.0 | 18.4 | 69.3 |

表4.3.15是不同生源地研究生就业分布情况，东部生源回流东部的比例最高，达到95.9%，中部生源回到中部地区工作的比例最高，达到49.0%，西部其他省份地区生源在甘肃工作的比例为38.5%。甘肃生源留在甘肃就业的比例为71.0%。可以看出，研究生的就业流动性没有本科生强，但有更强的返回流动性，大多数研究生都会选择返回自己生源地工作。其次是西部地区其他省份生源的毕业研究生在甘肃工作的比例最大，与上述本科生流动规律相同。

**表4.3.15　2013届不同生源地研究生就业分布情况**

| 分类 | | 东部 | 中部 | 西部其他省份 | 甘肃 |
|---|---|---|---|---|---|
| 东部生源 | 人数 | 47 | 0 | 1 | 1 |
| | % | 95.9 | 0.0 | 2.0 | 2.0 |
| 中部生源 | 人数 | 33 | 49 | 7 | 11 |
| | % | 33.0 | 49.0 | 7.0 | 11.0 |
| 西部其他省份生源 | 人数 | 6 | 3 | 7 | 10 |
| | % | 23.1 | 11.5 | 26.9 | 38.5 |
| 甘肃生源 | 人数 | 12 | 6 | 11 | 71 |
| | % | 12.0 | 6.0 | 11.0 | 71.0 |

（二）两类毕业生的就业流动

通过分析2013届本专科毕业生就业数据可知，甘肃生源本专科生流出甘肃省的人数为377人，非甘肃生源流入甘肃工作的人数为47人，差额为330人，表现为严重的人才“顺差”。差额占甘肃生源大学毕业生的比例为28.3%。毕业研究生中，甘肃生源流出甘肃省工作的人数为29人，非甘肃生源流入甘肃工作的人数为22人，其差额为7人，差额占甘肃生源毕业研究生比例为7%。总体来说，本专科生的流动性比研究生要强。

从表4.3.16可以看出，甘肃生源本专科生流动到外地就业的比例为30.6%，大于2013年西部生源本专科生流动到外地就业的比例（15.9%）。2013届甘肃生源研究生到外地工作的比例也同样高于2013届西部生源到外地工作的比例。2013届非甘肃生源本专科生在甘肃工作的比例为15.9%，研究生比例为11.1%，大于2013届非西部生源在西部工作的比例，说明甘肃属于人才流失严重的省份。

**表4.3.16　2013届甘肃生源和非甘肃生源毕业生跨省流动情况**

| 分 类 | 大学生 | 研究生 |
|---|---|---|
| 甘肃生源流动到外地就业的毕业生比例（确定单位的毕业生） | 30.6% | 29.0% |
| 非甘肃生源在西部就业的毕业生比例（确定单位的毕业生） | 15.9% | 11.1% |

表4.3.17甘肃生源毕业生跨省流动情况，本专科生前期流动明显小于后期流动，即很多甘肃生源本专科生选择到甘肃以外地区就业，而外省生源地本专科生在甘肃接受完高等教育后更多的选择去其他省区就业。在研究生中，后期流动大于前期流动，但两者差距不大；在前期流动中，中部地区和西部地区生源在甘肃就业的比例大于东部地区，后期流动中可以看出更多的甘肃生源研究生倾向于到东部地区就业。

**表4.3.17　2013届甘肃高校毕业生跨省就业流动情况**

| 毕业生 | 流动类型 | 毕业生流动的具体路径 | | | 人数 | % | 人数 | % |
|---|---|---|---|---|---|---|---|---|
| | | 生源地 | 就学地 | 就业地 | | | | |
| 本专科生 | 前期流动 | 东部地区 | 甘肃 | 甘肃 | 7 | 1.7 | 47 | 11.1 |
| | | 中部地区 | 甘肃 | 甘肃 | 20 | 4.7 | | |
| | | 西部其他 | 甘肃 | 甘肃 | 20 | 4.7 | | |
| | 后期流动 | 甘肃 | 甘肃 | 东部地区 | 89 | 20.9 | 377 | 88.9 |
| | | 甘肃 | 甘肃 | 中部地区 | 62 | 14.6 | | |
| | | 甘肃 | 甘肃 | 西部其他 | 226 | 53.3 | | |
| 合 计 | | | | | 424 | 100 | 424 | 100 |
| 研究生 | 前期流动 | 东部地区 | 甘肃 | 甘肃 | 1 | 1.9 | 22 | 43.1 |
| | | 中部地区 | 甘肃 | 甘肃 | 11 | 21.6 | | |
| | | 西部其他 | 甘肃 | 甘肃 | 10 | 19.6 | | |
| | 后期流动 | 甘肃 | 甘肃 | 东部地区 | 12 | 23.5 | 29 | 56.8 |
| | | 甘肃 | 甘肃 | 中部地区 | 6 | 11.8 | | |
| | | 甘肃 | 甘肃 | 西部其他 | 11 | 21.6 | | |
| 合 计 | | | | | 51 | 100 | 51 | 100 |

在甘肃高校不同性别毕业生的跨省区就业流动中可以看出（参见表

4.3.18)，非甘肃生源男性毕业生的前期流动小于女性毕业生的前期流动，说明非甘肃生源女生在甘肃求学后相比男生更易留在甘肃就业。相反，甘肃生源地男性毕业生的后期流动大于女性毕业生，说明甘肃生源男性毕业生比女性毕业生更愿意去外省就业。非甘肃生源男性毕业生留在甘肃就业的比例很小。在后期流动中，甘肃生源男性毕业生去省外就业更多选择去西部其他省份。就女性毕业生而言，前期流动中，来自中部和西部其他省份生源地女性毕业生留在甘肃工作的比例显著高于东部地区生源地女生；后期流动中，甘肃生源地女生去东部和西部其他省份就业的比例远大于在中部地区就业的比例，说明甘肃生源女性毕业生在后期流动上更倾向于选择去东部和西部其他省份。

**表4.3.18　2013届甘肃高校不同性别毕业生跨省就业流动情况**

| 毕业生 | 流动类型 | 毕业生流动的具体路径 | | | 人数 | % | 人数 | % |
|---|---|---|---|---|---|---|---|---|
| | | 生源地 | 就学地 | 就业地 | | | | |
| 男性 | 前期流动 | 东部地区 | 甘肃 | 甘肃 | 7 | 1.9 | 41 | 11.5 |
| | | 中部地区 | 甘肃 | 甘肃 | 17 | 4.8 | | |
| | | 西部其他 | 甘肃 | 甘肃 | 17 | 4.8 | | |
| | 后期流动 | 甘肃 | 甘肃 | 东部地区 | 63 | 17.7 | 315 | 88.5 |
| | | 甘肃 | 甘肃 | 中部地区 | 61 | 17.1 | | |
| | | 甘肃 | 甘肃 | 西部其他 | 191 | 53.7 | | |
| 合　计 | | | | | 356 | 100 | 356 | 100 |
| 女性 | 前期流动 | 东部地区 | 甘肃 | 甘肃 | 1 | 1.0 | 28 | 22.6 |
| | | 中部地区 | 甘肃 | 甘肃 | 14 | 11.0 | | |
| | | 西部其他 | 甘肃 | 甘肃 | 13 | 10.0 | | |
| | 后期流动 | 甘肃 | 甘肃 | 东部地区 | 37 | 30.0 | 96 | 77.4 |
| | | 甘肃 | 甘肃 | 中部地区 | 12 | 10.0 | | |
| | | 甘肃 | 甘肃 | 西部其他 | 47 | 38.0 | | |
| 合　计 | | | | | 124 | 100 | 124 | 100 |

通过上述分析发现，甘肃是人才“净流失”严重的地区，那么这些甘肃生源都流动到哪些省份就业？其就业分布上呈现怎样的规律？以下分析甘肃生源流动到外省就业的分布情况，从表4.3.19可以看出，甘肃生源毕业生流动到西部其他省份所占比例最高，占甘肃生源流动总人数的58.8%；其次是东部地

区，占总人数的24.0%，其中京津沪广等经济发达地区占比就达到13.6%；到中部地区就业的人数相对于其他地区最少，占比仅17.2%。在东部地区就业甘肃生源毕业生选择在北京的最多，占流动到东部地区就业的甘肃生源毕业总数的18.9%，其次是上海、广东、江苏，占比分别达到17.0%、16.0%、16.0%，相比之下，占比最小的依次是福建、辽宁、天津。流动到中部地区就业的甘肃生源毕业生中，选择去湖北就业的毕业生占比最高，占比达到43.4%，其次为山西，占比为13.2%，其余中部省份占比都普遍偏小。西部其他省份中，甘肃生源毕业生在新疆就业的最多，占在西部其他省份工作的甘肃生源毕业生总数的34.6%，其次是陕西和青海，占比分别为22.3%、20.8%，最少的是西藏，占比仅1.2%。总体来看，2013届甘肃生源毕业生流动到省外就业的人数，就业人数从多到少依次是新疆、陕西、青海、湖北、北京、上海、广东、江苏，其中新疆、青海、陕西都是甘肃周边省份，可以看出甘肃生源毕业生就业流动呈现邻里效应，即在流动过程中更倾向于选择到周边省份就业。

从学历层次分析跨省流动的甘肃生源毕业生（如表4.3.20所示），研究生学历的毕业生流动到东部地区与西部地区的人数一样多。相比之下，到中部就业的比例最少。在各个城市的分布上，2013届甘肃生源的研究生选择到北京就业的人数最多，占整体在东部地区就业的毕业研究生的45.5%。在西部其他地区，去陕西就业的研究生最多。

本科生方面，甘肃生源本专科毕业生去新疆就业的人数最多，其次是青海和陕西。在东部地区，本科生选择就业的省份中，去广东的人数最多，其次是上海、江苏、北京。在中部地区，去湖北的本科毕业生最多，占比达到50.0%，人数远远高于其他中部城市。在西部地区，去新疆的毕业生最多，占比达到34.5%，其次是青海、陕西。

在不同性别甘肃生源跨省流动中（如表4.3.21所示），女性毕业生选择东部就业的比例高于男性毕业生，选择中部和西部就业的人数低于男性毕业生。女性毕业生选择在东部就业的城市分布中，选择上海的人数最多，占去东部就业的女性毕业生人数的21.2%；其次是北京、广东、江苏。中部地区中，选择在山西就业的女性毕业生最多，其次是湖南。在西部地区，选择在新疆工作的女性毕业生最多，占去西部其他省区就业的女性毕业生人数的36.2%，其次是陕西和青海。甘肃生源男性毕业生跨省流动中可以看出，在东部地区，男生选择去广东和北京就业人数最多。在中部省区中，选择在湖北就业的男性毕业生最多，占总体去中部就业的男性毕业总数的49.2%，远高于其他省区。选择在西部其他省份就业的男生选择去新疆的最多，其次是青海和陕西。

综上所述，甘肃生源毕业生在就业流动上呈现邻里效应，即更倾向于选择甘肃周边省区就业。在学历上，研究生地区间流动比本科生更具普遍性，而本科生选择在西部地区就业的人数更多。在性别上，男性毕业生跨地区流动人数远高于女性毕业生，在就业流动中男性毕业生更倾向于选择在西部其他省区就业。

**表4.3.19　2013届毕业生甘肃生源就业分布省区情况**

<table>
<tr><th colspan="2">就业所在地</th><th>甘肃生源</th><th colspan="2">合　计</th></tr>
<tr><td rowspan="10">东部</td><td>北京</td><td>18.9%</td><td rowspan="3">13.6%</td><td rowspan="10">24.0%</td></tr>
<tr><td>上海</td><td>16.9%</td></tr>
<tr><td>天津</td><td>4.7%</td></tr>
<tr><td>广东</td><td>16.0%</td><td rowspan="7">10.4%</td></tr>
<tr><td>福建</td><td>1.9%</td></tr>
<tr><td>江苏</td><td>16.0%</td></tr>
<tr><td>辽宁</td><td>1.9%</td></tr>
<tr><td>山东</td><td>11.3%</td></tr>
<tr><td>浙江</td><td>12.3%</td></tr>
<tr><td>合计</td><td>100.0%</td></tr>
<tr><td rowspan="11">中部</td><td>安徽</td><td>7.9%</td><td rowspan="11" colspan="2">17.2%</td></tr>
<tr><td>海南</td><td>1.3%</td></tr>
<tr><td>河北</td><td>9.2%</td></tr>
<tr><td>河南</td><td>9.2%</td></tr>
<tr><td>黑龙江</td><td>1.3%</td></tr>
<tr><td>湖北</td><td>43.4%</td></tr>
<tr><td>湖南</td><td>7.9%</td></tr>
<tr><td>吉林</td><td>1.3%</td></tr>
<tr><td>江西</td><td>5.3%</td></tr>
<tr><td>山西</td><td>13.2%</td></tr>
<tr><td>合计</td><td>100.0%</td></tr>
</table>

续表 4.3.19

| 就业所在地 | | 甘肃生源 | 合　计 |
|---|---|---|---|
| 西部其他 | 广西 | 1.9% | 58.8% |
| | 贵州 | 1.5% | |
| | 内蒙古 | 2.7% | |
| | 宁夏 | 4.6% | |
| | 青海 | 20.8% | |
| | 陕西 | 22.3% | |
| | 四川 | 6.9% | |
| | 西藏 | 1.2% | |
| | 新疆 | 34.6% | |
| | 云南 | 1.5% | |
| | 重庆 | 1.9% | |
| | 合计 | 100.0% | |
| 合计 | | | 100% |

表 4.3.20　2013 届不同学历层次甘肃生源毕业生就业分布省区情况

| 就业所在地 | | 甘肃生源 | | | |
|---|---|---|---|---|---|
| | | 研究生 | | 本科生 | |
| 东部 | 北京 | 45.5% | 39.3% | 14.6% | 23.6% |
| | 上海 | 9.1% | | 16.9% | |
| | 天津 | — | | 5.6% | |
| | 广东 | — | | 19.1% | |
| | 福建 | — | | 2.3% | |
| | 江苏 | 9.1% | | 15.7% | |
| | 辽宁 | — | | 2.3% | |
| | 山东 | 9.1% | | 12.7% | |
| | 浙江 | 27.3% | | 11.2% | |
| | 合计 | 100.00% | | 100.00% | |

续表4.3.20

<table>
<tr><th colspan="2" rowspan="2">就业所在地</th><th colspan="4">甘肃生源</th></tr>
<tr><th colspan="2">研究生</th><th colspan="2">本科生</th></tr>
<tr><td rowspan="11">中部</td><td>安徽</td><td>16.7%</td><td rowspan="10">21.4%</td><td>4.8%</td><td rowspan="10">16.5%</td></tr>
<tr><td>海南</td><td>16.7%</td><td>—</td></tr>
<tr><td>河北</td><td>16.7%</td><td>8.1%</td></tr>
<tr><td>河南</td><td>16.7%</td><td>9.7%</td></tr>
<tr><td>黑龙江</td><td>—</td><td>1.61%</td></tr>
<tr><td>湖北</td><td>—</td><td>50.0%</td></tr>
<tr><td>湖南</td><td>—</td><td>4.8%</td></tr>
<tr><td>吉林</td><td>—</td><td>1.6%</td></tr>
<tr><td>江西</td><td>16.7%</td><td>4.8%</td></tr>
<tr><td>山西</td><td>16.7%</td><td>14.5%</td></tr>
<tr><td>合计</td><td colspan="2">100.0%</td><td colspan="2">100.0%</td></tr>
<tr><td rowspan="12">西部其他</td><td>广西</td><td>—</td><td rowspan="11">39.29%</td><td>2.2%</td><td rowspan="11">60.0%</td></tr>
<tr><td>贵州</td><td>—</td><td>1.3%</td></tr>
<tr><td>内蒙古</td><td>—</td><td>3.1%</td></tr>
<tr><td>宁夏</td><td>—</td><td>4.0%</td></tr>
<tr><td>青海</td><td>9.09%</td><td>23.0%</td></tr>
<tr><td>陕西</td><td>36.4%</td><td>21.7%</td></tr>
<tr><td>四川</td><td>18.2%</td><td>6.2%</td></tr>
<tr><td>西藏</td><td>—</td><td>0.9%</td></tr>
<tr><td>新疆</td><td>27.3%</td><td>34.5%</td></tr>
<tr><td>云南</td><td>—</td><td>1.8%</td></tr>
<tr><td>重庆</td><td>9.1%</td><td>1.4%</td></tr>
<tr><td>合计</td><td colspan="2">100.00%</td><td colspan="2">100.00%</td></tr>
<tr><td colspan="2">人数合计</td><td colspan="2">28</td><td colspan="2">377</td></tr>
</table>

注：“—”表示无数据

**表4.3.21　2013届不同性别甘肃生源毕业生就业分布省区情况**

<table>
<tr><th colspan="2" rowspan="2">就业所在地</th><th colspan="4">甘肃生源</th></tr>
<tr><th colspan="2">女</th><th colspan="2">男</th></tr>
<tr><td rowspan="10">东部</td><td>北京</td><td>18.9%</td><td rowspan="9">38.54%</td><td>17.5%</td><td rowspan="9">19.9%</td></tr>
<tr><td>上海</td><td>21.6%</td><td>14.3%</td></tr>
<tr><td>天津</td><td>2.7%</td><td>6.4%</td></tr>
<tr><td>广东</td><td>16.2%</td><td>17.5%</td></tr>
<tr><td>福建</td><td>2.7%</td><td>1.6%</td></tr>
<tr><td>江苏</td><td>16.2%</td><td>15.9%</td></tr>
<tr><td>辽宁</td><td>5.4%</td><td>—</td></tr>
<tr><td>山东</td><td>10.8%</td><td>12.7%</td></tr>
<tr><td>浙江</td><td>5.4%</td><td>14.3%</td></tr>
<tr><td>合计</td><td colspan="2">100.00%</td><td colspan="2">100.00%</td></tr>
<tr><td rowspan="11">中部</td><td>安徽</td><td>—</td><td rowspan="10">12.5%</td><td>7.9%</td><td rowspan="10">19.9%</td></tr>
<tr><td>海南</td><td>—</td><td>1.6%</td></tr>
<tr><td>河北</td><td>16.7%</td><td>11.1%</td></tr>
<tr><td>河南</td><td>—</td><td>11.1%</td></tr>
<tr><td>黑龙江</td><td>—</td><td>1.6%</td></tr>
<tr><td>湖北</td><td>8.4%</td><td>49.2%</td></tr>
<tr><td>湖南</td><td>25.0%</td><td>3.2%</td></tr>
<tr><td>吉林</td><td>—</td><td>1.6%</td></tr>
<tr><td>江西</td><td>16.7%</td><td>3.2%</td></tr>
<tr><td>山西</td><td>33.3%</td><td>9.5%</td></tr>
<tr><td>合计</td><td colspan="2">100.0%</td><td colspan="2">100.0%</td></tr>
</table>

续表4.3.21

| 就业所在地 | | 甘肃生源 | | | |
|---|---|---|---|---|---|
| | | 女 | | 男 | |
| | 广西 | — | | 2.6% | |
| | 贵州 | 2.1% | | 1.6% | |
| | 内蒙古 | — | | 3.7% | |
| | 宁夏 | 2.1% | | 4.2% | |
| | 青海 | 21.3% | | 22.5% | |
| 西部其他 | 陕西 | 23.4% | 49.0% | 21.5% | 60.2% |
| | 四川 | 12.8% | | 5.2% | |
| | 西藏 | 2.1% | | 0.5% | |
| | 新疆 | 36.2% | | 33.5% | |
| | 云南 | — | | 2.1% | |
| | 重庆 | — | | 2.6% | |
| | 合计 | 100.0% | | 100.0% | |
| 人数合计 | | 96 | | 317 | |

注：“—”表示无数据

## 第四节　影响甘肃省高校毕业生流动的内部机制

通过考察2013届在省外就业的甘肃生源高校毕业生和在甘肃就业的非甘肃生源毕业生个体特征（性别、民族、是否为独生子）、家庭情况（家庭经济状况、家庭所在地）、地区人才政策（单位薪酬、是否解决就业户口、单位类型）、人力资本（学历、院校种类）4个方面，系统研究影响甘肃省高校毕业生流动的内部机制，为制定甘肃吸引人才的战略措施提供政策建议。

### 一、个体特征

毕业生的个体特征性是与生俱来且后期无法改变的个人特征，包括性别、民族、是否为独生子女，这些个体特征在就业过程中对就业流动有怎样的影响，下面就从性别、民族和是否为独生子女三个方面分析。

（一）性别

从落实单位的不同生源地毕业生性别分布来看（见表4.4.1），男性总数远高于女性，甘肃生源男性和女性高于非甘肃生源，在非甘肃生源中，中部生源的男性和女性高于东部和西部其他地区。

**表4.4.1 落实单位的不同性别毕业生生源分布(人数)**

| 性别 | 甘肃生源 | 非甘肃生源 | | | 合计 |
|---|---|---|---|---|---|
| | | 东部 | 中部 | 西部其他 | |
| 男 | 666 | 96 | 121 | 90 | 973 |
| 女 | 327 | 28 | 63 | 43 | 461 |
| 合计 | 993 | 124 | 184 | 133 | 1434 |

下面分析甘肃生源中男生和女生的流动情况，我们将留在甘肃就业定义为非就业流动，在外地就业即流动到东部、中部、西部其他省份定义为就业流动。为了准确呈现甘肃高校男性毕业生和女性毕业生的流动比例，我们将流动的男性毕业生和女性毕业生人数除以确定就业单位的甘肃生源男性毕业生和女性毕业生的总数，如表4.4.2所示，甘肃生源确定单位的男性毕业生留在甘肃就业的比例为51.1%，女性毕业生为78.3%。流出甘肃到外地就业的比例中，男生为48.9%，女生为21.7%。可以看出甘肃生源男性毕业生比女性毕业生更容易流动，且流动去向中以西部其他城市为主。

**表4.4.2 不同性别甘肃生源毕业生就业流动情况(%)**

| 性别 | 未流动 | 流　　动 | | | |
|---|---|---|---|---|---|
| | | 东部 | 中部 | 西部其他 | 合计 |
| 男 | 51.1 | 9.0 | 9.9 | 30.0 | 48.9 |
| 女 | 78.3 | 6.5 | 2.7 | 12.5 | 21.7 |

**表4.4.3 不同性别的非甘肃生源就业流动情况(%)**

| 性别 | 未流动 | 流　　动 | | | |
|---|---|---|---|---|---|
| | | 东部 | 中部 | 西部其他 | 合计 |
| 男 | 10.3 | 43.7 | 22.2 | 23.8 | 89.7 |
| 女 | 16.6 | 36.0 | 22.8 | 24.6 | 83.4 |

如表4.4.3非甘肃生源留在甘肃就业的高校毕业生中，男性的比例为10.3%，女性为16.7%，在去外地工作的非甘肃生源毕业生中，男性比例为89.7%，女性

为83.3%，可以看出非甘肃生源男性比女性更倾向于流动，流动去向以东部城市为主。

通过上述分析可以说明，甘肃生源与非甘肃生源的男性毕业生比女性毕业生更倾向于流动，其中甘肃生源的男性和女性毕业生流动方向以西部其他省份为主，非甘肃生源的男性和女性毕业生流动方向以东部地区为主。非甘肃生源的男性和女性毕业生比甘肃生源的男性和女性毕业生流动性强。在社会分工中，男性更易于承担高风险、富有挑战性的工作。女性相对于男性更倾向于稳定的工作和收入，在选择就业地时多数女性会选择家庭所在地就业，更少的会选择离开自己熟悉的环境就业，这可能是导致女性就业流动相对于男性低的原因。

（二）民族

从确定单位的汉族与少数民族生源的分布可以发现（如表4.4.4），汉族高校毕业生中甘肃生源所占比例远远高于非甘肃生源毕业生，少数民族毕业生中非甘肃生源所占比例大于甘肃生源，可以看出多数民族生源来自西部其他省份。

**表4.4.4　落实单位的汉族与少数民族生源的人数分布(人数)**

| 民族 | 甘肃生源 | 非甘肃生源 | | |
|---|---|---|---|---|
| | | 东部 | 中部 | 西部其他 |
| 汉族 | 945 | 121 | 172 | 86 |
| 少数民族 | 42 | 3 | 11 | 39 |

甘肃生源的汉族和少数民族的就业流动情况可以看出（表4.4.5），汉族留在甘肃就业的比例为58.4%，少数民族为83.3%，可以看出，汉族比少数民族的流动性强，在流动的少数民族中，流动到西部其他省份的少数民族最多，达到13.9%。

**表4.4.5　甘肃生源汉族与少数民族就业流动情况(%)**

| 民族 | 未流动 | 流动 | | | |
|---|---|---|---|---|---|
| | | 东部 | 中部 | 西部其他 | 合计 |
| 少数民族 | 83.3 | 0.0 | 2.8 | 13.9 | 16.7 |
| 汉族 | 58.4 | 8.6 | 7.7 | 25.3 | 41.6 |

从非甘肃生源的汉族与少数民族的就业流动中可以发现（表4.4.6），在流动性上，非甘肃生源与甘肃生源具有相同性，即汉族的流动性比少数民族强，但非甘肃生源少数民族去西部的比例明显高于汉族，同时也高于甘肃生源。

表4.4.6　非甘肃生源汉族与少数民族就业流动情况(%)

| 民族 | 未流动 | 流动 | | | |
|---|---|---|---|---|---|
| | | 东部 | 中部 | 西部其他 | 合计 |
| 少数民族 | 14.2 | 16.7 | 16.7 | 52.4 | 85.8 |
| 汉族 | 11.4 | 45.7 | 23.6 | 19.3 | 88.6 |

从上述分析可知，汉族的流动性比少数民族强，且流动的少数民族多数以西部为自己就业理想的选择。由于少数民族信仰和生活习惯的不同，生活的环境具有独特性，所以在选择就业地上具有较多的局限性，甘肃地处西部多民族地区，省内多个少数民族生活习惯和民族信仰多数一样，所以甘肃生源的少数民族更愿意留在甘肃工作；而非甘肃生源的少数民族中，西部其他省份的居多，因此在大学毕业后有一部分留在甘肃工作，还有一部分选择流动到甘肃以外的其他省份就业。

（三）家庭规模

从独生子女和非独生子女的就业流动可以看出（如表4.4.7），非独生子女流动人数占非独生子女已确定单位人数的43.9%；相对于独生子女流动人数占独生子女已确定单位人数的48.5%，因此从留甘工作的独生子女与非独生子女情况看，独生子女更倾向于不流动。

表4.4.7　落实单位的独生子女与非独生子女毕业生就业流动情况(%)

| 类别 | 未流动 | 流动 | | | |
|---|---|---|---|---|---|
| | | 东部 | 中部 | 西部其他 | 合计 |
| 非独生子女 | 43.9 | 17.2 | 13.0 | 25.9 | 56.1 |
| 独生子女 | 48.5 | 21.9 | 9.0 | 20.6 | 51.5 |

我们知道独生子女在城市居多，而非独生子女农村居多。下面通过分析城市和农村的独生子女与非独生子女的跨省就业流动情况可以发现（表4.4.8），家住城市的344名跨省就业的毕业生中，有129名非独生子女，215名独生子女，独生子女占城市流动毕业生比例的37.5%，而非独生子女则占62.5%。在家住农村的流动毕业生中，有290名非独生子女，28名独生子女，其中独生子女占整个农村流动毕业生比例为8.8%，而非独生子女占比则为91.2%。可以看出，不管家住农村或城市，流动毕业生中独生子女始终小于非独生子女。

表4.4.8　跨省就业的独生子女与非独生子女毕业生流动情况(人数)

| 城市 | | | 农村 | | |
|---|---|---|---|---|---|
| 独生子女 | 非独生子女 | 合计 | 独生子女 | 非独生子女 | 合计 |
| 129 | 215 | 344 | 28 | 290 | 318 |

（四）总结

通过对毕业生个体特征的分析可以看出，首先，在性别方面，甘肃生源与非甘肃生源的男性毕业生比女性毕业生更容易发生流动，其中甘肃生源的男性毕业生和女性毕业生流动方向以西部其他省份为主，非甘肃生源的男性毕业生和女性毕业生流动方向以东部地区为主。非甘肃生源的男性毕业生和女性毕业生比甘肃生源的男性毕业生和女性毕业生流动性强。其次在民族方面，汉族的流动性比少数民族强，且流动的少数民族多数以西部为自己就业理想的选择。最后在家庭规模方面，非独生子女比独生子女更容易发生流动，农村的非独生子女毕业生比城市的非独生女流动性强。

## 二、家庭背景

毕业生的家庭背景因素是影响其就业流动的隐性因素，主要体现在家庭背景对个人社会地位和就业的影响，这种影响表现为代际相传，其中包括家庭收入、社会关系、父母受教育年限、父母职业、家庭所在地类型等因素。

（一）家庭收入

从不同家庭收入的毕业生就业分布上可以发现（见表4.4.9），留在甘肃就业的毕业生中家庭收入越高比例越小。流动的毕业生中，家庭收入越高，流动的比例越大，其中家庭收入越高，去东部就业的毕业生比例越大，去西部就业的比例越小。

**表4.4.9　家庭收入不同的毕业生就业流动情况(%)**

| 家庭人均年收入 | 未流动 | 流动 | | | |
|---|---|---|---|---|---|
| | | 东部 | 中部 | 西部其他 | 合计 |
| 3000及以下 | 48.2 | 13.9 | 11.6 | 26.3 | 51.8 |
| 3000～5000元 | 47.3 | 19.5 | 10.9 | 22.3 | 52.7 |
| 5000～1万元 | 46.2 | 13.9 | 13.0 | 26.9 | 53.8 |
| 1～2万元 | 44.8 | 14.1 | 11.7 | 29.4 | 55.2 |
| 2～5万元 | 43.2 | 23.3 | 15.3 | 18.2 | 56.8 |
| 5～10万元 | 35.0 | 26.8 | 10.6 | 27.6 | 65.0 |
| 10万元及以上 | 42.9 | 31.4 | 11.4 | 14.3 | 57.1 |

家庭收入对毕业生就业有着现实影响，首先在择业花费上，家庭殷实的毕业生可以有更多的钱花在工作的搜寻上，比如去外地的交通费、招聘会花费、外地找工作时的生活花费等，这些花费必然可以换来相对一般家庭的毕业生更

多的就业机会和信息。首先，这些家庭较殷实的毕业生在外地找到了比本地更好的工作机会时就会更容易发生流动。其次在就业流动性上，家庭殷实的毕业生相对家庭收入一般的毕业生负担较轻，在工作地区的选择上较少考虑工作后可以为家里带来的收入，因此在就业地区的选择上相对于一般家庭的毕业生更自由。

（二）家庭所在地

从毕业生家庭所在地类型来看（表4.4.10），甘肃生源留在甘肃就业的毕业生中，家住省会城市的比例最高，达到67.9%；在流动到其他地区就业的甘肃生源毕业生中，家住农村的毕业生比例最高，达到48.2%，其中去西部其他省份就业的毕业生比例远高于其他地区。

**表4.4.10　不同家庭所在地甘肃生源毕业生流动情况(%)**

| 家庭所在地 | 未流动 | 流动 | | | |
|---|---|---|---|---|---|
| | | 东部 | 中部 | 西部其他 | 合计 |
| 省会城市 | 67.9 | 6.7 | 4.7 | 20.7 | 32.1 |
| 其他城市 | 66.1 | 8.4 | 6.0 | 19.5 | 33.9 |
| 农村 | 51.8 | 8.6 | 10.2 | 29.4 | 48.2 |

在非甘肃生源方面，从表4.4.11可知，留在甘肃就业的毕业生中以家庭所在地为省会城市为主，占比达到19.2%，在流动的非甘肃生源毕业生中，家住农村的毕业生居多，达到89.8%，在就业流动过程中，家住农村的非甘肃生源毕业生更倾向于到东部就业。

**表4.4.11　不同家庭所在地非甘肃生源毕业生流动情况(%)**

| 家庭所在地 | 未流动 | 流动 | | | |
|---|---|---|---|---|---|
| | | 东部 | 中部 | 西部其他 | 合计 |
| 省会城市 | 19.2 | 28.2 | 15.4 | 37.2 | 80.8 |
| 其他城市 | 9.8 | 45.1 | 23.5 | 21.6 | 90.2 |
| 农村 | 10.2 | 44.9 | 25.9 | 19.0 | 89.8 |

综上所述，省会城市家庭的毕业生比农村家庭的毕业生流动性弱，即家庭所在地在省会城市的毕业生更倾向于流动。如表4.4.12所示，在总体流动的毕业生中，家庭所在地为省会城市的有127人，比例为28.0%；农村的有326人，比例为71.9%，比例远高于家住省会城市的毕业生。所以我们可以这样理解，家住省会城市的毕业生比家住农村的毕业生享受更多的社会资源，因此比起家

住农村的毕业生更倾向于留在甘肃就业；对于家住农村的毕业来说，根据相对剥夺理论与预期收入差距理论，农村毕业生为了追求更高的收入，更倾向于选择流动。

**表4.4.12　2013年跨省就业的毕业家庭所在地类型(人数)**

<table>
<tr><td rowspan="2">就业地区</td><td colspan="2">家庭所在地类型</td></tr>
<tr><td>省会城市</td><td>农村</td></tr>
<tr><td>东部</td><td>37</td><td>104</td></tr>
<tr><td>西部其他</td><td>69</td><td>144</td></tr>
<tr><td>中部</td><td>21</td><td>78</td></tr>
<tr><td>合计</td><td>127</td><td>326</td></tr>
</table>

那么这些流动的农村毕业生源都到哪里去了？由于本文以甘肃为视角，故下面着重考察甘肃农村生源毕业生流动地区和单位性质情况（表4.4.13）。甘肃农村生源毕业生在就业地选择上多数以城市为主，在省会城市的有90人，占所有农村流动毕业生的51.1%；在其他城市的有50人，占所有农村流动毕业生的28.4%，而在农村的则寥寥无几。在就业单位的选择上可以看出：选择党政机关的有2人，都分布于城市；选择企业的有156人，分布在城市的有152人，占比达到86.4%；选择学校的有18人。综上所述，甘肃生源毕业生中，家庭在农村的毕业生更易于流动，其流动特点大致表现为家庭规模为非独生子女，流入地以大中城市为主，在单位的选择上更倾向于企业。

**表4.4.13　甘肃农村生源毕业生流动地区和落实单位性质(人数)**

<table>
<tr><td rowspan="3">签约单位<br>所在地</td><td colspan="5">签约单位性质</td><td rowspan="3">合计</td></tr>
<tr><td rowspan="2">党政机关</td><td colspan="3">企业</td><td rowspan="2">学校</td></tr>
<tr><td>国有企业</td><td>三资企业</td><td>民营企业</td></tr>
<tr><td>直辖市</td><td>0</td><td>16</td><td>2</td><td>9</td><td>1</td><td rowspan="3">172</td></tr>
<tr><td>省会城市</td><td>1</td><td>70</td><td>2</td><td>14</td><td>5</td></tr>
<tr><td>其他城市</td><td>1</td><td>25</td><td>4</td><td>10</td><td>12</td></tr>
<tr><td>农村</td><td>0</td><td>2</td><td>0</td><td>2</td><td>0</td><td>4</td></tr>
<tr><td>合计</td><td>2</td><td colspan="3">156</td><td>18</td><td>176</td></tr>
</table>

对甘肃农村生源毕业生流动情况进行分析，根据相对剥夺理论和预期收入差距理论可知，一些农村家庭的毕业生流动的最终目的是追求更高的薪酬收

入。从上表可以看出选择在企业的农村毕业生相对居多。农村地区的毕业生由于家庭条件不如城市家庭，在接受完高等教育后，通过对比使得在找寻工作时对工资有一个心理价位，这个价位是毕业生自己的学历、求职过程中的花费成本、劳动力市场上工资分布等情况来划定的。并且，农村家庭毕业生心目中的理想工作与社会的分层密切相关，即一般对社会地位及其工作的社会声誉的期望，大都直接投射在收入高低上，收入越高的工作往往也越接近毕业生心目中的理想工作。所以，当甘肃地区的工资水平无法达到农村毕业生预定的心理价位时，就会选择流动。

（三）总结

通过上述分析可知，在家庭收入方面，家庭收入越高，流动性越强，其中毕业生家庭收入越高，去东部就业的比例越大。在毕业生家庭所在地方面，农村家庭的毕业生比省会城市家庭的毕业生更倾向于流动。农村家庭的毕业生其特点为：家庭规模为非独生子女，流入地以大中城市为主，在单位的选择上更倾向于企业。

## 三、人才政策

人才政策是区域吸引人才的重要指标，本研究涉及的人才政策有单位薪酬、就业单位是否解决毕业生户口、单位的类型，将单位类型纳入人才政策是因为涉及就业市场的劳动力分割理论，即现实生活中，劳动力市场被社会不自觉地划分为相互阻隔、自成体系的两个部分：主要劳动力市场和次要劳动力市场，其中主要劳动力市场大致指经济发达地区或指党政机关和大公司提供的具有高工资水平、优良的工资环境、具有较高的社会地位和升迁机会和福利保障的工作机会，而次要劳动力市场是指经济欠发达地区所提供的保障差、就业流动性大、工作环境劣且获取信息的渠道单一的工作。如果相同条件下，两个地区相同就业单位类型吸引的毕业生有差距，那么其差距的原因必然体现在人才招收的力度和政策上。所以下面考察这些人才政策指标对毕业生就业流动的影响。

（一）单位薪酬

从不同薪酬水平下的甘肃生源毕业生就业分布情况看出（见表4.4.14），留在甘肃就业的毕业生中，薪酬收入2000以下的居多，占收入在2000以下毕业生总数的72.9%，薪酬收入在4000以上的比例最小。在流动的甘肃生源毕业生中，随着薪酬水平的提高，毕业生流动的比例也不断提高，其中每月薪酬在4000以上的毕业生占该薪酬水平总数的53.5%，其中流动到西部其他省份的毕业生在各薪酬水平上所占比例均大于其他地区。

表4.4.14　不同薪酬水平的甘肃生源毕业生就业流动情况

| 薪酬 | 未流动 | 流　　动 | | | |
|---|---|---|---|---|---|
| | | 东部 | 中部 | 西部其他 | 合计 |
| 2000以下 | 72.9% | 3.1% | 4.2% | 19.8% | 27.1% |
| 2000～3000 | 58.9% | 6.8% | 7.8% | 26.5% | 41.1% |
| 3000～4000 | 51.0% | 13.7% | 8.8% | 26.5% | 49.0% |
| 4000以上 | 46.5% | 18.6% | 9.3% | 25.6% | 53.5% |

从非甘肃生源来看，见表4.4.15，可以看出各个薪酬水平下，留在甘肃就业的毕业生占比随着薪酬水平的提高而不断减小。对于流动的非甘肃生源毕业生来说，薪酬水平越高，流动的比例越大，在流动的毕业生中，薪酬在4000以上的毕业生占该薪酬水平毕业生总数的92.4%，其中流动到东部的毕业生薪酬最高。

表4.4.15　不同薪酬水平的非甘肃生源毕业生就业流动情况

| 薪酬 | 未流动 | 流　　动 | | | |
|---|---|---|---|---|---|
| | | 东部 | 中部 | 西部其他 | 合计 |
| 2000以下 | 33.3% | 44.4% | 0.0% | 22.2% | 66.7% |
| 2000～3000 | 15.3% | 28.7% | 27.4% | 28.7% | 84.7% |
| 3000～4000 | 7.3% | 43.8% | 22.9% | 26.0% | 92.7% |
| 4000以上 | 7.6% | 63.0% | 14.1% | 15.2% | 92.4% |

通过上述分析说明毕业生流动受就业单位薪酬影响，即外省就业单位的薪酬普遍高于甘肃本地，且薪酬越高，越拉动甘肃生源毕业生的就业流动。另一方面可以说，那些流动的毕业生的就业单位薪酬比未流动的毕业生高。当教育被看作是一种投资时，其收益的体现方式最直接的就是就业单位的工作。其不同地区之间工资水平的高低深刻影响着高校毕业生的流动。甘肃相对于中东部属于经济发展落后地区，且在西部的生产总值排在倒数，甘肃生源毕业生在找寻工作时对工资有一个心理价位，这个价位是毕业生以自己的学历、求职过程中的花费成本、劳动力市场上工资分布等情况来划定的。其次，毕业生心目中的理想工作与社会的分层密切相关，即一般对社会地位与工作的社会声誉的期望大都直接投射在收入高低上，收入越高的工作往往也越接近毕业生心目中的理想工作。所以，当甘肃地区的工资水平无法达到毕业生预定的心理价位时，就会选择流动。

（二）就业地户口

非甘肃生源毕业生与甘肃生源毕业生的流动都与就业单位是否解决户口有关，这反映了毕业生落户安家的传统情结与客观需求。户口作为一个地区的身份证明，一直受到劳动力流入者的关注和强烈需求，特别是发达地区的户口，被作为一种共享当地发达经济与社会资源的有效证明。拥有这种证明，就可以直接或间接享受所在地区带来的福利和资源，毕业生在就业地获得户口也可以增加他的安全感和成就感，因此，解决户口也成为地方吸引人才的有效手段和政策。

首先从总的甘肃毕业生来分析（表4.4.16所示），在毕业生中，因为就业单位没解决户口而流动毕业生占总数的14.2%，而因为单位解决户口导致毕业生流动的占41.5%，后者远远高于前者。从数据上可以看出，在就业单位方面，甘肃本地单位解决毕业生户口的能力较弱，积极性较差。在毕业生方面可以看出，更多毕业生对就业后的本地户口有较强的依赖和期望，如果加大地区单位就业后解决户口的能力和积极性，可以很大程度上吸引毕业生在本地就业。

**表4.4.16　户口解决对毕业生流动的影响(%)**

| 类别 | 工作单位是否解决户口 | | 合计 |
|---|---|---|---|
| | 否 | 是 | |
| 未流动 | 15.7 | 28.6 | 44.3 |
| 流动 | 14.2 | 41.5 | 55.7 |
| 合计 | 29.9 | 70.1 | 100.0 |

从甘肃生源毕业生来看（如表4.4.17所示），未流动的甘肃生源毕业生占比58.7%，流动甘肃生源毕业生占41.3%，说明更多的甘肃生源毕业生愿意留在自己的家乡就业。其中因为单位不解决户口而没有流动的甘肃生源毕业生占20.3%，流动的甘肃生源毕业生占比9.6%，可以看出甘肃生源在单位不解决户口的情况下也愿意留在甘肃就业。这种情况说明，甘肃生源毕业生对自己故乡较为熟悉，不愿离开自己的家乡。在对比解决户口对毕业的吸引力方面，对于流动的甘肃生源毕业生，由于单位解决户口而离开甘肃就业的毕业生比例达到31.7%，而因为单位没有解决户口而流动的毕业生占比为9.6%，对于未流动的甘肃生源毕业生，因为解决户口而没有流动的毕业生占比38.4%，因为没解决户口而未流动的毕业生占比20.3%，两者差为18.1%，未流动的差值从一个侧面反映出甘肃地区对就业生户口解决的力度和积极性，流动的差则反映出外地对毕业生解决户口问题的力度。

表4.4.17　户口解决对甘肃生源毕业生流动的影响(%)

| 就业流动 | 就业单位是否解决户口 | | 合计 |
|---|---|---|---|
| | 否 | 是 | |
| 未流动 | 20.3 | 38.4 | 58.7 |
| 流动 | 9.6 | 31.7 | 41.3 |
| 合计 | 29.9 | 70.1 | 100.0 |

从表4.4.18可以看出，在非甘肃生源留在甘肃就业的毕业生中，单位解决户口的人数比例为占比8.2%，未解决户口的人数比例6.4%。在流动的非甘肃生源毕业生中，单位解决户口的人数比例61.9%，单位未解决户口的人数比例为24.8%。可以看出，解决户口是吸引人才的有效政策。在都解决户口的毕业生中，流动到外地就业的人数比例为61.9%，留在本地就业的人数比例为8.2%。可见甘肃地区在毕业生就业后户口解决问题上对人才的吸引力不强。

表4.4.18　户口解决对非甘肃生源毕业生流动的影响(%)

| 就业流动 | 就业单位是否解决户口 | | 合计 |
|---|---|---|---|
| | 否 | 是 | |
| 未流动 | 6.4 | 8.2 | 14.6 |
| 流动 | 24.8 | 61.9 | 85.4 |
| 合计 | 29.9 | 70.1 | 100.0 |

从上述分析中可知，甘肃生源毕业生流动受到就业地单位是否解决户口的影响，即就业单位解决户口更容易使毕业生流动。另一方面，甘肃地区就业单位解决户口的积极性不高，在户口政策上相比于外省缺少优势。

（三）就业单位类型

从甘肃生源毕业生就业单位类型上看（表4.4.19），留在甘肃就业的毕业生中，在就业单位的选择上以事业单位为主，占总体选择事业单位的甘肃生源毕业生的67.4%，其次是党政机关。在流动的甘肃生源毕业生中，选择单位多数以企业为主，占比达到44.8%，其中西部企业毕业生人数最多，就业在东部地区的毕业生也以在企业就业为主。

在非甘肃生源就业单位类型分布方面（4.4.20），留在甘肃就业的毕业生主要以事业单位为主，占比达到13.3%；在流动的非甘肃生源毕业生方面，选择在企业工作的毕业生最多。在地区上，去东部企业和西部党政机关与事业单位的毕业生居多。

表4.4.19　甘肃生源毕业生就业单位类型分布(%)

| 单位类型 | 未流动 | 流　　动 | | | |
|---|---|---|---|---|---|
| | | 东部 | 中部 | 西部其他 | 合计 |
| 党政机关 | 60.3 | 8.3 | 7.4 | 24.0 | 39.7 |
| 企业 | 55.2 | 8.4 | 7.0 | 29.4 | 44.8 |
| 事业单位 | 67.4 | 6.3 | 8.9 | 17.4 | 32.6 |

表4.4.20　非甘肃生源毕业生就业单位类型分布(%)

| 单位类型 | 未流动 | 流　　动 | | | |
|---|---|---|---|---|---|
| | | 东部 | 中部 | 西部其他 | 合计 |
| 党政机关 | 10.0 | 35.0 | 15.0 | 40.0 | 90.0 |
| 企业 | 11.6 | 44.4 | 25.1 | 18.9 | 88.4 |
| 事业单位 | 13.3 | 32.0 | 17.3 | 37.3 | 86.7 |

从上述分析可以发现，甘肃与非甘肃生源毕业生留在甘肃事业单位就业的比例较大。在流动的毕业生中，甘肃和非甘肃生源更倾向于去企业单位，甘肃生源去西部其他省份的企业居多，非甘肃生源去东部企业的居多，且非甘肃生源流出甘肃去西部其他省份的党政机关和事业单位工作的比例也最大。事业单位是毕业生在甘肃就业的主要选择，因此可以看出，甘肃地区的企业发展落后于其他地区，对毕业生的吸引力不强。由于甘肃地区经济发展不如东中部地区，在西部也不强，处于次级劳动力市场，所以毕业生在就业流动决策中留在本省就业的多数选择事业单位，而选择流动的毕业生多数选择去企业工作。

（四）总结

通过上述分析发现，在就业薪酬方面，外省就业单位的薪酬普遍高于甘肃本地，且薪酬越高，越拉动甘肃生源毕业生的就业流动。另一方面来说，那些流动的毕业生的就业单位薪酬比未流动的毕业生高。在毕业生就业户口方面，甘肃生源毕业生流动受到就业地单位是否解决户口的影响，即甘肃生源毕业生流动的原因是就业单位是否解决毕业生的户口。另一方面，甘肃地区就业单位解决户口的积极性不高，在户口政策上缺少优势。在毕业生就业单位的选择上，甘肃与非甘肃生源毕业生留在甘肃事业单位就业的比例较大。在流动的毕业生中，甘肃生源和非甘肃更倾向于去企业单位，甘肃生源去西部其他省份的企业居多，非甘肃生源去东部企业的居多，且非甘肃生源流出甘肃去西部其他省份的党政机关和事业单位工作的比例也最大。因此，从侧面可以看出，事业单位是毕业生在甘肃就业的主要选择，甘肃地区企业对毕业生的吸引力不强。

## 四、人力资本

人力资本是毕业生在工作搜寻中投射给招聘单位的一种个人价值的信号，这种信号包括毕业生的学历、毕业院校类别。学历和院校类别都属于学生对教育投资收益后的文化资本，这种文化资本会因为学校和学生存在差异。对于毕业生来说，获得这种文化资本——毕业证书，它代表的一种文化符号在毕业生找工作中起到了“敲门砖”的作用。教育投资的收益最终体现在接受教育后能创造的价值，所以毕业生的流动决策中直接指向的就是地区和职业的选择。因此毕业生在人力资本上的差异直接影响到就业流动，以下将就毕业生人力资本对其流动的影响进行分析。

（一）学历

学历是毕业生个人受教育的程度。在自由竞争的劳动市场的筛选理论下，学历被当作招聘单位考察毕业生就业质量的标准，同时也是毕业生自我推销的个人品牌。虽然学历并不是在任何情况下货真价实，同等学力的人能力也存在高下，但用人单位直接面对求职者时，要在短时间内了解毕业生的能力，最有效和最直接的方式就是甄别求职者学历，这就造成高学历求职者相对于低学历求职者有更多就业机会。

从不同学历的毕业生就业流动情况可以看出（见表4.4.21），留在甘肃就业的毕业生以低学历为主，其中专科占该学历毕业生总数的57.6%，本科占该学历的44.4%，研究生最少，仅占31.1%。在流动毕业生中，研究生及研究生以上的学历最多，占全体研究生学历毕业生的68.9%，其中去东部的研究生最多。

**表4.4.21　不同学历层次的毕业生就业流动分布(%)**

| 学历 | 未流动 | 流动 | | | |
|---|---|---|---|---|---|
| | | 东部 | 中部 | 西部其他 | 合计 |
| 专科 | 57.6 | 5.3 | 2.9 | 34.3 | 42.4 |
| 本科 | 44.4 | 18.4 | 13.4 | 23.8 | 55.6 |
| 研究生 | 31.1 | 32.9 | 19.4 | 16.7 | 68.9 |

从上述分析可以看出，毕业生学历越高流动越容易，且研究生以下学历倾向于流动到甘肃以外的西部其他省份就业，研究生及研究生以上学历的毕业生更倾向于流动到东部地区就业。

从学历为本科的毕业生可以看出（表4.4.22），留在甘肃工作的本科生中，选择在事业单位的居多，其次是党政机关单位。流动的本科毕业生中，选择在企业的居多，占总体在企业工作的本科生的65.7%。

表4.4.22　本科学历毕业生就业流动分布(%)

| 单位类型 | 未流动 | 流　动 | | | |
|---|---|---|---|---|---|
| | | 东部 | 中部 | 西部其他 | 合计 |
| 党政机关 | 48.3 | 17.2 | 6.9 | 27.6 | 51.7 |
| 企业 | 34.3 | 22.2 | 17.6 | 25.9 | 65.7 |
| 事业单位 | 73.3 | 6.7 | 1.3 | 18.7 | 26.7 |

研究生是各学历中流动性最强的，从表4.4.23可以看出，留在甘肃工作的研究生中，选择在党政机关就业的最多，占在党政机关就业研究生的40.0%，其次是事业单位（32.4%）。在流动的研究生中，选择在企业工作的居多，占比达到67.6%，其中流动到东部地区的研究生中，选择在企业工作的最多（37.3%）。

表4.4.23　研究生学历毕业生就业流动分布(%)

| 单位类型 | 未流动 | 流　动 | | | |
|---|---|---|---|---|---|
| | | 东部 | 中部 | 西部其他 | 合计 |
| 党政机关 | 40.0 | 33.3 | 6.7 | 20.0 | 60.0 |
| 企业 | 29.9 | 37.3 | 21.6 | 11.2 | 70.1 |
| 事业单位 | 32.4 | 23.9 | 18.3 | 25.4 | 67.6 |

从上述分析中可以看出，毕业生学历越高，越容易发生跨省就业流动，本科毕业生留在甘肃工作主要以事业单位为主，流动本科毕业生中，主要选择企业作为自己理想的工作单位。研究生是流动性最强的，留在甘肃工作的研究生主要在党政机关工作，跨省流动的研究生更倾向于选择东部的企业。因此可以看出，学历较高的毕业生在就业流动的决策和动机方面呈现出较强的意愿，由于这部分劳动力对自己所学的技能有明确的认识，并且在学习能力和信息掌控能力上较强，再加上这些高学历人才资源的稀缺性，在当今社会发展与技术进步的基础上，对这些高智力的劳动力需求越来越多，所以提供了越来越多的就业机会。另一方面，学历高的毕业生能够清楚地辨识收益机会，对地区的就业和劳动力需求反应迅速，如果当前地区支付的报酬预期与自身技能水平不匹配是，高学历人才会有更大机率前往其他能支付更高技能报酬的地区。正因如此，较高教育水平的劳动力往往选择迁往就业机会更好的地区。

（二）院校类型

从不同院校的毕业生就业分布情况可以看出（表4.4.24），普通院校和高职院校毕业的毕业生更容易留在甘肃就业，其中普通院校的毕业生占比最多

(65.2%)。在流动就业的毕业生中，重点本科的毕业生最多（66.6%），远高于普通本科和高职院校流动毕业生，其中重点本科毕业生更多选择流动到东部地区就业（26.3%）。普通院校和高职院校的毕业生在就业流向上多数以西部地区为主。

**表4.4.24　不同院校毕业生就业分布情况(%)**

| 院校类别 | 未流动 | 流　　动 | | | |
|---|---|---|---|---|---|
| | | 东部 | 中部 | 西部其他 | 合计 |
| 重点本科 | 33.4 | 26.3 | 17.0 | 23.3 | 66.6 |
| 普通本科 | 65.2 | 5.7 | 4.0 | 25.1 | 34.8 |
| 高职院校 | 64.8 | 4.6 | 5.6 | 25.0 | 35.2 |

从上述分析可以看出，重点本科毕业生更容易发生跨省就业流动，其就业方向以东部地区为主。甘肃地方普通本科院校和高职院校的毕业生更容易留在甘肃就业。所以通过分析可知，重点本科毕业生求职过程中相对容易，因此即便离开生源地，也可以在其他地区找到较满意的工作。而普通本科高职毕业生，其求职成本高于重点本科毕业生，因此流动性较差。另外，在经济发展水平较高的地区，其流入人才较多，人才之间的竞争激烈，在应聘者学历相同的情况下，就业单位会以毕业学校为人才甄选的一项标准，因此学校较好的毕业生更容易找到满意的工作，因此也更愿意流动到发达地区就业。

（三）总结

通过对毕业生人力资本的分析可知，在学历上，毕业生学历越高，越容易发生跨省就业流动；在毕业院校类型上，毕业学校越好的毕业生越容易发生就业跨省流动。

## 五、影响高校毕业生流动的内部因素总结

通过对个体特征、社会资本、人才政策和人力资本4个方面因素的分析发现：在个体特征方面，首先男性比女性更容易发生流动；其次汉族的流动性比少数民族强，且流动的少数民族多数以西部为自己就业理想的选择；最后在家庭规模方面，非独生子比独生子更容易发生流动，农村的非独生子女比城市的非独生子女更容易流动。

在家庭背景方面，首先毕业生家庭收入越高流动性越强，其中家庭收入越高，去东部就业的毕业生比例越大，去西部就业的比例越小；其次农村家庭毕业生比省会城市家庭毕业生更倾向于流动。

在人才政策方面，首先，外省就业单位薪酬越高，越容易拉动甘肃生源毕

业生的就业流动；其次，甘肃生源毕业生流动受到就业地单位是否解决户口的影响，就业单位越容易解决户口，毕业生越容易流动；最后，甘肃与非甘肃生源毕业生留在甘肃事业单位就业的比例较大。在流动的毕业生中，甘肃和非甘肃生源更倾向于去企业单位，甘肃生源去西部其他省份的企业居多，非甘肃生源去东部企业的居多。因此可以看出，事业单位是毕业生在甘肃就业的主要选择，主要原因是甘肃地区的企业发展落后于其他地区，对毕业生的吸引力不强。

在人力资本方面，首先，毕业生学历越高，越容易发生跨省就业流动，跨省就业流动中主要倾向于选择西部其他省份的企业和事业单位。其次在毕业院校类型上，毕业学校师资力量越好其毕业生越容易发生跨省就业流动，其就业方向以东部地区为主。甘肃地方普通本科院校和高职院校的毕业生更容易留在甘肃就业。

## 第五节　甘肃省高校毕业生跨区域流动研究的对策与建议

通过上述分析可以发现，甘肃地区是“人才流失”的高发地区，本地人才流失率高，外地人才流入率低，这些严重阻碍了甘肃社会经济的发展。现今世界经济发展迅速，各地经济的竞争主要体现在科学技术的竞争，而科学技术的竞争主要依靠人才，人才的集聚效应像酵母发酵一般，需要适合的区域人才环境才会快速成长。

区域人才环境是吸引人才来区域服务的先决基础，其人才环境竞争力主要体现在三个层面：其一，人才环境竞争力的硬环境，又叫基础层面。这一层面主要体现在一些外在形态，如区域的经济发展水平、地区的地理位置、社会福利与基础设施、交通、对教育投入的多少、劳动力市场所提供的就业机会和就业渠道等。其二，人才环境竞争力的软环境，主要体现在对地区内社会资源的服务与管理。一个地区人才环境的好坏不光看外在的经济发展、基础建设，还要拥有好的人文管理与服务，即完善的政策与法律保障、良好的生活环境与生活品质、独具特色的文化氛围，让来施展才华的人感受到成就和尊严。甘肃地处西部内陆地区，自然环境、地理位置都不如中东部地区优越，面对如今激烈的人才竞争，如何有效地利用自身特有的文化和条件，塑造独树一帜的人才环境，避开与中东部地区“同争一锅米”的局面，立足自身条件，摸清人才需要的类型，与全国其他地区协调发展，建立一个来去自由，各施其才的和谐人才环境，是一个我们需要面对和思考的问题。

下面从建设人才环境的四个方面，即经济发展环境、科技教育环境、人才市场环境、城市发展环境等展开讨论，并提出人才建设的合理化建议。

## 一、结合地区特点提高经济发展多样性，实现人才优化配置

地方经济的发展可以促进人才的集聚，同时人才的集聚反过来又会加快经济发展，经济繁荣必然使得产业多样化，使得人才各施其才，各安其位，提供更多的岗位，吸引更多的人才。大学毕业生在整体市场机制的作用下，应该是经济落后地区向发达地区转移，因此让毕业生留在甘肃就业，就要依靠政策法律的有效扶持。

本文研究得出，毕业生在流动上受单位性质、薪酬的影响，即流动的毕业生多数选择企业和薪酬水平较高的地区或单位就业，由于经济发展存在差距，多数流动的毕业生为了追求高收入进入外地企业单位就业。企业的特点为薪酬较高，可以看出地区因素和经济发展带来的薪酬优势是毕业生流动的重要因素。甘肃是西部省份，地理位置特殊，有其他地区不具备的自身优势，当地政府应结合地方特色，发展特色经济，鼓励和扶持中小微企业发展，提升地区经济实力。地方政府应在岗位需求和岗位供给上给中小企业建立绿色通道，及时传递和反馈招录信息和用工需求，提高企业经营效率，减少用工成本，创造更多的就业岗位。同时应制定相应的大学生就业优惠政策。其次，抢抓东部产业转移的发展新契机，以政策扶持为先导，吸引东部民营资本在甘肃建厂投资，发展周边产业，增加更多的就业机会。

## 二、增强文化软实力，扩大招生规模，为当地培育更多人才

科技教育环境作为人才发展需求，是一个地区集聚人才不可或缺的因素。地区的教育环境越好，其人口素质越高，越有利于人才的流入。对高等教育而言，东部发达省份拥有更多的优质教学资源，甘肃省应加大对高等教育事业的投入，提供更多优惠政策，吸引外地生源，为甘肃本地培养更多优秀的人才。

政府应立足甘肃地方经济特点和优势产业设置专业，调整专业结构，将人才培养目标定位为“留得住、用得着”。省属高校应该依据各校自身人才培养定位，各尽所能发挥优势，结合地方特色招生办学，吸引更多外来学子前来就学，还应扩大省外招生规模，增加省外毕业生留甘数量。

## 三、健全人才市场机制，完善就业指导，促使毕业生各尽其才

人才市场是招人单位与求职者重要的衔接点，一方面单位需要发布自己人才需求信息，另一方面求职者依据需求信息结合专业背景和个人喜好进行求职。甘肃地区的毕业生就业流出量大于就业流入量，属于人才净流失地区，这与甘肃地区人才市场规模小，劳务中介不正规、就业信息不通畅、人才服务不

到位有很大关系。在用人单位方面，政府部门应将毕业大学生的专业分布、学历层次等相关信息公布给招聘单位，使他们可以按照自己所需合理配置招聘岗位和薪酬。在毕业生方面，学校应将用人单位信息、岗位、专业需求公布给毕业生，使就业信息公开化。在学校和就业市场设置专门的咨询和投诉部门，合理监督用工单位，并保障毕业生就业后的劳动权利，使应聘透明公正化，应征上岗自愿化。

完善就业指导，高校应将就业指导和职业生涯教育工作贯穿于大学教育全过程中，从学生入学到毕业都要接受不同形式的就业指导，并将就业指导课程纳入公共必修课课程体系中，将就业指导与就业市场、人才培养、学生生涯规划相结合。

## 四、建设优良人才工作环境，加强社会保障，为人才解决后顾之忧

人才的工作环境包含社会保障、公共服务、工作环境、居住环境等硬性条件，优良的工作环境会无形增加对工作城市的认同感。因此，甘肃各级政府应推行高校毕业生柔性就业落户政策，为外省留甘毕业生设立优惠的落户政策。同时，应对在甘工作优秀人才提供一定的津贴和奖励，解决他们的后顾之忧。最后，在甘用人单位应实行激励性的薪酬标准，吸引高学历毕业生留甘发展。

# 第五章 甘肃省高校毕业生就业期望与就业结果

**摘要：** 本章对2007—2013年在甘肃省高校毕业生中的抽样调查数据进行分析，从就业地区、就业地点、就业单位性质和月薪四个方面入手，描述甘肃省高校毕业生就业期望情况与实际就业结果，并比较就业期望和就业结果，以期了解理想与现实的差距。

## 第一节 甘肃省高校毕业生就业期望分析

### 一、甘肃省高校毕业生到西部地区就业的意愿

从表5.1.1可以看出，本专科生和研究生在西部就业意愿总体上升，愿意到西部地区就业的毕业生占多数。本专科生愿意到西部工作的比例都高于研究生，从2007年的69.3%上升到2013年的77.4%。研究生愿意去西部工作比例从2007年的58.4%上升至2010年69.0%，又回落至2013年的58.5%。对于为什么不愿意到西部工作，统计显示排在前三位的是：离家太远、没有发展机会、自然条件艰苦。

**表5.1.1 高校毕业生愿意去西部就业的比例(%)**

| 学历 | 年份 | | | | | | |
|---|---|---|---|---|---|---|---|
| | 2007年 | 2008年 | 2009年 | 2010年 | 2011年 | 2012年 | 2013年 |
| 本专科生 | 69.3 | 75.7 | 74.8 | 73.8 | 78.9 | 76.1 | 77.4 |
| 研究生 | 58.4 | 67.1 | 60.2 | 69.0 | — | — | 56.7 |

注：“—”表示无数据

从图5.1.1可以看出，男性本专科生愿意留在西部工作的比例大于女性本专

科生，2007年男性本专科生愿意留在西部就业的比例为69.4%，2008年77.5%，2009年76.9%，2010年76.1%，2012年77.9%，2013年77.4%。女性毕业生的比例为2007年69.3%，2008年74.2%，2009年73.1%，2010年71.6%，2012年72.6%，2013年75.4%。总体来看，本专科毕业生愿意留在西部工作的男性和女性比例在2007—2013年有较大的提升，男性从2007年的69.4%上升到2013年的77.4%，增长8.0%。女性从2007年的69.3%上升到2013年的75.4%，增长6.1%。

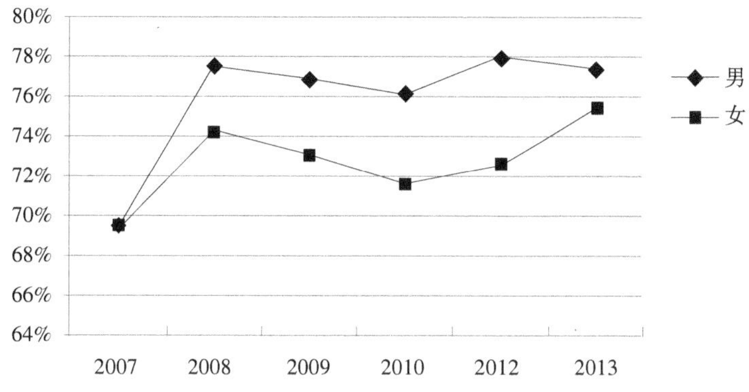


图5.1.1 不同性别本专科毕业生愿意在西部就业的比例(%)

图5.1.2是研究生愿意在西部就业的性别比较，与本专科生相比，女性研究生愿意留在西部发展的比例大于男性研究生。2007年男性研究生愿意留在西部工作的比例为58.4%、2008年为65.2%、2009年为57.5%、2010年为66.8%、2012年为77.8%、2013年为62.5%。2007女性研究生愿意在西部工作的比例为58.4%、2008年为69.4%、2009年为63.3%、2010年为72.0%、2012年为70.8%、2013年为53.3%。2007—2010年男性研究生和女性研究生对于愿意留在西部工作的意愿比例上保持相同的变化趋势，到了2013年，男性研究生愿意留在西部就业的人数比例超过了女性。

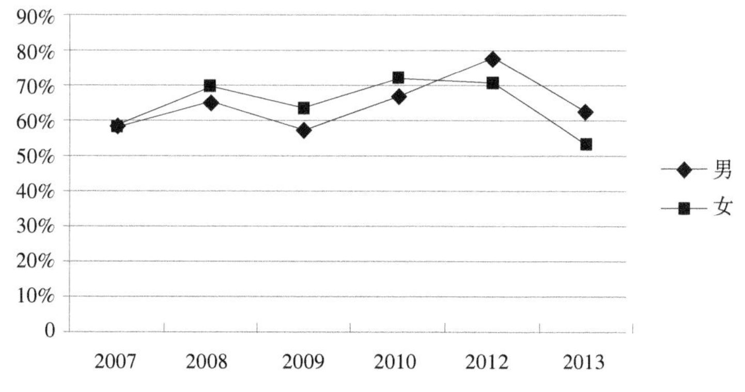


图5.1.2 不同性别研究生愿意在西部就业的比例(%)

## 二、甘肃省高校毕业生到农村就业的意愿

通过对调查问卷中的问题“您是否愿意到农村就业”进行分析（如表5.1.2所示），可以看到，甘肃省高校本专科生中有一半以上的同学愿意去农村就业，各年的调查统计数据虽略有变化，但愿意到农村就业的大学生比重都高于55%。2007—2010年，甘肃省高校研究生愿意到农村就业的比例分别为30%、46.4%、32.9%、43.8%，2013为43.9%，显然，高校研究生中多数是不愿意到农村就业的，这一结果与本专科生的就业意愿有差异。

**表5.1.2　高校毕业生愿意到农村就业的意愿(%)**

| 学历 | 年份 | | | | | | |
|---|---|---|---|---|---|---|---|
| | 2007年 | 2008年 | 2009年 | 2010年 | 2011年 | 2012年 | 2013年 |
| 本专科生 | 55.1 | 61.5 | 60.5 | 61.2 | 58.1 | 60.4 | 60.6 |
| 研究生 | 30.0 | 46.4 | 32.9 | 43.8 | — | — | 43.9 |

注：“—”表示无数据

## 三、甘肃省高校毕业生对就业单位性质的期望

对问卷调查数据进行分析汇总，可以得到甘肃省本专科毕业生最期待去的工作单位为党政机关、国有大中型企业，其次是学校、外企、科研机构，而选择乡镇企业和其他就业途径的人数较少。表5.1.3是2007—2012年大学毕业生对就业单位性质的期望，以2007年的调查数据为例，期望去党政机关工作的占30.7%，期望去国有大中型企业的占21.7%，期望去学校的占22.3%，期望去外企的占10.4%，期望去科研机构的占6.7%，期望去私人企业工作的占4.0%，期望去乡镇企业的占2.3%，期望其他就业途径的占1.9%。

**表5.1.3　本专科毕业生对就业单位性质的期望(%)**

| 单位性质 | 年份 | | | | | |
|---|---|---|---|---|---|---|
| | 2007年 | 2008年 | 2009年 | 2010年 | 2011年 | 2012年 |
| 党政机关 | 30.7 | 30.3 | 32.3 | 32.3 | 23.9 | 23.2 |
| 国有大中型企业 | 21.7 | 21.9 | 25.5 | 31.7 | 36.8 | 29.6 |
| 外企 | 10.4 | 10.6 | 11.7 | 12.6 | 9.5 | 9.5 |
| 乡镇企业 | 2.3 | 2.2 | 3.9 | 2.6 | 4.4 | 4.8 |
| 私人企业 | 4.0 | 4.1 | 4.6 | 3.0 | 3.5 | 5.8 |
| 科研机构 | 6.7 | 7.1 | 5.9 | 5.5 | 4.5 | 12.0 |

续表 5.1.3

| 单位性质 | 年份 | | | | | |
|---|---|---|---|---|---|---|
| | 2007年 | 2008年 | 2009年 | 2010年 | 2011年 | 2012年 |
| 学校 | 22.3 | 21.9 | 14.2 | 11.3 | 14.7 | 15.1 |
| 其他 | 1.9 | 1.9 | 1.9 | 1.0 | 2.7 | — |

注："—"表示无数据

我们对2013年的调查问卷此项问题的选项做了调整，大学生对就业单位性质期望回答如下：期望去党政机关工作的占27.7%，期望去国有企业的占33.0%，期望去高校和科研机构的占8.4%，期望去其他事业单位的占8.8%，期望去中小学校和幼儿园的占7.6%，期望去三资企业的占5.8%，期望去民营企业的占4.7%，期望去部队的占2.9%，其他占1.1%。

经过对调查数据的分析，可以看出甘肃省高校研究生最期望去的工作单位是党政机关和国有大中型企业，希望到这两类单位工作的毕业生占到总人数的50%以上。其他依次为学校、科研机构、外企，选择私人企业、乡镇企业和其他就业途径的人数较少。

2007—2010届研究生对就业单位性质的期望如表5.1.4所示。以2007年的调查数据为例，期望去党政机关工作的占23.2%，期望去国有大中型企业的占29.6%，期望去学校的占15.1%，期望去科研机构的占12.0%，期望去外企的占9.5%，期望去私人企业工作的占5.8%，期望去乡镇企业的占4.8%。

**表5.1.4　研究生对就业单位性质的期望(%)**

| 单位性质 | 年份 | | | |
|---|---|---|---|---|
| | 2007年 | 2008年 | 2009年 | 2010年 |
| 党政机关 | 23.2 | 27.7 | 25.8 | 33.9 |
| 国有大中型企业 | 29.6 | 21.7 | 28.6 | 26.9 |
| 外企 | 9.5 | 8.1 | 6.3 | 6.1 |
| 乡镇企业 | 4.8 | 1.8 | 0 | 1.2 |
| 私人企业 | 5.8 | 1.3 | 0.7 | 0.7 |
| 科研机构 | 12.0 | 16.6 | 14.4 | 11.6 |
| 学校 | 15.1 | 21.2 | 23.4 | 18.6 |
| 其他 | 0 | 1.5 | 0.8 | 1.2 |

2013届的研究生调查数据显示（调查问卷问题选项做了调整），期望去党政机关工作的研究生占34.2%，期望去高校和科研机构的占25.3%，期望去国有

企业的占20.6%，期望去三资企业的占7.6%，期望去其他事业单位的占5.3%，期望去民营企业的占2.6%，期望去中小学校和幼儿园的占1.8%，期望去部队的占1.6%，其他就业途径的占1.0%。

研究生与本专科生对就业单位性质的期望有共同点，最希望去的工作单位都是党政机关和国有大中型企业，而相对于本专科生，研究生更希望去科研机构或学校，愿意去私人企业和乡镇企业的比例较少。

## 四、甘肃省高校毕业生的期望月薪

对问卷收集到的高校毕业生月薪期望值进行分析，从调查结果看（表5.1.5），大部分本专科生的月薪期待值应该属于一个正常的期待值。2007—2010年，本专科毕业生平均期待月薪分别为1364.9元，1659.1元，1566.9元，1940.4元；2013年平均期望月薪为2476.9元。而期望月薪中出现频次最高的值也从2007年的1000元到2013年的2000元。可以看出大学毕业生期望月薪逐年增高。

**表5.1.5　大学生的期望月薪**

| 月薪 | 年份 | | | | |
|---|---|---|---|---|---|
| | 2007年 | 2008年 | 2009年 | 2010年 | 2013年 |
| 平均值 | 1364.9 | 1659.1 | 1566.9 | 1940.4 | 2476.9 |
| 频次最高值 | 1000 | 1500 | 1500 | 2000 | 2000 |
| 频次最高值所占比例 | 28.8% | 23.1% | 25.7% | 27.0% | 28.2% |

如表5.1.6所示2007—2010年研究生期望月薪均值分别为2433.5元、2444.7元、2856.8元、2857.0元，2013年为3723.4元；期望月薪中出现频次最高的值由2007年的2000元增加到2013年的3000元。可见研究生的期望月薪也在逐年增加，并且研究生的期望月薪平均值要比大学生高1000元以上。这符合人力资本理论，学历越高说明毕业生本人进行专业人力资本积累时间越长，期望工资就越高。

**表5.1.6　研究生的期望月薪**

| 月薪 | 年份 | | | | |
|---|---|---|---|---|---|
| | 2007年 | 2008年 | 2009年 | 2010年 | 2013年 |
| 平均值 | 2433.5 | 2444.7 | 2856.8 | 2857.0 | 3723.4 |
| 频次最高值 | 2000 | 2000 | 2000 | 2000 | 3000 |
| 频次最高值所占比例 | 28.3% | 32.6% | 33.6% | 29.2% | 28.0% |

## 第二节　甘肃省高校毕业生的就业结果分析

### 一、甘肃省高校毕业生的就业地点分布

如表5.2.1所示，按毕业生的就业地点来划分，本专科生在城市就业的占绝大多数，尤其是在省会城市和其他城市就业的比重较大。而在农村就业的毕业生较少。在2007—2013年的调查数据中，在农村就业的比重分别为15.6%，12.9%，12.7%，8.2%，8.5%，10.4%，6.0%，有逐年下降的趋势。

**表5.2.1　本专科生就业地点分布(%)**

| 地点 | 年份 | | | | | | |
|---|---|---|---|---|---|---|---|
| | 2007年 | 2008年 | 2009年 | 2010年 | 2011年 | 2012年 | 2013年 |
| 直辖市 | 11.7 | 14.9 | 14.5 | 15.7 | 10.6 | 19.6 | 11.6 |
| 其他城市 | 31.1 | 30.2 | 35.2 | 37.9 | 32.3 | 35.0 | 50.0 |
| 省会城市 | 41.6 | 42.0 | 37.6 | 38.2 | 48.6 | 35.0 | 32.4 |
| 农村 | 15.6 | 12.9 | 12.7 | 8.2 | 8.5 | 10.4 | 6.0 |

根据已确定工作的研究生的作答可以看出，研究生的就业地点主要是“其他城市”，其次是省会城市、直辖市，在农村就业的人数很少。2007—2013年的调查数据中，在农村就业的比例都不超过2%。研究生与本专科生的就业地点分布情况有共同点，就是都倾向于在城市就业，相对于本专科生，研究生更多的在省会城市工作，而在农村工作的本专科生又明显多于研究生。(如表5.2.2所示)。

**表5.2.2　研究生就业地点分布(%)**

| 地点 | 年份 | | | | |
|---|---|---|---|---|---|
| | 2007年 | 2008年 | 2009年 | 2010年 | 2013年 |
| 直辖市 | 12.5 | 12.4 | 15.3 | 16.8 | 12.9 |
| 其他城市 | 57.8 | 54.5 | 48.7 | 48.2 | 52.9 |
| 省会城市 | 29.7 | 32.7 | 34.0 | 34.1 | 32.9 |
| 农村 | 0 | 0.4 | 2.0 | 0.9 | 1.3 |

## 二、甘肃省高校毕业生的就业单位性质分布

就本专科生签约的工作单位性质而言，签约单位在国有大中型企业所占比例最大，其次是学校和私人企业、党政机关和外企，乡镇企业、科研机构和其他途径就业所占比例很小。2007—2012年，在国有大中型企业和党政机关就业的比例有所增加，而在学校就业的比例有降低的趋势。2007—2012年本专科生的就业单位性质分布情况如表5.2.3所示。以2012年为例，本专科毕业生签约党政机关的比例是12.9%，签约国有企业的比例是43.6%，签约外企、乡镇企业和私营企业的比例是26.3%，签约学校和科研机构的比例是13.3%。

表5.2.3　本专科生就业单位性质分布(%)

| 单位性质 | 年份 | | | | | |
|---|---|---|---|---|---|---|
| | 2007年 | 2008年 | 2009年 | 2010年 | 2011年 | 2012年 |
| 党政机关 | 5.8 | 8.7 | 9.7 | 10.4 | 4.0 | 12.9 |
| 国有大中型企业 | 29.7 | 29.1 | 35.3 | 44.0 | 49.7 | 43.6 |
| 外企 | 9.7 | 8.5 | 8.6 | 8.7 | 5.2 | 6.9 |
| 乡镇企业 | 2.4 | 2.3 | 6.2 | 3.6 | 2.4 | 4.6 |
| 私人企业 | 16.9 | 16.7 | 19.9 | 13.4 | 26.2 | 14.8 |
| 科研机构 | 1.6 | 1.9 | 2.8 | 2.2 | 0.4 | 2.4 |
| 学校 | 32.6 | 29.1 | 15.7 | 16.8 | 10.9 | 10.9 |
| 其他 | 1.3 | 3.7 | 1.8 | 0.9 | 1.2 | 3.9 |

2007—2010年研究生的就业单位性质分布情况如表5.2.4所示，研究生就业的主要单位仍是国有大中型企业，其次是学校、党政机关，而研究生在科研机构工作的比例要高于本专科生。

表5.2.4　研究生就业单位性质分布(%)

| 单位性质 | 年份 | | | | | | | |
|---|---|---|---|---|---|---|---|---|
| | 党政机关 | 国有大中型企业 | 外企 | 乡镇企业 | 私人企业 | 科研机构 | 学校 | 其他 |
| 2007年 | 7.9 | 22.8 | 3.2 | 1.3 | 3.2 | 16.5 | 44.2 | 0.9 |
| 2008年 | 10.0 | 35.7 | 5.9 | 2.6 | 9.3 | 8.6 | 24.9 | 3.0 |
| 2009年 | 8.1 | 31.1 | 10.0 | 0.7 | 11.5 | 8.1 | 27.1 | 3.4 |
| 2010年 | 11.1 | 43.3 | 6.5 | 2.8 | 4.6 | 4.6 | 20.3 | 6.8 |

### 三、甘肃省高校毕业生的实际月薪

对2013年的调查数据进行分析，可得到落实工作的甘肃省高校毕业生的实际月薪情况，如表5.2.5所示，高校毕业生的月薪值平均为3007.5元，本专科生实际月薪平均为2801.1元，研究生实际月薪平均为4032.7元。从实际月薪的分布情况也可以看出，本专科生的月薪在2001～3000元的比例最高，占到总数的45.2%；研究生的月薪在3001～4000元的比例最高，占总人数的32.4%。

表5.2.5 2013届高校毕业生实际月薪

| 类别 | 平均值 | 频次最高的值 | 频次最高值所占比例 | 1000～2000元 | 2001～3000元 | 3001～4000元 | 4001～5000元 | 5000元以上 |
|---|---|---|---|---|---|---|---|---|
| 实际月薪 | 3007.5 | 3000 | 22.9% | 28.9% | 42.6% | 16.7% | 7.3% | 4.5% |
| 本专科生月薪 | 2801.1 | 3000 | 22.6% | 33.4% | 45.2% | 13.5% | 4.8% | 3.1% |
| 研究生月薪 | 4032.7 | 3000 | 24.1% | 6.1% | 29.5% | 32.4% | 19.6% | 12.4% |

## 第三节 理想与现实的差距

### 一、甘肃省高校毕业生到西部就业的意愿与实际就业地区差异

甘肃省高校毕业生就业理想与现实的差距首先体现在到西部就业的意愿与实际就业地区的差异。根据对调查数据的分析，2007—2013年，愿意到西部地区工作的本专科生分别占调查总人数的69.3%，75.7%，74.8%，73.8%，78.9%，76.1%，77.4%；而实际就业结果显示，2007—2013年，签约单位在西部地区的大学生占总人数的56.7%，50.4%，50.7%，49.7%，72.8%，49.9%，79.2%（如图5.3.1）。可见，有意愿去西部地区就业的毕业生比实际在西部就业的毕业生更多。

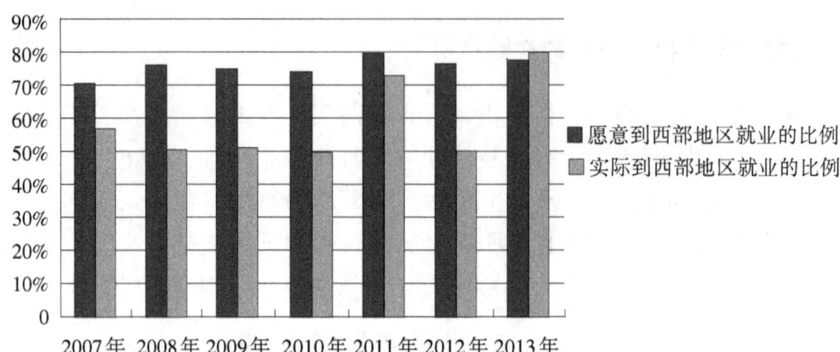


图5.3.1 本专科生到西部就业的意愿和实际的比较

2007—2010年，愿意到西部地区工作的研究生分别占研究生总数的58.4%，67.1%，60.2%，69.0%，2013年愿意到西部就业的研究生占56.7%；而在已就业毕业生的调查数据中，2007—2010年在西部就业的研究生比例分别为51.5%，38.0%，34.9%，31.9%。2013年在西部就业的比例为47.1%（图5.3.2)。研究生中有意愿去西部地区就业的人数占总人数一半以上，而实际去西部就业的人数低于这个比例，并且到西部就业的比例有逐年降低的趋势。

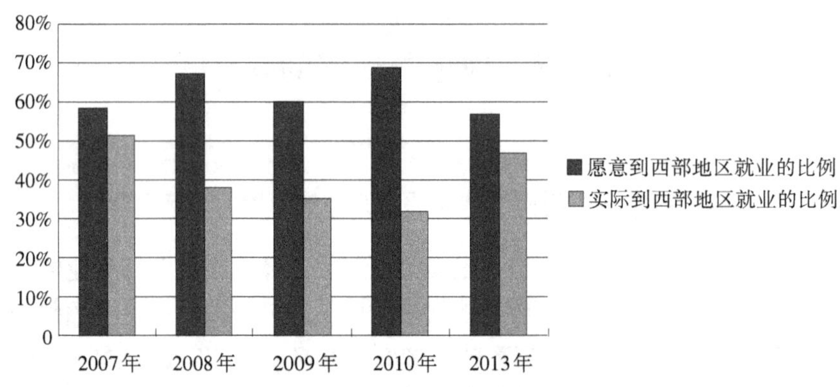


图5.3.2 研究生到西部就业的意愿和实际的比较

## 二、甘肃省高校毕业生到农村就业的意愿与实际就业地点差异

问卷调查显示，对于是否愿意到农村就业，本专科生中有高于55%的比例表示愿意，2007—2013年，这一比例分别为55.1%，61.5%，60.5%，61.2%，58.1%，60.4%，60.6%。而实际就业结果显示，2007—2013年，大部分毕业生选择了在省会城市、其他城市和直辖市工作，在农村就业的比例分别为15.6%，12.9%，12.7%，8.2%，8.5%，10.4%，6.0%，远低于有意愿到农村就业的比例，并且这一比例在逐年降低。

对毕业研究生的调查数据进行分析，更能体现出到农村就业的意愿和实际在农村就业的差距。2007—2010年，愿意到农村就业的比例分别为30%，46.4%，32.9%，43.8%，2013年愿意到农村就业的研究生比例为43.9%；而实际到农村就业的比例2008—2010年分别为0.4%，2.0%，0.9%，2013年为1.4%。这一结果说明研究生中一部分有到农村就业的意愿，而实际选择中却很少有人到农村就业，普遍选择在城市工作。图5.3.3显示的是本专科大学生、研究生到农村就业的意愿和实际的比较，无论是表示愿意到农村就业的人数还是实际在农村就业的比例，都是本专科生明显高于研究生。

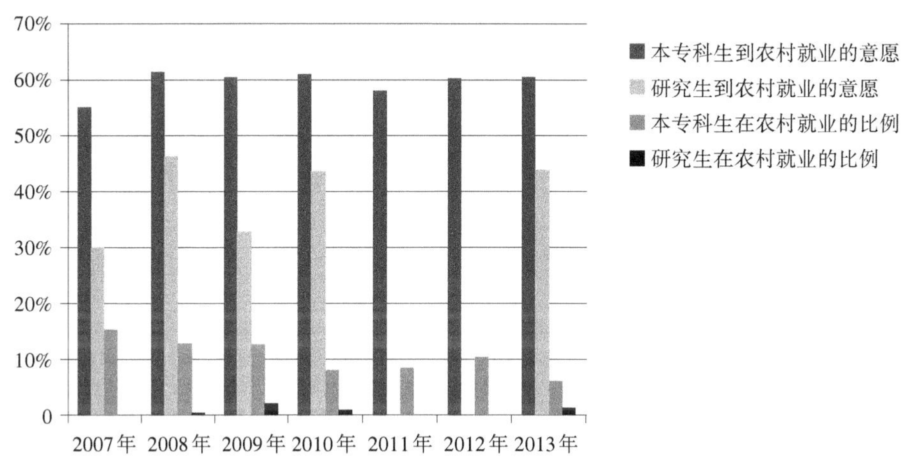


图5.3.3　高校毕业生到农村就业的意愿和实际比较

## 三、甘肃省高校毕业生理想与实际就业单位性质的差异

通过对甘肃省高校毕业生的就业单位性质与理想就业单位性质的比较，可以看出理想与现实存在一定的差距。大学生最理想的就业单位是党政机关、国有大中型企业，其次是学校、外企、科研机构，愿意去私企、乡镇企业和其他就业途径的人数很少。而实际就业结果显示，在国有大中型企业就业的人数是最多的，其他依次是私人企业和学校，党政机关、外企。选择乡镇企业和其他就业途径的大学生的确很少，这一点和理想的情况是一致的。表5.3.1所列是2007—2012年本专科生理想就业单位和实际就业单位的比较，图5.3.4是以2010年数据为例，显示本专科理想与现实的差距。

研究生理想的就业单位和本专科生类似，比例较高的依次是党政机关、国有大中型企业、学校、科研机构。实际就业结果也与本专科生相似，比例最高的是国有大中型企业，在学校就业的比例也较高，其次是党政机关、科研机构、外企，虽然理想单位是私人企业的人数极少，但仍有一部分研究生选择了在私人企业就业。与本专科生相比，研究生在科研机构和学校就业的人数要多一些，在私营企业工作的人数较少。表5.3.2是2007—2013年研究生理想就业单位和实际就业单位的比较，图5.3.5以2010年数据为例，显示理想与现实的差距。

**表5.3.1　本专科生理想就业单位与实际就业单位情况对比(%)**

| 单位性质 | | 年份 | | | | | |
|---|---|---|---|---|---|---|---|
| | | 2007年 | 2008年 | 2009年 | 2010年 | 2011年 | 2012年 |
| 党政机关 | 理想 | 30.7 | 30.3 | 32.3 | 32.3 | 23.9 | 23.2 |
| | 现实 | 5.8 | 8.7 | 9.7 | 10.4 | 4.0 | 12.9 |
| 国有大中型企业 | 理想 | 21.7 | 21.9 | 25.5 | 31.7 | 36.8 | 29.6 |
| | 现实 | 29.7 | 29.1 | 35.3 | 44.0 | 49.7 | 43.6 |
| 外企 | 理想 | 10.4 | 10.6 | 11.7 | 12.6 | 9.5 | 9.5 |
| | 现实 | 9.7 | 8.5 | 8.6 | 8.7 | 5.2 | 6.9 |
| 乡镇企业 | 理想 | 2.3 | 2.2 | 3.9 | 2.6 | 4.4 | 4.8 |
| | 现实 | 2.4 | 2.3 | 6.2 | 3.6 | 2.4 | 4.6 |
| 私人企业 | 理想 | 4.0 | 4.1 | 4.6 | 3.0 | 3.5 | 5.8 |
| | 现实 | 16.9 | 16.7 | 19.9 | 13.4 | 26.2 | 14.8 |
| 科研机构 | 理想 | 6.7 | 7.1 | 5.9 | 5.5 | 4.5 | 12 |
| | 现实 | 1.6 | 1.9 | 2.7 | 2.2 | 0.3 | 2.4 |
| 学校 | 理想 | 22.3 | 21.9 | 14.2 | 11.3 | 14.7 | 15.1 |
| | 现实 | 32.6 | 29.0 | 15.7 | 16.8 | 10.9 | 10.9 |
| 其他 | 理想 | 1.9 | 1.9 | 1.9 | 1.0 | 2.8 | — |
| | 现实 | 1.3 | 3.7 | 1.8 | 0.8 | 1.2 | 3.9 |

注：“—”表示无数据

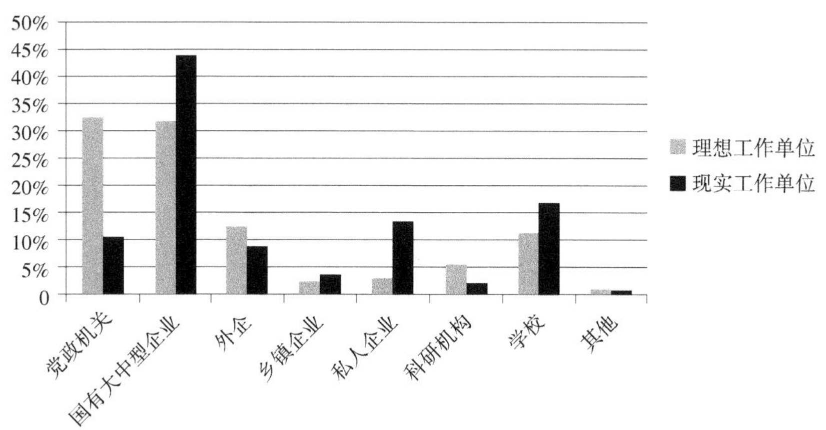


图5.3.4 2010届本专科生理想就业单位与实际工作单位情况对比

表5.3.2 研究生理想就业单位与实际工作单位情况对比(%)

| 工作性质 | 对比 | 年份 | | | |
|---|---|---|---|---|---|
| | | 2007年 | 2008年 | 2009年 | 2010年 |
| 党政机关 | 理想 | 23.2 | 27.7 | 25.8 | 33.9 |
| | 现实 | 7.9 | 10.0 | 8.1 | 11.1 |
| 国有大中型企业 | 理想 | 29.6 | 21.7 | 28.6 | 26.9 |
| | 现实 | 22.8 | 35.7 | 31.1 | 43.3 |
| 外企 | 理想 | 9.5 | 8.1 | 6.3 | 6.1 |
| | 现实 | 3.2 | 5.9 | 10.0 | 6.5 |
| 乡镇企业 | 理想 | 4.8 | 1.8 | 0 | 1.2 |
| | 现实 | 1.3 | 2.6 | 0.7 | 2.8 |
| 私人企业 | 理想 | 5.8 | 1.3 | 0.7 | 0.7 |
| | 现实 | 3.2 | 9.3 | 11.5 | 4.6 |
| 科研机构 | 理想 | 12 | 16.6 | 14.4 | 11.6 |
| | 现实 | 16.5 | 8.6 | 8.1 | 4.6 |
| 学校 | 理想 | 15.1 | 21.2 | 23.4 | 18.6 |
| | 现实 | 44.2 | 24.9 | 27.1 | 20.3 |
| 其他 | 理想 | — | 1.5 | 0.8 | 1.2 |
| | 现实 | 0.9 | 3.0 | 3.3 | 6.9 |

注:“—”表示无数据

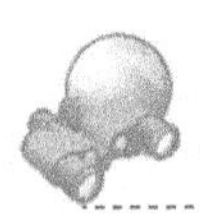


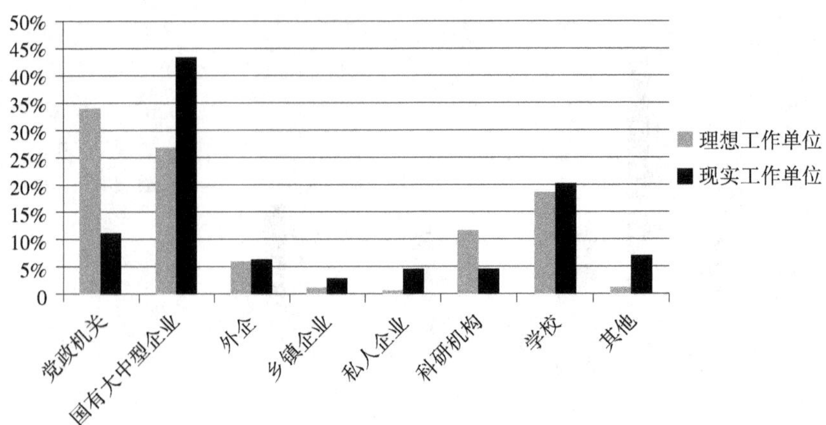


**图5.3.5 2010届研究生理想就业单位与实际工作单位情况对比**

## 四、甘肃省高校毕业生期望月薪与实际月薪的差距

调查问卷对甘肃省高校毕业生的期望月薪和落实工作后实际月薪都进行了统计。以2013年为例，本专科毕业生的平均期待月薪为2476.9元，落实工作的大学毕业生平均月薪为2801.1元，相差324.2元；研究生的平均期待月薪为3723.4元，落实工作研究生的平均月薪为4032.7元，相差309.3元（见图5.3.6）。研究生平均的期待月薪和实际月薪都高于本专科生，但本专科生和研究生的期待月薪都低于实际月薪。

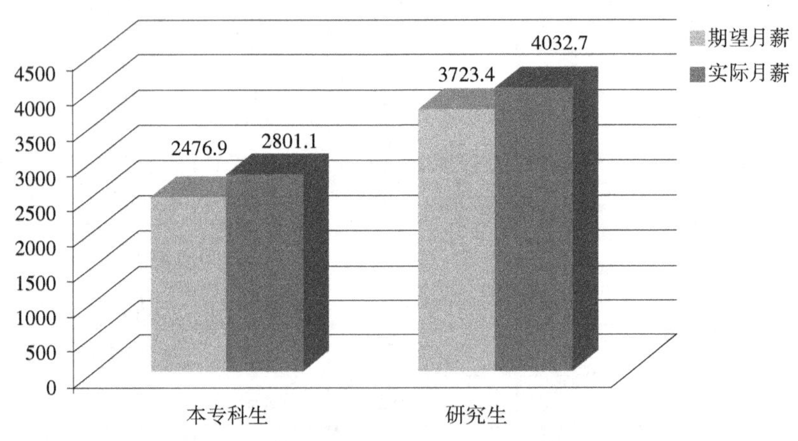


**图5.3.6 2013届本专科生期望月薪与实际月薪**

从表5.3.3可以看出，2013年本专科生存在对薪资期望偏低的现象。2013年本专科生对月薪的期望主要集中在1000～2000元之间，所占比例为53.2%。有35.4%的本专科生期望月薪在2001～3000元之间，另有6.7%的毕业生期望月工资水平在3001～4000元之间，3.2%的毕业生期望月工资水平在4001～5000元

之间，1.5%的毕业生期望月工资在5000元以上。由此可见，2013年期望月工资水平在3000元以上的比例占11.4%，而选择月工资水平在2000元以下的达到53.2%。这与本专科毕业生就业后的实际工资水平差距较大。在已经落实工作单位的大学生中，月薪在3000元以上的占21.4%，高出预期10个百分点。而实际月薪在2000元以下的占到33.4%，这一比例也比预期低了约20个百分点。

从表5.3.3可以看出，2013年研究生实际工资水平也要高于期望值。从实际工资水平来看，位于5000元以上、4001～5000元和3001～4000元区间的比例分别为12.4%、19.6%和32.4%，高于研究生9.0%、14.7%和28.3%的工资期望比例。而实际工资水平在1000～2000元之间的研究生比例则为6.1%，比原来的期望值12.4%低了约6个百分点。

因此，从总体来看，毕业生对于月薪的期待值较理性，并且普遍比较保守。

**表5.3.3　甘肃2013届高校毕业生理想月薪与实际月薪对比**

| 学历 | 对比 | 月薪 | | | | |
|---|---|---|---|---|---|---|
| | | 1000～2000元 | 2001～3000元 | 3001～4000元 | 4001～5000元 | 5000元以上 |
| 本专科生 | 理想 | 53.2% | 35.4% | 6.7% | 3.2% | 1.5% |
| | 现实 | 33.4% | 45.2% | 13.5% | 4.8% | 3.1% |
| 研究生 | 理想 | 12.4% | 35.6% | 28.3% | 14.7% | 9.0% |
| | 现实 | 6.1% | 29.5% | 32.4% | 19.6% | 12.4% |

## 第四节　主要结论

通过对2007—2013年甘肃省高校毕业生就业情况的调查，对高校毕业生就业期望与就业结果的分析，可以得到以下主要结论：

第一，从就业地区来看，甘肃省本专科生和研究生有超过55%的比例愿意到西部地区就业，而实际到西部就业的比例低于意愿比例。对不愿去西部地区工作的原因进行统计分析，主要是认为发展机会较少，自然条件艰苦，离家太远等，这与西部地区的自然条件和经济社会发展水平有关。

第二，从就业地点来看，甘肃省高校毕业生中都有很大一部分愿意到农村地区就业，而实际就业结果相差悬殊。调查结果显示，本专科生在农村地区就业人数最多的一年占15.6%，而研究生仅为2.0%。不愿意去农村就业的原因，主要是没有发展机会，收入太低，自然条件艰苦等。

第三，从就业单位性质来看，甘肃省高校毕业生就业意愿最强的单位是党政机关，其次是国有大中型企业、学校、科研机构，不太愿意去外企、私人企业，乡镇企业等；而实际就业结果显示，甘肃省高校毕业生就业比例最高的单位是国有大中型企业，其次是学校、党政机关，再次是私人企业、科研机构和外企。

第四，从选择职业时主要考虑的因素来看，甘肃省高校毕业生择业时主要考虑的因素依次是“个人今后发展”（28.0%）、“经济收入”（22.2%）、“个人兴趣与爱好”（13.0%）、“自己是否适合该职业”（12.2%）。高校毕业生对就业单位的期望，也是优先结合这些因素来考虑。首选党政机关等声望地位高、稳定性好的单位；其次选择国有企业等工资稳定，福利及社会保险健全，能较好解决落户和人事档案问题的单位；最后选择私营和外资企业等工作压力相对较大，工作稳定性相对较低的单位。对于已签约工作满意度的调查结果显示，甘肃省高校毕业生中有44.2%对于找到的工作表示“满意”，5.7%“不太满意”，0.9%“很不满意”，这说明甘肃省高校毕业生择业的过程中理性地调整了就业意向，最终找到了相对满意的工作。

第五，从薪酬水平看，甘肃省高校毕业生的期望月薪要低于实际月薪，2013年，本专科生的平均期望月薪比实际月薪低324.2元，实际月薪在3000元以上的占21.4%，高于预期的11.4%，实际月薪在1000～2000元的比例也比预期低了约20个百分点；研究生的平均期望月薪比实际月薪低309.3元，实际月薪在3000元以上的达到64.4%，高于预期的52%，实际月薪在1000～2000元的比例为6.1%，低于预期的12.4%。可以说大部分毕业生的月薪期待值属于正常期待值，比较理性、客观，对目前的择业环境和自身条件有一定的认识，但期待月薪低于实际月薪也说明高校毕业生对月薪期待偏低。

# 第六章　甘肃省高校毕业生就业满意度

**摘要：**就业满意度是体现高校毕业生就业质量的一项重要指标。本章通过分析2007—2013年就业调查数据，从专业选择和满意度、工作单位和满意度等方面全面考察毕业生就业满意度状况，为甘肃省高校毕业生如何提高就业适应和就业满意度提供帮助和建议。

就业质量是衡量劳动者在就业过程中的就业状况、各方面满意程度的综合概念，很难给它一个概括性的定义，一切影响就业的因素都会制约就业质量的提升。从微观角度审视，就业质量包括劳动者就业机会的可获得性，也就是从数量上看的就业率；就业岗位的特点，如工作收入、工作地点、工作时间、工作环境等等；就业的主观满意程度，如工作的稳定性、专业的对口性、劳动关系的和谐性、发展前景和社会保障的完整性等等。

党的十八大报告和十八届三中全会公报提出“实现更高质量的就业”“增强就业稳定性”“提高以高校毕业生为重点的青年就业质量”等，表明党和政府在以往较为关注大学生就业数量的基础上，开始更加重视大学生就业质量。就业满意度是主观反映就业质量高低的一个重要指标，因而成为近年来国内教育界和学术界关注的热点问题。

## 第一节　高校毕业生就业满意度概述

### 一、高校毕业生就业满意度的定义

从研究目的和所依据的理论基础的不同，可以将大学毕业生就业满意度定义分为两类：整体型定义和构面型定义。

（一）整体型定义

整体型定义的大学毕业生就业满意度是指大学毕业生对就业过程或现状的

一种整体的、综合的情感评价。侯德伟等（2011）认为就业满意度是大学毕业生对其自身的就业过程和结果的心理感受，是一种愉悦感，是大学生对于职业的期望、认知和实际就业后的一种主观上的“满意”或“不满意”结果。[1]岳昌军（2013）认为就业满意度一般是指求职者在工作找寻过程中感知的就业质量的高低，它取决于求职者的感知与就业期望之间的差异程度。高校毕业生的就业满意度可以归纳为公式：大学生就业满意度=大学生就业实际感知-大学生就业期望。[2]吴亚娟（2010）定义大学毕业生就业满意度是毕业生对于就业状况的实际感受，是毕业生综合各种因素之后的总体看法。[3]

（二）构面型定义

构面型定义认为大学毕业生就业满意度是大学毕业生对有关就业各个构面的情感反应。邢朝霞等（2013）认为就业满意度是反映就业机会的可获得性、工作稳定性、工作场所的尊严和安全、机会平等、收入、个人发展等有关方面满意程度的综合概念。[4]张建奇（2001）认为大学生就业满意度主要是指工作单位的收入、福利、所在地及知名度等是否符合大学毕业生的期望，工作的性质是否适合自己的个性并有助于发挥自己的特长等。[5]

两种类型的大学毕业生就业满意度定义各有优缺点，整体型定义简明地反映了大学毕业生的总体就业满意度，但无法揭示毕业生对就业各个构面的满意程度，构面型定义弥补了前者的不足，详细展现就业者对择业及就业的不同方面的主观感受和评价，也更利于提出针对性的管理对策。

需要强调的是，大学生对自己所学专业的满意程度不仅影响着学业成绩，同时也影响着就业预期和未来的职业回报，可以说，大学生的专业满意度与就业观紧密相连。

## 二、大学毕业生就业满意度影响因素

大学毕业生就业满意度是多种因素综合作用的结果，学术界对大学毕业生就业满意度影响因素的研究主要从工作因素、个体因素以及环境因素三方面探讨。

---

[1] 侯德伟，于基伯，李芳菲.论大学毕业生就业满意度的内涵及特征[J].煤炭高等教育，2011，29（4）：87-88，125.

[2] 岳昌君.中国高校毕业生就业满意度的影响因素分析[J].北京大学教育评论，2013，11（2）：84-96，189.

[3] 吴亚娟.基于因子－聚类分析的大学生就业满意度统计及预测[J].南京信息工程大学学报：自然科学版，2010，2（6）：510-513.

[4] 邢朝霞，何艺宁.大学毕业生就业满意度与其影响因素的相关性分析[J].教育学术月刊，2013（12）：42-46.

[5] 张建奇.关于大学生就业意识、能力准备与就业满意度之间关系的研究[J].河南社会科学，2001（4）：103-106.

（一）工作因素

影响大学毕业生就业满意度的因素中，工作本身的特征、报酬福利、工作环境、就业所在地、职业发展前景、工作稳定性等因素普遍受到关注。岳昌君（2013）指出工作因素中的收入、就业所在城市规模、就业单位性质、工作性质等因素对就业满意度有显著影响。[1]

赖雪芬（2014）发现在三线城市工作的毕业生的就业满意度高于在二线城市工作的毕业生。[2]吴亚娟（2010）通过问卷调查的方式，得出影响毕业生就业满意度的主要因子为"单位内部因子""个体发展因子""外显所得因子"，三者的影响程度依次递减。[3]刘奎颖等（2010）把大学生在就业过程中的职业发展前景、工资福利、工作稳定性作为相对稳定地衡量大学毕业生就业满意度的因素。[4]代宝霞（2015）选取了工作报酬、工作环境和职业发展 3 个指标评价大学毕业生对就业的满意度，得出毕业生对当前的工作满意度总体较高。[5]李斌（2009）认为大学毕业生就业满意度指标主要有：专业的对口性、工作的稳定性、劳动关系的和谐性、就业发展前景、福利和社会保障。[6]

（二）个体因素

已有研究表明，大学毕业生就业者个体人口学特征、人力资本特征以及某些心理行为特征均对其就业满意度有显著影响。人口学特征方面的影响因素研究中，魏昶（2015）认为在福利待遇方面，男性的满意度得分显著高于女性。[7]赖雪芬（2014）发现女毕业生的总体就业满意度高于男性，已婚毕业生相对未婚毕业生就业满意度更高。[8]岳昌君（2013）的研究结论是汉族、男性、较高学历、较好学业成绩、中共党员、获得更多证书、学生干部以及来自东中部高校的毕业生具有更高就业满意度。[9]刘雪莲（2007）则认为毕业生的

[1] 岳昌君.中国高校毕业生就业满意度的影响因素分析[J].北京大学教育评论，2013，11（2）：84-96，189.

[2] 赖雪芬，董洋，史惠瑄.大学生就业满意度的调查[J].现代妇女，2014（1）：148，152-153.

[3] 吴亚娟.基于因子－聚类分析的大学生就业满意度统计及预测[J].南京信息工程大学学报：自然科学版，2010，2（6）：510-513.

[4] 刘奎颖，郄丽娜，黄春萍.大学生就业能力构成及其与就业满意度关系研究[J].河北工业大学学报，2010，39（6）：48-52.

[5] 代宝霞，周虎.基于双方满意度的高校毕业生就业质量评价研究[J].中国大学生就业，2015（11）：38-43.

[6] 李斌.试谈基于就业满意度的大学生就业质量评价体系[J].燕山大学学报：哲学社会科学版，2009，10（1）：140-142.

[7] 魏昶，安晓镜.商贸类专业大学生就业满意度调查[J].中国商贸，2015（3）：173-175.

[8] 赖雪芬，董洋，史惠瑄.大学生就业满意度的调查[J].现代妇女，2014（1）：148，152-153.

[9] 岳昌君.中国高校毕业生就业满意度的影响因素分析[J].北京大学教育评论，2013，11（2）：84-96，189.

就业满意度与其性别和专业显著相关，与生源地关系不显著。[1]支磊（2013）研究民族高校研究生的就业满意度发现，民族高校应届研究生的就业满意度总体不高。[2]

人力资本的影响因素中被较多关注的有专业类别、学校层次、学历层次、学业成绩以及就业能力等。赖雪芬（2014）的研究揭示，文史类专业大学毕业生的就业满意度高于理工类专业的；专业对口程度越高，满意度越高。[3]高耀等（2012）发现高校毕业生的学校层次、学历层次、专业类别以及学业成绩等人力资本因素均显著影响其初次就业的满意度。[4]邢朝霞（2013）的研究结果显示：参加过社会实践，且专业成绩较好，求职前期准备较充分的大学毕业生对工作福利、工作环境、职业发展前景更满意。[5]冯虹（2014）的调查结果显示，高校对大学生就业能力的培养与毕业生的就业满意度呈正向关系。[6]

（三）环境因素

对大学毕业生就业满意度环境影响因素的研究主要集中在毕业生的家庭社会资本、高校的就业服务以及政府的就业政策等方面。家庭社会资本对大学毕业生就业满意度的影响存在不同的研究结论。郑茂雄（2012）、冉云芳（2014）等研究发现家庭社会资本对大学生就业满意度的影响显著。[7][8]涂晓明（2007）、刘雪莲（2007）等则认为越是凭借家庭社会关系获得的工作，大学毕业生越难达到较高的就业满意度，因为这是非自主性就业。[9][10]杨容（2003）对重庆五所高校的本科毕业生进行择业满意度和择业影响因素的调查研究发现，多数毕业生对自己选择的工作较为满意，最满意的方面是“自我价值的实现”。[11]

---

[1] 刘雪莲.大学毕业生职业期望对就业满意度的影响研究[D].成都：四川大学，2007.

[2] 支磊.民族高校硕士研究生就业满意度研究——以中南民族大学为例[D].武汉：中南民族大学，2013.

[3] 赖雪芬，董洋，史惠瑄.大学生就业满意度的调查[J].现代妇女，2014（1）：148，152-153.

[4] 高耀，刘志民，方鹏.人力资本对高校学生初次就业质量的影响——基于2010年网络调查数据的实证研究[J].教育科学，2012，28（2）：77-85.

[5] 邢朝霞，何艺宁.大学毕业生就业满意度与其影响因素的相关性分析[J].教育学术月刊，2013（12）：42-46.

[6] 冯虹，汪昕宇.大学生就业能力开发现状及其对就业满意度的影响——基于北京地区高校的调查[J].北京工业大学学报：社会科学版，2014，14（3）：71-78.

[7] 郑茂雄.家庭社会资本与大学生就业满意度关系研究[J].高教探索，2012（2）：131-136.

[8] 冉云芳，陈静.人力资本、社会资本与高等职业院校毕业生就业——基于浙江省的调查[J].教育与经济，2014（2）：40-47.

[9] 涂晓明.大学毕业生就业满意度影响因素的实证研究[J].高教探索，2007（2）：117-119.

[10] 刘雪莲.大学毕业生职业期望对就业满意度的影响研究[D].成都：四川大学，2007.

[11] 杨容，张进辅，李艾丽莎，等.重庆高校毕业生择业满意度及影响因素调查[J].重庆师范大学学报：自然科学版，2003，20（1）：80-83.

# 第二节 甘肃省高校毕业生专业选择和满意度

## 一、甘肃高校大学毕业生专业选择

从图6.2.1中可以看出，2009—2012年甘肃高校本专科生在选择专业过程中考虑的因素位于前三位的分别是：易就业、感兴趣和热门专业。

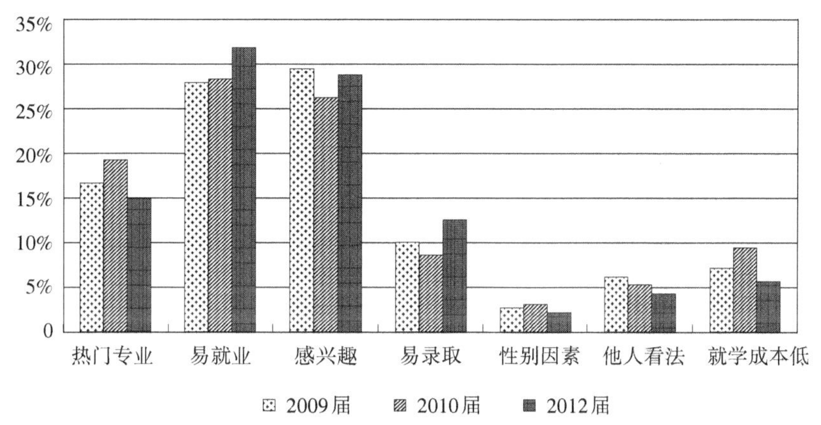


图6.2.1 本专科生入学时专业选择因素比较

从图6.2.2中可以看出，2008—2010年研究生在专业选择过程中主要考虑的是有一定的专业基础、就业前景比较好。

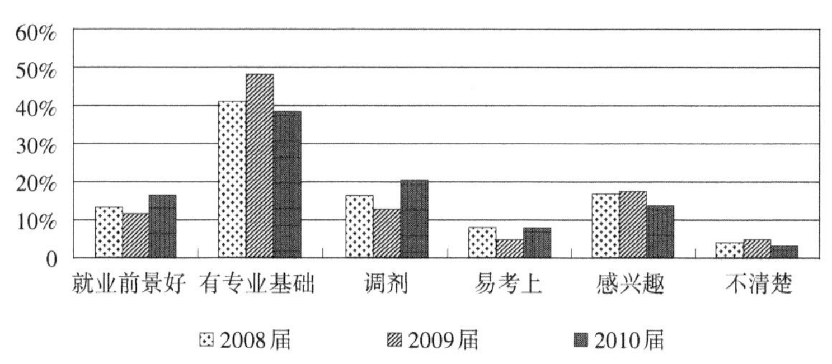


图6.2.2 研究生入学时专业选择因素比较

## 二、甘肃高校毕业生的专业满意度

图6.2.3显示，在2007年—2013年甘肃高校本专科生中，对自己所学专业满意的学生占绝大多数。2007届本专科生中，对自己所学专业满意的占60.6%，不满意的占39.4%；2008届本专科生中，对自己所学专业满意的占65.8%，不满意的占34.2%；2009届本专科生中，对自己所学专业满意的占63%，不满意的占37%；2010届本专科生中，对自己所学专业满意的占68.5%，不满意的占31.5%；2012届本专科生中，对自己所学专业满意的占61.8%，不满意的占38.2%；2013届本专科生中，对自己所学专业满意的占80.3%，不满意的占19.7%。

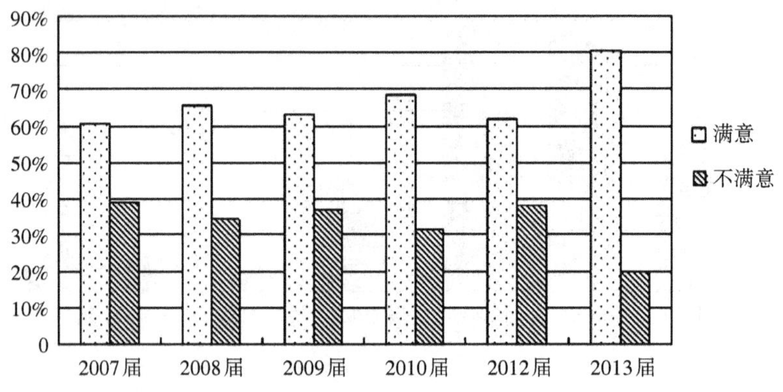


**图6.2.3　本专科生专业满意度**

从专业属性来看，图6.2.4非师范类本专科生的专业满意度高于师范类本专科生。2007届师范类本专科生对自己所学专业满意的占57.1%，不满意的占42.9%，相比非师范类毕业生对自己所学专业满意的占66.8%，不满意的占33.2%；2008届师范类毕业生对自己所学专业满意的占65.9%，不满意的占34.1%，相比非师范类毕业生对自己所学专业满意的占64.9%，不满意的占35.1%；2009届师范类毕业生对自己所学专业满意的占60.4%，不满意的占39.6%，相比非师范类毕业生对自己所学专业满意的占64.0%，不满意的占36.0%；2010届师范类毕业生对自己所学专业满意的占56.3%，不满意的占43.7%，相比非师范类毕业生对自己所学专业满意的占72.6%，不满意的占27.4%。

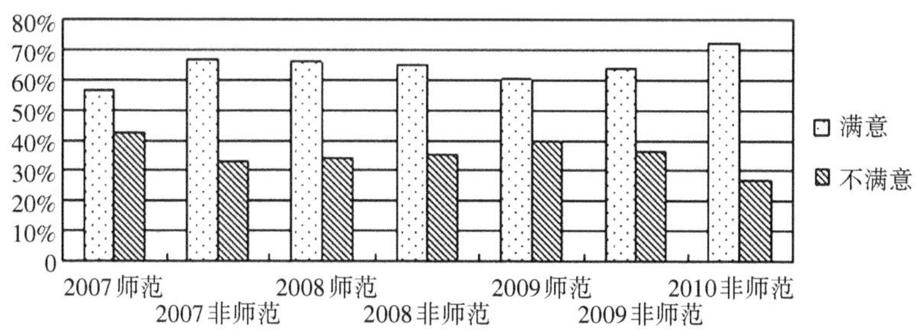


图6.2.4　师范类和非师范类本专科生专业满意度比较

从性别角度来看（如图6.2.5所示），2007届男性本专科生对所学专业满意的占57.6%，不满意的占42.4%，相比女性满意的占64.1%，不满意的占35.9%；2008届男性本专科生对所学专业满意的占65.5%，不满意的占34.5%，相比女性对所学专业满意的占66.1%，不满意的占33.9%；2009届男性本专科生对所学专业满意的占64.6%，不满意的占35.4%，相比女性对所学专业满意的占61.7%，不满意的占38.3%；2010届男性本专科生对所学专业满意的占71.9%，不满意的占28.1%，相比女性对所学专业满意的占65.2%，不满意的占34.8%；2012届男性本专科生对所学专业满意的占64.7%，不满意的占35.3%，相比女性对所学专业满意的占58.6%，不满意的占41.4%；2013届男性本专科生对所学专业满意的占78.8%，不满意的占21.2%，相比女性对所学专业满意的占82.2%，不满意的占17.8%。

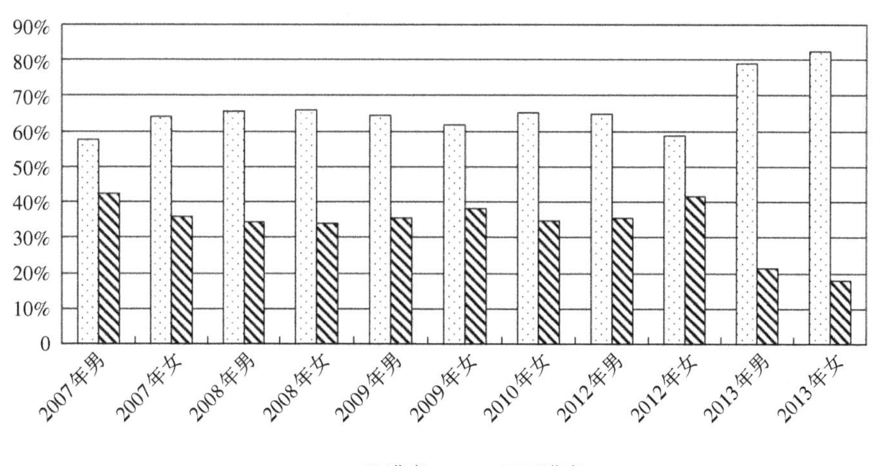


图6.2.5　不同性别本专科生专业满意度比较

从图6.2.6可以看出，甘肃省高校研究生的专业满意度与本专科生基本一致，大部分学生对自己所学专业表示满意。2007届研究生对专业满意的占

66.3%，不满意的占33.7%；2008届研究生对专业满意的占65.6%，不满意的占34.4%；2009届研究生对专业满意的占68.4%，不满意的占31.6%；2010届研究生对专业满意的占67.9%，不满意的占31.6%；2013届研究生对专业满意的占76.3%，不满意的占23.7%。

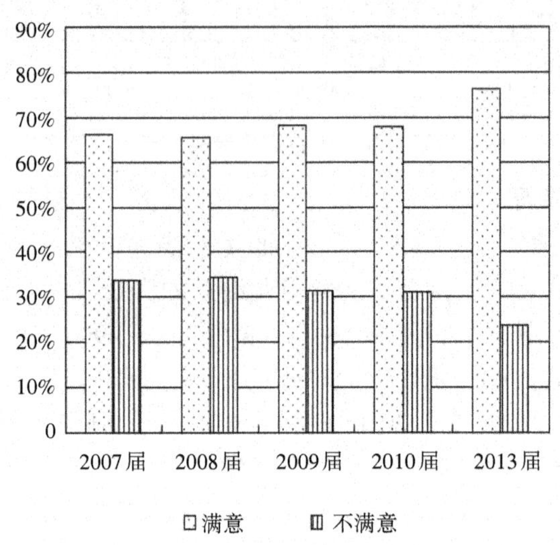


**图6.2.6 研究生专业满意度比较**

从图6.2.7中可以看出，理工科研究生就业满意度与文科研究生基本无差异。2007届理工科研究生对所学专业满意的占66.7%，文科研究生对自己所学专业满意的占65.2%；2008届理工科研究生对所学专业满意的占70.4%，文科研究生对自己所学专业满意的占59.8%；2009届理工科研究生对所学专业满意的占63.7%，文科研究生对自己所学专业满意的占72.9%；2010届理工科研究生对所学专业满意的占70.0%，文科研究生对自己所学专业满意的占65.5%；2013届理工科研究生对所学专业满意的占75.4%，文科研究生对自己所学专业满意的占70.8%。

从图6.2.8可以看出，性别对研究生的专业满意度无显著影响。2007年63.8%的男性研究生对所学专业满意，36.2%的男性研究生对所学专业不满意，69.5%的女性研究生对自己所学专业满意，30.5%的女性研究生对自己所学专业不满意；2008年64.8%的男性研究生表示对所学专业满意，35.2%的男性研究生表示对所学专业不满意，66.6%的女性研究生对自己所学专业满意，33.4%的女性研究生对自己所学专业不满意；2009年70.9%的男性研究生表示对所学专业满意，29.1%的男性研究生表示对所学专业不满意，64.9%的女性研究生对自己所学专业满意，35.1%的女性研究生对自己所学专业不满意；2010年71.4%的男

性研究生表示对所学专业满意，28.6%的男性研究生表示对所学专业不满意，62.5%的女性研究生对自己所学专业满意，37.5%的女性研究生对自己所学专业不满意；2013年77.2%的男性研究生表示对所学专业满意，22.8%的男性研究生表示对所学专业不满意，75.2%的女性研究生对自己所学专业满意，24.8%的女性研究生对自己所学专业不满意。

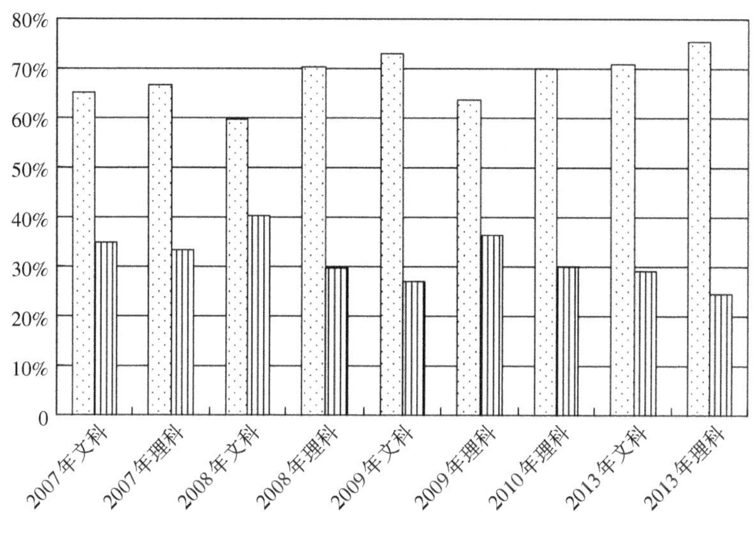


图6.2.7 理工科和文科研究生专业满意度比较

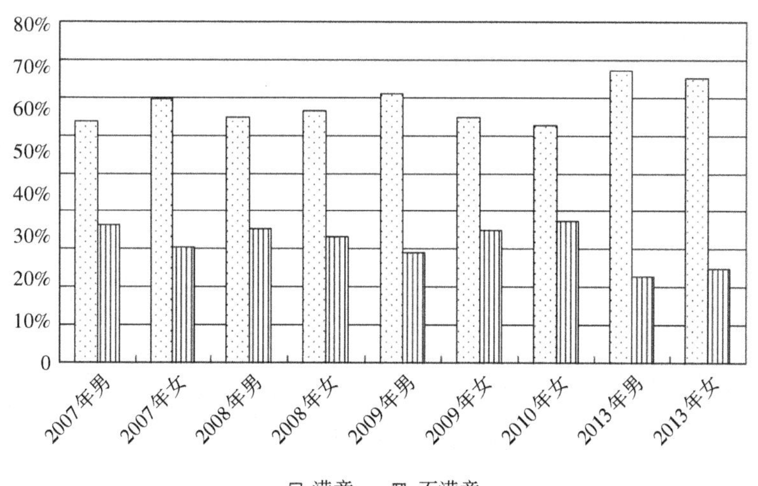


图6.2.8 不同性别研究生专业满意度比较

总体来看，大部分高校毕业生对自己所学的专业满意。学生在选择专业的过程中既注重自己的兴趣又关注专业的发展前景，研究生在专业选择的过程中，考虑自己的学科基础以及就业前景，可见无论是大学毕业生还是研究生在选择职业时都非常理性。

## 第三节 甘肃省高校毕业生就业满意度

大学生就业质量主要包括大学生工作收入、工作地点、工作环境、专业对口程度、对个人的影响和对工作的满意程度等内容。[1]在此，分别从就业满意度、不同学历的毕业生专业对口程度、单位的发展前景、单位的工作环境、单位提供的各项待遇和福利、单位为大学生提供的上岗前培训、单位的内部文化结构或企业文化以及与其他同学相比，对自己工作的满意程度等八个层面来反映甘肃省高校毕业生的就业质量。

### 一、就业满意度

近些年的调查数据显示，虽然部分毕业生已经落实了工作单位，但他们对未来的就业状况并非都很看好。通过统计毕业生对其就业满意度的人数比例可以看出，2007—2010年大学生对其就业感到满意和非常满意的人数比例分别为46.7%、63.4%、49.3%、46.7%，2012年和2013年分别为40.0%、53.5%；2007—2010年研究生对其就业感到满意和非常满意的人数比例分别为60.9%、52.5%、53.7%、49.5%，2013年为55.5%（如表6.3.1所示）。总体而言，六年中对未来就业持满意态度的毕业生人数达到一半，且研究生的人数比例基本高于本科生，说明高学历毕业生就业满意度相对较高。

**表6.3.1 高校毕业生就业满意度评价(%)**

| 年份 | 学历 | 满意度 | | | | |
|---|---|---|---|---|---|---|
| | | 非常不满意 | 不满意 | 一般 | 满意 | 非常满意 |
| 2007年 | 本专科生 | 4.9 | 9.4 | 39.0 | 39.1 | 7.6 |
| | 研究生 | 2.2 | 3.8 | 33.1 | 52.7 | 8.2 |
| 2008年 | 本专科生 | 3.2 | 5.2 | 28.2 | 52.9 | 10.5 |
| | 研究生 | 4.9 | 5.3 | 37.3 | 44.9 | 7.6 |

[1] 杨其勇，张杰．“五个满意”：高校毕业生就业质量评估体系的思考［J］．西南师范大学学报：自然科学版，2013（1）．

续表 6.3.1

| 年份 | 学历 | 满意度 | | | | |
|---|---|---|---|---|---|---|
| | | 非常不满意 | 不满意 | 一般 | 满意 | 非常满意 |
| 2009年 | 本专科生 | 3.5 | 7.0 | 40.1 | 42.6 | 6.7 |
| | 研究生 | 6.7 | 8.1 | 31.5 | 42.3 | 11.4 |
| 2010年 | 本专科生 | 7.6 | 8.2 | 37.5 | 38.3 | 8.4 |
| | 研究生 | 3.8 | 5.7 | 41.0 | 39.5 | 10.0 |
| 2012年 | 本专科生 | 6.0 | 10.0 | 44.0 | 35.0 | 5.0 |
| | 研究生 | — | — | — | — | — |
| 2013年 | 本专科生 | 1.1 | 5.8 | 39.6 | 44.5 | 9.0 |
| | 研究生 | 0.8 | 5.9 | 37.7 | 44.8 | 10.7 |

注：“—”表示无数据

## 二、专业对口程度

专业对口程度直接影响到毕业生就业后能否很好地胜任工作岗位，是衡量就业满意度的重要参考指标。统计结果显示不同年份、不同学历层次的毕业生对“专业对口程度”满意的人数比例不同。2007—2009年，“专业对口程度”最高的是研究生，其次是本科生，专科生最低；2010年的数据显示研究生的比例高于本科生；2013年专科生的比例高于本科生（参见表6.3.2）。可以看出，基本上历年毕业生接近一半的人数对“专业对口程度”是满意的，但数据起伏变化的趋势从一个侧面反映出甘肃省高校专业设置与就业市场需求匹配度不好，高校还需要进一步把握趋势及时调整专业设置，以更好适应市场变化。

表 6.3.2 对“专业对口程度”满意的毕业生人数比例(%)

| 学历 | 年份 | | | | |
|---|---|---|---|---|---|
| | 2007 | 2008 | 2009 | 2010 | 2013 |
| 专科生 | 39.2 | 70.8 | 27.2 | — | 51.5 |
| 本科生 | 46.1 | 52.0 | 42.4 | 48.9 | 31.3 |
| 研究生 | 49.0 | 57.3 | 65.7 | 61.0 | — |

注：“—”表示无数据

## 三、单位发展前景

不同学历层次的毕业生对“单位发展前景”表示满意的人数比例基本达到

一半左右（如表6.3.3所示）。五年中，专科生表示满意的平均人数为45.9%，本科生的平均人数为50.6%，研究生的平均人数为57.4%。

表6.3.3　对“单位发展前景”满意的毕业生人数比例(%)

| 学历 | 年份 | | | | |
|---|---|---|---|---|---|
| | 2007 | 2008 | 2009 | 2010 | 2013 |
| 专科生 | 46.5 | 54.1 | 43.1 | — | 40.0 |
| 本科生 | 48.6 | 55.3 | 50.2 | 48.9 | 50.1 |
| 研究生 | 59.0 | 56.2 | 58.3 | 56.2 | — |

注：“—”表示无数据

## 四、单位工作环境

对“单位工作环境”的满意度，2007年研究生中表示满意的人数比例高达55.6%，专科生次之，本科生最低为36.3%；2008年的人数比例明显上升，2009—2013年间毕业生的人数比例明显下降，其中本科生和研究生的比例持续下降，到2013年专科生的比例略有回升。可以看出2009年以后，毕业生对“单位工作环境”的满意度整体呈下降趋势（参见表6.3.4）。

表6.3.4　对“单位工作环境”满意的毕业生人数比例(%)

| 学历 | 年份 | | | | |
|---|---|---|---|---|---|
| | 2007 | 2008 | 2009 | 2010 | 2013 |
| 专科生 | 41.4 | 72.2 | 36.0 | — | 38.2 |
| 本科生 | 39.9 | 51.9 | 42.1 | 41.1 | 40.7 |
| 研究生 | 55.6 | 58.9 | 44.3 | 43.1 | — |

注：“—”表示无数据

## 五、单位提供的各项待遇和福利

专科生对“单位提供的各项待遇和福利”表示满意的人数比例从2007年的34.0%逐渐下降到2009年的25.6%。2007年本科生对单位提供的各项待遇和福利表示满意的人数比例为38.5%，到2008年上升至48.0%，2009年下降为41.9%，2010和2013年分别为44.2%和31.3%。研究生在2007—2009年从39.9%持续上升至45.6%，2010年降为44.4%（参见表6.3.5）。可以看出，在2007—2009年专科生对单位提供的各项待遇和福利满意度较低。

表 6.3.5 对"单位提供的各项待遇和福利"满意的毕业生人数比例(%)

| 学历 | 年份 | | | | |
|---|---|---|---|---|---|
| | 2007 | 2008 | 2009 | 2010 | 2013 |
| 专科生 | 34.0 | 25.7 | 25.6 | — | 42.9 |
| 本科生 | 38.5 | 48.0 | 41.9 | 44.2 | 31.3 |
| 研究生 | 39.9 | 41.7 | 45.6 | 44.4 | — |

注："—" 表示无数据

## 六、单位提供的岗前培训

2007年各学历层次的毕业生对"单位为大学生提供的上岗前培训"表示满意的人数只占少部分，其中专科生满意度最低为37.1%，本科生次之，研究生最高为38.3%。2008年专科生满意度最高为67.6%，本科生次之，研究生最低为37.9%。2009年研究生最高为58.1%，专科生最低为31.0%。2010年的统计数据显示研究生的满意度比例低于本科生比例，2013本科生的满意度比例低于专科生（参见表6.3.6）。数据结果显示在不同年份各学历层次的毕业生表示满意的人数比例差异较大，说明部分用人单位不注重大学生岗前培训。

表 6.3.6 对"单位为大学生提供的上岗前培训"满意的毕业生人数比例(%)

| 学历 | 年份 | | | | |
|---|---|---|---|---|---|
| | 2007 | 2008 | 2009 | 2010 | 2013 |
| 专科生 | 37.1 | 67.6 | 31.0 | — | 47.1 |
| 本科生 | 38.0 | 44.6 | 39.1 | 40.2 | 46.9 |
| 研究生 | 38.3 | 37.9 | 58.1 | 36.8 | — |

注："—" 表示无数据

## 七、单位的内部文化结构或企业文化

如表6.3.7所示，对"单位的内部文化结构或企业文化"满意的毕业生人数比例中，2007年专科生满意度最高为44.1%，研究生次之为41.1%，本科生最低为39.4%；2008年研究生最高为54.1%，其次是本科生为52.0%，专科生最低为45.0%；2009年研究生最高为51.4%，其次是本科生为40.4%，专科生最低为25.5%；2010年研究生比本科生略高0.4个百分点；2013年专科生满意度为42.4%，本科生为31.3%。

表 6.3.7 对"单位的内部文化结构或企业文化"满意的毕业生人数比例(%)

| 学历 | 年份 | | | | |
| --- | --- | --- | --- | --- | --- |
| | 2007 | 2008 | 2009 | 2010 | 2013 |
| 专科生 | 44.1 | 45.0 | 25.5 | — | 42.4 |
| 本科生 | 39.4 | 52.0 | 40.4 | 37.2 | 31.3 |
| 研究生 | 41.1 | 54.1 | 51.4 | 37.6 | — |

注："—"表示无数据

## 八、与其他同学相比对自己工作的满意程度

对"与其他同学相比，对自己工作"满意的毕业生人数比例如表6.3.8所示。其中，2007年研究生人数最高达到67.3%，本科生为46.4%，专科生为46.5%，基本持平；2008年满意度人数比例最高的是专科生为69.1%，其次是研究生，本科生最低为56.7%；2009年研究生人数比例最高为53.8%，其次是本科生，专科生人数比例最低为34.3%；2010年的统计数据中，研究生的人数比例为59.2%，本科生为45.9%；2013年专科生的人数比例为48.5%，本科生为36.7%。从历年的数据结果可以看出较其他同学而言，对自己工作满意的人数比例基本都达到半数左右。

表 6.3.8 对"与其他同学相比，对自己工作"满意的毕业生人数比例(%)

| 学历 | 年份 | | | | |
| --- | --- | --- | --- | --- | --- |
| | 2007 | 2008 | 2009 | 2010 | 2013 |
| 专科生 | 46.5 | 69.1 | 34.3 | — | 48.5 |
| 本科生 | 46.4 | 56.7 | 52.5 | 45.9 | 36.7 |
| 研究生 | 67.3 | 59.5 | 53.8 | 59.2 | — |

注："—"表示无数据

综上所述，甘肃省高校毕业生中已经落实了就业单位的毕业生对其就业满意度不甚乐观，并且专业对口程度也是差强人意，这需要高校进一步调整专业设置。总体而言，学历越高的毕业生对就业环境的满意度越高，说明学历是影响毕业生就业满意度的一项重要因素。

# 第七章　甘肃省高校毕业生求职过程

**摘要：**本章对2007—2013年甘肃省高校毕业生就业调查数据进行分析，探讨了高校毕业生求职过程中考虑的因素、获取就业信息的途径、工作搜寻、家庭背景与搜寻成本等求职过程中的因素。

## 第一节　甘肃省高校毕业生选择职业时考虑的因素

### 一、求职过程中的考虑因素

从表7.1.1中可以看出，毕业生在求职过程中将个人发展、经济收入和自己是否适合该职业三项因素作为择业时考虑的主要因素。个人兴趣与爱好、专业对口和社会地位作为次要因素来看待。本专科生与研究生在择业时考虑的主要因素完全一致，这说明当前甘肃高校毕业生的就业越来越理性、务实，以先就业为主。但是，从表中也能看出，毕业生在求职过程中较少考虑专业对口的现象是值得我们深思的，大量的专业人才不能走上契合的工作岗位，这对个人、用人单位和教育事业的发展都会产生不利影响。

表7.1.1　高校毕业生选择职业时的考虑因素(%)

| 因素 | 2007届本专科生 | 2007届研究生 | 2008届本专科生 | 2008届研究生 | 2009届本专科生 | 2009届研究生 | 2010届本专科生 | 2010届研究生 | 2012届本专科生 | 2013届本专科生 | 2013届研究生 |
|---|---|---|---|---|---|---|---|---|---|---|---|
| 个人今后发展 | 16.7 | 25.2 | 25.7 | 24.5 | 26.8 | 28.5 | 26.0 | 24.5 | 27.2 | 27.3 | 27.2 |
| 经济收入 | 19.5 | 19.2 | 17.6 | 17.1 | 16.9 | 16.2 | 16.1 | 14.3 | 16.4 | 22.0 | 23.4 |

续表7.1.1

| 因素 | 2007届本专科生 | 2007届研究生 | 2008届本专科生 | 2008届研究生 | 2009届本专科生 | 2009届研究生 | 2010届本专科生 | 2010届研究生 | 2012届本专科生 | 2013届本专科生 | 2013届研究生 |
|---|---|---|---|---|---|---|---|---|---|---|---|
| 自己是否适合该职业 | 18.6 | 15.0 | 16.0 | 16.0 | 15.7 | 16.6 | 15.2 | 15.7 | 15.2 | 11.9 | 11.4 |
| 个人兴趣与爱好 | 14.0 | 11.1 | 15.1 | 13.0 | 13.6 | 11.0 | 12.2 | 12.3 | 12.2 | 13.7 | 11.0 |
| 专业对口 | 9.2 | 8.3 | 7.8 | 7.0 | 7.5 | 6.3 | 7.5 | 6.3 | 7.5 | 5.4 | 5.2 |
| 社会地位 | 8.6 | 9.1 | 7.7 | 10.6 | 7.4 | 8.9 | 10.8 | 11.6 | 8.9 | 8.2 | 10.5 |
| 就业地区 | 8.5 | 6.0 | 7.6 | 5.4 | 7.0 | 6.6 | 7.1 | 8.1 | 7.9 | 5.1 | 5.2 |
| 社会关系与情感因素 | 5.0 | 6.0 | 4.0 | 5.5 | 5.2 | 6.0 | 5.1 | 7.3 | 4.7 | 4.2 | 4.3 |

## 二、性别与选择职业时考虑的因素

表7.1.2显示，2007—2013年本专科生在求职过程中比较关注的主要因素为“个人今后发展”“自己是否适合该职业”“经济收入”以及“个人兴趣与爱好”。从性别角度来看，男性对“个人今后发展”和“经济收入”的关注度明显高于女性，女性对于“个人兴趣与爱好”的关注度略高于男性。可见，男性在就业过程中更加注重个人发展与自我价值的体现，而女性在就业过程中更加注重自我偏好。

表7.1.3显示，甘肃省高校研究生在求职过程中比较关注的因素为“个人今后发展”和“经济收入”。从性别角度来看，男性和女性在求职过程中男生更加关注“个人今后发展”，而女性更加关注“经济收入”。在“个人兴趣与爱好”方面，男女性毕业生的关注度都较低。可见，研究生在求职过程中更加理性，能够从自身实际情况来考虑。

表7.1.2　不同性别本专科生中选择职业时考虑因素比较(%)

| 性别 | 社会地位 | 个人今后发展 | 自己是否适合该职业 | 经济收入 | 专业对口 | 就业地区 | 个人兴趣与爱好 | 社会关系与感情因素 |
|---|---|---|---|---|---|---|---|---|
| 2007年男 | 8.0 | 27.0 | 15.0 | 18.0 | 8.0 | 7.0 | 13.0 | 4.0 |
| 2007年女 | 7.0 | 23.0 | 19.0 | 18.0 | 8.0 | 8.0 | 13.0 | 5.0 |
| 2008年男 | 8.0 | 27.0 | 14.0 | 18.0 | 8.0 | 6.0 | 14.0 | 4.0 |
| 2008年女 | 7.0 | 24.0 | 17.0 | 18.0 | 7.0 | 8.0 | 15.0 | 4.0 |
| 2009年男 | 8.0 | 27.0 | 14.0 | 17.0 | 8.0 | 7.0 | 14.0 | 6.0 |
| 2009年女 | 7.0 | 25.0 | 18.0 | 17.0 | 8.0 | 7.0 | 14.0 | 5.0 |
| 2010年男 | 11.0 | 28.0 | 14.0 | 15.0 | 8.0 | 7.0 | 12.0 | 5.0 |
| 2010年女 | 10.0 | 24.0 | 16.0 | 17.0 | 7.0 | 8.0 | 12.0 | 5.0 |
| 2012年男 | 9.0 | 29.0 | 14.0 | 16.0 | 7.0 | 7.0 | 13.0 | 5.0 |
| 2012年女 | 9.0 | 25.0 | 16.0 | 17.0 | 8.0 | 9.0 | 12.0 | 4.0 |
| 2013年男 | 9.0 | 30.0 | 11.0 | 22.0 | 5.0 | 5.0 | 13.0 | 4.0 |
| 2013年女 | 7.0 | 27.0 | 14.0 | 23.0 | 6.0 | 6.0 | 14.0 | 4.0 |

表7.1.3　不同性别研究生选择职业时考虑因素比较(%)

| 性别 | 社会地位 | 个人今后发展 | 自己是否适合该职业 | 经济收入 | 专业对口 | 就业地区 | 个人兴趣与爱好 | 社会关系与感情因素 |
|---|---|---|---|---|---|---|---|---|
| 2007年男 | 9.0 | 27.0 | 14.0 | 19.0 | 8.0 | 5.0 | 11.0 | 6.0 |
| 2007年女 | 9.0 | 23.0 | 16.0 | 20.0 | 8.0 | 7.0 | 11.0 | 6.0 |
| 2008年男 | 10.0 | 28.0 | 14.0 | 17.0 | 6.0 | 5.0 | 13.0 | 6.0 |
| 2008年女 | 11.0 | 23.0 | 18.0 | 17.0 | 8.0 | 6.0 | 13.0 | 5.0 |
| 2009年男 | 10.0 | 29.0 | 15.0 | 17.0 | 7.0 | 5.0 | 10.0 | 7.0 |
| 2009年女 | 8.0 | 28.0 | 18.0 | 15.0 | 6.0 | 8.0 | 12.0 | 5.0 |
| 2010年男 | 12.0 | 27.0 | 15.0 | 14.0 | 7.0 | 8.0 | 12.0 | 6.0 |
| 2010年女 | 11.0 | 22.0 | 17.0 | 15.0 | 5.0 | 9.0 | 13.0 | 8.0 |
| 2013年男 | 12.0 | 28.0 | 11.0 | 23.0 | 6.0 | 5.0 | 11.0 | 5.0 |
| 2013年女 | 10.0 | 27.0 | 13.0 | 24.0 | 5.0 | 7.0 | 11.0 | 4.0 |

总之，本专科生和研究生在求职过程中有一定的差异性，本专科生在求职

过程中，男性较女性更加关注“个人今后发展”，女性对“个人兴趣与爱好”的关注度略高于男性。研究生在求职过程中，男女生都比较关注“个人今后发展”。可见，甘肃高校毕业生在求职过程中研究生较本科生更加客观、理性，更多地考虑个人因素，能够树立正确的择业观。

## 三、专业属性与选择职业时考虑的因素

从图7.1.1可以看出，2007—2010年甘肃省高校师范类本专科毕业生与非师范类本专科毕业生在求职过程中考虑择业信息方面存在差异性。非师范类毕业生在择业时对“社会地位”和“个人今后发展”的关注度明显高于师范类毕业生，而师范类毕业生较关心“自己是否适合该职业”和“经济收入”。可见，非师范类毕业生在求职过程中专业适应性比较广泛，就业限制条件较少，因此对经济收入的要求比较高。而师范类毕业生由于专业限制和当前甘肃农村教师工资偏低、工作条件、环境、待遇较差等问题，在择业过程中很难从自己的兴趣和喜好方面来考虑职业。

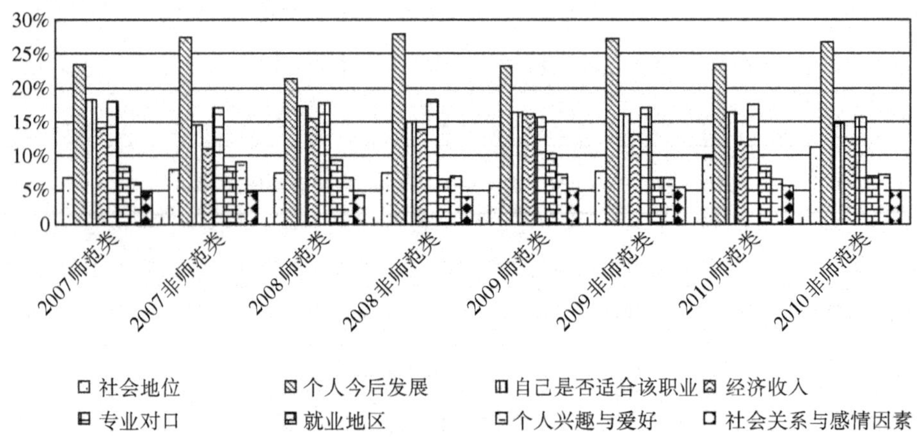


**图7.1.1 不同专业本专科生选择职业时考虑因素比较**

图7.1.2反映出，甘肃高校研究生求职过程中，2007届和2008届理科研究生在“个人今后发展”方面的关注度高于文科研究生。2009届和2010届理科研究生对“个人今后发展”这一因素的考虑呈总体下降趋势，相反文科研究生则呈现出上升趋势。除“社会地位”这一选项文科研究生高于理科研究生之外，其他各项均是理科研究生高于文科研究生。可见，在求职过程中理科研究生对自身和职业的期望值较高，而文科研究生除了考虑“社会地位”外，对其他因素的考虑均低于理科研究生。这和当前高校毕业生就业环境中，理科研究生比文科研究生具有更大的就业优势是相匹配的。

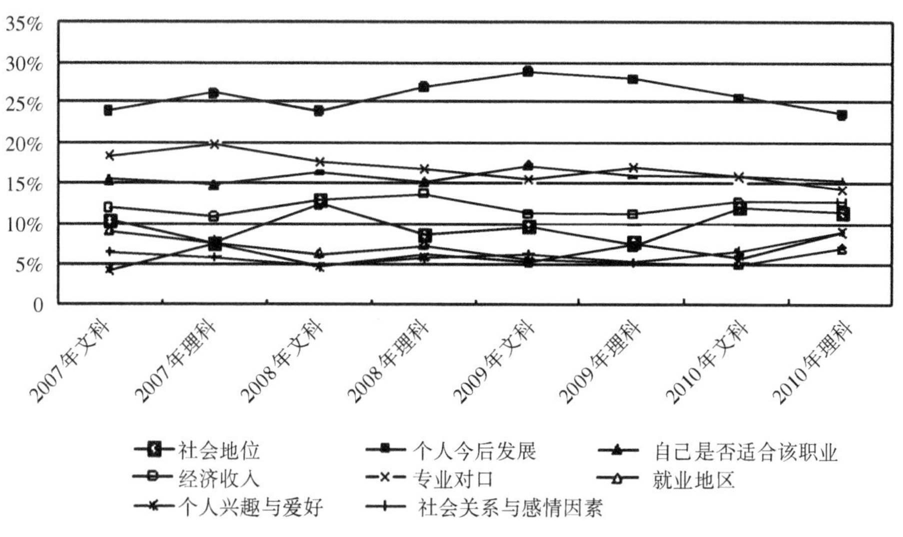


图7.1.2　不同专业研究生选择职业时考虑因素的比较

## 四、学历与选择职业时考虑的因素

表7.1.4显示，从总体来看专科生、本科生、研究生在求职过程中考虑因素位于前三位的分别是“个人今后发展”“经济收入”和“自己是否适合该职业”。从2007—2013年的数据来看，随着学历层次的上升毕业生更加注重个人今后发展，尤其是研究生在这方面反映的比较突出。从“经济收入”看，2007—2013年毕业生的求职期望值逐步降低，并非学历越高对“经济收入”的要求就越高。另外在“个人兴趣与爱好”一项中，专科生位于首位，其次为本科生，最后为研究生。说明在求职过程中专科毕业生更多的是从主观方面去考虑，研究生在这方面则表现得更加客观、理性。可见，随着学历层次的不断提升，毕业生在求职过程中更加关注工作本身而非以个人喜好为主。

表7.1.4　不同学历层次毕业生选择职业时考虑因素比较(%)

| 毕业生类型 | 社会地位 | 个人今后发展 | 自己是否适合该职业 | 经济收入 | 专业对口 | 就业地区 | 个人兴趣与爱好 | 社会关系与感情因素 |
|---|---|---|---|---|---|---|---|---|
| 2007年专科生 | 6.0 | 25.0 | 17.0 | 14.0 | 18.0 | 9.0 | 6.0 | 5.0 |
| 2007年本科生 | 8.0 | 25.0 | 17.0 | 13.0 | 18.0 | 8.0 | 8.0 | 4.0 |
| 2007年研究生 | 7.0 | 24.0 | 17.0 | 13.0 | 23.0 | 7.0 | 5.0 | 7.0 |

续表 7.1.4

| 毕业生类型 | 社会地位 | 个人今后发展 | 自己是否适合该职业 | 经济收入 | 专业对口 | 就业地区 | 个人兴趣与爱好 | 社会关系与感情因素 |
|---|---|---|---|---|---|---|---|---|
| 2008年专科生 | 8.0 | 23.0 | 15.0 | 15.0 | 19.0 | 8.0 | 7.0 | 5.0 |
| 2008年本科生 | 8.0 | 26.0 | 16.0 | 14.0 | 18.0 | 8.0 | 7.0 | 4.0 |
| 2008年研究生 | 11.0 | 28.0 | 13.0 | 14.0 | 16.0 | 8.0 | 4.0 | 6.0 |
| 2009年专科生 | 6.0 | 23.0 | 18.0 | 15.0 | 15.0 | 10.0 | 7.0 | 5.0 |
| 2009年本科生 | 7.0 | 27.0 | 16.0 | 14.0 | 17.0 | 7.0 | 7.0 | 5.0 |
| 2009年研究生 | 11.0 | 29.0 | 16.0 | 11.0 | 17.0 | 6.0 | 6.0 | 4.0 |
| 2010年本科生 | 11.0 | 26.0 | 15.0 | 12.0 | 16.0 | 7.0 | 7.0 | 5.0 |
| 2010年研究生 | 12.0 | 31.0 | 15.0 | 13.0 | 11.0 | 8.0 | 7.0 | 4.0 |
| 2013年专科生 | 7.0 | 30.0 | 13.0 | 13.0 | 23.0 | 5.0 | 5.0 | 3.0 |
| 2013年本科生 | 14.0 | 6.0 | 13.0 | 12.0 | 8.0 | 16.0 | 16.0 | 16.0 |
| 2013年研究生 | 11.0 | 27.0 | 8.0 | 9.0 | 28.0 | 5.0 | 3.0 | 10.0 |

## 第二节 获取就业信息的途径

### 一、求职所需信息

就业信息的获得是大学生求职前和应聘前的基本准备。就业信息获得直接关系到求职成本和就业质量。当前甘肃高校毕业生获取就业信息的主要途径来自六个方面：网络及其他媒体、招聘会、老师、家人和亲朋、学校就业指导部门和人才交流中心。图7.2.1显示，2007—2013年，甘肃高校本专科生和研究生获取就业信息的主要途径是网络及其他媒体和招聘会，网络及其他媒体的运用

在30%以上，可见网络求职已经成为获取求职信息的主渠道，网络信息具有信息流量大，更新快，交流迅速，方便快捷等特点。另外，学校就业指导部门的作用排在倒数，说明甘肃高校的就业指导服务并不能完全满足广大求职学生的就业需求。

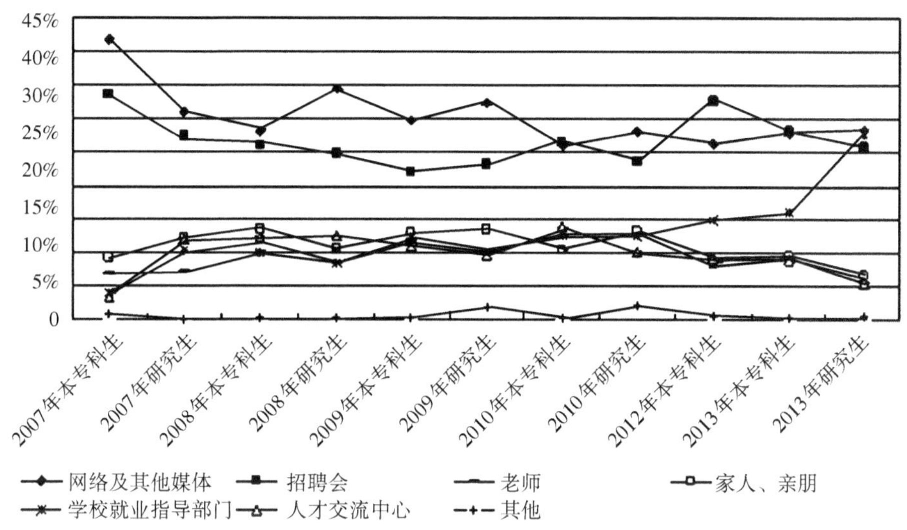


图7.2.1　高校毕业生获得就业信息的主要途径

图7.2.2显示，2007—2012年甘肃高校毕业生认为最有效的求职手段和途径是参加招聘会应聘。招聘会具有信息量大，招聘单位多等特点，更加有利于毕业生做出选择。在通过亲自登门自我介绍获得就业机会方面，研究生明显高于本专科生，说明在求职过程中，研究生较本专科生更加积极主动，可见，研究生能够更加理性地看待当前的就业市场。

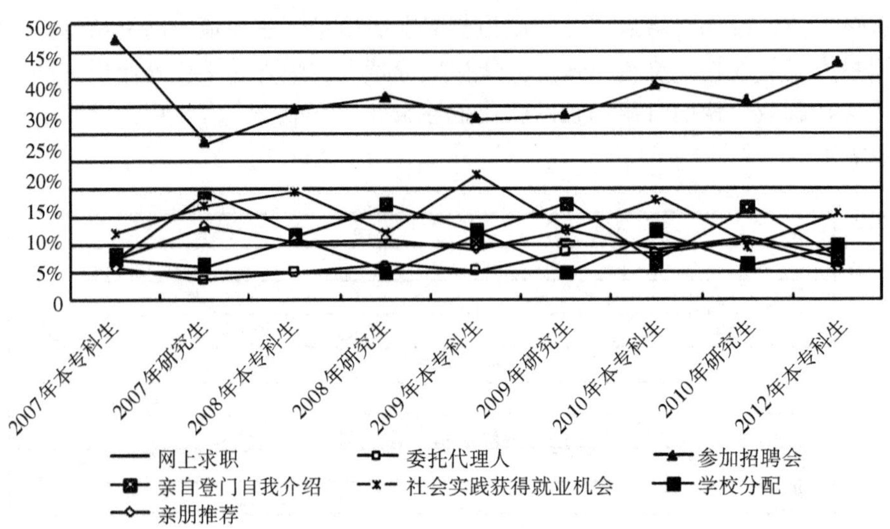


图7.2.2　高校毕业生最有效的求职手段和途径

## 二、性别与获取就业信息的途径

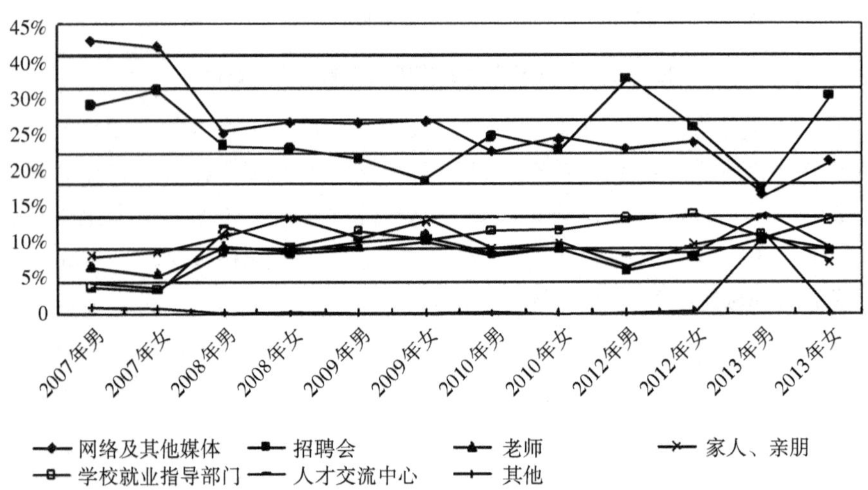


图7.2.3　不同性别本专科生获得就业信息途径比较

图7.2.3显示，2007—2013年，本专科生获得就业信息的途径主要以“网络及其他媒体”和“招聘会”为主。男性和女性在“网络及其他媒体”这一因素中所占的比例基本相同，没有显著差异。除此之外，男性通过“招聘会”获得就业信息的比例要高于女生。女性通过“家人、亲朋”和“学校就业指导部门”获得就业信息的比例高于男生，可以看出，男性在求职过程中更加积极主动。大学生在求职过程中通过“学校就业指导部门”和“人才交流中心”获得

就业信息的途径呈明显上升趋势，从2007年的约5%上升至2013年近15%，从这里可以看出，高校就业指导部门正在发挥越来越积极的作用。

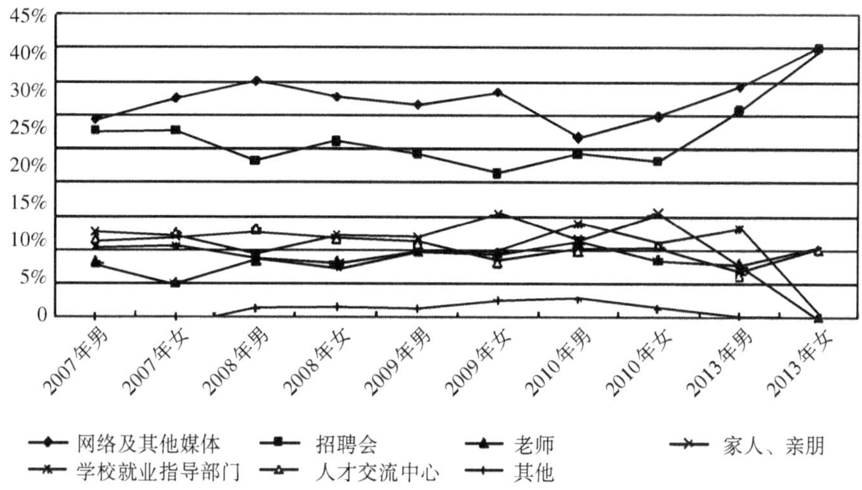


图7.2.4　不同性别研究生获得就业信息途径比较

图7.2.4显示，2007—2013年，研究生获得就业信息的途径与本专科生相同，主要以“网络及其他媒体”和“招聘会”为主。总体来看研究生在求职过程中，运用“家人、朋友”“老师”“人才交流中心”等渠道获取就业信息的途径在逐渐增多，并且，女性的求职主动性逐步高于男性，这可能与女性大学生就业难有一定的关系。

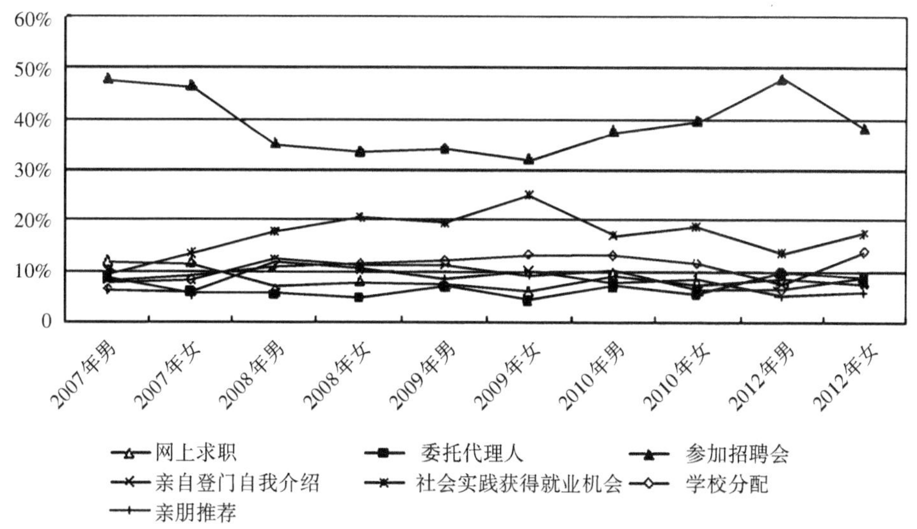


图7.2.5　不同性别本专科生最有效求职手段和途径比较

2007—2012年，从甘肃高校本专科生最有效的求职手段和途径来看（如图7.2.5所示），排在前三位的最有效的求职手段大致为："参加招聘会""通过社会实践获得就业机会"和"网上求职"。男性认为"参加招聘会"获得就业机会的可能性大于女性，女性认为"通过社会实践获得就业机会"和"亲朋推荐"更容易在求职过程中获得成功。男女生在其他方面差异不大。

从2007—2010年的数据可以看出（如图7.2.6所示），研究生认为最有效的求职手段和途径，男性认为"参加招聘会""委托代理"的有效性要高于女性。女性认为"亲自登门自我介绍"更容易在求职过程中获得成功。男女生对"学校分配"的有效性评价趋于一致。

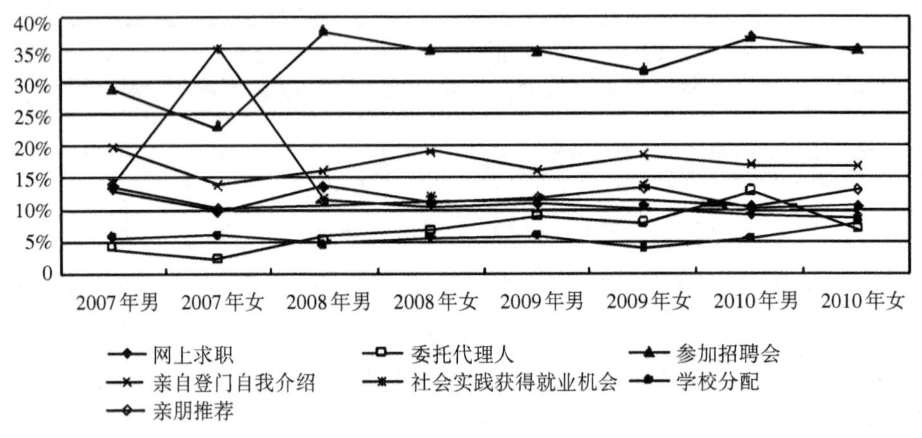


**图7.2.6　不同性别研究生最有效求职手段和途径比较**

总之，从2007—2013年甘肃高校毕业生最有效的求职手段和途径来看，无论是本专科生还是研究生，认为"网络及其他媒体"是获得就业信息最有效的途径，"参加招聘会"是获得求职机会最有效的手段。男性认为"参加社会实践"获得就业信息的可能性高于女性，女性更加倾向于运用"亲朋推荐"等方式获得就业机会。另外，本专科生和研究生之间也显示出一定的差异性，较为突出的是女性研究生将"亲自登门自我介绍"作为获得理想工作的最有效手段和途径，并且明显高于男生，可见，近年来女性研究生求职过程中的主动性正在逐步加强。

### 三、专业属性与获取信息的途径

本专科生获得就业信息的途径（如图7.2.7所示），2007、2008、2010年中，选择"网络及其他媒体"的非师范类毕业生高于师范类毕业生，而2009年则正好相反。总体来看，从2007—2010年师范类毕业生和非师范类毕业生通过"网络及其他媒体"来获得就业信息的方式均明显下降。师范类毕业生通过"家

人、亲朋”获得就业信息的比例高于非师范类毕业生，而非师范类毕业生更加注重通过“人才交流中心”获得就业信息。可见，师范类毕业生获得信息的途径较为局限、范围较狭窄，积极主动性不够，而非师范类毕业生能够较好地了解就业状况，能充分利用各种就业渠道，市场意识较强。学校就业指导中心，作为高校毕业生获取就业信息的重要渠道，其重要角色正在逐步显现，但是发挥的作用仍然不够充分，很难满足毕业生的就业需求。

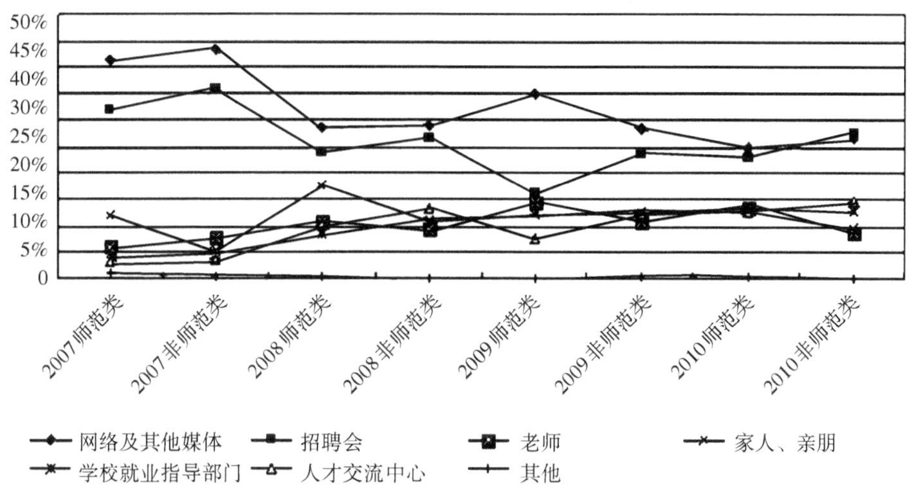


图7.2.7 师范和非师范类本专科生获得就业信息途径比较

2007—2010年文理科研究生获得就业信息的途径如图7.2.8所示，文理科研究生在“网络及其他媒体”和“招聘会”方面基本趋于一致。文科研究生通过“老师”获取就业信息略高于理科研究生，而理科研究生通过“学校就业指导部门”获取就业信息略高于文科研究生。总体来看，研究生获得就业信息的途径中，文科研究生和理科研究生基本相似，没有较大的差异。

图7.2.9显示，2007—2010年本专科毕业生认为最有效获得就业信息的途径是“参加招聘会”，并且这一选项明显高于其他各选项。从另一方面也能看出，无论是师范类毕业生还是非师范类毕业生通过“网上求职”获取就业信息所占的比例在逐步降低，而通过“社会实践获得就业机会”的师范类毕业生和非师范类毕业生人数基本相同。

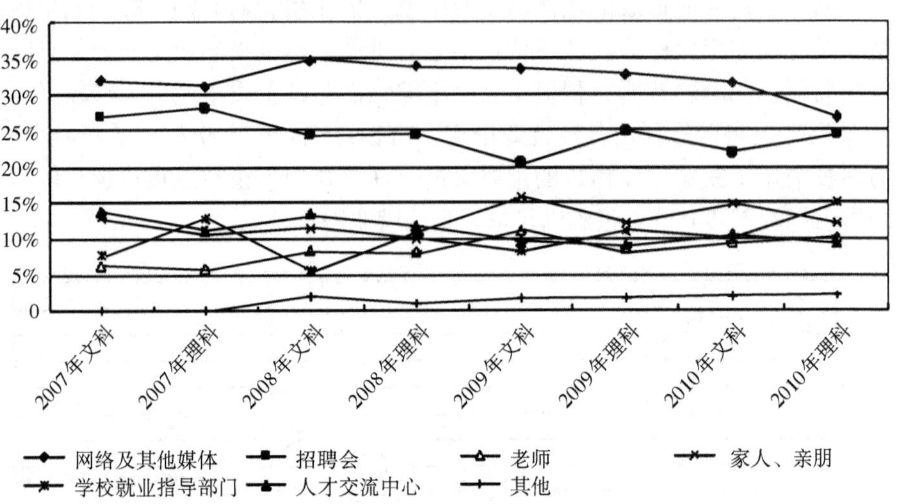


图7.2.8 文理科研究生获得就业信息途径比较

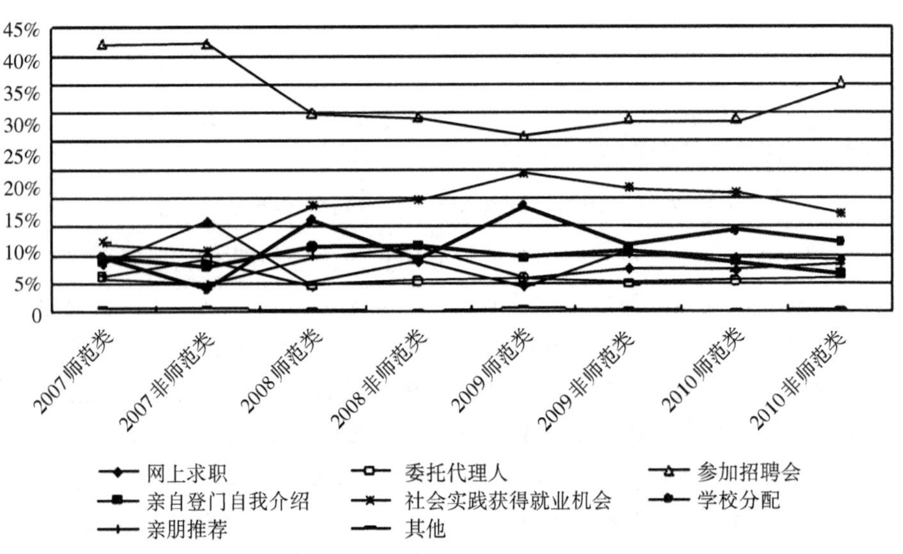


图7.2.9 师范类和非师范类本专科生最有效求职手段和途径比较

图7.2.10表明，研究生最有效的求职手段仍然是“招聘会”。其次，认为有效的求职手段和途径还包括“网上求职”“亲自登门自我介绍”“社会实践获得就业机会”等。从总体来看，文理科研究生有效求职手段的差别不大。

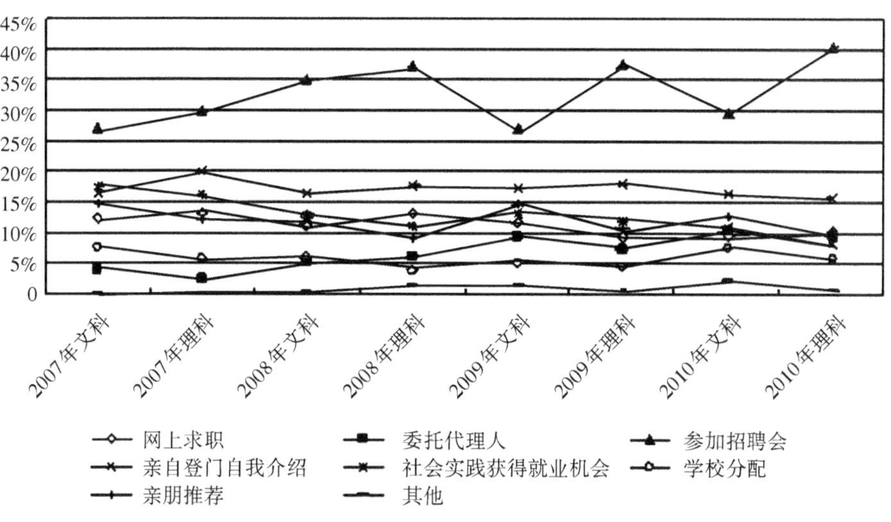


图7.2.10　文理科研究生最有效求职手段和途径比较

## 四、学历与获取信息的途径

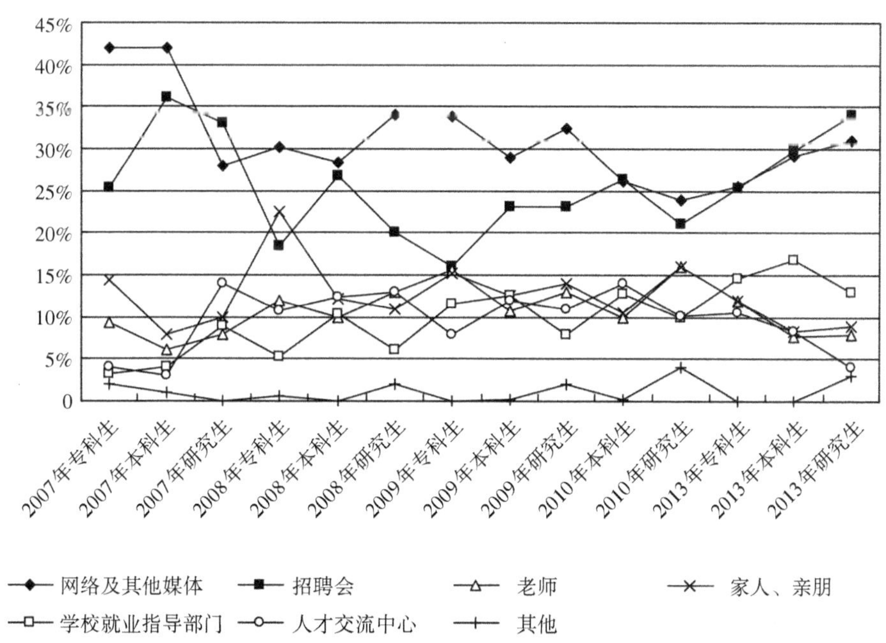


图7.2.11　不同学历高校毕业生获取就业信息途径比较

如图7.2.11所示，2007—2013年甘肃省高校毕业生中专科生、本科生主要通过“网络及其他媒体”和“招聘会”来获取就业信息，研究生主要通过“网络及其他媒体”“招聘会”来获取就业信息。从总体来看，高校毕业在获取就业信息途径时，通过“网络及其他媒体”和“招聘会”来获取就业信息，这两项与学历层次之间没有必然的联系。通过“家人、亲朋”来获取就业信息，专科生要明显高于本科生和研究生，这可能是由于当前用人单位在招聘时更倾向于选择高学历的人才，所以专科生在就业市场上的竞争力明显弱于本科生和研究生，因此他们在就业过程中更加倾向于运用社会资本。图中显示毕业生通过“学校就业指导部门”来获取就业信息的比例较小，可见，高校就业指导部门需要从各方面修炼“内功”，满足毕业生的就业需求。

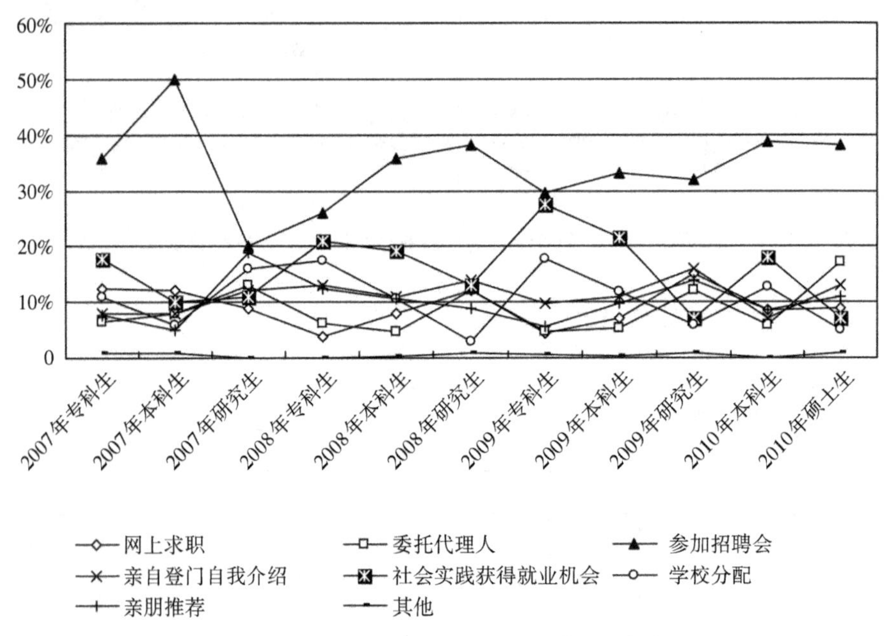


**图7.2.12　不同学历层次高校毕业生最有效求职手段和途径比较**

图7.2.12显示，2007—2013年甘肃高校毕业生最有效求职手段和途径在不同学历层次上呈现出一定的差异性。总体来看专科生、本科生、研究生认为“参加招聘会”是最有效的途径。通过“社会实践获得就业机会”方面，专科生认为其有效性要明显高于本科生和研究生。通过“亲自登门自我介绍”和“亲朋推荐”获得就业机会是研究生认为比较有效的手段，而两项中专科生认为其有效性较低。可见，这与不同学历层次毕业生的专业特点有关系，专科生更强调操作性和实用性，而本科生和研究生的专业特点更强调理论知识和研究。因此，专科生、本科生及研究生认为有效的求职手段和途径不尽相同。另外，专科院校与企业合作联合培养学生的现象比较常见，因此通过“学校分配”也是专科生认为比较有效的求职手段，研究生认为其有效性最低。

# 第三节 工作搜寻

工作搜寻是高校毕业生在就业过程中获取就业信息和就业机会的重要环节，对工作搜寻中的性别、专业属性、学历、家庭背景等影响因素进行分析，了解甘肃省高校毕业生工作搜寻的特征，将为毕业生就业提供一定的帮助。

表7.3.1表明，2007—2013年，甘肃高校毕业生联系单位个数集中在1～3个，研究生联系单位个数主要集中在7个及7个以上这一区域，明显高于本专科生。之所以研究生联系单位的个数比本专科生多，一种可能是因为学历越高对工作的期望值越高。另外可能是因为研究生在求职过程中经验更丰富，所以对于找到好工作的愿望就更加强烈，因此会与更多的用人单位联系。

**表7.3.1 甘肃省高校毕业生联系单位个数(%)**

| 毕业生类型 | 单位个数 | | | |
|---|---|---|---|---|
| | 0个 | 1～3个 | 4～6个 | 7个及7个以上 |
| 2007年专科生 | 27.8 | 34.8 | 20.3 | 17.1 |
| 2008年专科生 | 24.3 | 49.2 | 13.3 | 13.2 |
| 2009年专科生 | 37.1 | 43.9 | 10.6 | 8.4 |
| 2013年专科生 | 3.4 | 66.3 | 20.5 | 9.8 |
| 2007年本科生 | 14.5 | 41.2 | 26.1 | 18.2 |
| 2008年本科生 | 11.4 | 39.5 | 27.7 | 21.3 |
| 2009年本科生 | 2.3 | 36.1 | 29.3 | 32.3 |
| 2010年本科生 | 10.8 | 24.8 | 22.2 | 42.2 |
| 2013年本科生 | 10.5 | 47.6 | 26.9 | 15.0 |
| 2007年研究生 | 9.7 | 27.5 | 28.8 | 34.0 |
| 2008年研究生 | 8.5 | 30.0 | 29.0 | 32.5 |
| 2009年研究生 | 18.9 | 26.2 | 22.7 | 32.2 |
| 2013年研究生 | 4.1 | 31.6 | 32.7 | 31.6 |

## 一、性别与工作搜寻强度

图7.3.1显示，从2007—2013年甘肃高校毕业生的工作搜寻强度来看，男性在“联系单位个数”“着重联系单位个数”“求职城市”和“单位接收意向”四

个选项中的比例都高于女性。

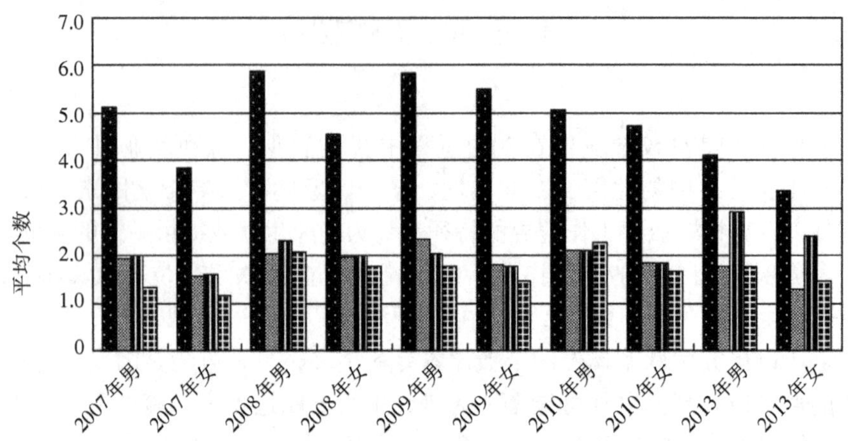


图7.3.1 不同性别本专科生工作搜寻强度比较

图7.3.2显示，从2007—2013年甘肃高校研究生的工作搜寻强度来看，女性在2009年和2010年“联系单位个数”多于男性，2007年、2008年和2013年男性“联系单位个数”都高于女性。另外，在“着重联系单位”“求职城市”和“单位接收意向”三个选项中，男的平均求职个数都高于女性。

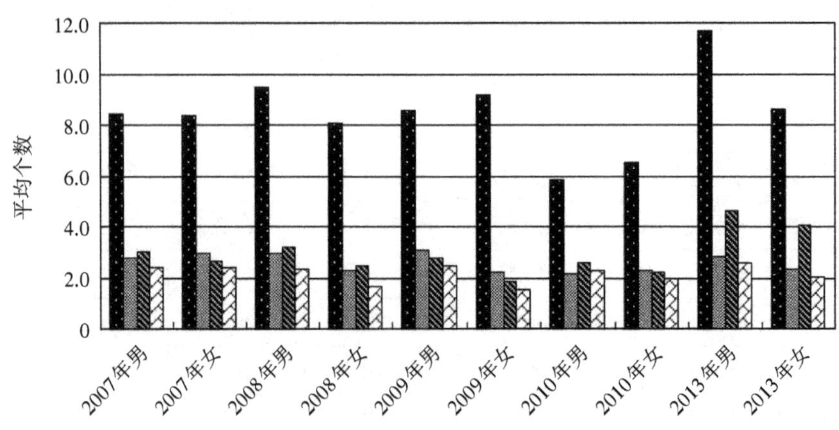


图7.3.2 不同性别研究生工作搜寻强度比较

总之，从2007—2013年甘肃高校毕业生的工作搜寻强度来看，男性的搜寻强度明显高于女性，获得单位接收意向也明显高于女性，2009年和2010年女性研究生的“联系单位个数”高于男性研究生，但获得单位接收意向仍然没有男

性多，可见，当前女大学生就业难已经成为我们亟待解决的问题。

## 二、专业属性与搜寻强度

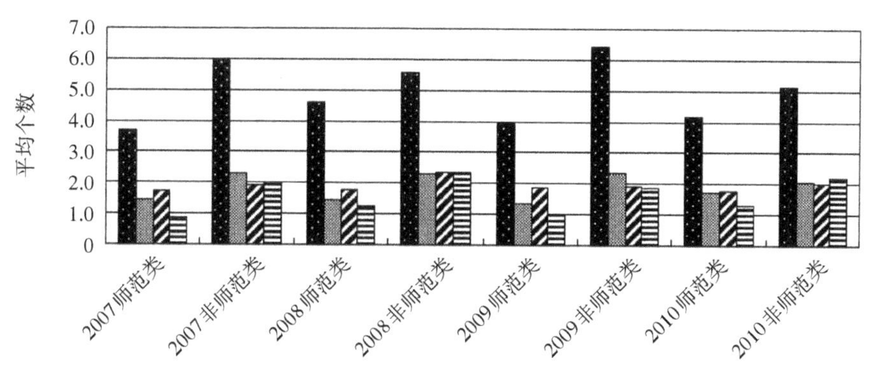


图7.3.3　师范类和非师范类本专科生工作搜寻强度比较

从图7.3.3可以看出，从2007—2013年在“共联系单位”的个数，“着重联系单位”的个数，“求职城市”和获得“单位接收意向”四个选项中非师范类大学毕业生均高于师范类大学毕业生。可见，非师范类毕业生的求职主动性明显高于师范类毕业生，因此在求职过程中能够获得较多的单位接收意向。而师范类毕业生在求职过程中由于专业限制等原因，在求职过程中选择机会明显低于非师范类毕业生，单位的接收意向明显减少。

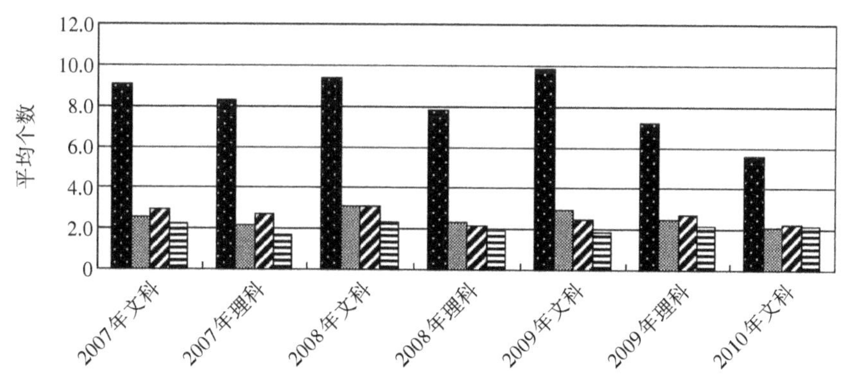


图7.3.4　文理科研究生工作搜寻强度比较

2007—2009年研究生在“共联系单位”的个数，“着重联系单位”的个数，“求职城市”和获得“单位接收意向”四个选项中（如图7.3.4所示），文科研究生在“共联系单位”“着重联系单位”“求职城市”和“单位接收意向”中的平均个数都高于理科研究生。总体分析2007—2010年研究生的工作搜寻过程，文科研究生在求职过程中的工作搜寻力度要高于理科研究生。

## 三、学历与搜寻强度

图7.3.5反映出，2007—2013年甘肃高校不同学历层次的毕业生“共联系单位”的个数中，2013年专科毕业生联系单位个数平均为1.6个，2013年本科生平均为4.5个，2013年研究生平均为8.5个，最多的是2008年研究生平均为8.9个。可见，学历与联系单位个数之间存在相关性，学历越高联系单位个数越多。研究生因为学历较高，因此他们对工作的期望值也越高，会更加积极努力的进行工作搜寻，以达到最佳的匹配状态。“着重联系单位”的个数，同样也是2009年大专毕业生最少（平均为0.87个），其次为2013年专科生平均为0.98个，最多的是2013年研究生平均为3.03个。可见，“着重联系单位”个数和“共联系单位”两者基本一致，仍然是学历越高关注度也就越高。“求职城市”的个数，同样是2009年专科生最少（平均为1.22个），其次为2013年专科生平均为1.49个，2013年研究生最多平均为4.82个。“单位接收意向”个数，同样是2007年专科生最少（平均为0.73个），其次为2013年专科生平均为0.88个，2013年研究生最多平均为2.65个。总体来看，学历层次与搜寻强度之间存在一致性。从用人单位的角度来看，学历层次越高社会的认可度也越高，更加容易受到用人单位的青睐。从毕业生的角度来看，学历层次越高个人投入的资本就会越多，毕业生认为应该获取更高的回报。

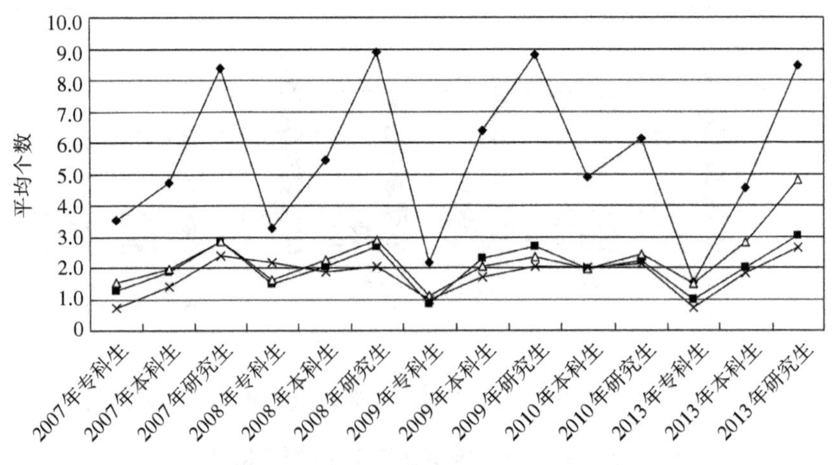


**图7.3.5 不同学历高校毕业生工作搜寻强度比较**

# 第四节　搜寻成本

表7.4.1　甘肃高校毕业生平均搜寻成本(单位:元)

| 学历 | 2007年 | 2008年 | 2009年 | 2010年 | 2012年 | 2013年 |
|---|---|---|---|---|---|---|
| 专科生 | 1295 | 639 | 890 | — | 1511 | 620 |
| 本科生 | 1756 | 2382 | 2312 | 2113 | 2696 | 2696 |
| 研究生 | 3211 | 2804 | 3216 | 4253 | — | 6019 |
| 总平均数 | 6262 | 5825 | 6418 | 6366 | 4207 | 9335 |

从表7.4.1中可以看出，学历越高毕业生的搜寻成本越高，2013年毕业生的平均搜寻成本高达9335元。

表7.4.2　甘肃高校毕业生的具体求职费用(单位:元)

| 项　目 | 平均数 | 年　份 | | | | | |
|---|---|---|---|---|---|---|---|
| | | 2007年 | 2008年 | 2009年 | 2010年 | 2012年 | 2013年 |
| 招聘会门票 | 207.8 | 61.8 | 91.2 | 104.4 | 86.6 | 109.0 | 794.0 |
| 交通费 | 542.9 | 260.4 | 342.3 | 280.4 | 496.6 | 539.5 | 1338.5 |
| 住宿费 | 466.0 | 155.1 | 273.3 | 248.5 | 471.6 | 533.0 | 1114.5 |
| 请客、送礼 | 1297.5 | 774.6 | 741.3 | 951.2 | 3042.0 | 368.5 | 1907.5 |
| 制作自荐材料 | 187.2 | 67.3 | 115.5 | 81.2 | 196.3 | 125.0 | 538.0 |
| 电话费 | 209.8 | 87.7 | 137.6 | 131.5 | 211.6 | 172.5 | 518.0 |
| 信息搜寻上网费 | 98.9 | 61.6 | 99.4 | 87.8 | 83.3 | 70.0 | 191.5 |
| 其他费用 | 379.6 | 176.7 | 382.1 | 173.5 | 449.0 | 186.0 | 910.5 |

从表7.4.2中可以看出，甘肃高校毕业生搜寻成本的支出项包括招聘会门票、交通费、住宿费、请客送礼、制作自荐材料、电话费、信息搜寻上网费以及其他费用。毕业生在求职费用方面，“请客、送礼”“交通费”和“住宿费”占前三位。除2012年外毕业生的“请客、送礼”费用呈逐步上升趋势。

## 一、专业属性与搜寻成本

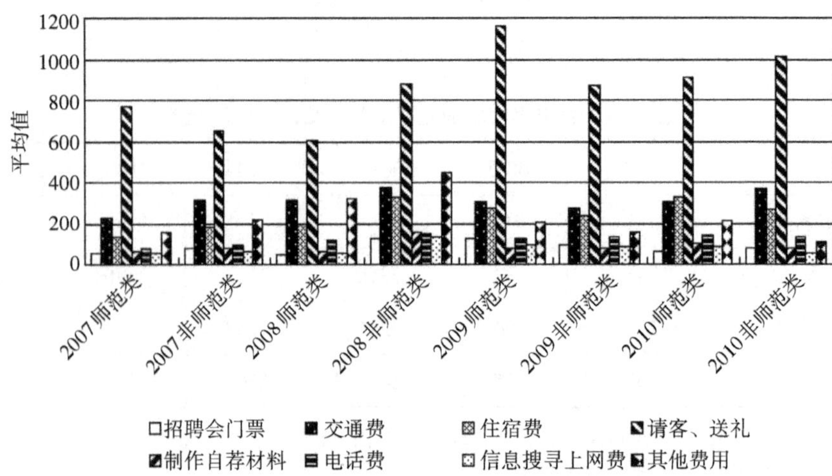


**图7.4.1　师范类和非师范类本专科毕业生工作搜寻成本比较**

图7.4.1反映出，2007—2010年甘肃高校本专科生在求职过程中“请客、送礼”的费用不断上升，可见当今大学生在求职过程中更加注重社会资本的运用。非师范类毕业生在“交通费”一项中的花费要高于师范类毕业生，说明非师范类毕业生在工作搜寻中较师范类毕业生更加积极主动。其他各项中，师范类毕业生和非师范类毕业生之间没有明显差别。

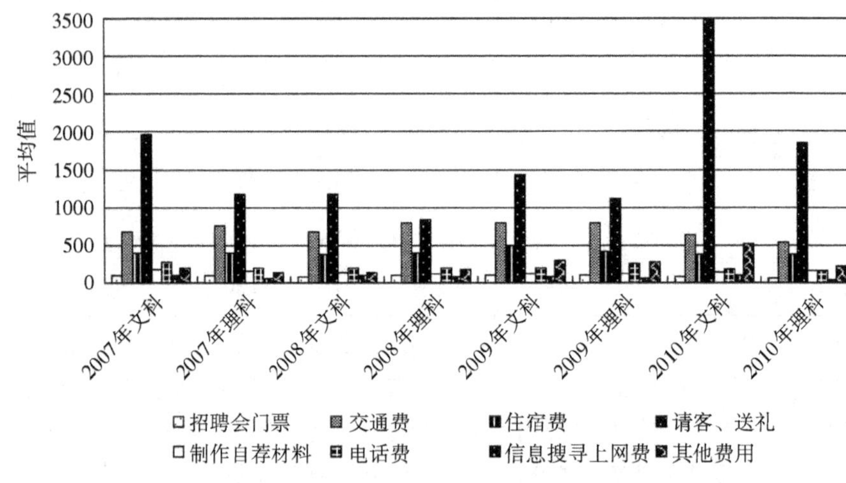


**图7.4.2　文理科研究生工作搜寻成本比较**

图7.4.2表明，2007—2010年甘肃高校研究生在求职过程中，文科研究生“请客、送礼”的费用明显高于理科研究生，这可能与文科研究生就业困难有

较大关系。“招聘会门票”“交通费”“制作自荐材料”“电话费”和“信息搜寻上网费”等工作搜寻成本，文科研究生和理科研究生基本相同，均无显著差别。

## 二、学历与搜寻成本

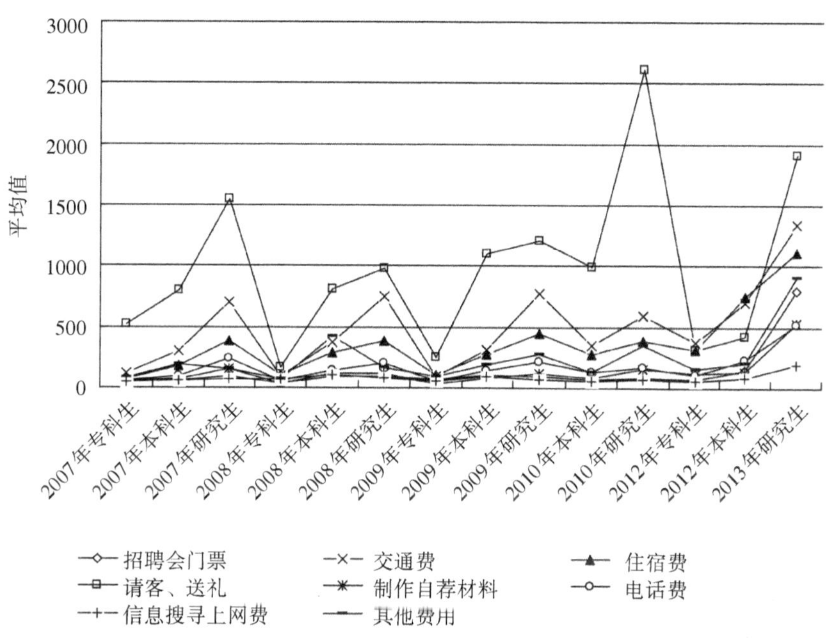


图7.4.3 不同学历层次高校毕业生工作搜寻成本比较

如图7.4.3显示2007—2013年甘肃高校大学毕业生的搜寻成本中“请客、送礼”的费用有明显上升趋势。可见，随着学历的提高，这类求职费用也在逐步升高。除“请客、送礼”的费用外，“交通费”“住宿费”“电话费”支出也是一笔不小的数目，而且学历层次越高在这方面的花费也会相应增加。而“招聘会门票”“制作自荐材料”“信息搜寻上网费”与学历层次之间并没有显著的联系。总体来看，随着学历层次的提高，工作搜寻成本也会相应增加。

# 第八章　社会资本对甘肃省高校毕业生就业的影响

**摘要：** 本章对2007—2013年甘肃省高校毕业生的就业调查数据进行分析比较，以期理清社会资本与就业之间的关系问题，并对“富二代”现象对高校毕业生就业产生的影响做出阐述。

## 第一节　社会资本与就业的理论基础

### 一、理论层面

20世纪80年代，“社会资本”理论已经开始走上了正轨，进入了完善阶段，通过布迪厄、科尔曼和林南等几位社会学家独立详细的研究，引起了学术界的关注。

（一）关系主义

在当今很多社会资本的研究中，皮埃尔·布迪厄是不得不提及的一位学者，他是最早对社会资本做出明确定义的专家。社会资本“由社会义务或联系组成”，“它是实际的或潜在的资源的集合体，那些资源是同对某些持久的网络的占有密不可分的。这一网络是大家熟悉的，得到公认的，而且是一种体制化的网络，这一网络是同某团体的会员制相联系的，它从集体性拥有资本的角度为每个会员提供支持，提供为他们赢得声望的凭证。”布迪厄认为社会资本是资本的三种基本形态之一，其余的是经济和文化资本。经济资本只是基础位置、社会资本以及文化资本同时会依赖经济资本，经济资本成为个人资本主导的时代也一去不复返了。社会资本以关系网络的形式存在的主张形成了社会资本理论的核心，关系网络创造了一种解决社会问题的有价值的资源，并向成员提供集体所有的资本，即成员相互信任的可信度。一般认为，布迪厄是从社会网络的角度来研究社会资本的。从这个意义上来说，布迪厄开创了社会网络分

析的社会资本研究。[1]

（二）结构功能主义

詹姆斯·科尔曼是在理论上对社会资本给予了全面具体界定的第一位社会学家。科尔曼没有继续布迪厄的观点，他认为社会资本包括两个要素：一是社会资本是社会结构的一方面，在结构内社会资本便利个体的某些行动。二是结构的任何一方面是否是资本，取决于它是否对参与某种活动的某些个体发挥功能。科尔曼强调了社会资本的结构性质及其公共产品性质，认为社会资本代表了与其他组织和个人的关系。在科尔曼看来，社会资本就是个人拥有的、表现为社会结构资源的资本财产，它们由构成社会结构的要素组成，主要存在于人际关系和社会结构中，并为社会结构内部的个人行动提供便利。社会资本的表现形式有义务与期望、信息网络、规范与有效惩罚、权威关系，多功能社会组织和有意创建的社会组织。[2]

（三）弱连带优势主义

美国著名学者格拉诺维特（Granovetters）在20世纪70年代就研究了社会网络关系在个人求职中的作用。他发现当个人运用他们的社会网络来找工作时，他们更可能通过弱关系而非强关系找到工作，即“弱连带优势理论”（strength of weak ties）。在格氏看来，“强关系是群体内部的纽带，由此获得的信息重复性高，而弱关系是群体之间的纽带，它提供的信息重复性低，充当着信息桥的作用。”[3]

日本学者福山的观点：“社会资本是从社会或社区中流行的信任中产生的能力。”社会资本可以理解成为是社会成员之间共享的一种价值观或是隐形的规范，能够促使大家的合作，有了这种信任的存在才有可能促进大学生的就业，但主要注意的是信任一定不能局限在家人和亲朋之间，应该是更为广泛的信任。

（四）社会资源主义

在多位学者对社会资本做出研究之后，美籍华裔学者林南通过个体行动的角度来对社会资本提出了较为全面的定义，他修正了“弱连带优势主义理论”，强调了“社会资本是投资在社会关系中并希望在市场上得到回报的一种资源，是一种镶嵌在社会结构之中并且可以通过有目的的行动来获得或流动的资源”。林南定义社会资本时强调了社会资本在投资过程中使用了工具性行动和表达性行动，那么本文在讨论求职和社会关系的问题时多使用的是工具性的行动，即个体为了实现特定目标而采取的行动，行动中手段和目标是相互分离的。对工

[1] 陈柳钦.资本研究的新视野：社会资本研究的综述[J].云南财经大学学报，2007（4）：12-20.

[2] 郑洁.家庭社会经济地位与大学生就业——一个资本的视角[J].北京师范大学学报：社会科学版，2004（3）：111-118.

[3] 边燕杰，张文宏.经济体制、社会网络与职业流动[J].中国社会科学，2001（2）：77-89，206.

具性行动而言，可以确认三种可能的回报，即经济回报、政治回报和社会回报，每一种回报都可被视作增加的资本。对情感性行动来说，社会资本是巩固资源和防止资源损失的一种工具，原则上是接近和动员享有利益和控制类似资源的其他人，因此为了保存现有资源，可以储存和共享嵌入性资源。情感性回报包括身体健康、心理健康和生活满意三个方面。对工具性行动和情感性行动的回报经常是彼此增强的。林南的社会资本理论的特色在于社会资源的视角和个体主义方法论。

林南强调，决定个体所拥有社会资源的数量和质量有三个因素：一是个体社会网络的异质性，二是网络成员的社会地位，三是个体与网络成员的关系强度。与科尔曼和普特南不同，林南是从个体主义原则出发的关系论视角来弘扬结构中的行动者的选择能力。考虑到人的行动或互动的动机，他把人的行动划分为工具性行动和情感性行动，并认为情感性行动在行动中占有基础地位，实际上就是承认了人的意识活动中的理性与感性层面及感性相对于理性的基础性。林南从个人主义的视角发展了社会资本理论，并综合以往的研究成果，突出了社会资本的两个重要属性：关系性和生产性，为社会资本理论的发展和完善奠定了良好的理论基础。[1]

**表 8.1.1　关于社会资本的争论**

| 争论 | 主张 | 存在的问题 |
|---|---|---|
| 集体或个人的财产(科尔曼,普特南) | 社会资本是集体财产 | 与规范、信任相混淆 |
| 封闭或开放的网络(布迪厄,科尔曼,普特南) | 群体是封闭或紧密的 | 阶级社会的视野,缺乏流动性 |
| 功能的(科尔曼) | 社会资本表现为某种行动的效果 | 同义反复(原因由结果决定) |
| 测量(科尔曼) | 不能量化 | 启发式的,不可证伪 |

（五）李惠斌和杨雪冬的定义

国内比较得到认同的是李惠斌和杨雪冬的定义，他们认为，社会资本是指与物质资本、人力资本相区别的以规范、信任和网络化为核心的，从数量和质量上影响社会中相互交往的组织机构、相互关系和信念，是社会机构、社会成员互动作用的具有生产性的社会网络。即处于一个共同体之内的个人或组织通过与内部、外部的对象的长期交往合作互利形成的一系列认同关系，以及这些关系背后积淀下来的历史传统、价值观念、信仰和行为范式。在这个概念中，社会资本是长期累积形成的，不仅表现为个人、组织相互关系的认同性、互利性，而且体现了这些联系的稳定性和扩展性，同时也反映了社会资本形成发展

[1] 林南.社会资本：关于社会结构与行动的理论[M].上海：上海人民出版社，2005.

的路径依赖特征，即社会资本通过家庭、关系网络、社会信任和互惠、惯例等形式发挥出来。[1]

边燕杰对社会资本领域的研究在国内也是比较有代表性的，他的“强关系力量假设”对林南的“社会资源”理论和格拉诺维特的“弱关系力量假设”做出了精炼的概括并提出了新的挑战。他指出：“在中国计划经济的工作分配体制下，个人网络主要用于获得分配决策人的信息和影响，而不是用来收集就业信息。……因此，强关系而非弱关系可以充当没有联系的个人之间的网络桥梁。”同时，在中国的家族和亲族的历史文化背景和正处于转型经济的社会背景下，弱关系理论在我国的解释能力还是比较有限的。

## 二、实证层面

在总结了一些有代表性的理论研究之后，我们不得不拿出一些关于社会资本的实证性研究，这样才能够形成相对完善的研究体系。

（一）国外的实证研究

格拉诺维特在1974年首先以282名技术专家和管理人员为样本做了调查研究，结果发现被调查人员使用人际关系资源能带来收入较好的工作。[2]林南等学者通过纽约州奥尔巴尼都市地区400多名男性雇员组成的社区样本的调查研究发现，除了父母地位和受教育程度外，交往者的社会地位将对个人获得社会地位存在显著影响。[3]1986年，坎贝尔等一些学者利用了1965—1966年底特律地区的样本研究发现，社会网络的资源组成与职业声望和家庭收入等存在着正相关关系[4]。还有一些学者将社会资本的关注点集中在了父亲的职业地位和教育上，莫尔贝克等学者在1995在测量社会资本时，将父亲社会地位和职业作为主要测量指标，研究发现：父亲职业对个体第一份和当前的（最后的）职业地位存在着显著的影响。[5]1996年巴尔别里对意大利近500名样本的调查发现，在控制父亲地位、教育、第一份职业地位以及前一份职业地位的影响后，交往者

[1] 陈柳钦.资本研究的新视野：社会资本研究的综述[J].云南财经大学学报，2007，23（4）：12-20.

[2] 林南.社会网络与地位获得[M].俞弘强，译//曹荣湘.走出囚徒困境——社会资本与制度分析，上海：上海三联书店，2003：31.

[3] Lin Nan，Ensel W M，Vaughn J C.“Social Resources and Strength of Ties：Structural Factors in Occupation Status Attainment”[J]. *American Sociological Review*，1981，46（4）：393-405.

[4] Campbell K E.，Marsden P V，Hurlbert J S.“Social Resources and Socioeconomic Status”[J]. *Social Networks*，1986，8（1）：97-117.

[5] Hester M，Ultee W，Flap H.“That’sWhat Friends Are For：Ascribed and Achieved Social Captial in the Occupational Career”[C]. Presented at the European Social Network Conference，London，1995.

地位仍然对当前的职业地位存在显著的积极影响。[1]（对于父亲对个体就业的影响会在后面的内容做进一步的分析）。1999年福尔克尔和弗拉普在前民主德国调查的样本发现求职者通过亲戚与相识关系比通过朋友关系更有可能接触到职业地位好和声望高的交往者，相对相识关系又比亲戚和朋友更有可能接触到职业范围更广的交往者，[2]一个是纵向的，一个是横向的，所以无论亲朋还是相识关系都会对社会网络中交往成员的丰富性起到主要作用。

（二）国内的实证研究

国内学者对农民的流动过程、地位获得及维持“关系”运用的文章很多，从2001—2013年关于社会资本与大学生就业包括对大学生流动过程、地位获得的实证研究的论文日益增多，越来越多的学者从社会资本的理论层面深入到利用实证调查来说明社会资本对社会发展的影响，这其中包括高校毕业生的就业问题。

边燕杰和张文宏于1999年对天津劳动力流动的调查再次证明，在华人社会中强关系比弱关系更重要。这和1999年福尔克尔和弗拉普在前民主德国调查的研究结论非常相似，在亲朋（笔者认为是强关系）和相识关系（笔者认为是弱关系）为个体提供关系的深度和广度上的认识上很一致。

在21世纪以后，出现了一些实证性的研究是专门讨论社会资本与大学生就业关系的。下面将列举一些有代表性的研究：

**表8.1.2　国内大学生就业的研究过程及结论**

| 研究者 | 研究对象 | 资料来源及调查方式 | 分析方法 | 主要分析指标 |
|---|---|---|---|---|
| 姜继红 | 扬州大学2003届、2004届2700名毕业生 | — | 描述性分析 | 地方高校毕业生的社会资本、人力资本的拥有量与就业意向呈正相关关系 |
| 郑洁（2004） | 2002届本专科毕业生 | 北京哲学社会科学“十五”规划项目北京市大学毕业生就业问题研究 | 分类变量回归 | 通过性别变量和衡量家庭社会经济地位等变量分析了关于前途选择、就业意向、求职行为和就业结果等因变量 |

[1] Barbieri，Paolo.Household，“Social Capital and Labour Market Attainment” [C].presented at the ECSR Workshop，August26-27，Max Plank Institute for Human Development and Education，Berlin，1996.

[2] Volker B，Flap H. “Getting Ahead in the GDR：Social Captial and Status Attainment Under Communism” [J]. *Acta Sociologica*，1999，42（1）：17-34.

续表 8.1.2

| 研究者 | 研究对象 | 资料来源及调查方式 | 分析方法 | 主要分析指标 |
| --- | --- | --- | --- | --- |
| 陈成文、谭日辉（2004） | 中南地区14所高校1200名在校毕业生 | — | 二元Logistic回归模型和多元线性回归模型 | 毕业生的“学校就业指导中心”“父母的社会地位”“亲戚的社会地位”“网络规模”四种社会资本对毕业生就业的影响 |
| 范元伟、郑继国、吴常虹（2005） | 上海理工大学和复旦大学2001至2003年毕业生 | 电子邮件的方式进行访问 | 多变量分析技术 | 毕业院校、户口、生源地、专业、劳动合同时限以及除英语口语外的其他能力对初次就业搜寻时间的影响不明显；性别、社会关系、女生相貌和社会实践，尤其是学生的健康状况和党员身份对初次就业时间有显著的影响 |
| 闵维方、丁小浩、文东茅、岳昌君（2005） | 全国多个高校收集了21 220份问卷 | 北京大学“中国高等教育规模扩展与劳动力市场的相互作用研究”课题组 | 分类变量回归 | 家庭住址在大中城市、家庭人均收入高、家庭社会关系广等三个变量对毕业生的工作找寻有正向影响 |
| 康小明 | 北京大学经济管理类毕业生 | — | 二元Logistie回归模型和多元线性回归模型 | 毕业生高等教育阶段积累的社会资本与其进入劳动力市场的第1～3年的年薪收入水平之间存在显著的正向影响，而毕业生的家庭所拥有的社会资本与上述职业发展成就指标之间不存在显著性影响 |
| 阂维方、丁小浩 | 中、东、西部16个省份的34所高校的21 220名毕业生 | — | 二元Logistie回归模型和多元线性回归模型 | 内因是决定高校毕业生就业竞争力的关键因素，学校提供的就业信息对求职结果和起薪水平都有显著影响；家庭经济条件和社会关系对就业的影响开始凸现 |
| 管静娟（2005） | 南京市8所高校在校毕业生就业调查资料 | 采取分层抽样法，按照宿舍编号随机抽取宿舍楼，再在抽中的宿舍楼中随机抽取宿舍号 | 多变量相关分析 | 家庭经济背景、父母亲职业、关系人社会地位等 |

**续表** 8.1.2

| 研究者 | 研究对象 | 资料来源及调查方式 | 分析方法 | 主要分析指标 |
|---|---|---|---|---|
| 涂晓明 | 高职高专院校的350名应届毕业生 | — | 二元Logistic回归模型和多元线性回归模型 | 高职高专毕业生所借助的家庭关系资源和学校的就业努力、就业服务等社会资本成为其就业获得机会的决定性影响因素;学习成绩这个传统的毕业生人力资本质量的信号仍然得到社会的认可 |

## 第二节 大学生社会资本与就业的关系

一般根据组织行为学意义上的环境分析来讲，以组织界线（系统边界）来划分，可以把环境分为内部环境和外部环境，或称为工作（具体）环境和社会（一般）环境。这里我们借鉴管理学的思想，将社会资本看作社会关系和社会网络的产物，与其相关的内外部影响要素均被看成是环境要素。

按照普遍经济规律，一个国家的经济增速和就业率成正比，我国经济过去的高速增长，在很大程度上保证了我国的就业率，尤其和一些发达国家接近两位数的失业率相比，我国4%左右的失业率还是相当难得。但随着经济增速放缓，就业的压力可能会慢慢浮出水面，按照奥肯法则的描述，一个国家的实际GDP如果相对潜在GDP下降1%，失业率就会上升0.5%。

李克强总理在2015年的政府工作报告中表示，2015年国内生产总值达到67.7万亿元，增长6.9%，城镇新增就业1312万人，年末城镇登记失业率为4.05%。从过去几年看，2012年城镇新增就业1266万人，城镇登记失业率4.1%；2013年城镇新增就业1310万人，城镇登记失业率4.1%；2014年城镇新增就业1322万人，城镇登记失业率4.09%。中国经济过去一直保持较低的失业率，主要得益于经济的高速增长，一旦经济增速放缓，失业率是否还能保持较低水平将形成挑战。2008年金融危机爆发后，大批农民工纷纷提前返乡，一度给当时的就业带来很大压力。通常而言，如果一个经济体可以保持8%左右的增速，基本上不用考虑就业问题，但在中国经济增长模式下，经济增速如果跌破8%，就业就可能会成为一个问题。国务院印发《“十三五”促进就业规划》提出，到2020年，实现就业规模稳步扩大，就业质量进一步提升，城镇新增就业共计5000万人以上，全国城镇登记失业率控制在5%以内；高校毕业生、农民工等重点人群就业形势基本稳定；促进贫困人口就业，带动1000万人脱贫；企

业劳动合同签订率保持在90%以上，工资收入合理增长。对于目标“城镇新增就业共计5000万人以上，全国城镇登记失业率控制在5%以内”，大致对应着每年新增就业1000万人，如果仅以新增外出农民工和大学毕业生数量来看，每年的数量已经超过1300万人。

## 一、社会资本的测量

一提到“资本”我们就会联想到经济学中的物质资本、金融资本、人力资本，这些资本的分析方法均属于经济学的分析方法，这些资本在测量上都可以找到较为准确和详细的研究方法，与之不同的是社会资本的资本形式不同。社会资本的投资并不是放弃目前的某些消费以期获得未来收益的决策而产生的故意或者预期的结果。[1]社会资本的显著的特点是积累的存量会随着使用频率的增加而增加。

在周云红的《社会资本与民主》一书中提到了社会资本不属于严格意义上的“投资”资本。

对于社会资本的测量问题，部分学者认为很准确测量它是很难的方法论问题。一位著名的经济学家指出，社会资本培育中的“资本”，似乎并不合适直接量化的测量，即使原则上需要这么做。这是因为人们在建设社会网络时所付出的努力，本质上是难以衡量和确定的。正是由于这些原因，我们所谓的社会“资本”，如果用严格意义上的经济学的解释，可能会产生误导和语义上的混乱。

苏丽锋、孟大虎在对社会资本与就业的研究中也提到关于经济学与社会资本的测量问题：

我们不倾向于在本文中采用计量分析方法原因有二：其一，采用计量分析方法的研究都认为，文章通过统计推断得到了因果关系，但实际上，现实世界是十分复杂的，要想得到因果关系十分困难。就像陆铭所说，这种因果关系在经济学里是非常难确定的；其二，采用计量分析方法进行的研究受众面较窄，通常只适合于专业人士阅读；而采用描述性统计方法不仅便于发现问题，全面和详细地讨论问题，而且可以使数据显得直白，不僵硬，便于读者直观地了解，从而使文章易于被更多的读者所接受。

鉴于此，本章在讨论分析社会资本方法的时候更多的会使用一些描述性、文献性和访谈类的内容做支撑。

---

[1] 周红云.社会资本与民主[M].北京：社会科学文献出版社，2011：156.

## 二、家庭社会资本与就业的关系

社会资本的主要来源是家庭。家庭能够产生信任、互惠和规范等道德标准(Dietlind Stole，2003)。家庭在抚养孩子的同时还担负着孩子社会道德的建立、教会他们怎样与人相处的责任，以促进人与人之间的信任。

(一) 家庭社会资本存量

在历年的数据调查中“择业对你影响最大的是？父母、导师、朋友、不受其他人影响”，其中父母的比重是比较高的。但是从发展趋势来看（图8.2.1），近几年受父母影响的比重在不同学历层次的毕业生的表现中总体呈现下降的态势。

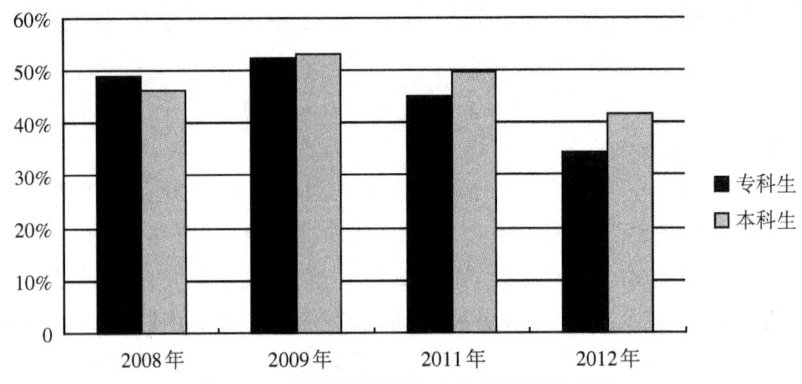


**图8.2.1　不同学历择业受父母影响的比重**

但分析其他影响要素看出，家庭还是大学毕业生择业影响的重要因素，大学毕业生的家庭社会经济地位是一种“先赋地位”，在测量社会资本的影响因素中，家庭的社会阶层、经济收入、父母受教育程度等对于大学毕业生来讲都占一定比重。

从家庭的角度研究社会资本比较有代表性的学者有郑洁，她从家庭社会经济地位的角度分析了大学生就业与社会资本的关系；陈成文、谭日辉以父母的社会地位等因素来界定大学生拥有的社会资本对就业的影响；康小明通过对家庭社会资本指标的分析来研究社会资本对职业发展成就的影响。除此之外还有一些学者也做了相关研究，这里就不一一列举。

1.父母受教育程度

父母的受教育程度和社会地位体现了一个家庭的社会资源，根据2000年全国人口普查数据，我国25岁至64岁的人口平均受教育年限只有7.97年，其中受过高等教育者只有5.0%。以上的调查截止的时间已经过去10多年，被调查者父母受教育程度的分布态势基本相似，2012年甘肃被调查高校父亲和母亲的受教育程度如图8.2.2。

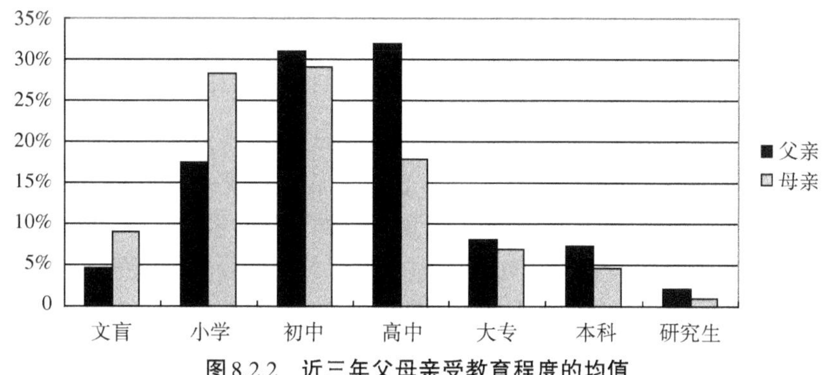

图8.2.2　近三年父母亲受教育程度的均值

在所调查的高校的父母受教育程度中，父亲的学历主要集中在“初中”和“高中”分别在1/3左右，其次为“小学”；而母亲的学历要偏低一些，主要集中在“小学”和“初中”。总体来看，父母受过高等教育（大专以上）的比例并不高，父亲平均占19%，母亲平均只有10.7%，而父母受教育水平会影响其在社会阶层中的地位或是职位，由此也带来不同的社会声望和不等的社会网络关系。

2.父母从事的职业

父母从事的职业又是衡量一个家庭社会资本的指标，在这里笔者借鉴已有的研究将职业进行了分类：职业体力劳动者、普通职员、中层管理者、单位负责人、专业技术人员、自雇用者这六类，这六类职业中体力劳动者的社会资本较低，管理者和单位负责人的社会资本属于中高水平。

从历年调查结果的均值来看如图8.2.3，大部分毕业生的父母的职业是“农民”，其次是“工人”，同属于体力劳动者的范畴。“干部”的比例均值分别是6.2%和2.7%，所以甘肃部分高校的父辈阶层所积累的社会资本普遍较低。

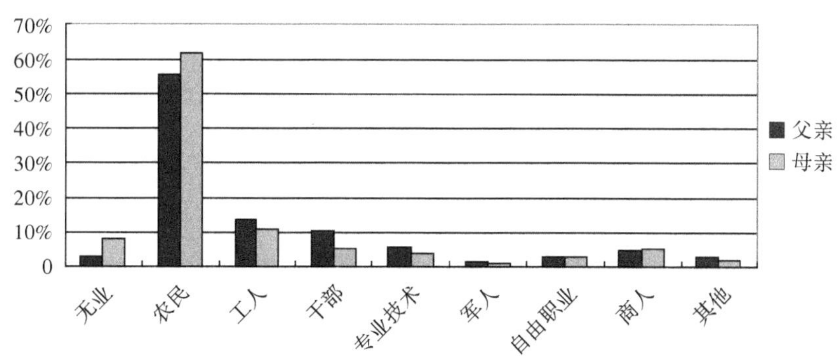

图8.2.3　父母所从事的职业

3.家庭经济收入

社会分层是社会分化的三个维度之一，社会分层的本质是社会资源的占有和分配[1]。收入又是反映或衡量人们经济地位高低的常用方法，最常用的收入分层法有五等分法和基尼系数法。从本质上来说，收入分层和生活资源分层同属于经济分层的不同形式，两者所不同的是，收入分层是从分配角度考虑的经济分层，而生活资源分层则是从消费角度考虑的经济分层。

其中的2010年的数据表明如表8.2.1，被调查的毕业生家庭的经济收入水平多数处在“贫困阶层”，家庭处在“温饱阶层”的占21%，“中间阶层”及“小康阶层”一共占23.2%。由于甘肃省无论城镇还是农村人口的人均纯收入较之全国其他省份是比较低的，2010年农民人均纯收入仅为3425元。而2010年被调查的学生中有65.2%的学生来自农村，这也在很大程度上影响了他们的人均收入水平。所以这些大学生家庭经济存量并不足，郑洁教授的研究利用了MLR模型表明，回归系数为负值表明大学生家庭的社会经济地位越高，他所拥有的社会资本水平越高，相反则社会资本水平较低。调查组又在此基础上分析了2007—2013年的数据，态势基本相似。

**表8.2.1 人均年收入分层(2010年)**

| 收入阶层 | 贫困阶层 | 温饱阶层 | 中间阶层 | 小康阶层 | 富裕阶层 | 总计 |
|---|---|---|---|---|---|---|
| 频数 | 326 | 123 | 95 | 28 | 13 | 585 |
| 百分比(%) | 55.7 | 21.0 | 16.2 | 4.8 | 2.2 | 100 |

在历年的涉及收入的调查中，调查组抽取了全部数据里10%收入人均偏低的家庭，与10%收入较高的进行了横向的比较。将“已经确定就业单位、考研、出国”归为“确定去向”的人群。从历年的数据来看，家庭人均收入高低对大学生是否在毕业后有明确的去向是有一定帮助的。我们之前也谈过，坎贝尔等一些学者研究发现，社会网络的资源组成与职业声望和家庭收入等存在着正相关关系[2]。那么是否意味着家庭收入越高，社会网络资源越丰富，对于就业所掌控的资源也就越丰富，有效信息的利用率或是成功率也就越高呢?

（二）家庭社会资本与就业关系的分析结果

表8.2.2中的显著性水平（双侧检验）的临界标准值为0.01，显著性水平（单侧检验）的临界标准值为0.05。如果SPSS数据测算出来的显著性水平（双侧检验）大于0.01，说明两者相关性不强，如果显著性水平（单侧检验）大于

[1] 新浪网. 性别教育：中性化还是双性化［EB/OL］.（2005-11-21）[2016-12-18]. http://news.sina.com.cn/c/2005-11-21/06017492726S.shtml.

[2] Campbell K E. Marsden P V，Hurlbert J S. “Social Resources and Socioeconomic Status” [J]. *Social Networks*，1986，8（1）：97-117.

0.05，说明两者相关性不强。表8.2.2反映出，2007年父亲受教育年限与联系单位个数之间相关系数$r=0.052$，$p=0.003<0.01$，说明两者显著，2009年母亲受教育年限与联系单位个数之间的相关系数$r=0.34$，$p=0.040<0.05$，说明两者显著，2010年母亲受教育年限与联系单位个数之间的相关系数$r=0.123$，$p=0.005<0.05$，说明两者显著，2013年父亲、母亲受教育年限与联系单位个数之间的相关系数$r=0.120$，$p=0.004<0.05$，母亲的相关系数$r=0.100$，$p=0.008<0.05$，说明两者显著。2008年家庭总收入与联系单位个数之间的相关系数$r=0.87$，$p=0.000<0.01$，说明两者显著，2009年家庭总收入与联系单位个数之间的相关系数$r=0.66$，$p=0.001<0.01$，2007年家庭总收入与搜寻成本之间的相关系数$r=0.104$，$p=0.000<0.01$，说明两者显著，可见上述因素与大学生求职之间存在相关性。而2007年母亲受教育年限，2008年父亲、母亲受教育年限，2009年父亲受教育年限及2007年家庭总收入与联系单位个数之间不显著，2008年家庭总收入，2009年家庭总收入与搜寻成本之间不显著。因此，我们可以推测出以下结论，父母受教育年限与毕业生工作搜寻有一定的关系，父母受教育年限越长，毕业生搜寻会更加努力，但是联系的单位个数不一定越多。同样，家庭年收入水平越高，毕业生的搜寻强度也越大。总体来看，对于甘肃大学生而言，家庭背景因素对大学生求职过程的影响不大。

**表8.2.2　大学毕业生家庭背景与求职过程的相关性分析**

| 相关因素 | 相关系数 | 显著性水平 |
|---|---|---|
| | 皮尔逊相关　斯皮尔曼相关 | |
| 2007年父亲受教育年限/联系单位个数 | −0.052** | 0.003 |
| 2007年母亲受教育年限/联系单位个数 | −0.01 | 0.558 |
| 2008年父亲受教育年限/联系单位个数 | 0.007 | 0.735 |
| 2008年母亲受教育年限/联系单位个数 | 0.014 | 0.489 |
| 2009年父亲受教育年限/联系单位个数 | 0.007 | 0.705 |
| 2009年母亲受教育年限/联系单位个数 | 0.34* | 0.04 |
| 2010年父亲受教育年限/联系单位个数 | 0.058 | 0.181 |
| 2010年母亲受教育年限/联系单位个数 | 0.123** | 0.005 |
| 2013年父亲受教育年限/联系单位个数 | 0.120** | 0.004 |
| 2013年母亲受教育年限/联系单位个数 | 0.100** | 0.008 |
| 2007年家庭总收入/联系单位个数 | 0.011 | 0.569 |
| 2008年家庭总收入/联系单位个数 | 0.87** | 0.000 |

续表 8.2.2

| 相关因素 | 相关系数 | 显著性水平 |
|---|---|---|
| | 皮尔逊相关　斯皮尔曼相关 | |
| 2009年家庭总收入/联系单位个数 | 0.66** | 0.001 |
| 2010年家庭总收入/联系单位个数 | 0.046 | 0.328 |
| 2013年家庭总收入/联系单位个数 | −0.070 | 0.093 |
| 2007年家庭总收入/搜寻成本 | −0.104** | 0 |
| 2008年家庭总收入/搜寻成本 | 0.003 | 0.854 |
| 2009年家庭总收入/搜寻成本 | 0.027 | 0.123 |
| 2010年家庭总收入/搜寻成本 | 0.034 | 0.525 |
| 2013年家庭总收入/搜寻成本 | 0.016 | 0.792 |

注：图中的大学毕业生包括本科生、专科生；**表示相关系数在1%的显著性水平下显著（双侧），*表示相关系数在5%的显著性水平下显著（单侧）

表8.2.3中的显著性水平（双侧检验）的临界标准值为0.01和0.05。如果SPSS数据测算出来的显著性水平（双侧检验）大于0.01或者0.05，说明两者相关性不强。表8.2.3反映出，2007年父亲受教育年限与联系单位个数之间相关系数$r$=0.96，$p=0.019<0.05$，说明两者显著，2007年母亲受教育年限与联系单位个数之间的相关系数$r$=1.09，$p=0.009<0.01$，说明两者显著，2008年父亲受教育年限与联系单位个数之间的相关系数$r$=0.75，$p=0.028<0.05$，说明两者显著，2013年父亲、母亲受教育年限与联系单位个数之间的相关系数$r$=0.139，$p=0.000<0.05$，$r$=0.250，$p=0.000<0.05$，说明两者显著。

**表8.2.3　研究生家庭背景与求职过程的相关性分析**

| 相关因素 | 相关系数 | 显著性水平 |
|---|---|---|
| | 皮尔逊相关　斯皮尔曼相关 | |
| 2007年父亲受教育年限/联系单位个数 | −0.96** | 0.019 |
| 2007年母亲受教育年限/联系单位个数 | −1.09 ** | 0.009 |
| 2008年父亲受教育年限/联系单位个数 | −0.75* | 0.028 |
| 2008年母亲受教育年限/联系单位个数 | −0.022 | 0.579 |
| 2009年父亲受教育年限/联系单位个数 | 0.071 | 0.121 |
| 2009年母亲受教育年限/联系单位个数 | −0.044 | 0.335 |
| 2010年父亲受教育年限/联系单位个数 | −0.35 | 0.216 |

续表8.2.3

| 相关因素 | 相关系数<br>皮尔逊相关　斯皮尔曼相关 | 显著性水平 |
|---|---|---|
| 2010年母亲受教育年限/联系单位个数 | −0.37 | 0.192 |
| 2013年父亲受教育年限/联系单位个数 | −0.139** | 0.000 |
| 2013年母亲受教育年限/联系单位个数 | −0.250** | 0.000 |
| 2007年家庭总收入/联系单位个数 | −0.05 | 0.252 |
| 2008年家庭总收入/联系单位个数 | −0.015 | 0.715 |
| 2009年家庭总收入/联系单位个数 | −0.92* | 0.029 |
| 2010年家庭总收入/联系单位个数 | 0.003 | 0.910 |
| 2013年家庭总收入/联系单位个数 | 0.142** | 0.000 |
| 2007年家庭总收入/搜寻成本 | −0.077* | 0.044 |
| 2008年家庭总收入/搜寻成本 | −0.024 | 0.488 |
| 2009年家庭总收入/搜寻成本 | −0.96* | 0.023 |
| 2010年家庭总收入/搜寻成本 | 0.013 | 0.681 |
| 2013年家庭总收入/搜寻成本 | 0.065 | 0.176 |

注：**表示相关系数在1%的显著性水平下显著（双侧），*表示相关系数在5%的显著性水平下显著（单侧）

2009年家庭总收入与联系单位个数之间的相关系数$r$=0.92，$p$=0.029<0.05，说明两者显著，2007年家庭总收入与搜寻成本之间的相关系数$r$=0.077，$p$=0.044<0.05，说明两者显著，2009年家庭总收入与搜寻成本之间的相关系数$r$=0.96，$p$=0.023<0.05，说明两者显著，可见上述因素与大学生求职之间存在相关性。而2008年母亲受教育年限，2009年父亲、母亲受教育年限、2007年家庭总收入、2008年家庭总收入、2010年家庭收入与联系单位个数之间不显著，2008年家庭总收入与搜寻成本、2010年家庭总收入与搜寻成本、2013年家庭总收入与搜寻成本之间不显著。因此，我们可以推测出以下与大学生求职过程（本科生、专科生、高职生）完全相同的结论，父母受教育年限越高，毕业生工作搜寻越努力，联系的单位个数不一定越多。家庭的年总收入越高，毕业生工作搜寻越努力，联系的单位个数不一定越多。家庭的年总收入越高，工作搜寻成本不一定越多。可见，对于甘肃研究生而言，家庭背景因素对研究生求职过程的影响因素不大。

总之，甘肃高校毕业生在求职过程中由于家庭社会资本存量不足使得其对求职过程的影响并不十分显著。

## 三、社会资本的其他测量维度与就业的关系

除了从家庭社会资本来测量大学生社会资本之外，调查组借鉴了Nahapiet，Ghosel和Adler，Kwon（2000）的研究基础，将社会资本区分为三个维度：共同信仰（认知维度）、网络（结构维度）和共享规范（关系维度），从这三个维度再来分析一下大学生就业的社会资本。

（一）认知维度

认知维度被定义为社会资本与就业关系的表达和理解。笔者在之前阐述了社会资本的理论基础，那么当代大学生对社会资本及其与就业关系的认识情况也是非常值得探讨的，如何正确看待和使用社会资本让其发挥最大的功效，是笔者在调查后需要解释的。

首先在历年数据中有关就业影响因素的问题。在提到选择职业时主要考虑的因素中社会关系与感情因素并不明显，社会关系仅仅是获取工作的手段，而不是结果。

2008—2012年的结果说明在众多影响就业因素中，“个人能力”“所学专业”“社会关系”一直被大学生认为是在就业过程中是很重要的。

如表8.2.4所示，对于毕业生个人来说，无论是否就业或是落实何种性质单位的工作，毕业生都认为影响就业的因素中最重要的是“个人的实际能力”，其次是“所学专业”，第三位是“社会关系”；那么有需求才有供给，换个角度来分析，招聘单位除了看重人力资本之外现在加大了社会资本的考察，因此毕业生都认为的“个人实际能力”中其实是包含这两种资本要素的。国家机关、事业单位不是赢利机构，不以经济收益为目的去运转，侧重的是专业能力。不同的是，企业以经济利益为出发点，成员之间交往频繁，这样他们彼此间能掌握对方更多的私人信息、了解彼此当前的行为和未来很可能采取的行为，从而降低交易成本、提高自身收益。[1]从这一点看企业更需要他的员工拥有较高的社会资本，从各种渠道获得有利于企业发展的信息，向着有利于集体利益的方向行事。而机关、事业单位并非不重视社会资本，只是对社会资本的考察并不容易。相对机关、事业单位的考试，企业会运用更加灵活的方式，除此之外，企业也会利用自身的社会资本搭建桥梁寻找可以信任的信息来找到合适的员工。如此说，不同的单位性质对社会资本的资源要求是不同的。国家机关、事业单位侧重的是在入职前动用社会资本取得信任，而企业重点是在入职后动用社会资本获取信息及利益。

[1] 周红云.社会资本与民主[M].北京：社会科学文献出版社，2011：197.

表 8.2.4 你认为影响就业的因素

| 重要程度排名 | 个人的实际能力 | 所学专业 | 社会关系 |
|---|---|---|---|
| 名次 | 1 | 2 | 3 |

另一个对之前问题测试性的题目是，对就业不利因素是什么？从不同学历层次来讲，设计了多个选项：①学校知名度较低；②专业冷门；③外语水平较低；④计算机水平较低；⑤性别歧视；⑥没有社会关系；⑦实践能力较低；⑧就业信息滞后；⑨户口限制。

但分析的结果如下：专科生在2007—2009年这三年认为“学校知名度低”及“没有社会关系”是主要的不利于就业的因素，从2011年开始“没有社会关系”仍然居于第二位而“实践能力低”跃居首位，这和市场需求有关，近年来高级技术工人的缺口很大，大专及高职院校更加注重培养学生的实践动手能力，大专生和高职生在求职的时候同样认为这种实践能力越来越影响他们的就业机会和质量。

本科生和研究生排名前二的分别是“学校知名度低”及“没有社会关系”。2007—2013年的数据显示（表8.2.5和表8.2.6），无论是本科生还是研究生这两个影响因素排名一直在前两位（表8.2.7和表8.2.8）。学校知名度是一名大学生的身份标志，名校意味着拥有较高的人力资本和个人能力，那么当学校这一条件可以控制的时候，个人的“社会资本”就显得重要了，这一点毕业生们也是非常清楚的。

表 8.2.5 专科生认为就业不利的影响因素排列前二名(%)

| 排名 | 年份 | | | 排名 | 年份 | | |
|---|---|---|---|---|---|---|---|
| | 2007 | 2008 | 2009 | | 2011 | 2012 | 2013 |
| 学校知名度低 | 24.5 | 21.7 | 18.7 | 实践能力低 | 17.7 | 24.4 | 18.5 |
| 没有社会关系 | 17.6 | 17.6 | 18.1 | 没有社会关系 | 17.1 | 17.8 | 17.6 |

表 8.2.6 本科生认为就业不利的影响因素排列前二名(%)

| 排名 | 年份 | | | | | | |
|---|---|---|---|---|---|---|---|
| | 2007 | 2008 | 2009 | 2010 | 2011 | 2012 | 2013 |
| 学校知名度低 | 21.4 | 22.7 | 21.0 | 18.5 | 16.8 | 20.5 | 17.5 |
| 没有社会关系 | 17.0 | 17.7 | 17.7 | 18.1 | 15.5 | 16.3 | 18.8 |

表8.2.7 研究生认为就业不利的影响因素排列前二名(%)

| 排名 | 年份 | | | | |
|---|---|---|---|---|---|
| | 2007 | 2008 | 2009 | 2010 | 2013 |
| 学校知名度低 | 22.2 | 22.2 | 22.4 | 18.8 | 22.0 |
| 没有社会关系 | 20.6 | 20.6 | 22.2 | 18.5 | 21.1 |

本研究调查的院校中，兰州大学是唯一一所教育部直属的重点大学，不存在毕业生学校知名度的问题，这在最早调查的2007年和最新调查的2013年的数据均有显示（表8.2.8）。

表8.2.8 兰州大学毕业生认为就业不利的影响因素排列前二名(%)

| 年份 | 2007 | 2013 |
|---|---|---|
| 没有社会关系 | 18.1 | 19.3 |
| 专业冷门 | 16.8 | 18.1 |

兰州大学的毕业生认为就业的不利因素中，没有“社会关系”的影响较为显著。控制了学校知名度的影响后，根据2013年的数据，可以分析不同学习成绩的毕业生对就业影响因素这一问题的看法。

如表8.2.9分析结果所示，人力资本和社会资本在就业过程中是一把双刃剑，并不是人力资本积累到一定水平就不需要社会资本，二者是相互影响，相互制约的。

上述问题说明大学生在就业过程中，认识到社会资本对就业的影响是不可忽视的，2011年调查中问道：你认为通过校外实习或是参加社会实践建立的社会网络关系对你找工作的帮助怎样？同样在学习期间建立的社会网络关系对就业的帮助也是显而易见的（如表8.2.10）。

表8.2.9 学习成绩与就业不利因素影响分析(%)

| 学习成绩 | 前25% | 中上25% | 中下25% | 后25% |
|---|---|---|---|---|
| 没有社会关系 | 19.4 | 19.1 | 17.3 | 18.2 |
| 学校知名度 | 18.5 | 17.3 | 16.9 | 17.3 |
| 专业冷门 | 16.3 | 16.6 | 16.5 | 15.1 |

表 8.2.10　社会网络关系对找工作的帮助(%)

| 学历 | 有很大帮助 | 有一定帮助 | 帮助不大 | 没有帮助 |
|---|---|---|---|---|
| 本科生 | 22.2 | 60.　4 | 14.0 | 3.4 |
| 专科生 | 29.7 | 57.9 | 10.9 | 1.5 |

在问道："您获得就业信息的主要途径"中家人、亲朋、老师这类社会资本并不是主要渠道，那么看来获取信息的主要通道还是招聘会、网络等这些信息量较大的场所和渠道。

（二）关系维度

社会资本的关系维度主要是指人与人之间具体的关系以及社会关系网络，表现为信任、义务与期望、人与人之间的互动，比如亲缘关系、同伴关系、师生关系等等。[1]

1.关系信任度

帕特南说，社会资本就是参与者能够更有效地共同行动以取得共享目标的社会生活的特征——网络、规范和信任。可以说，正式与非正式规范总是被认为属于社会资本的组成部分。除了社会网络以及规范以外，社会资本还有一个非常重要的内容就是信任。那么各种社会资本形式几乎都是通过增强行动者之间的信任而对集体行动的成功有所助益。换言之，信任是社会资本和集体行动的核心链接。

信任是作为连接社会资本网络和集体是否能够成功行动的桥梁，信任也作为商业经济发展的一个基本要素而存在。正如埃洛指出"几乎每一个商业交易本身都带有信任要素，尤其是那种持续了一段时间的交易。似乎可以这样说，世界上大量经济上的落后可以解释为彼此之间信用体系的缺失"。可见，一个社会经济、文化的发展是离不开信任的。培养新一代的大学生，需要健全的人格和全面的能力，很多高校都在教育学生们树立自身的诚信观念。从管理社会资本的角度，帕特南说，我们和其他人联系越多，我们也就越可能信任他们。被调查的毕业生联系最频繁的就是亲属，其次是同学、同乡、老师，要扩大大学生的社交网络，除了高校应创造更多的机会让大学生提早地进入和认识社会，比如进行校企联合实习、校园内的专业实习、校内社团活动等等。学校最好是通过共享的工作和团体活动等形式进行合作性学习的社区。那么在学校中的活动比如运动俱乐部和艺术俱乐部可能在社会化的形成过程中对青年形成合作规范和相互尊敬方面起了非常重要的作用。[2]同样学生社团也是衡量社会资本参与程度的一个重要组成部分。

[1] 张红岩.社会资本与就业绩效[M].北京：阳光出版社，2012：63.

[2] 周红云.社会资本与民主[M].北京：社会科学文献出版社，2011：29-95.

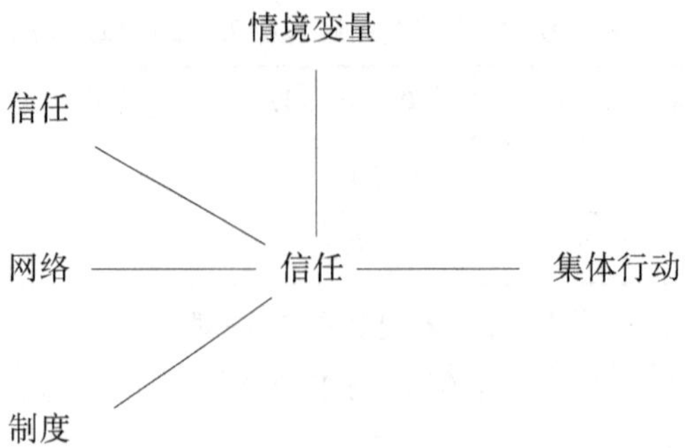


**图8.2.4　信任、社会资本形式以及他们与达成集体行动的联系**[1]

我们曾经讨论过，大学生在校园中增加社会资本的有效的渠道之一就是参加不同的社团组织。2011—2012年的调查中专门设计了关于社团学生会的问题（表8.2.11），无论是本科还是专科生大部分均认为参加学生会或是社团是“很有帮助”或是“有一定帮助的”。

**表8.2.11　参加学生会或社团对就业的帮助(%)**

| 学历 | 年份 | 很有帮助 | 有一定帮助 | 帮助不大 | 没有帮助 |
|---|---|---|---|---|---|
| 本科生 | 2011 | 15.0 | 57.3 | 23.8 | 4.0 |
| | 2012 | 12.2 | 52.8 | 27.3 | 7.7 |
| 专科生 | 2011 | 17.6 | 64.7 | 15.3 | 2.4 |
| | 2012 | 21.4 | 42.9 | 21.4 | 7.1 |

2012年调查中有参加学生会及社团经历的毕业生的工作落实率是29.6%，没参加学生会及社团经历的工作落实率是28.1%。在已经落实工作单位的同学中有62.4%的同学参加了学生会或社团，其中31.0%的人群认为社团对就业有很大或一定帮助；在没有落实工作单位的同学中有60.8%的同学参加了学生会或社团，其中26.6%认为社团对就业有很大或一定帮助。从结果来说，参加学生会对于就业的帮助是有一些的，在学生会和社团中我们不难发现，学生的各方面的能力都得到的一定的锻炼。调查员在访问兰州资源环境职业技术学院一名即将毕业的大学生时问道：“在大学期间你做了哪些关于积累社会资本的工作?”他这样答道：参加社团，做兼职、实习，可以认识好多已经步入社会并且有丰富社会经验的人，去敬老院、参加学校的社会实践或者去其他学校，学会怎么样去发现顾客。积极加入中国共产党，使自己成为党员，读书、学习、上网，提高自己的道德涵养，参加学生会工作可以锻炼自己的工作能力、交际能力。

[1] 周红云.社会资本与民主[M].北京：社会科学文献出版社，2011：118.

在笔者身边的一名兰州理工大学就业协会的学生这样说："我在协会这一年多的时间，从一个默默不敢作声的小男生逐渐成长成一个敢于在陌生环境中和陌生人打交道的大男人了。"虽然他说的只是自信心的增强，沟通能力的提升，但这些素质如果不在校园这个小社会的小团体培养，社会资本如何让大学生自己积累又成为问题了。

那么在当今中国社会里，就是由于缺少一定的信任，使得劳动力市场信息不对称。埃洛强调"由于缺少信任……人们可能会出现失去双赢的合作机会……社会行为规范，包括伦理道德准则（可能是）……弥补市场失灵的社会反应"。

2012年调查中的问题"你在找工作时对他们的信任状况如何"时，对亲属的信任程度是最高的。因为"一般"这个答案较为模糊，不好归类，笔者把"非常信任、较信任"归为信任类，我们分析在除了亲属关系之外其他关系在大学生就业时的信任程度。

**表8.2.12　社会关系"信任"程度**

| 信任度 | 关系 | | | | | | | | | | | | | | | |
|---|---|---|---|---|---|---|---|---|---|---|---|---|---|---|---|---|
| | 亲属 | | 同学 | | 学校领导 | | 学校老师 | | 用人单位同事 | | 单位领导 | | 同乡 | | 一般熟人 | |
| | 人数 | % | 人数 | % | 人数 | % | 人数 | % | 人数 | % | 人数 | % | 人数 | % | 人数 | % |
| 较信任 | 408 | 19.0 | 1134 | 49.4 | 827 | 36 | 911 | 39.7 | 715 | 31.1 | 706 | 30.7 | 893 | 38.9 | 591 | 25.7 |
| 非常信任 | 1619 | 75.2 | 463 | 20.2 | 386 | 16.8 | 453 | 19.7 | 257 | 11.2 | 263 | 11.5 | 322 | 14.0 | 193 | 8.4 |

从表8.2.12可以看出，被调查的大学生信任程度高和之前联系频度高的人群是一致的，也就是这样理解，联系越多，就越可能产生更多的信任。那么要想增加大学毕业生的信任度，首先要增加社会参与、要合作沟通和交流。参与无小事，正式的班级、年级、学院、学校，校园里大大小小的团体有很多需要学生们参与的活动，但是目前据笔者了解，很多学生并不认为参与集体活动会对自身能力的锻炼有什么重要的影响，他们认为是在浪费时间和精力，有一部分学生投身学业，有一部分投身享乐，还有一部分碌碌无为。这其实是一种社会态度，这种意愿的培养除了家庭教育，更多的是学校的责任。可是高校对于这一类参与式合作的指导是很少的，还有一部分学生有意愿但缺少自信心和技巧，往往也会在正式和非正式团体中默默无为、毫无建树。那么专业教师和心理辅导教师在课堂内外就需要更多地鼓励学生，增强信心，增加一些需要团队合作的教学内容，让学生们认识到它的重要性。在目前很多企业的面试过程中团队协作是非常重要的考核内容。

2.关系强度

按照格拉诺维特的观点：求职者在就业过程中实际使用的社会资本可以从互动频率、感情强弱、亲密程度、互惠交换等四个维度[1]被划分为强关系和弱关系两类。

2013年的调查中已经获得工作岗位的毕业生中，有32%是通过熟人获得现在的工作位置的。

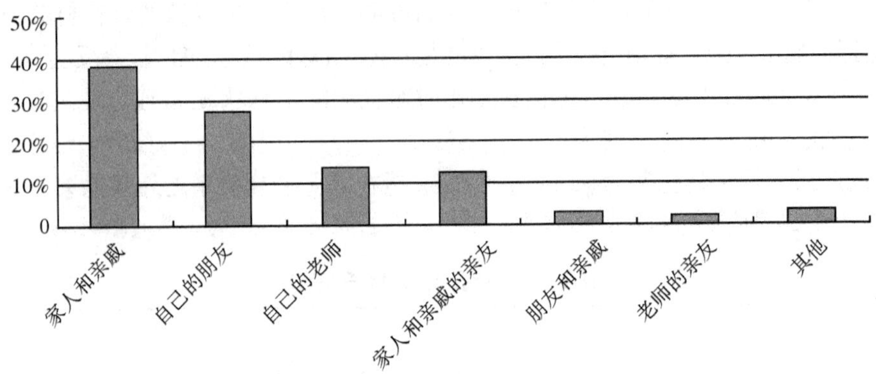


**图8.2.5　获得这份工作主要依靠的熟人**

从总体看获得工作中熟人对其影响最大的分别是："亲属、自己的朋友、老师"；如果将这个问题分类成不同学历层次，再看看这些关系网中对找工作的不同影响。其中专科生在获得工作中对"亲属"及"亲属的亲友"的依赖程度最高，研究生对"亲属"及"亲属的亲友"的依赖程度最低，研究生获得工作依靠"自己的朋友"和"学校老师"的程度是最高的，本科居中，专科最低。(如表8.2.13所示)。

**表8.2.13　熟人与工作获得影响度情况分析**

| 学历 | 分布 | 亲属 | 自己的朋友 | 学校老师 | 亲属的亲友 | 朋友的亲友 | 老师的亲友 | 其他 |
|---|---|---|---|---|---|---|---|---|
| 专科 | 人数 | 78 | 48 | 16 | 27 | 4 | 5 | 10 |
| | 百分比 | 41.5 | 25.4 | 8.5 | 14.4 | 2.1 | 2.7 | 5.3 |
| 本科 | 人数 | 161 | 111 | 53 | 54 | 15 | 5 | 12 |
| | 百分比 | 39.2 | 27.0 | 12.9 | 13.1 | 3.6 | 1.2 | 2.9 |
| 研究生 | 人数 | 49 | 37 | 23 | 13 | 1 | 4 | 5 |
| | 百分比 | 37.1 | 28.0 | 17.4 | 9.8 | 0.8 | 3.0 | 3.8 |

[1] Granovetter M S. "The Strength of Weak Ties" [J]. *The American Journal of Sociology*, 1973,78 (6): 1360-1380.

获得不同的签约单位的职位调取社会资本存量也是不同的，如表8.2.14所示，在以下签约单位中通过熟人介绍的比例各不相同。

**表8.2.14 签约单位是否通过熟人介绍(%)**

| 签约单位 | 党政机关 | 国有企业 | 三资企业 | 民营企业 | 高校和科研机构 | 部队 | 中小学及幼儿园 | 其他事业单位 |
|---|---|---|---|---|---|---|---|---|
| 百分比 | 9.1 | 38.5 | 6.4 | 21.3 | 5.8 | 1.4 | 10.3 | 2.1 |

我们把签约单位归为这样几个大类（图8.2.6）：企业、事业单位、党政机关、部队。其中企业包括：国有企业、三资企业、民营企业；事业单位包括：高校科研机构、中小学及幼儿园、其他事业单位。通过熟人获得就业信息并获得职位的调取社会资本存量由大到小的单位依次是“国有企业”“事业单位”“党政机关”“部队”。

签约不同的单位所需要的社会资本也有所不同，那么不同的学历层次在签约时所需求的这种“熟人”关系又有什么不同呢?

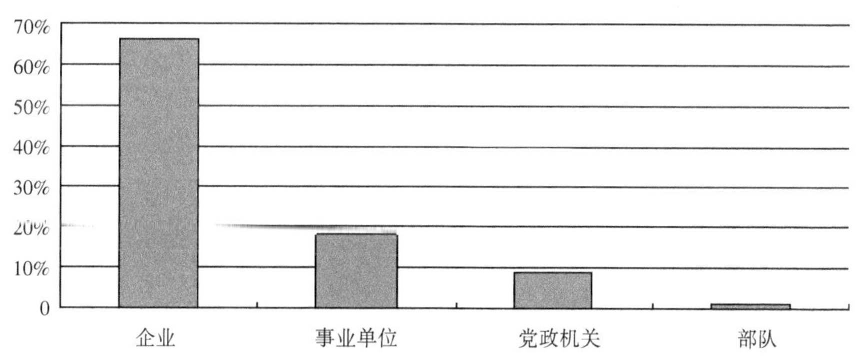


**图8.2.6 2013届毕业生通过熟人获得工作的单位性质分析**

**表8.2.15 不同学历层次的2013届毕业生通过熟人获取工作岗位的情况分析**

| 学历层次 | 专科 | | 本科 | | 研究生 | |
|---|---|---|---|---|---|---|
| 通过熟人 | 人数 | % | 人数 | % | 人数 | % |
| 是 | 153 | 40.3 | 314 | 28.4 | 103 | 31.1 |
| 否 | 227 | 59.7 | 791 | 71.6 | 228 | 68.9 |

从表8.2.15可以看出，在不同学历层次的就业情况看，人力资本水平偏低的高职、专科在就业时需要的社会资本水平要高于其他学历层次的毕业生。

3.关系亲密度

那么其次，如何考察“熟人”关系密切程度呢？2012年的问卷中设计了这样一个问题“平时你以面对面、打电话、发短信等形式联系的亲属”，平均有

12.4个。在对大学生就业过程中有帮助的亲友中我们询问了“在日常生活中多长时间与他们联系一次”。

图8.2.7与图8.2.8说明2012届和2013届毕业生的亲属关系维系得比较好，尤其是2013届毕业生通过亲属找到工作的人群中，利用强纽带关系找到工作的从联系程度和亲密程度看，亲缘关系的影响是比较明显的。在影响关系的众多要素里，维系关系的一个重要的手段就是沟通，社会资本积累过程中不可缺少的手段也是沟通，沟通是一门学问，这里笔者简单谈谈它与社会资本之间的关系。

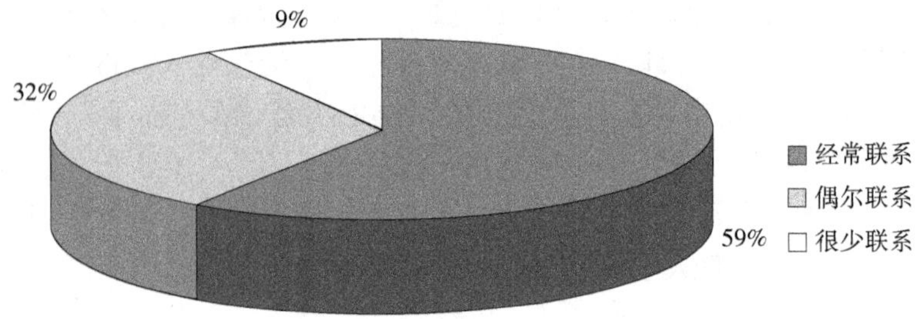


**图8.2.7　与熟人的联系度(%)**

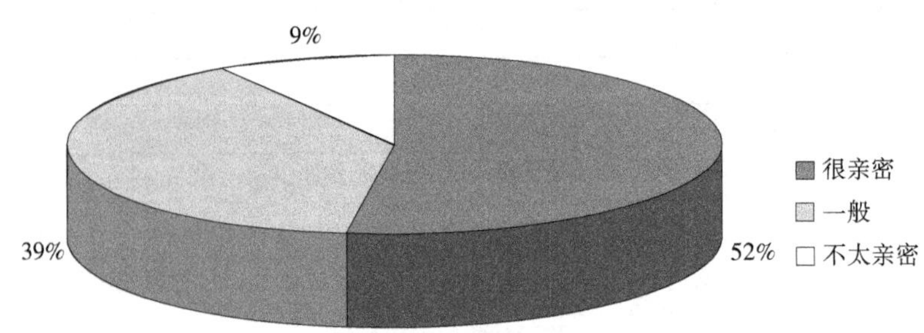


**图8.2.8　与熟人的亲密度(%)**

4.建立稳定的关系网

沟通是积累社会资本的重要技能，它能在现实生活中满足社交的需求，这些需求存在于各种关系中：朋友、同事、家人、配偶甚至是陌生人之间，有些社会科学家认为，沟通是人际关系得以建立的最重要的方式。

有效的人际沟通与快乐之间具有很紧密的关系。在一份受试者超过200名大学生的研究中发现，最快乐的那10%的人都认为自己拥有丰富的社交生活。笔者在之前的社会网络关系的分析中发现，即将毕业的大学生的社会关系主要集中在亲属、同学、老师中。由于学生的社会交往受到本身职业的限制，所以他们涉足的网络广度有一定局限性，但是在有限的交际圈里，如何让自己的关系网更加“结实”“有力”，这里提到的最重要的方法就是沟通。

影响沟通的因素有性格、文化、性别、语言、社会习俗等等。其实，影响沟通能力的最大因素来自于人人可以为之努力的后天的学习能力。在与一些大学生的聊天中得知，他们普遍都认为沟通会为自己的人际交往带来很大的帮助。锻炼和学习的机会也不少，比如，目前在社会上有一些比较好的系统的培养课程，对于沟通能力领悟比较好的人，在受过培训后会获益不少。举例来说，经过30分钟有组织的训练后，受试者对于辨识面试中出现的欺骗行为就具备了较高的敏锐度。另外一份研究则表示，在校园中，研究生的沟通能力高于大学本科生，换句话说，沟通能力可以通过教育与训练而进步。阅读书籍或选修课程，也有助于提升沟通能力[1]。那么这就需要高校教务部门统一设置有关课程，因为学校除了传授知识外还应该训练大学生适应社会的能力。

语言是建立人际关系的桥梁，也有可能是障碍。在课堂中表现积极，踊跃回答问题的同学的表达能力要强于那些“默默无闻”的学生，一个是信心的问题，还有就是语言表述能力的问题。其实，教师要尽可能地在课堂内外多多联系学生，使他们有一种亲切感，那么在课堂上他们就有了胆量和你对话。其次是讲话的内容，沟通多不见得沟通得好，不足会产生问题，然而沟通过头也会制造问题。有时候过度的沟通只是平白浪费时间，我们不能死钻牛角尖。语言魅力从音色、语调、语气等方面都可以体现出来。甘肃高校毕业生中很大一部分来自农村，有各自的地方方言，使用方言有时会是一种表示团结的方式，有时候青少年有他们专属的语言特征，成年人有时也会故意模仿来拉近彼此的距离。大学生在社交时可以通过语言的一致性来与陌生的关系建立联系。其实，沟通是一门艺术，其中的内容是相当丰富的，这里笔者只是想说明可以借助一些技巧来帮助大学生树立自信、活泼、有礼貌、有魅力的形象，帮助他们获取和积累更高质量的人力和社会资本。

（三）结构维度

边燕杰认为社会资本从四个方面体现了网络特征，分别是网络规模、网络顶端、网络差异、网络构成。

林南的社会结构理论认为，拥有不同数量的一种或是多种有价值资源的社会单位获得资源的控制和获取资源的能力就不同。家庭中是否有人在行政事业单位供职及其职务级别的高低会体现一定的家庭社会关系网络布局，这主要通过亲友数量+亲友行政级别+亲友关系密切度来考察。我们针对2012届毕业生设计了下面这样一个表（表8.2.16），来调查毕业生社会资本的网络规模和网络结构。

从表8.2.16可以看出，被调查者接触到的亲属职业中，“中小学教师”排列

[1] 罗纳德·B.阿德勒，拉塞尔·F.普罗科特.沟通的艺术[M].黄素菲，李恩，译，世界图书出版公司，2010：29.

第一，为58.6%，其次是“无业人员”和“自由职业者”，分别是47.2%和43.7%。居于社会等级结构中较高的“政府机关负责人”“企事业单位负责人”“党群组织负责人”分别是36.8%、24.9%、16.8%，属于中等偏低的水平。根据林南所说的“位置以其所拥有的有价值资源为特征”，那么所接触到的位置越高获得有价值的资源的可能性就越高。从表8.2.16还能看出，毕业生更多触及的职位和其代表的社会阶层比较低。

表8.2.16　在你经常交往的亲友当中有没有从事下列工作的(%)

| 职业 | 百分比 | 职业 | 百分比 | 职业 | 百分比 | 职业 | 百分比 |
|---|---|---|---|---|---|---|---|
| ①科学研究人员 | 16.8 | ⑦饭店餐馆服务员 | 30.4 | ⑬行政办事人员 | 38.5 | ⑲护士 | 35.5 |
| ②无业人员 | 47.2 | ⑧民警、军人 | 32.9 | ⑭企事业单位负责人（包括部门负责人） | 24.9 | ⑳司机 | 41.7 |
| ③厨师、炊事员 | 31.4 | ⑨经济业务人员 | 26.5 | ⑮医生 | 41.4 | ㉑自由职业人员 | 43.7 |
| ④会计 | 34.7 | ⑩党群组织负责人(包括部门负责人) | 16.8 | ⑯营销人员 | 28.0 | ㉒中小学教师 | 58.6 |
| ⑤法律工作人员 | 22.2 | ⑪产业工人 | 25.5 | ⑰工程技术人员 | 28.2 | ㉓其他人员 | 3.6 |
| ⑥政府机关负责人(包括部门负责人) | 36.8 | ⑫家庭保姆、计时工 | 9.2 | ⑱大学教师 | 23.1 | | |

不同工作性质的单位对毕业生的社会资本的需求是不同的，相对机关事业单位和企业两大类型来讲，后者需要的社会资本的数量和质量均要高一些，尤其是跨国的大公司，他们在选拔人才的时候除了人力资本的考察外，更注重社会资本的存量。比如：团队合作精神中重要的人际关系和沟通水平（之后会详细论述）。前面提到机关事业单位，一贯被视为传统的较为稳定的“好工作”，这类型的单位如今必须要通过国家或是当地行政部门的统一招考，笔试和面试都有程序化的严格要求。社会资本的测量本来就不容易量化，在这些考试中又如何考察社会资本？又是一个疑问。

从2012届毕业生调查数据可以看出（如图8.2.9所示），所有已经签约即将进入工作单位的毕业生认识人数的平均值为16.62人，其中，单位已经落实在党政机关的毕业生认识的人数是22.45人，事业单位20.89人，企业15.15人。可以看出，将要在党政机关和事业单位就业的毕业生社会网络人数要高于即将就职

于企业的毕业生。

可以看出，当今中国社会大部分精英就集中于国家机关和事业单位，而更需要他们的企业却不得不面对这一不对称的尴尬局面。企业为了自身发展在招聘中除了人力资本的考察，会运用更多的手段来测量个体的社会资本，比如用共同完成一项并不复杂的需要工具的手工劳动、命题或不命题演讲等等。通过这一系列的手段来考察受聘人员的合作、沟通等社会资本需要的个人能力。

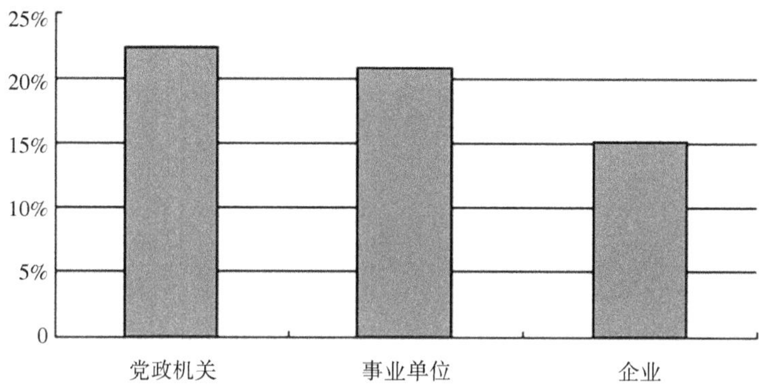


图8.2.9　已经签约即将进入工作单位的毕业生认识人数的平均值

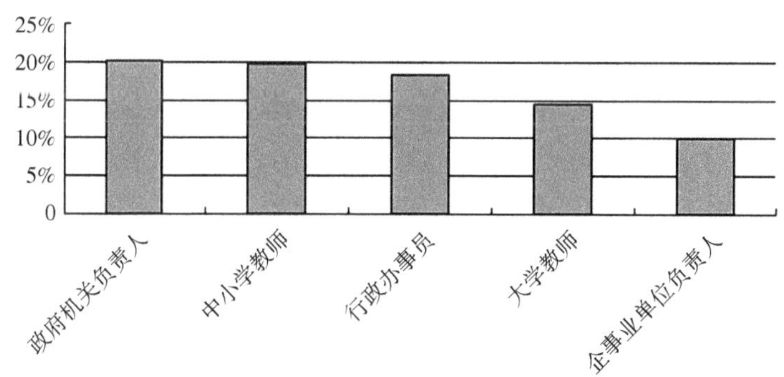


图8.2.10　亲友中哪个行业对你就业有帮助

“在你找工作时哪个行业的亲友对你有所帮助”这一问题中（如图8.2.10所示），在设计的20多个职业中排列前几位的百分比分别是：政府机关负责人、中小学教师、行政办事员、大学教师、企事业单位负责人。统一看来，甘肃部分高校的毕业生在亲缘关系中对自己就业有帮助的亲友主要集中在政府机关和事业单位。甘肃省经济欠发达，大型企业并不多，中小型企业的发展落后于东南沿海地区，那么高校毕业生在选择就业岗位时，会更多地争取一些相对稳定的单位。

苏丽峰、孟大虎的调查研究中提到：我国现阶段的高等教育劳动力市场中，国有单位的就业质量相对较高，非国有单位的就业质量相对较低，所以除工资水平外，就业单位的所有制性质也是判断“好工作”“差工作”的一个重要标准。按照其问卷中对就业单位的所有制性质的回答，将工作单位分为“国有”和“非国有”两类。“国有”包括党政机关、国有大中型企业、学校和科研机构、其他事业单位等。……需要特别指出，正是用“联系强度”和“亲近程度”这两个指标来共同反映关系的强弱，即我们认为与求职者之间联系很紧密的，属于强关系，与求职者之间存在亲戚关系的属于强关系。若单独按照“亲近程度”来划分关系的强弱，其核心思想是将亲属以外的朋友和熟人都归为“弱关系”，这种测量方法在一些研究中被采用，且更符合中国的文化情境。

# 第九章　甘肃省高校大学生就业指导与生涯教育

**摘要：**就业指导，也叫作“职业指导”或“职业辅导”。指对劳动者的求职、择业和职业适应进行指导，帮助其获得和适应符合自己职业的各种服务和指导。本章对2007—2013年的就业调查数据进行分析比较，全面梳理全省各高校学生的就业指导工作，对存在的问题提出对策和建议，为全省学生就业指导工作提供参考。

## 第一节　大学生就业指导和生涯教育概述

### 一、就业指导与大学生就业指导

（一）就业指导

就业指导，也叫作“职业指导”或“职业辅导”。指对劳动者的求职、择业和职业适应进行指导，帮助其获得和适应符合自己职业的各种服务和指导，可以分为狭义和广义两大类。狭义的就业指导，是给要求就业的劳动者传递就业信息，做劳动者和用人单位沟通的桥梁。广义的就业指导，则包括预测要求就业的劳动力资源，掌握社会需求量，汇集传递就业信息，培养劳动技能，组织劳动力市场以及推荐、介绍、组织招聘等与就业有关的综合性社会服务活动。在我国，就业指导还应包括就业政策导向以及与之相应的思想政治教育工作。[1]

就业指导在不同的国家有不同的称呼，在英美国家叫“职业指导”或“生计指导”，苏联称为“职业定向教育”，日本称为“出路指导”。从就业指导的内涵来看，各国的解释不尽相同，苏联认为职业指导是社会过程，由职业信息服

[1] 李晓波，李洪波.大学生就业与创业指导教程[M].北京：化学工业出版社，2010：4-5.

务、职业咨询服务、人员选择和职业适应四个部分组成。我国台湾学者认为职业指导“不独使受指导者知业并适于何业，且设法为之预备，助其入业，使其安于其业，乐于其业”；万一“入业后不适宜，更当设法使之迁业，务得安居乐业之所”。而《中国教育百科全书》中的解释是：职业指导亦称职业咨询或就业指导，指根据社会职业需要针对人们的个人特点以及社会与家庭环境等条件，引导他们较为恰当地确定职业方向、选择劳动岗位或者转到新的职业领域的社会活动，是沟通求职者和用人单位、教育部门和社会的有效途径。美国职业指导协会将其解释为“帮助学生选择职业的过程，是为就业做准备的过程，也是在任职中求得发展的过程”，这种解释把职业指导看作一种长期的过程，而非临时性措施。

（二）大学生就业指导

大学生就业指导的概念是在就业指导概念的基础上发展而来，是一种广义的就业指导，它是我国各高校结合自身的发展情况、专业特点、综合实力、培养目标、教学特点等情况，以在校生及毕业生为特定对象开展的职业指导理论、就业制度与政策、就业形势与市场、就业观念、职业生涯规划、就业信息选择、择业技能技巧、职业测评、职业定向、职业适应、职业发展等为主要内容的职业指导活动。因此，高校大学生的就业指导被界定为：“是为了帮助大学毕业生根据自身特点和社会职业的需要，选择最能发挥自己才能的职业，全面、迅速、有效地与工作岗位结合，实现自己的人生价值和社会价值。”大学生就业指导的目的是帮助大学生树立正确的世界观、人生观、价值观，增强毕业生适应经济建设和社会发展的能力。

社会新增劳动力的重要组成是大学毕业生，无论从社会需求和岗位需求角度，均有必要开展就业指导工作。教育部在《关于进一步深化普通高等学校毕业生就业制度改革有关问题意见》中指出：高校的就业指导工作对毕业生能否在毕业后顺利就业及以后的发展和提高，对高等教育体制改革及社会人才资源的合理配置，均有十分重要的意义。

## 二、生涯辅导与生涯教育

改革开放以来，我国政治经济改革迅猛发展，社会变迁加速，作为社会组成部分的个体面临社会的巨大冲击，个人选择职业的自由度大幅扩大，员工开始横向变动和不断的职业变更，更换职业已经成为常事。一方面，组织结构扁平化，组织内等级升迁竞争激烈。另一方面人们的生涯不再像过去按比较固定的路线和方向发展，员工的生涯在生涯成功的标准、心理契约、职业流动模式等方面都发生了改变。

个体一生只从事某种固定职业的传统模式被打破，员工从关注自己就业保

障转变为关注自身的可就业力。作为个体而言，个体工作目的发生转变，工作已不仅仅只是谋生的手段，而是与生活紧密融合在一起，成为生活意义的所在。对于个体而言，价值的多元化以及个体差异被逐渐认识与接纳，自我意识和自我概念得到充分的发展，人们开始更多地站在自我的角度审视职业与自身潜能的可能关联，追求自我价值寻求生涯之道。作为组织而言，个体潜能的发挥和职业生涯的成功，最终都将回馈到组织当中，实现组织与个体的双赢。从雇佣关系上看，以个体工作和组织回报为基础的交易型心理契约，已然转变为以组织成功和员工职业成功为基础的发展性心理契约。

（一）生涯理论

生涯理论融合了管理学、心理学、社会学等领域的知识。国内外学者曾站在不同研究角度对生涯进行界定。职业生涯通常有狭义和广义的区分。狭义的职业生涯是指个体一生中与工作有关的体验和经历。就职业生涯本身而言，其重要的因素仍然是“工作或职业”。广义的职业生涯还包括了个人的生活形态，如感情、婚姻、休闲以及人际关系等。国内学者南海和李金碧（2006）认为广义的生涯，是社会个体在其生命活动时空中所经历的以接受教育（培训）与职业转换为主轴的一切活动的总和。Super（1976）认为，生涯为“生活中各种事件的演变方向和历程，包括人一生中的各种职业和生活角色，由此表现出个人独特的自我发展类型；它也是人自青春期至退休之后一连串的有报酬和无报酬职位的总和，甚至包含了副业、家庭和公民的角色。”[1]这一生涯界定得到大多数学者的支持。Arthur（1984）认为职业生涯是个体在人生中所连续经历的工作历程，是人一生发展的重要阶段，是人全部生活的总体。近些年，生涯理论在我们国内得到长足的发展，台湾学者邱美华、董华欣认为：“生涯应统摄工作、家庭、爱情、休闲、健康等层面，可视为个人整体谋生活动和生涯形态综合体，亦即人生发展的整体历程”。“生涯”概念在时间概念和内容上不断丰富和发展。个体的生涯是贯穿其一生，包含其所处的文化环境、教育、培训、职业、生活、事业或家庭以及一切人际关系的综合。

根据研究理论的不同，有学者将职业生涯划分为外职业生涯和内职业生涯；还有一些学者将职业生涯划分为传统职业生涯、无边界职业生涯和易变性职业生涯；随着建构主义思潮的兴起，生涯可被理解为主体建构而成（Savicks，2005），生涯也被分为主观职业生涯和客观职业生涯，生涯是建立在个体独特的心理体验及文化、社会、历史和经济条件等基础上的，是个体与社会环境交互的产物。正如美国学者Greenhaus等所说的“仅凭客观经历来考察客观事件，并不能提供一种对个人职业生涯的全面、丰富的理解；同样地，完全依靠

[1] 张添洲.生涯发展与规划[M].台北：五南图书出版社，1993：16.

主观感受和价值观，也不能对某一职业生涯的复杂性做出公正的评判”（王伟译，2006）。主观生涯和客观生涯共同构成个人职业生涯的基础。

程社明（1995）在综合原有理论的基础上认为：“职业生涯就是指以心理开发、生理开发、智力开发、技能开发、伦理开发等人的潜能开发为基础，以工作内容的确定和变化、工作业绩的评价、工资待遇、职称职务的变动为标志，以满足需求为目标的工作经历和内心体验的经历。”总的来说，个体生涯是以职业为核心的发展状态，注重个体潜能的开发。生涯发展具有独特的个体性，个体生涯发展可能有相似的生涯经历，但是个体生涯发展又具有其独特性，这是由于每个个体内在潜能存在差异，在其生涯发展中会表现出其独特的一面；生涯发展又具有整合性，它贯穿个体的一生，包含各种与职业角色有关的经历，职业前、职业中和离职后一系列与社会职业角色有关的活动内容。学者们在生涯理论的发展与变迁中，试图使人们在变化莫测的世界中激发自身潜能，寻觅最佳定位，整合一生的多种角色，在生活与工作中获得成功，彰显个体独特的存在意义与价值（黄天中，1995）。

（二）生涯辅导

生涯辅导在很多西方发达国家的学校中得到认可，并形成了一套较为完备的生涯教育体系，这对提高我国大学就业指导质量，实现对学生的全程生涯规划具有重要借鉴意义。生涯辅导的出现是就业指导进一步发展的结果，它借助于人们对职业指导的理性反思和实践体悟，把人自身的发展作为目的而不是实现职业需要的手段，以此体现其内涵和外延。

对于生涯辅导（Career Counseling）的概念，冯观富认为它是协助个人建立并发展一个整合而适当的自我概念（包括职业自我），然后将此概念转化为实际的选择和生活方式，达到个人生涯发展目标，同时满足社会的需要。[1]

美国也理学家Arnett J.J（2002）提出了在18～25岁之间为成人初显期的发展理论，认为这个阶段具有显著的阶段特征，即个体自我同一性的探索与不稳定，个体自我关注为成年阶段做准备，是一个存在各种可能的时期。Levinson（1978）认为成年早期（17～22岁）是个体从青春期进入成人世界的转折，这个阶段的主要任务是努力将自己从父母的资助和权威中分离出来，形成自己在成年世界中的图景来引导自己的决策。Havighurst（1948）认为，开始从事一种职业，履行公民责任是成年早期的重要任务。

可以看出，生涯辅导以自我了解、自我接受及自我发展为主，它从未来和发展的角度将职业辅导贯穿于人的一生，并把职业发展看作是一个长期、连续的发展过程。同时，生涯辅导注重辅导的探索功能，强调个人生涯知识、技能

[1] 冯观富.教育心理辅导精解[M].台北：心理出版社，1993：205.

观念的培养与发展，帮助个体达到生涯成熟的目标，注重辅导和教育的结合。[1]

（三）生涯教育

生涯教育这一概念由美国教育署长马连（Sidney P.Marland，Jr.）于1973年提出，他认为“生涯教育是为全民而非指针对某些人的教育，是从义务教育开始，延伸至高等教育乃至继续教育的整个过程。生涯教育是为下一代在心理上、职业上及社会上的平衡、成熟与发展，使每个国民成为自我认知、自我实现及自觉有用的人。”

因此，生涯教育着眼于教育对象的整个人生发展，强调帮助学生学会自我规划与管理的能力、人际交往与处事能力等，从而促使其不断提高自身的综合素质，实现个体的最大价值化。美国、日本等发达国家及我国香港地区的生涯教育开展成效卓著，形成了相对完备的体系。

大学阶段正值生涯发展的关键时期，是个体进入职场和社会前的准备期，有针对性地开展大学生生涯辅导和生涯教育，帮助大学生顺利度过这个阶段，引导其成长成才是当前高校大学生思政教育工作的当务之急。

### 三、大学生就业指导的内容

大学生就业指导的内容伴随着我国大学生就业指导改革发生了很多变化。截至目前，我国大学生就业指导内容主要包括以下几个方面：

（　）大学生择业与就业观念指导

大学生择业与就业观念指导是大学生就业指导工作的重要内容。随着我国大学生就业制度改革，大学生在选择工作时拥有了很大的自主权，大学生倾向选择在薪资待遇、工作地点及工作环境方面较好的就业岗位，在这种情况下，引导大学生认清就业形势，树立正确的择业观，有助于其顺利就业。

（二）大学生就业政策指导

大学生就业指导的重要环节是为大学生提供国家及各省市有关大学生就业的相关政策，让大学生了解在就业过程中必须办理的相关手续，大学生在就业过程中所拥有的权利和义务。

（三）大学生就业形势指导

大学生就业指导工作是在帮助大学生了解当前就业形势的基础上，同时帮助大学生了解自身情况。通过对形势的了解，有助于大学生在就业过程中明确自身实力，在众多就业需求信息中选择适合自己的就业机会。

（四）大学生就业心理辅导

---

[1] 牟海萍.从职业指导到生涯辅导的历史嬗变[J].现代教育科学：高教研究，2005，(4)：69-71.

对于大学生来说，择业是人生一次非常重要的选择。大学生在求职过程中易出现心理和情绪上的波动，这些都需要大学生就业指导工作为大学生提供就业心理辅导。

（五）大学生职业素养提升指导

大学生在求职笔面试过程中，需要在很短的时间内为用人单位展示自身具备的能力和素质，这就要求大学生职业指导提供支持，包括求职简历制作技巧、笔面试技巧、面试礼仪、沟通等方面为大学生提供全面指导。

（六）大学生职业生涯规划指导

大学生职业生涯规划指导是指导学生在大学期间进行系统的职业生涯规划的过程，包括大学期间的学习规划、职业规划、爱情规划和生活规划。主要目的是在于为未来的就业和事业发展做好准备。大学生职业生涯规划指导对大学生而言，就是在自己兴趣、爱好的前提下，在认真分析个人性格特征的基础上，结合自己的专业特长和知识结构，对将来从事工作所做的方向性的方案。大学生在走向社会前，指导他们将现实环境和长远规划相结合，给自己的职业生涯一个清晰的定位，是求职就业乃至将来职业升级的关键一环。

## 四、大学生就业指导的意义

大学生是国家宝贵的劳动力资源，是国家未来发展的重要力量，大学生就业关系着社会的发展与稳定，在这样的情况下，高校大学生就业指导工作的开展具有重要意义。

（一）大学生就业指导工作是我国经济体制改革后的必然产物

新中国成立以来，我国的经济体制经历了由计划经济向市场经济的转型，在这种背景下，大学生就业也发生了巨大变化，由最初计划经济下的国家统一分配工作发展到了市场经济下的自主择业。进入大学深造不代表着进入了“保险箱”，就业竞争的压力始终围绕着我国高校的大学生。大学生就业难一直是我国高等教育的重要问题，自主择业并不代表国家和学校对大学生就业放任不管。在新的形势下，国家和学校同样要起到帮助大学生就业的作用，因此开展大学生就业指导工作是解决这一问题最直接有效的方式。

（二）开展大学生就业指导工作是学校发展的必然要求

大学生就业工作与学校的发展休戚相关。一方面，2003年4月，教育部《关于进一步深化教育改革、促进高校毕业生就业工作的若干意见》指出，将大学生就业率作为考核高校工作的重要指标，国家将高校大学生的就业率与学校的中长期发展、新增专业计划审批、当年招生计划等一系列内容挂钩。可见，高校大学生就业情况关系着学校的发展，较低就业率会影响到国家对学校的投入，影响到学校的招生计划。

从另一方面讲，随着我国高等教育事业的蓬勃发展，我国普通高校数量急剧增加，高校之间的竞争力也开始逐渐加大。从某种意义上讲，高校的主要任务就是培养人才，人才质量的高低最终要通过大学生就业率及就业质量来体现，高校的声誉和综合实力也更多地需要从大学生就业情况的好坏来评价。

因此，开展大学生就业指导工作是学校发展的必然要求。首先大学生就业指导工作有助于学校的人才输出，有助于提高学校声誉，有助于学校的进一步发展；其次通过大学生就业指导工作的开展，学校可以掌握大学生就业过程中的大量信息，这些信息有助于学校改进大学生培养方案，使之更加适应社会的发展，从而提升学校的办学质量和办学实力。

（三）大学生就业指导工作是我国发展科教兴国战略和人才强国战略的重要环节

当今社会，国家与国家之间的竞争主要体现在经济实力和科学技术的发展上，为此我国明确提出了科教兴国战略和人才强国战略。两个战略的实施主要通过我国不断发展的高等教育事业来实现。高等教育的目的就是培养社会所需要的各类人才，因此，高等教育事业的发展自然离不开社会需求，大学生就业指导工作从某种意义上讲是高等教育事业与社会发展之间的桥梁和纽带。大学生就业指导工作是了解社会人才需求情况的最直接方式，通过它我国的高等教育事业就能够更加明确自身的发展方向，从而进一步改革高校的发展策略和培养定位，实现高校大学生人力资源的合理配置，避免造成教育资源的浪费。

### 五、就业指导的发展历程

就业指导一词在西方通常被称为“职业指导”。就业指导最早产生于德国，1902 年，德国首次出现职业指导活动。1908 年，法国在巴黎设立职业指导学校，德国出现少年职业介绍机构，美国波士顿大学教授弗兰克·帕森斯（Prank Parsons）在波士顿设立职业指导局，并首先使用了“职业指导”的概念。1909 年帕森斯撰写的《职业的选择》一书标志着就业指导理论的正式产生。[1]就业指导作为一种专门的社会服务工作和研究课题，已有百年历史，目前已发展为一门新兴边缘交叉学科，有着自己的学科规范和发展规律，它融合了哲学、教育学、社会学、心理学、人才学、思想教育学、医学、信息科学、系统科学等学科的研究成果，形成自己的理论体系。

1911 年，哈佛大学首先在大学生中开设职业指导课。[2]随着职业指导实践的开展，美国在 1913 年成立了国家职业指导协会（National Vocational Guid-

[1] Brewer J M，Cleary E J，Dunsmoor. “History of vocational guidance：orgins and early development” [J]. *Social Service Review*，1942，62（4）：636.

[2] 靳海燕. 国外大学生就业指导工作对我国的启示[J]. 黑龙江高教研究，2005（2）：107-109.

ance Association)，1915 年美国教育办公室出版了第一本就业指导的刊物《职业指导学报》(Vocational Guidance Bulletin)，后来更名为《职业—职业指导期刊》(Occupations: The Vocational Guidance Journal)，成为职业指导的主要期刊。1921 年，美国职业指导协会创办了《职业指导的原则与实践》(Principles and Practices of Vocational Guidance)，其内容定期更新。1939 年出版了第一本《职业名称词典》(*Dictionary of Occupational Titles*)。[1]

就业指导历经一个世纪的发展，经过三次思想转折，可以分为四个发展阶段：

第一阶段（1908—1942 年）：职业指导理论提出和基本模式建立时期——帕森斯和威廉姆逊特质因素论。弗兰克・帕特森于1909年在《职业的选择》一书中系统阐述了科学的职业选择理论——特质因素理论，所谓特质指人的生理、心理特质，或称为人格特质；因素指客观工作标准对人的要求。他认为进行职业选择时有三个影响因素：一是对自身的清楚了解；二是各行各业取得成功的知识要求与条件；三是两组事实联系的合理推论。由此也构建了帮助青年学生了解自己、了解职业，并使人的特点与职业要求匹配的职业指导模式。职业指导的过程是使这两方面相互匹配的过程。特质因素论强调以测量工具为依托，对职业特征和人的特质另作分析，并进行严格的匹配。

1939 年，在明尼苏达大学从事学生辅导工作的著名职业指导专家威廉姆斯(E.G. Williamson）结合测量心理学、工业心理学和工作分析的理论与方法，发展和完善了帕森斯的职业指导模式，在特质因素论的基础上形成了一套独特的辅导方法，包括分析、综合、诊断、预测、咨询、追踪六个步骤，形成较为完备的特质—因素理论。

第二阶段（1942—1951 年）重视个人发展时期——罗杰斯的人本主义自我成长理论。这一时期的代表人物是罗杰斯（Carl R.Rogers)，他认为特质因素强调工作性质和个人特质是固定不变的，而事实上两者是不断变化的，其测验结果用来预测个人未来职业，会缩小个体选择职业的范围，而不是扩展个人的生涯、促进人的发展。1942 年，罗杰斯出版了著名的《咨询与心理治疗》一书，标志着人本主义职业指导学派诞生。罗杰斯认为应当将来访者放在中心地位，并非向来访者直接提出建议，而是给予机会，让来访者充分认识自我，充分发掘其潜能，做出正确的自我抉择，促进来访者自我成长。到 20 世纪 50 年代，人本主义自我成长理论逐步走向成熟，开发出的职业咨询方法和技术逐步取代了职业素质测试技术，成为职业指导的重点，并在职业指导中更加注重对求职者进行职业辅导。

[1] 王卓.论世界职业指导理论的发展走向[J].教育科学，2002（2）：59-61.

第三阶段（1951—1971年）职业生涯辅导形成时期——金兹伯格和舒伯的生涯发展理论。金兹伯格（E.Gillzbe）和舒伯（D.E.Super）是这一时期的代表人物。1951年，金兹伯格出版了《职业选择》，他认为职业选择是一个更加动态（dynamic）的过程。通过比较研究美国富裕家庭的白人从儿童期到成年早期的教育和成熟过程中的各个关键点上有关职业选择的想法和行动，将人的职业选择心理的发展分为三个主要时期：幻想期、尝试期和现实期。[1]作为职业选择发展的三个时期，他认为人的职业发展与其身心发展是相一致的。但金兹伯格理论的缺陷在于仅仅是注重职业生涯发展的早期，欠缺对入职后的发展变化进行必要的考虑。

相比于金兹伯格的理论，美国学者舒伯（Donald E.Super）提出了较为完整的职业发展理论。在1957年出版的《职业生涯心理学》中，他将个人职业选择纳入整个人生发展过程进行考察，认为人的职业生涯可分为成长阶段、探索阶段、确立阶段、维持阶段、衰退阶段五个发展阶段并且在每个阶段都有不同的发展任务。这一理论的提出，不仅为职业指导计划奠定了科学基础，同时也为高校职业指导工作提供了理论依据。

第四阶段（1971年至今）生涯辅导逐步成熟、完善和国际化时期。自20世纪60年代起，生涯辅导理论普遍受到人们的认可，这一时期有罗伊（Roe）的人格理论，鲍丁（Bordin）的心理动力理论，霍兰德（Holland）的个性-职业类型匹配理论等。这些理论虽然隶属流派不同，但研究的重心都是个体生涯发展的历程，并逐步使生涯发展理论成为这一时期的正统理论。20世纪70年代以来，经过罗杰斯（Carl R.Rogers）、肖恩（Donald Schon）、涅菲卡门波（Knefelkamp，L.L）与斯列皮察（Slepitza，R.）等人的探索与研究，职业指导理论日渐成熟，完成了从“职业指导”到“生涯指导”的理论嬗变，并发展为生涯辅导（Career Consulting）理论，成为西方发达国家现代职业指导以及高效就业指导的理论基础。1976年，舒伯将职业生涯的概念界定为“生活中各种事件的演变方向和历程，包括人一生中的各种职业和生活角色，由此表现出个人独特的自我发展类型；它也是人自青春期至退休之后一连串的有报酬或无报酬职位的总和，甚至包含了副业、家庭和公民的角色”。标志着对职业生涯内涵的理解延伸至家庭生活。

近年来，职业生涯发展理论已经被绝大多数的西方国家所认可，同时职业指导理论方面的研究逐渐成熟，在众多职业指导理论中，一是强调实现人的自身价值，二是强调就业指导全程化和个人化相结合，三是强调就业指导理论需要经过本土化改进后方能应用于本国大学生就业指导工作中。

[1] Zunker V G. *Career Counseling*：*Applied concepts of life planning*[M]. Belmont，California：Brooks/Cole Publishing Company，1990.

总体来说，职业指导的思想内涵在发展进程中发生了重大转变：一是强调稳定的职业选择向注重变化的职业生涯转变；二是强调单一的职业生涯向注重将职业生涯与家庭、学校相结合转变；三是将诊断与指导的方式向注重被指导者的主动参与转变；四是从以社会、民间为主向政府、企业、学校全面参与转变。这些转变都促使职业指导理论更加贴近实际，也为我国高校的就业指导工作与研究提供了重要的参考依据。

## 第二节　我国高校开展就业指导的现状与评价

### 一、我国大学生就业指导工作的历史回顾

相对而言，我国就业指导的出现要稍晚于西方，大约在五四运动前后，但是在当时的中国，社会动荡不安，经济萧条，就业指导的研究与实践基本上处于停滞状态。1949年以后，由于计划经济体制下的就业统一分配等原因，大学生就业指导没有得到足够的重视，而是被思想教育所代替。直到十一届三中全会以后，随着经济体制的改革，就业体制也由统一分配转变为自主择业，大学生就业指导开始复苏。

我国大学生就业指导工作发展大致可以分为四个阶段，即：1916—1931年的初步发展阶段、1931—1979年的停滞阶段、1980—2002年的逐渐发展阶段、2002年至今的相对成熟阶段。

（一）1916—1930年的初步发展阶段

国外的就业指导是由社会的发展需要应运而生，并随着高等教育事业的不断深化被引入各大高校的，而我国最早开始的大学生就业指导工作与国外的情况有着较大不同，我国最早提出就业指导概念并开展相关工作的是由高等教育界来完成的。

1916年，当时的清华大学校长周诒春（字寄梅，1883—1958）为指导学生选择职业，开展了多种形式的就业指导活动，并成立了相关机构，选派老师赴美国学习先进的就业指导理论。清华大学最初的大学生就业指导工作包括了统计学生就业意愿、择业讲座，组织成功人士为学生进行择业指导等方面，并首次将心理测试应用于就业指导中，开创了中国就业指导的先河。清华大学于1923年成立职业指导委员会，用以推动大学生就业指导工作。此后，南京、上海、武汉等地的一些学校纷纷效仿，一些社会团体和职业介绍机构开始陆续建立，这些都使得我国的职业教育和就业指导得到了一定程度的发展。

黄炎培（1878—1965）从介绍西方国家职业指导的理论与经验入手，结合我国当时的经济与社会情况，论证了在我国开展职业指导的必要性，并通过成立中华职业教育社等组织开展了一系列就业指导实践，取得了较大成绩。1919年，中华职业教育社社刊《教育与职业》第15期，特辟“职业指导专号”。“专号”共计刊有7篇有关职业指导方面的论文，分别阐述了职业指导的目的、内容、意义、作用以及实施方法等，并介绍了美国职业指导机构——波士顿职业局和波士顿大学职业指导科的概况。1920年，中华职业教育社创设职业指导部，这一举措开创了我国就业指导工作的先河，大学生就业指导工作也开始在我国生根发芽。1924年，该社在上海、南京、济南、武汉等地举行了为期一周的职业指导活动。

1925年5月通过的《设立职业指导所及厉行职业指导案》规定了实施大学生就业指导的方案，全国各高校开始纷纷设立职业指导部门。[1] 1927年上海职业指导所的成立标志着我国开始为社会提供就业指导服务的开始。1929年，当时的南京国民政府教育部在就业指导方面实施了一些列的规章、办法，编写了相关资料，对学生就业予以指导。

由于社会的动荡以及我国经济发展的落后，加之研究高等教育方面和就业指导方面的人才欠缺，我国的就业指导工作在这一阶段仅局限于此，并没有得到真正的扶持和发展。

（二）1931—1979年的停滞阶段

在我国就业指导的发展过程中，从20世纪30年代到70年代基本处于停滞阶段，但停滞的原因有着本质的不同。

首先，20世纪30年代，正是我国进行抗日战争和解放战争的阶段，内忧外患的局面导致全国并没有深入进行就业指导方面的研究，也没有提出过具体的实施措施，就业指导的发展彻底中断。

1949年新中国成立，由于国家实行高度集中的计划经济，对劳动力采取“统包统分”的办法。高校毕业生就业执行严格的指令性计划，用人单位和毕业生几乎没有互相选择的权利。在这样的情形下，就业指导工作一度停滞，代之而行的是单纯的思想政治教育工作。因此，直到70年代末大学生就业制度改革之前，大学生就业指导并没有用武之地，于是出现了新中国成立后的停滞阶段。

（三）1980—2002年的起步阶段

20世纪80年代中期，随着经济体制改革的深入，社会劳动用工制度发生了很大转变，大学生统包统分的就业体制被打破，开始试行“双向选择”的就业

[1] 卜春梅、王硕.美国与中国大陆、香港高校三地就业指导发展历程简述[J].华北电力大学学报：社会科学版，2010（3）：129-132.

制度，我国开始有了真正意义上的就业指导工作。1985年，中共中央颁布《关于改革教育体制的规定》，把毕业生就业制度改革提上了日程，对大学生就业首次提出了实行在国家计划指导下，由本人选报志愿、学校推荐、用人单位择优录取毕业生的分配制度，这就是所说的“供需见面”。清华大学等高校率先减少了统一分配计划的份额，用“供需见面”的方式落实毕业生分配计划，加强了学校与用人单位的沟通。

随着高校毕业生就业制度改革的深入，我国高校毕业生就业指导也应运而生。1983年底，原国家教委创办了《毕业就业指导报》，并开始在理论和实践上对高校毕业生就业指导工作进行有益探索。1986年深圳大学率先建立大学生就业指导部门，同时开设就业指导课程，并编发《就业指导报》，大学生就业指导工作开始普及到各个高校。1988年，国家教委学生司出版了《大学生求职择业指导》。1989年，国务院批转《高等学校毕业生分配制度方案》，明确指出“学生毕业后在国家方针政策指导下，遵循有关规定在一定范围内选择职业”。

我国真正意义上的大学生就业指导工作是从20世纪90年代开始的。[1]1993年，国家颁布了《教育改革和发展纲要》，对毕业生就业制度改革的目标和改革后毕业生的就业方法做出了明确表述。而在高校中开展大学生就业指导工作，是保证就业制度改革得以顺利实施的一个重要条件。[2]1991年2月，国家教委成立“全国高等学校毕业生就业指导中心”，1993创办《中国大学生就业》刊物，并成立毕业生就业指导专业委员会，研究毕业生就业制度改革和就业指导理论及工作的开展，并多次发出通知，要求各地方高校逐步建立起就业指导机构并开展工作改革，积极开展就业指导工作。从1994年起，国家教委每年举办就业指导人员和任课教师培训班。1995年国家教委发出通知，要求把就业指导列入正式的教育教学计划，各高校开设大学生就业指导选修课，并于当年组织编写出版了统编教材《大学生就业指导》。1996年国家教委正式发文要求各高校成立毕业生就业指导机构，加强毕业生就业指导工作。1997年制定了《大学生就业指导教学大纲》，并颁布了《普通高校毕业生就业工作暂行规定》，对大学就业指导工作做出了明确的规定。

（四）2003年至今的逐渐发展阶段

2003年以来，随着高等教育规模的扩张，一方面标志着我国高等教育进入大众化时代，另一方面大学生的就业问题开始逐步成为社会普遍关注的焦点。作为合理配置人力资源、促进大学生就业的有效手段，大学生就业指导工作发挥着越来越重要的作用，对大学生就业指导工作的研究和改革也开始越来越多，并逐渐形成了一定的体系，大学生就业指导工作也就此蓬勃发展起来。

[1] 秦自强，王刚．大学生就业指导新编[M].北京：北京大学出版社，2004：12.

[2] 李萍．中外大学生就业指导的比较分析及启示[J].江苏高教，2002（5）：103-104.

## 二、国内就业指导研究综述

与国外就业指导研究相比，我国的大学生就业指导进行真正意义上研究的时间较晚。1977年恢复高考以来，我国一直采取的是统包统分的就业制度，就业指导也仅仅局限于思想政治工作方面的教育。自1985年开始，随着国家对就业制度的不断改革，“双向选择”“自主择业”逐渐成为高校主要的就业制度，对大学生进行就业指导才变得具有真正的指导意义。

（一）有关思想政治教育对大学生就业作用的研究

新中国成立后各高校就业指导工作是统一在思想政治工作之中的，这种模式仍然在中国的许多高校运行。一些学者认为大学生就业指导中有效渗透思想政治教育，有助于引导大学生形成正确的职业价值观和择业观。如杨琴认为思想政治教育可以提高大学生对挫折的认识水平和提高其挫折承受能力，有助于培养大学生的社会责任感和团队意识，形成积极健康的就业心理。[1]彭栓莲等认为目前大学毕业生中存在结构性就业难的问题，要解决这一问题，除了建立健全社会就业保障系统，思想政治教育具有不可替代的作用。[2]还有一些学者认为大学生就业难是由于中国现行的就业思想政治教育模式有问题。赵炜婷认为思想政治教育在大学生就业过程中的缺失主要体现在对大学生社会责任感的培养方式不当，忽视了对大学生职业道德的培养及心理素质的培养。[3]

（二）有关大学生就业指导模式和体系的研究

目前，在国内现有的研究当中，存在大量有关高校就业指导模式和体系方面的研究。杨一平指出就业指导工作的重心要从“成品包装”转变为“产品设计”，让学生本人参与设计自己的发展目标。[4]唐玲、蒋舜浩以职业生涯发展理论为基础，提出就业指导要变“短期促销”模式为“发展性生涯辅导”模式。[5]王秉琦、李寿国、彭璟提出构建发展式大学生就业指导模式，该模式是将学生个人的全面发展作为工作目标，以发展的眼光来指导学生就业，延伸就业指导的时间和空间。[6]向勇、李军、吴东红提出以控制论的思路构建高校就业指导服务体系，从而确保体系的高效运转，提高大学生就业指导工作的质

---

[1] 杨琴.思想政治教育在大学生就业中的作用分析[J].成功（教育），2012（12）：241.

[2] 彭栓莲，曲佳文，王冠利.论思想政治教育在大学生就业中的地位和作用.高教论坛，2008（3）：162-164.

[3] 赵炜婷.大学生就业思想政治教育研究综述[J].兰州教育学院学报，2012，28（5）：92-94.

[4] 杨一平.大学生就业形势变化与高校就业指导模式的变革[J].高等教育研究，2002（5）：61-63.

[5] 唐玲，蒋舜浩.对高校就业指导模式变革的理性思考[J].中国高教研究，2004（1）：81-82.

[6] 王秉琦，李寿国，彭璟.构建发展式大学生就业指导新模式探索[J].中国高等教育，2007（Z2）：60-61.

量。[1]李福林认为应通过拓展就业指导的内容，强化职业生涯辅导，引导大学生梳理正确的成才观；[2]张秀琴认为应在专业教学中引导大学生坚定职业理想，在实施案例教学中提高学生的理论素养和应用能力；[3]陈军认为强化大学生就业指导的举措应该包括：加大就业指导课教学力度，强化就业形势教育和心理健康教育，帮助大学生树立正确的择业观、就业观。树立自主创业的观念，加强职业道德教育和诚信教育。[4]包玉芝等认为应从全面发展的视角构建大学生全程就业指导体系。[5]贺修炎认为要将信息指导、技术指导、思想指导以及发展指导包括在高校对大学生进行的职业指导当中。[6]吴祠珍通过研究美国高校就业指导理论与实践，并以此为借鉴，认为高校的就业指导工作应当分阶段进行，针对学生年级的不同来选择不同的内容对学生开展就业指导。[7]

（三）有关高校就业指导课程的研究

作为高校开展就业指导工作的重要手段和方式，就业指导课是对大学生进行就业指导教育的主要途径，也是帮助大学生了解就业政策、训练求职技巧、促进就业能力提升的有效方法。国内的学者从不同的视角对就业指导课程进行了深入探讨，如李湘毅提出要科学构建高校就业指导课程体系，把就业指导以教学计划的形式纳入到现有的课程体系，并且贯穿于学生培养的全过程。[8]谭璐提出要通过改进和加强高校职业生涯规划校本课程的策略，提高就业指导的实效性。[9]陈德明研究和探索了高校就业指导课程教学合力机制，提出高校就业指导课程要与专业教育、思想政治教育、实践教育、日常就业工作相结合。[10]

（四）有关就业指导队伍专业化建设的研究

就业指导是一项专业性较强的工作，指导人员的素质、能力和水平决定指导的成效，建设一支相对稳定、专兼结合、高素质、专业化、职业化的师资队伍，是保证大学生职业发展与就业课程教学质量的关键。李福林（2008）、杜理

[1] 向勇，李军，吴东红.以控制论思路构建高校毕业生就业指导服务体系[J].中国成人教育，2010（7）：48-49.

[2] 李福林.试论高等院校就业指导工作的开展与推动[J].前沿，2008（1）：182-183.

[3] 张秀琴.提高认识做好大学生就业思想教育工作[J].世纪桥，2008（8）：83.

[4] 陈军.加强大学生在就业过程中的思想政治教育[J].广东技术师范学院学报，2008（1）：77-80.

[5] 包玉芝，金燕飞.调动一切积极因素构建大学生全程就业指导体系[J].内蒙古工业大学学报：社会科学版，2006，15（1）：85-89.

[6] 贺修炎.论民办高校职业指导的内容与方法[J].高教探索，2004（4）：95-96.

[7] 吴祠珍.美国高校就业指导理论与实践[J].合肥师范学院学报，2006，24（1）：104-107.

[8] 李湘毅.科学构建高校就业指导课程体系[J].中国成人教育，2007（23）：129-130.

[9] 谭璐.高校职业生涯规划校本课程建设探讨[J].学校党建与思想教育，2009（23）：66-67.

[10] 陈德明.高校就业指导课程教学合力机制探究[J].学校党建与思想教育，2010（13）：84-85.

才（2010）都认为加强大学生就业指导创新，首先应建立一支专业化的就业指导队伍，加强大学生就业专家化、专业化指导，全面提高就业指导水平。陈伟、刘明艳在《论高校就业工作队伍的建设》一文中指出，构建一个完善的，符合“全程化、全员化、专业化、信息化”四化标准的毕业生就业服务体系，其基本思想有两点：一是建设一支专业化、学者型、职业化的专业队伍；二是要用系统工程的观点，形成一个全校重视、全员参与的就业工作队伍格局。[1]陈敏认为高校学生就业指导师资队伍的专业化是指在高校从事学生就业指导工作的人员应具有自己独特的职业要求和职业条件，有专门的培养制度和管理制度。[2]高小琴通过对江苏省40余所普通高校就业指导人员的调查分析，指出目前高校就业指导师资队伍尚存在数量不足、稳定性不强、结构有待优化、整体素质不高、职业化、专业化程度不够等问题，建议要以全面提高就业指导教师队伍素质为核心，以师资队伍的专业化、职业化和专家化为目标，建立师资配置合理、结构优化并有利于人才发展的有效机制。[3]

（五）有关就业指导理论的研究

国内关于大学生就业指导方面研究，主要是就业指导模式、经验总结与理论框架的介绍。对于就业指导借鉴的研究较多，主要集中在介绍国外的就业指导理论与实践，或总结国内外就业指导经验上，近年来逐步开始重视对生涯理论的介绍及在学校教育中的应用，但仅停留在介绍和摸索阶段，并没有系统论证生涯发展理论应用的合理性和必然性，针对就业指导的理论探索比较多，针对存在的问题提出的具体对策一般很少考虑实际操作性。

我国的就业指导理论研究主要是从就业指导理论以及大学生就业指导模式两个角度进行研究。我国较早的理论研究是张伟远（1986）介绍了西方的就业指导理论。柳君芳（2000）介绍了西方国家的职业指导理论并提出了国外的模式包括：服务的广泛、计算机辅助、理论与实践交叉应用等方面的内容。关于大学生就业指导书籍方面，早期有代表性的有教育部全国高等学校毕业生就业指导中心组编的《大学生就业指导》（1998），张智强主编的《就业指导》（1999），陈绍奇、叶梓效主编的《毕业生就业概论》（1999），姜国祥主编的《大学生就业指导教程》（2001）等。

近年来，我国的大学生就业指导研究有了新内容，国外的职业生涯发展理论更加被我国的专家和学者所认可，并由此提出了我国大学生就业指导模式。其中有王荣发主编的《职业发展导论》（2004），张强主编的《择业与就业》（2006），高桥主编的《大学生就业指导》（2006）。上官风主编的《大学生就业

[1] 陈伟，刘明艳．论高校就业工作队伍的建设[J]. 中国成人教育，2004（11）：40-41.

[2] 陈敏．中美高校学生就业指导师资队伍专业化比较研究[J]. 教育发展研究，2006（5）：81-82.

[3] 高晓琴．对高校就业指导师资队伍建设的认识[J]. 江苏社会科学，2009（S1）：118-121.

指导》(2008)，这些书通过对我国大学生就业形势的分析，指出了我国大学生就业指导工作方面的不足，提出职业生涯发展的理论对我国大学生就业指导工作的重要。

同时，我国的大学生就业指导工作还提出了全程化和个性化的就业指导理论。在全程化就业指导方面主要研究有：唐玲（中国高教研究，2004年）认为就业指导的形式由集中突击教育为主转为全程辅导；孙英浩（中国高教研究，2004）认为，就业指导要贯穿大学教育的全过程等。高等教育出版社2009年出版的《大学生就业指导》一书中也提出了对大学生从大一到大四全程化指导其学业，锻炼其能力的思想。个性化就业指导方面主要有：陈增寿教授（2004）从国内外大学生就业指导工作比较中提出我国大学生就业指导工作的对策，其中重要的一点是改进大学生就业指导的方式，重点开展个案指导，认为广泛开展个别指导、提供个案辅导是未来大学生就业指导最重要的工作方式之一。郝登峰（2004）提出协调发展性大学生就业指导模式，这一模式对大学生就业指导提出了相应的要求：要根据不同学生的不同需要，采取有针对性的个性化指导。不仅要对学生采取一对一的个体指导，而且要对不同发展方向的学生进行分类指导。

生涯辅导理论和实践在我国起步相对较晚，目前，我国大多数高校开设了与生涯辅导相关的课程，一些高校也开始探索生涯辅导模式，通过开展课程、讲座和咨询，将生涯规划理念贯穿于大学生活中。但迄今为止，大学生生涯辅导在我国还没有形成一个系统全面的体系。大学生在生涯规划中，自我分析不足，方法不明，规划不清，实践能力薄弱（文学禹，2008）。大学生规划能力和自我发展意识不足会导致就业盲目，跳槽频繁。赫登峰和卓晓岚（2010）的调查结果显示，大学生毕业后跳槽频繁，31.9%的大学生在第一年内就跳槽，5年内职业转换者平均转化职业2.21次。黄丽民（2014）认为，当前大学生就业观受到经济大环境影响，就业时主要考虑社会地位与收入，较少考虑职业与兴趣和能力特长之间的匹配；官本位思想严重，很多大学生就业优先选择政府机关；受高房价、物价、养老等经济压力影响，大学生在择业时更看重高薪和福利。

## 三、文献评述总结

第一，目前国内围绕就业指导的研究较多，主要集中在介绍国外职业指导理论与实践或总结国内就业指导经验上，而且重复的内容比较多，缺乏原创性研究，特别是对国内高校就业指导现状的实证考察比较少。

第二，相对而言，国内对于就业指导的理论探索比较多，而真正深入实践的研究比较少。虽然近年来逐渐开展了对大学生就业状况和高校就业指导方面

的调查研究，但主要表现在对相关数据的描述与分析方面，针对存在的问题提出的具体对策实践操作性不强。

第三，关于就业指导模式的介绍、经验总结与理论架构，基本上还停留在入职匹配理论阶段，具体模式上主要集中于就业政策宣传、就业技巧指导和就业信息传递。

本章试图通过对甘肃省先行大学就业指导工作调查分析，探讨甘肃高校就业指导运行机制的基本特征和发展状态，为进一步完善我省就业指导体系建设，推动我省高校就业指导的制度化和规范化提供实证依据。

## 第三节　甘肃省高校就业指导现状分析

### 一、甘肃省高校毕业生就业指导现状分析

甘肃地处西部欠发达地区，高等教育发展较为落后，高校毕业生就业指导工作也存在诸多问题。为了全面了解和分析甘肃省大学生就业指导现状，本节对甘肃省2007—2013届高校毕业生就业指导工作进行追踪调查，对甘肃省各高校毕业生就业指导工作现状进行系统分析，寻找存在的问题和不足，并提出对策和建议，以期加强甘肃省就业指导工作，从而全面推进高校毕业生的就业工作。对甘肃省大学生就业指导现状的调查方面，结果如下：

（一）甘肃省高校毕业生生涯规划情况

1.本专科生是否了解自己适合从事的工作

在回答“您是否了解自己适合从事什么工作”这一问题时，甘肃省高校本专科毕业生的回答情况如表9.3.1所示，有超过50.0%的毕业生“很了解”或“了解”自己适合从事的工作，约1/3的学生表示说不清自己适合从事的工作。从2013届毕业生回答也能看出，回答很了解和了解的比例分别是6.0%、52.5%；回答说不清、不了解、很不了解的比例总共为41.5%。说明有超过2/5的毕业生对自己未来能做什么并不清楚。

对2013届已就业和未就业本专科生对本题回答情况进行区分后（如图9.3.1所示），可以看出和未签约毕业生相比，已就业毕业生更了解自己适合从事的工作（有61.0%已签约毕业生回答“很了解”和“了解”，相对于58.0%未签约毕业生做出相同回答）；而未签约毕业生回答“说不清”和“不了解”的比例同样高于已签约毕业生，这种情况说明就业指导更需要在未签约学生中开展。

表9.3.1 本专科生对自己适合从事工作的了解程度

| 了解程度 | 所占百分比(%) | | | | |
|---|---|---|---|---|---|
| | 2007届 | 2008届 | 2009届 | 2010届 | 2013届 |
| 很了解 | 8.4 | 11.1 | 7.5 | 11.3 | 6.0 |
| 了解 | 48.5 | 49.8 | 47.1 | 48.8 | 52.5 |
| 说不清 | 31.6 | 31.9 | 35.1 | 32.7 | 31.3 |
| 不了解 | 8.8 | 5.9 | 8.6 | 6.0 | 7.9 |
| 很不了解 | 2.7 | 1.3 | 1.7 | 1.2 | 2.3 |

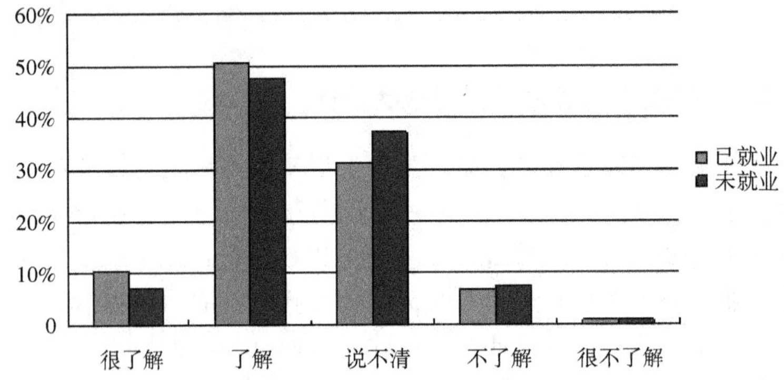


图9.3.1 已就业和未就业高校毕业生对自己适合从事工作的了解程度(%)

2.研究生对自己职业生涯是否有规划

对2008—2010届研究生职业生涯的规划情况调查后发现（如图9.3.2所示），超过一半的研究生只有较为模糊的职业生涯规划，有明确职业生涯规划的研究生呈下降趋势，对自己职业生涯规划走一步看一步的研究生呈上升趋势，这要求甘肃省各高校应加强针对研究生的就业和职业生涯规划方面的辅导工作。

（二）甘肃省高校就业指导现状分析

1.就业指导期望时间

如表9.3.2所示，本专科生在回答“您认为职业指导从什么时候开始合适”这个问题时，可以看出，随着就业指导课程和生涯咨询的开展，越来越多的高校学子认识到了就业指导的重要性，也越发感觉到就业指导应从低年级抓起的重要性，从表中可以看出，5届学生中，认为职业指导应从低年级开始的毕业生逐年增加（56%的2007届毕业生和76.9%的2013届毕业生认为职业指导应开设在大一大二）。

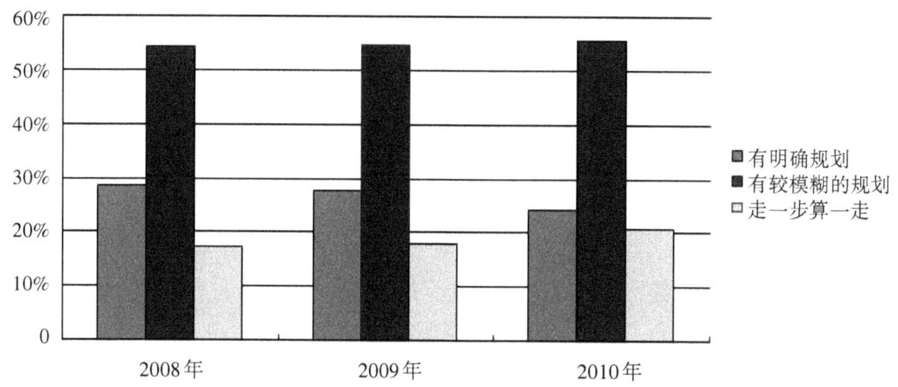


图9.3.2　本专科生对自己职业生涯的规划情况

表9.3.2　大学生认为职业指导的开始时间(%)

| 年级 | 所占百分比(%) | | | | |
|---|---|---|---|---|---|
| | 2007届 | 2008届 | 2009届 | 2010届 | 2013届 |
| 大四 | 4.8 | 5.0 | 4.4 | 5.9 | 1.4 |
| 大三 | 37.8 | 41.9 | 31.4 | 36.3 | 20.7 |
| 大二 | 30.8 | 29.1 | 32.9 | 29.6 | 39.5 |
| 大一 | 25.2 | 22.9 | 30.2 | 26.6 | 37.4 |
| 其他 | 1.4 | 1.2 | 1.0 | 1.6 | 1.1 |

2. 对高校就业指导或就业服务工作的评价

(1) 本专科生对学校职业指导或就业服务工作评价

本专科生在回答“您对学校的职业指导或就业服务工作是否满意”这一问题时，回答情况如图9.3.3所示。从学生对就业指导部门工作的满意度可以看出，2007届毕业生对所在学校就业部门“很满意”“满意”的比例只有24.8%；“说不清”“不满意”和“很不满意”共为75%；2009届做出以上选项的人数比例分别为33.0%、65.1%；2013届做出相应选择的毕业生人数分别为51.0%和49.0%。从比例上可以看出，大学生对所在学校就业部门的工作满意度在上升，越来越多的同学开始认可高校就业指导工作。但从另一个方面看，即使2013年，仍然有超过一半的毕业生不是非常认可所在学校毕业生就业指导工作，从一个侧面反映了甘肃省各高校就业指导部门并没有端正自身的定位，并没有把为学生提供服务放在第一位上，缺乏现代社会的服务意识和竞争环境下的市场意识。

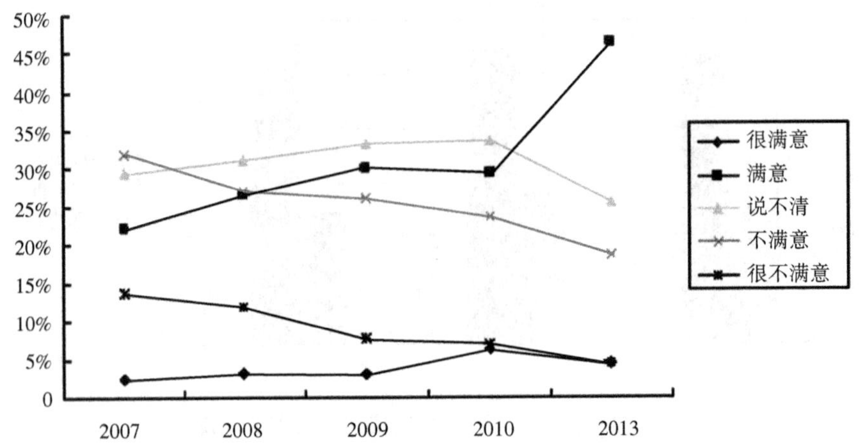


图9.3.3 本专科生对学校的职业指导或就业服务工作满意程度

(2) 研究生对学校职业指导或就业服务工作评价

从图9.3.4可以看出，甘肃省高校2008—2010届研究生认为学校提供的就业指导服务对研究生就业的作用非常大和一般大的比例为35.5%、33.8%、40.5%，认为只有一般帮助毕业生占41.1%、41.2%和36.5%，说明甘肃省高校就业指导工作对研究生就业提供的帮助还是很小的，所发挥远远不够。

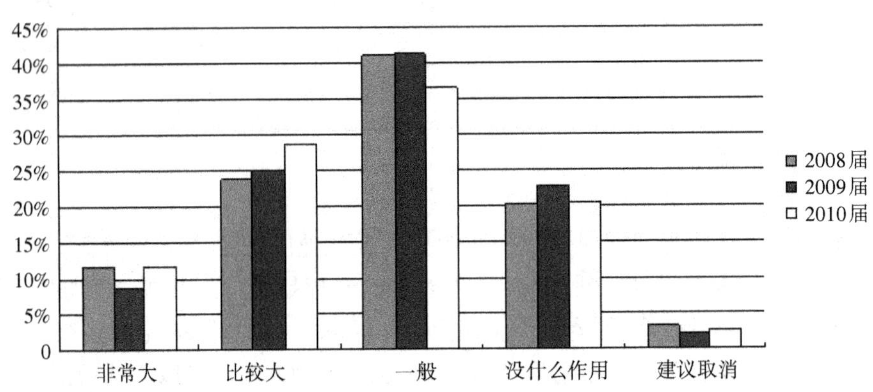


图9.3.4 学校提供的就业指导服务对研究生就业作用的评价

甘肃省高校研究生在回答“对学校（学院）研究生就业指导工作的评价”这一问题时，回答情况如图9.3.5所示。从图中数据可以看出，研究生就业指导工作近年来取得了一些进步，学校积极主动地为研究生提供就业指导的比例从2008年的24.7%上升到2010年的25.2%；研究生咨询时可较好配合的比例从2008年的21.7%上升到2010年的34.4%；对研究生就业问题反应平平的比例从2008年的24.6%下降到2010年的19.0%，与研究生甚少联系的比例从2008年的

18.1%下降到2010年的12.5%；认为学校（学院）从不关注研究生就业的比例从2008年的10.9%下降到2010年的8.9%。

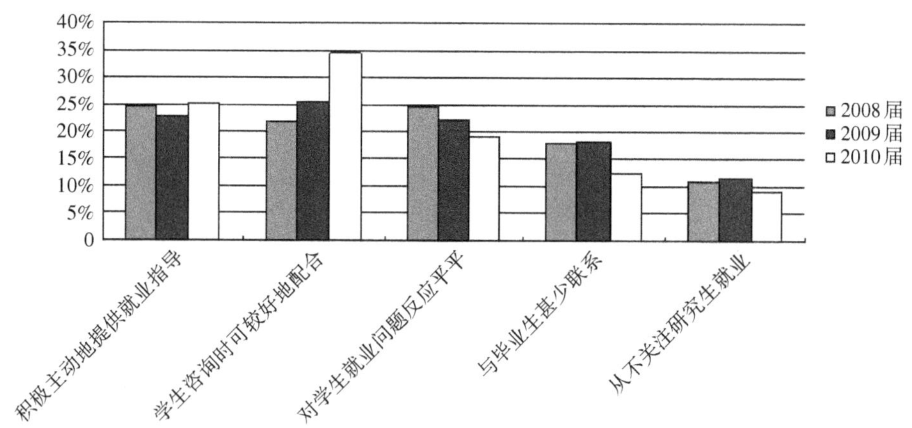


图9.3.5 对学校(学院)研究生就业指导工作的评价

（二）高校毕业生希望得到的就业指导及服务

在回答“您希望得到的职业指导及就业服务”（最多选3项）问题时（表9.3.3 、表9.3.4），我们可以看出学生特别希望学校提供的就业指导内容有：就业形势与政策指导、提供就业需求信息、就业程序与技巧的指导、职业生涯规划指导、就业心理指导等。在学校提供的就业指导服务中，对学生帮助很大的也是这几项内容，这说明甘肃省各高校的就业指导还是符合学生求职需求的，基本把握住了学生的就业心理和相关需要。

表9.3.3 本专科生希望得到的职业指导及就业服务

| 内容 | 所占百分比(%) | | | | |
|---|---|---|---|---|---|
| | 2007届 | 2008届 | 2009届 | 2010届 | 2013届 |
| 职业生涯规划指导 | 16.2 | 17.6 | 17.6 | 21.7 | 17.7 |
| 就业心理指导 | 15.7 | 17.1 | 18.0 | 18.5 | 14.2 |
| 就业程序与技巧指导 | 19.6 | 18.9 | 19.1 | 16.8 | 17.8 |
| 就业形势与政策指导 | 21.0 | 20.7 | 21.0 | 19.7 | 26.8 |
| 就业需求信息 | 27.6 | 25.7 | 24.3 | 23.3 | 23.2 |

表9.3.4 研究生希望得到的职业指导及就业服务

| 内容 | 所占百分比(%) | | | |
|---|---|---|---|---|
| | 2007届 | 2008届 | 2009届 | 2010届 |
| 职业生涯规划指导 | 16.7 | 19.1 | 18.2 | 18.9 |
| 就业心理指导 | 10.6 | 15.1 | 16.8 | 21.5 |
| 就业程序与技巧指导 | 18.6 | 16.7 | 17.2 | 16.0 |
| 就业形势与政策指导 | 20.7 | 18.9 | 17.2 | 15.7 |
| 就业需求信息 | 33.3 | 30.1 | 30.6 | 27.9 |

(三)高校就业指导课程建设

1.本专科生认为就业指导课的重要性

2013届本专科毕业生在回答“您认为当前我校开设毕业生就业指导课程的重要性”这一问题时(图9.3.6)可以看出,有超过81.8%的毕业生认为就业指导课程非常(比较)重要,这说明甘肃省高校毕业生已充分认识到就业指导课程的重要性并从中获得好处。

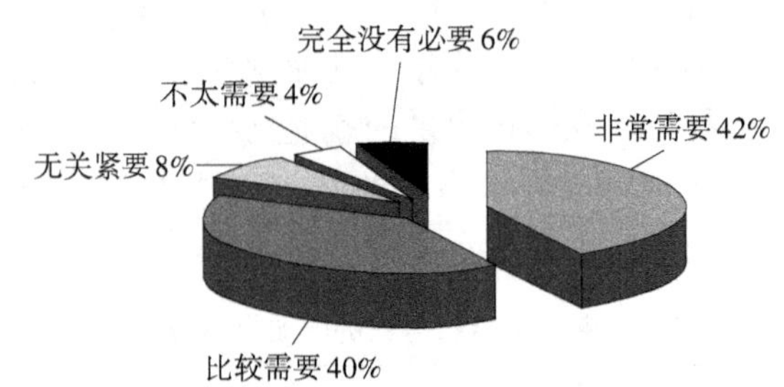


图9.3.6 大学毕业生认为就业指导课的重要性

2.研究生认为就业指导的重要性

研究生在回答“您需要学校就业指导部门的就业指导吗”这一问题时,回答情况如图9.3.7所示。从图中数据可以看出,需要学校就业指导部门就业指导所占的百分比大于不需要的,所以,学校就业指导部门应该加强对研究生的就业指导。同时,我们也要看到,认为不需要高校就业指导部门进行就业指导的人数从2007年的40.6%上升到2010年的45.7%,说明高校就业指导对研究生的吸引力呈下降趋势,这需要引起各高校就业指导部门的重视。

3.本专科生修习就业指导课的时间

本专科生在回答“你是从大几开始上大学生就业指导课的”这个问题时(图9.3.8),可以看出,修习就业指导课程最多的年级是大三,大一和大三修习就业指导课程的学生呈上升趋势;大二是修习就业指导课最少的年级,大二、

大四学年修习就业指导课的人数呈下降趋势。

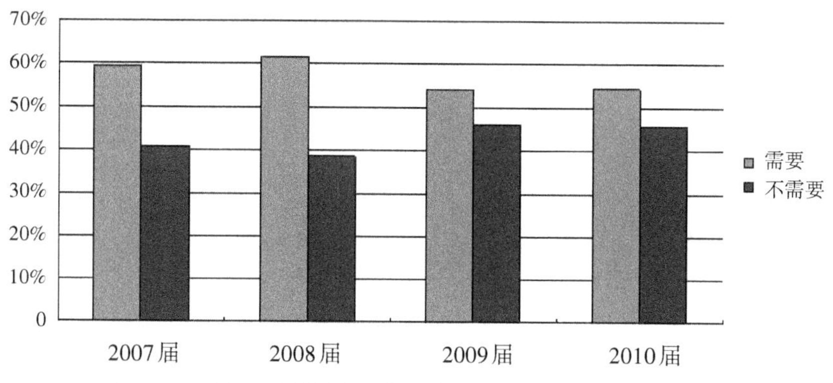


图9.3.7　研究生对学校就业指导部门的就业指导的需求评价

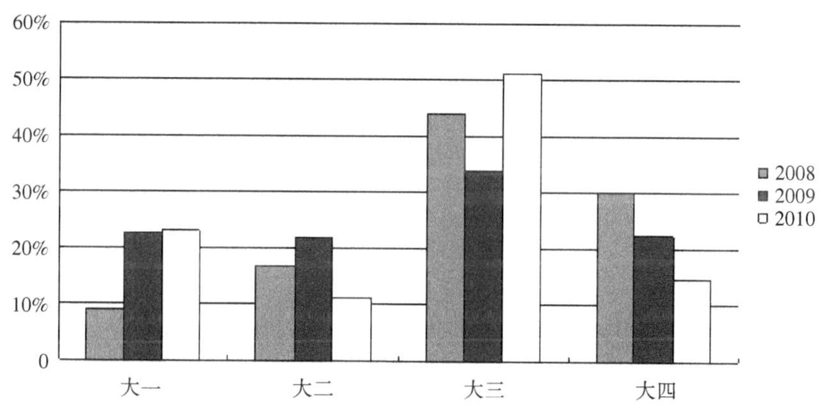


图9.3.8　本专科生修习就业指导课程的年级

图9.3.9是2010届毕业生希望开始就业指导的时间和真正修习就业指导课程的时间的对比图，从图中可以看出，有23.0%的学生从大一就开始接触就业指导，相比有26.0%的学生希望就业指导在大一开设；有11.3%的学生在大二接触到就业指导，但有29.6%的学生希望大二能接触就业指导；有36.3%的学生期望在大三修习就业指导，然而实际有超过50%的毕业生在大三选修该门课程。可见，学生们希望尽早学习就业指导和职业生涯规划课程，这样能更好地使同学们及时根据自身情况调整学习计划和努力的方向，减少进入社会之后的适应期和磨合期。

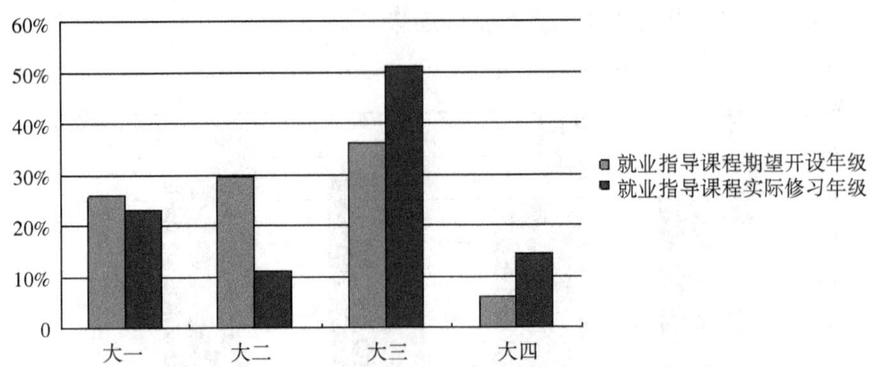


图9.3.9　本专科生对就业指导课程希望开始时间和修习时间的对比

4.就业指导课程开设的形式

在回答“大学生就业指导课程的开设形式是什么”这个问题时（图9.3.10），可以看出甘肃省高校越来越重视就业指导课程的开设，逐步将就业指导课程从选修课变为必修课，必修课的开设数量逐年增加，将使更多的学生在课程中受益。

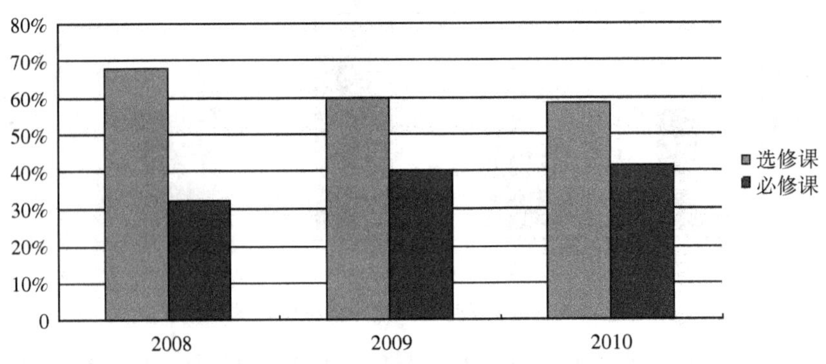


图9.3.10　甘肃省高校就业指导课开设形式

5.毕业生对就业指导课程的满意度

（1）满意度

在回答“你对开设的大学生就业指导课程感到满意吗”这个问题时，结果如图9.3.11所示，本专科生对我省高校就业指导课程并不满意，2008—2010届毕业生中都有超过一半的人不满意就业指导课程。

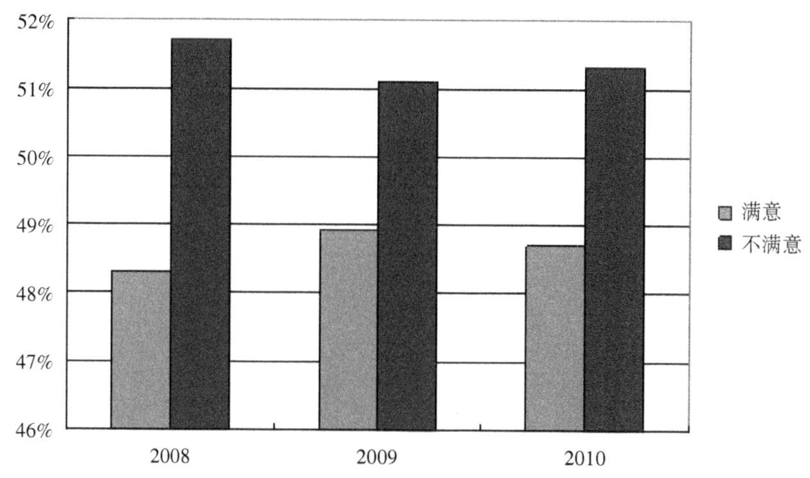


图9.3.11 甘肃省高校毕业生对就业指导课程满意度评价

（2）对就业指导课程不满意的原因

2008—2010届本专科毕业生在回答"你不满意就业指导课程的原因是"这个问题时（图9.3.12），回答情况如下：超过70%的学生认为就业指导课程内容脱离实际，毕业生在求职的过程中并不能充分有效地运用课程中学到的知识，从这里可以看出，甘肃省高校就业指导课程实践教学任重道远。

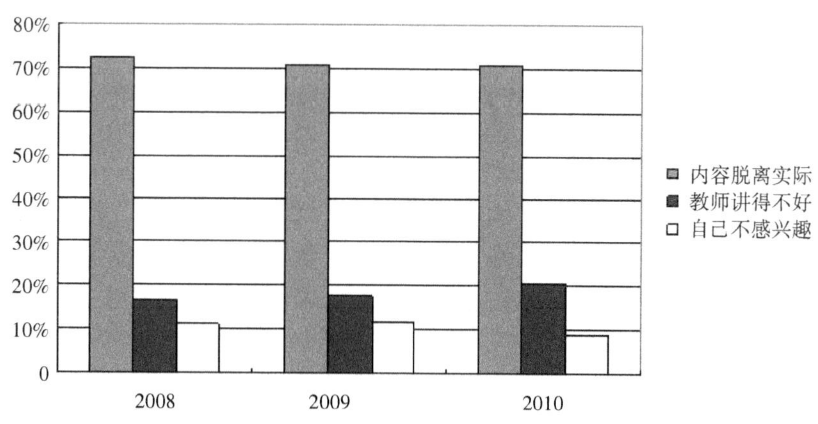


图9.3.12 甘肃省高校毕业生对就业课程不满意的原因

（四）学生希望学校培养的素质和能力

针对2013届高校毕业生调查（图9.3.13）所显示的"学校应该更多地培养毕业生哪些能力和素养"回答可以发现，在所调查的学生中，毕业生选择最多的三项是人际交往能力（本专科生18.1%，研究生15.3%）、专业实践动手能力（本专科生16.1%，研究生16.5%）、知识面和视野（本专科生15.2%，研究生15.5%），因此对于就业指导课程教学来说，应加强课程对这三项能力的培养。

其次，从本专科生和研究生对学校培养的素质和能力的差异性需求来看，本专科生更看重人际交往能力和语言表达能力的培养，研究生更看重专业理论水平、分析解决问题能力和批判思维的培养，这要求学校在就业指导课程设置中应做好本专科生和研究生差异性的课程设置。

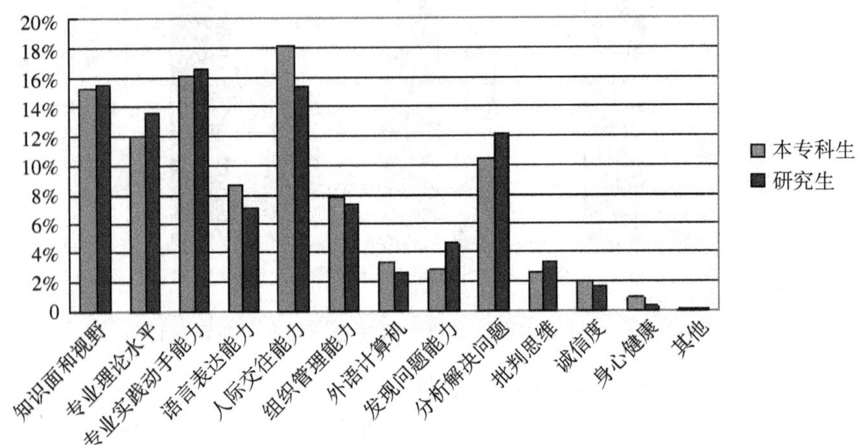


**图9.3.13　甘肃高校毕业生希望提升的素质和能力**

## 二、甘肃省高校开展就业指导述评

目前，就业指导受到甘肃省各高校普遍重视，大学生就业指导在理论实务、内容方法、师资队伍建设等方面取得了很多成果。具体表现在如下这些方面：

（一）甘肃省高校就业指导现状

1.就业指导在甘肃省高校中得到普遍重视，机构、人员、经费基本落实

（1）从学校方面看，就业指导工作得到了重视。在机构上，各高校普遍建立了专门的就业指导机构——就业指导中心（或就业指导服务中心、就业办公室），一般由分管学生事务的党委副书记或分管教学的副校长直接领导。就业中心有些是独立建制，属于正处级行政级别；有些是设在学生工作部（处）内，由一名副处长担任中心主任；还有的是招生就业为一个处级建制，由一名副处长任就业中心主任。各高校基本配备了人数不等的专职就业指导服务人员队伍。在经费上，根据各高校的不同情况，就业指导经费一般按照年毕业生人数规模由学校预算核拨，就业经费基本得到保障。

（2）从学生角度看，甘肃省各高校的就业指导得到了越来越多大学生的认可和重视。调查表明，从入学开始，大多数大学生就十分关注自己的学业和就业问题，希望在学业规划、专业社会需求、就业前景等方面得到老师的指导和

帮助。临近毕业的学生，则希望在政策的解读、就业信息的获取、面试礼仪等方面得到帮助和支持。他们对就业指导和就业服务有越来越多的希望和期待。

2.逐步形成了符合现阶段需要的就业指导内容和指导模式

目前，甘肃省各高校开展的就业指导在内容构成上主要包括：就业观教育、就业政策宣传解读、就业信息收集发布、求职技能指导、求职心理辅导、职业素养能力辅导、学业规划指导、专业前景分析、职业生涯规划等。在方法选择上，普遍采取的就是就业指导课、讲座和报告会、校园招聘会、团体辅导、个别咨询、就业模拟赛事等模式。

3.就业指导课和职业生涯规划课在高校中普遍开设，课时基本得到保障

《教育部办公厅关于〈大学生职业发展与就业指导课程教学要求〉的通知》中要求："将就业指导课程纳入教学计划，从2008年起提倡所有普通高校开设职业发展与就业指导课程，并作为公共课纳入教学计划，贯穿学生从入学到毕业的整个培养过程。现阶段作为高校必修课或选修课开设，经过3～5年的完善后全部过渡为必修课。各高校要根据自身情况制定具体教学计划，分年级设立相应学分，建议本课程安排学时不少于38学时。"据了解，目前教育部文件的有关要求在甘肃省各高校中均得到基本落实。

（二）甘肃省高校就业指导存在的问题

目前，甘肃省高校大学生就业指导正稳步发展，但是，由于甘肃地处西部地区，高校就业指导教育起步较晚，高校就业指导服务工作还滞后于现实的需要。通过以上实证研究可以看出甘肃省就业指导的现状还不能尽如人意，尽管从一些方面能够看得出甘肃省高校就业指导部门近年来的努力，但差距依然存在。在这里，主要谈谈甘肃省高校就业指导中现存的问题。

1.高校就业指导工作不够系统化、全面化

甘肃省高校大学生就业指导人员一般还从事大学毕业生就业管理工作，负责就业工作的专职人员与毕业生的比例多在1∶700以上，学生就业指导专职人员严重不足。就业人员每天疲于应付用人单位和学生，根本无暇深入研究和全面指导，也很难主动联络和开拓市场，更难开展个性化服务。

甘肃省高校大学生就业指导工作一般处于"临阵磨枪"型粗放式指导，对其重要性认识不足，专业化程度也不高，缺乏一支专业化的就业指导队伍。就业指导内容上基本是局限于信息发布、政策宣讲和执行、提供"供需见面"与"双向选择"、求职技巧培训、就业协议办理等服务性工作。虽然甘肃省绝大多数高校都开设有就业指导课程，但还没有多少机构像国外高校那样把就业指导当成一门学科来研究，因此就业指导和生涯规划的效果不是十分突出。

2.就业指导课程定位不够准确

就业指导课程应当是实践性极强的课程，然而当前甘肃省高校对就业指导

课程重视程度不够。教育部在《大学生职业发展与就业指导课程教学要求》中明确提出了各高等学校在2008—2012年间将就业指导课程过渡为公共课。这要求各高校必须实现两个转变：即由毕业生就业指导向大学生职业发展教育的转变，由松散的讲座教育向规范化的课堂教学转变。然而，甘肃省就业指导课程定位有六点不足之处，一是教学内容以毕业生就业指导为主，缺乏全程教育。就业指导课程是一个课程系列，大学生职业意识树立、大学生职业生涯规划设计、大学生职业素养培养、大学生职业技能训练、毕业生就业指导、就业后职业指导等，构成了完整的课程体系，而目前甘肃省高校在就业指导课程建设上还欠缺系统性和完整性，这样并不利于大学生职业素质的提高和就业竞争力的提升。第二，教材陈旧或没有固定教材。甘肃省多数高校使用的是毕业生就业指导教材，在结构上存在明显缺陷，大学生职业规划部分、大学生职业素质培养部分、创业指导部分相对薄弱。同时，教辅资料和阅读资料缺乏；有的高校没有固定教材，教师按照自己准备的参考资料和PPT进行讲解，课程内容由教师自行确定，导致课程整体性和系统性不强。第三，教学模式落后。多数高校的实训教学仍处于起步阶段，既缺乏就业指导实训教学的整体规划，也缺乏相应的师资配备和条件支撑，把课程开成一般意义上的课堂教学。第四，创业指导课程急需发展。甘肃省多数高校只开了为数不多的创业讲座，对学生进行创业教育，没有针对想要创业的学生开设系统全面的创业实践课程。第五，研究生就业指导欠缺。甘肃省高校对研究生就业指导课程建设关注度不够，多数高校只是为研三毕业生举办几场就业讲座，没有专门针对研究生的就业指导和生涯规划课程，但从调查可以看出，甘肃省高校研究生非常需要学校针对他们的生涯发展指导和就业指导。第六，就业指导课程实践教学环节欠缺。从调查结果可以看出，超过70%的学生认为就业指导课程内容脱离实际，毕业生在求职的过程中并不能充分有效地运用课程中学到的知识。从学生的视角来看，学校的就业指导工作目前还不够成熟完善，除了改进就业指导的内容和方式、提高就业指导人员的综合素质和服务态度以外，学校还应该积极进行大学教学改革，把改革的重点放在强化实践环节和改革专业设置方面。因为课程设置决定了学生的知识结构，建立合理的课程结构和教学内容，明确各类课程的比例和要求，将能帮助学生更好地完善自身的知识结构，增强就业竞争力。

3.就业指导内容较为单一，缺乏多样性

从调查的结果看来，甘肃省高校大学生获取就业招聘信息的主要渠道是就业指导部门提供的信息，这当然是一件值得庆幸的事情，表明这些年来甘肃省高校就业指导工作还是取得了一定程度的进步，但是就业指导不仅仅是提供就业信息的，忽略了就业技能的教育和培养依旧是对就业问题的“治标不治本”。目前，甘肃省高校就业指导教育多以课堂教学为主，并且多半是就共性问题进

行集中指导，对毕业生进行集中“灌输式”的教育，讲什么、以什么方式进行都由教师决定，而很少开展个体答疑解惑，缺乏针对性地对个体进行“一对一”个性化的指导。大多数就业指导老师也只在认识上确立就业指导是为大学生就业提供硬件服务这一现实动机，缺乏对就业指导思想的深层思考。

4.指导人员缺乏职业性、专业性

从调查结果显示，甘肃省高校就业指导水平有待提高，指导的成效缺乏合理评价体系，整体指导效果一般。究其原因，甘肃省高校就业指导部门专职教师很少，就业指导课程普遍由学院辅导员、学院分管学生工作的副书记、就业指导部门行政人员担任授课教师，这些教师普遍欠缺就业指导相关专业背景和就业指导系统培训，导致授课质量不能得到保障。另外，甘肃省许多高校大学生就业指导机构多忙于应付大量的与就业有关的事务性工作，而且由于缺乏长期系统的业务培训，就业指导人员无论是在占有信息方面，还是在知识储备方面，均难以达到就业指导应有的效果。

## 第四节　国外高校就业指导服务的经验和做法

职业指导作为一种社会活动，在西方国家开展的较早，他们探索积累出许多有益的做法和经验，值得我们借鉴。国外大学生就业指导服务工作开始较早，它作为引导毕业生顺利就业的一种形式，在国外大学中得到了普遍的重视。正因如此，国外大学生就业指导服务工作在长期的实践中基本上形成了一套较为完整合理的理论模式和运作方法，取得了宝贵的经验实效。在当今世界范围内，以美国、英国、加拿大、日本等国家代表的学校就业指导模式影响最为深远，理论发展也最为丰富。

### 一、就业指导机构设置

在国外，政府和主管部门对高校就业指导服务工作高度重视。虽然学校对大学生就业不承担责任，但因为学生的就业状况直接关系到学校的声誉和招生人数，而这些又会直接影响学校的经费收入，所以，各高校都很重视就业指导工作。无论是政府和主管部门，还是高校和用人单位等，都注重在大学生中建立完备的就业指导体系。社会各方都非常注重就业指导方面的经费投入，完善机构设施。

在日本，学生职业中心遍布了全国各个主要的城市，这是一个作为政府性质的安排高校毕业生就业的办事机构，这类机构根据毕业生的特点和需要，帮助毕业生找到适合自己的工作。日本的大学普遍重视大学就业部门的设立。日本大学中将就业部门单独作为一个独立部门设立的大学占全部大学的80%，其中私立大学90%以上都是单独设立的。日本各大学都特别重视对大学生的就业指导和帮助。国立和公立大学由于办学水平一般比较高，大学生就业相对容易，学校只在学生事务部设职就科来负责大学生就业工作。而私立大学则都设有专门的就业服务机构“就业部”或“就业课（处）”，许多学校还成立“大学就业指导委员会”。专职人员不仅对大学毕业生提供的指导和帮助比较系统和全面，而且从大学生入学开始就开展职业生涯规划方面的辅导。随着日本近几年生涯教育制度的推行，各高校纷纷改组就业指导部门，设置新的机构，其作用也发生较明显的变化。

美国是世界上最早开展就业指导的国家。1913年成立了国家职业指导协会，1915年美国教育办公室出版第一本就业指导刊物《职业指导学报》(后来更名为《职业—职业指导期刊》)。1921年，美国职业指导协会创办《职业指导的原则与实践》(内容定期更新)。1939年出版第一本《职业名称词典》。20世纪40年代末，成立美国人事指导协会，1951年更名为美国咨询协会。国家职业指导协会的会刊更名为《人事指导期刊》，成为美国人事指导协会的会刊。1952年，国家职业指导协会创办《职业指导季刊》。20世纪60年代初期，就业指导就被正式列入教学计划，贯穿于整个大学教育过程。

美国高校则一般都设有提供专门服务和实施必要管理的机构——毕业生就业指导中心（也称毕业生就业规划安置中心、职业规划介绍中心、合作教育与职业介绍服务部或大学生就业服务中心等)，它是学校的一个常设机构，在大学内处于中心地位，一般由分管学生事务的副校长直接负责。设有中心主任、就业顾问、就业主管、对外联络员、秘书等岗位。除配备较多的专职人员外，还配备了讲授就业指导课的专职教师，一般都配有十余人到几十人不等的专兼职人员，具有与学校规模发展相适应的管理队伍，大致占在校生人数的1%。健全的指导机构使得每个大学毕业生都能得到充分的就业指导。

发展至今，美国高校的职业指导工作不论是在理论指导、机构设置、人员素质、指导内容与渠道，还是在与职业界、当地社区的联系方面，都形成了一套极为实用的制度，实现了信息提供、面谈与课程教学相结合的就业指导体系。

### 二、就业指导经费投入

就业指导经费方面，日本政府每年把就业培训经费纳入年度的政府财政预算，资料统计显示：在1990—1991年、1998—1999年，就业经费支出占GDP的比率为0.35%、0.60%。日本高校就业指导硬件设施十分健全，几乎所有的大学均设有就业资料室，就业资料室信息丰富、翔实。如用人单位需求信息，家

乡用人单位需求信息，各个企业、团体的介绍资料和需求情况档案资料，且更新很快，大致每年更新一次。行业、企业研究的参考图书资料和职业描述的音像资料，历届毕业生的名录，前几届已成功就业的毕业生撰写的就职活动体验记，等等。企业用人资料按地区、行业和年份分类整理摆放，以方便大学生查阅；各种与就业相关的报纸杂志书籍也很充足，并有电脑供大学生上网查询。各校都建有自己的就业网站，并能实现与其他相关网站的超链接。

美国高校对就业指导机构的经费和办公设备投入较多。经费来源主要是学校按学生经费的5%（约占总经费的60%）拨给和社会捐赠（约占总经费的40%），另外，校友捐赠是学校经费的重要来源。就业指导机构规模一般都比较大，一般都有十几个到几十个专门办公室，有的甚至占有整栋大楼。场地、经费、设备、图书资料等都有保障。

### 三、就业指导人员的专业化建设

在加拿大，就业咨询师被要求在教育学、心理学、咨询学或相应的人文社会科学领域应取得相应的博士学位，而且要有一定工作经验；管理员或指导教师应取得人文科学方面的硕士学位。

在美国，职业顾问必须取得心理学硕士或博士学位，才能负责学生心理测试、能力评估、求职咨询等方面的工作；就业指导中心主任一般应拥有咨询学、辅导学、高等教育学等相关学科的硕士或博士学位。

美国就业指导中心除了配备较多的专职人员外，还配备了讲授就业的专业化、职业化、高素质的就业指导教师。专职人员一般包括中心主任、就业顾问、就业主管、对外联络员等，他们各自都有明确的岗位分工。对从业人员在学历和专业上有相应要求。如就业指导中心主任一般都应具有辅导学、咨询学、高等教育学硕士或博士学位；其他就业指导教师或工作人员也需获得学士学位。另外，在从业资格上也有严格要求，所有的就业指导人员要有培训证书，并经考试达标后才能上岗。就业指导队伍配有足量的专职和兼职人员，根据学生规模，一般为10～40人，就业专职人员与毕业生的比例大都在1:200左右，使每个毕业生都能获得充分的就业指导。

在日本，大学一般都设有专职的就业指导人员，其特点是职业化和专业化。日本对职业指导人员的从业资格要求较高，一般要具有心理学、教育学、咨询学或人力资源管理等相关学科的硕士或博士学位。除了专门的工作人员外，还从企业聘请顾问，对大学生进行指导。就业指导人员通常会对每个大学生实施有针对性的细致入微的指导工作，把握大学生的具体就业情况。

英国的情况与美国大致相仿。各高等学校非常重视大学生的就业指导工作，均设有专门的就业指导机构，配备专职人员，并强化其服务和咨询职能。

如牛津大学的就业服务中心设有1名主任、2名副主任、12名就业指导师、5名负责信息管理咨询的人员，此外，还有秘书、负责招聘会以及资料印刷的工作人员，是全英国最大的高校就业服务中心。

## 四、国外高校大学生就业指导体系

国外高校的就业指导体系注重就业指导的生涯化、全程化。国外高校往往从新生刚入学开始，便向新生开设或举办关于就业指导方面的课程、讲座等活动，对他们进行就业方面的指导、教育和服务。通过系统的职业生涯规划和相关就业指导课程的开设，可帮助学生了解、认识自我的特性和能力，合理制定出适合自己的职业生涯规划。当学生进入高年级，即将毕业之前，学校会为他们提供就业信息服务和就业技巧训练等方面的帮助。英国高校的就业指导课程强调就业指导的关键是要全面了解学生，使学生正确地理解自己。就业指导的内容涉及职业的性质、发展前途、经济收入、就业的难易程度、学生职业兴趣的测定与调查、择业准则和技巧等。从时间安排上看，一年级主要把就业指导与入学教育和专业介绍结合起来，二、三年级着重加强专业教育、思想教育和社会实践能力的培养，四年级主要分析就业形势、解读就业政策、职业选择方法和技巧等。在就业指导的形式上，主要包括讲座、报告、咨询服务、模拟实验、心理测试等，并且利用计算机来收集整理并提供信息、学校就业指导的方法主要有心理指导、信息咨询指导和校正性指导等。

美国高校的大学生就业指导，以学生的发展为目标，在就业指导中十分注意学生个性心理倾向，因此职业测试是他们进行就业指导时常用的方法。他们对大学生进行个性心理测试，了解大学生的能力倾向、兴趣爱好、性格气质、职业倾向性、职业适应等方面的资料，作为开展大学生职业指导的基础。他们的职业指导中有三个“十分注重”。一是十分注重对学生的个性化指导，指导学生准确估价自己的实力，明确自己的优势，选择适合自己发展的职业目标，并学会职业选择的策略，制定择业的行动计划和措施。二是十分注重引导大学生进行自我适应性评价、未来职务设计、角色转换、自我启发和自我成长。三是十分注重让大学生了解影响职业生涯成功和失败的因素，如自信心、人际关系、应变能力等，帮助学生掌握职业生涯发展策略。

日本高校大学生就业指导内容的特点是丰富性和信息网络化。就业指导一般分三个阶段：一是自我分析阶段；二是组织各种就业指导讲座和业界说明会；三是就业实战阶段，学校有意识地组织学生进行模拟面谈。从大学一年级起，大学内部的就业指导机构就会为新生提供有关就业的教育，安排“现代企业论”等综合课程，使大学生对就业有一个初步的印象；从二年级起就会对大学生的就业意愿进行调查，根据其意愿联系相关的就业体验企业，使大学生对

自己希望从事的工作有实际的体会；从大学三年级起则进行相关的适应能力调查，召开各种就业说明会等活动。总之，就业指导是一个伴随着大学生四年大学生活的连续过程。

日本高校大学生就业指导的主要内容有：(1) 为学生制作与提供翔实、全面的就业信息资料。日本高校都建立就业需求信息库和公司企业基本情况数据库，并使就业信息网络化。日本高校的职业指导机构把就业日程、规则、惯例、做法、经验等相关资料编印成册，发放到大学生手中。(2) 举办各种就职讲座。内容涉及大学毕业生就业的各项内容，如毕业生就业的进展方法、所需手续、注意事项、心理准备、应对措施、行业分析、景气动向、就业环境、市场行情、雇用惯例等。而且各种讲座的针对性很强，有一般问题的讲座、面向企业就业的讲座、面向公务员考试的讲座、面向女毕业生就业的讲座、面向教员考试的讲座、面向留学生就业的讲座、秘书技能的讲座、文书技能的讲座、贸易实务的讲座、海外求职的讲座等等。并为学生取得从业资格证书创造条件。(3) 对学生采取个别指导。对大学生采取个别辅导等方式增强大学生的就业意识并增强其对就业行情的了解。提供个性测试等方面的个别指导，为许多学校提供心理测试或进行就业综合考试。日本多数高校都设有就业咨询室接待大学生的个人咨询，大学生就自己的职业适应性、能力、职业种类、企业信息、就业工作流程和规程、男女雇佣机会等向指导人员求教。(4) 为学生提供各种社会学习项目。组织实施就业体验实习活动、志愿者服务、社会实践等。许多大学完善就业体验制度，加强大学与企业的紧密联系。(5) 举办模拟面试等活动，提高大学生的求职实战技能。(6) 举办就业招聘会。(7) 完善就业指导方式。

在德国，高校大学生就业指导高度专业化，从事大学生就业指导的人员专业化、职业化水平很高，完全能满足大学生对职业指导的要求。他们把大学生分成不同类别，区别对待，予以分类指导。除了按常规的专业和学科分类外，更多的是按大学生的就业要求、期望、特点、条件等进行分类，并针对不同类型的学生进行不同内容、不同方式、不同程度的指导。对职业声望要求高的学生，则帮助他们分析职业行情和职业发展动态、前景和趋势，引导大学生正确认识和评价自我，合理“定位”，明确职业选择目标；对重视工资待遇的学生，则帮助他们分析各行业的薪酬情况，引导大学生合理“报价”，并传授面谈待遇的技巧等；而对有自卑感的学生则鼓励他们增强信心，学会心理调适，化解心理危机。在职业指导中，通过开展性向测评（Personality Test）、一对一面谈等方式，了解大学生的兴趣、价值观、特长、气质、能力等个性特点，引导他们正确认识和评价自我，纠正认知偏差和心理误区，扬长避短，充分展示个性，实现人—职匹配。

### 五、注重大学生创业教育的开展

国外的就业指导工作非常重视对大学生的创业教育，同时很重视培养学生的创业素质和创业能力。学校会不定期地邀请知名企业家到学校开展讲座，并与学生互动交谈，培养增强学生的创业意识和企业家精神。而且，在就业指导课程设计时，会设计一些关于产品研发、资金管理、销售技巧、人际关系、方案策划和商业法规等与企业运作相关的课程，使学生们了解企业的基本运作模式，为其创业打下坚实的基础。大学生自主创业不仅能解决自己的就业问题，而且还会为整个社会创造就业机会，对劳动力市场的合理健康发展具有重要意义。

## 第五节　甘肃省高校毕业生就业指导的对策与建议

近年来，随着高校扩招，国内经济发展放缓，高校毕业生就业形势越来越严峻。究其原因：一是因为毕业生数量增加过快，二是因为毕业生对自己定位不准，不能找到适合自己的工作。而从企业来看，企业也难以招聘到符合要求的毕业生，缺人现象严重。因此做好高校毕业生就业指导工作既有利于提高高校毕业生的就业率，又能为企业输送合适的人才。目前甘肃省各高校都针对毕业生就业工作制定了符合自身发展要求的措施，并成立了相关职业指导机构，开设了就业指导相关的专业课，对高校毕业生就业提供了基本的指导。

但是，甘肃省高校的就业指导教育大多在形式与内容上比较单一，仅停留在讲解就业政策、分析就业形势，收集需求信息，传授择业技巧等方面，而忽视学生个体的塑造、潜能的开发以及创业、创新能力的培养，缺乏个性化的就业咨询、辅导以及职业能力测试和职业生涯规划等内容。就业指导的全程化、规范化、科学化、系统化有待提高。笔者认为，甘肃省高校就业指导建设需要做以下几个方面的努力：

### 一、加强认识，合理定位，促使就业指导制度化和规范化

就业指导教育是高校人才培养工作中重要的一部分，对就业指导人员素质要求较高，专业性强。高校不能将就业指导工作划入学生基本思想政治工作范畴，不能只是用简单的行政方式推进就业指导工作，应加大经费、人员、设备的投入[1]，快相关政策的制定和落实。在我国，中小学阶段是发展学生基本素质时期，很少进行就业指导方面的教育，所以进入大学时期，必须及时补上这

[1] 刘晨，宫海丽.国外大学生就业指导工作对我国的启示[J].图书情报导刊，2008（31）：184-186.

一重要课程。否则，将导致大学生职业生涯规划模糊，无法有针对性地进行所需知识的学习和相应素质的提升，从而会使大学生就业难的问题更加突出，造成人力资源的浪费。国家教育部门应该加快立法进度，使职业发展教育法制化、规范化，甘肃省高校应认真执行相关政策和规范文件，尽快开设和完善就业指导相关必修课，加强教材和课程建设，开展就业指导理论研究，促进甘肃省就业指导教育步入制度化、规范化轨道。

## 二、建立就业指导全程化、系统化模式

借鉴国外就业指导经验，就业指导工作不只是大学生即将毕业阶段的指导教育，而应该是贯穿大学生从入学到毕业的一个持续、系统的培养过程；不应是阶段性或突击性的，而是要关注学生的全面发展和终身发展，也就是说，高校就业指导应当是发展性的生涯辅导。通过激发大学生职业生涯规划的自主意识，促使大学生理性地规划自身未来的发展，从而使其在学习过程中有意识地提高就业能力和生涯规划能力。对于大一、大二的学生，高校应主要帮助他们建立职业生涯规划意识，尝试合理的职业规划；对于大三、大四的学生，学校应对其进行提高就业能力、扩展求职过程相关知识的辅导及教育等。社会和企业等有关部门也要对已就业人员进行系统的跟进培训，逐渐提高整个社会劳动力素质，提高工作效率，促进经济发展。

## 三、加强培训，提高就业指导人员的专业化水平

师资队伍的专业化、职业化是教育健康发展的保证。要想提高甘肃省高校就业指导教育水平，使其不再滞后于现实所需，一支专业化的师资队伍是必不可少的。加强就业指导师资队伍建设，一方面要引进高学历人才担任专职老师，其必须具有心理学、教育学、社会学、管理学以及人力资源管理等学科知识背景，而且应具有一定的实际工作经验。另一方面要加强对就业指导老师进行就业指导业务的专业培训，让他们能够尽快掌握就业指导的相关专业知识、方法和技巧，提高就业指导教师的专业化水平。另外，甘肃省各高校可聘请社会知名企业的人力资源专家、职业咨询专家给大学生提供就业指导，打造一支专兼职相结合，高素质、专业化的就业指导教师队伍。

# 第十章　甘肃省研究生就业歧视问题研究

**摘要：** 运用甘肃高校研究生2008—2010年调查数据和研究生访谈资料，描述研究生在就业过程中遭遇歧视的现象，揭示研究生就业过程中性别歧视、户籍及地域歧视、年龄歧视、身体状况歧视、健康歧视及学历歧视在内的六大类就业歧视对研究生就业产生的影响；运用劳动力市场歧视理论，分析产生就业歧视的原因，得出主要研究结论，提出相应建议。

## 第一节　甘肃省研究生就业歧视问题研究的背景及意义

就业作为个体的劳动者同生产资料的市场配置过程，是建立在平等公正的基础上的。然而社会现实中，一些群体或个人的就业仍存在着被轻视甚至被剥夺的现象，且呈蔓延趋势，高学历的研究生群体也不例外。

作为国家培养的高级专门人才，研究生是我国实施“科教兴国”战略方针的重要力量。大力发展研究生教育，培养高素质优秀专业人才，是科教兴国、人才强国战略的重大举措。1999年研究生扩招以来，我国研究生教育的发展经历了一个高峰期，研究生规模以平均每年26.9%的速度快速增长。2004年硕士研究生毕业人数11.5万人；2005年达到19.5万余人，增幅76.47%。到2007年，全国研究生毕业人数超过33万人。2012年这一数字达到47.5万，根据教育部公布的全国教育事业发展统计年报显示，研究生毕业人数尚不足高校毕业生总人数的5%，[1]我国受过高等教育的人数仅为全国总人口数的5.57%，这一比例远远落后于发达国家水平（美国35%，日本23%），从业人员平均受教育年限低于发达国家平均水平3年以上。这充分说明，我国教育仍存在不足（under-

[1] 张士英，朱伟光.研究生就业“遇冷”高校出现“研待”一族[EB/OL].（2008-02-26）[2016-12-20]. http：//www.jyb.cn/job/jysx/200802/t20080226_144328.html.

education），人均受教育水平仍然不高，创新型、高技能人才缺乏。因此，在21世纪人才竞争如此激烈的时代，培养和造就大批高层次的人才是国家和社会发展的必然需求。[1]

表10.1.1　2002—2012年研究生招生数、在校生数和毕业生数统计　（万人）

| 年份 | | 2002 | 2003 | 2004 | 2005 | 2006 | 2007 | 2008 | 2009 | 2010 | 2011 | 2012 |
|---|---|---|---|---|---|---|---|---|---|---|---|---|
| 招生数 | 硕士生 | 16.43 | 22.02 | 27.30 | 31.00 | 34.2 | 36.1 | 38.67 | 44.9 | 47.44 | 49.46 | 52.13 |
| | 博士生 | 3.83 | 4.87 | 5.33 | 5.48 | 5.60 | 5.80 | 5.98 | 6.19 | 6.38 | 6.56 | 6.84 |
| | 合计 | 20.26 | 26.89 | 32.63 | 36.48 | 39.8 | 41.9 | 44.64 | 51.09 | 53.82 | 56.02 | 58.97 |
| 在校生数 | 硕士生 | 39.23 | 51.46 | 65.43 | 78.73 | 89.7 | 97.25 | 104.6 | 115.9 | 128.0 | 137.5 | 143.6 |
| | 博士生 | 10.87 | 13.67 | 16.56 | 19.13 | 20.8 | 22.25 | 23.66 | 24.63 | 25.89 | 27.13 | 28.38 |
| | 合计 | 50.1 | 65.13 | 81.99 | 97.86 | 110.5 | 119.5 | 128.3 | 140.5 | 153.8 | 164.6 | 172.0 |
| 毕业生数 | 硕士生 | 6.62 | 9.23 | 12.73 | 16.20 | 21.97 | 27.14 | 30.11 | 32.26 | 33.46 | 37.97 | 43.47 |
| | 博士生 | 1.46 | 1.88 | 2.35 | 2.77 | 3.62 | 4.14 | 4.37 | 4.87 | 4.9 | 5.03 | 5.17 |
| | 合计 | 8.08 | 11.11 | 15.08 | 18.97 | 25.6 | 31.18 | 34.48 | 37.13 | 38.36 | 43 | 48.65 |

资料来源：中华人民共和国教育部各年度教育发展统计公报（http://www.moe.edu.cn/edoas/website18/level2.jsp?tablename=1068）。

从国家的宏观层面，高级专门人才和创新拔尖人才严重缺乏；从劳动力就业市场层面，研究生就业难的现象日趋严重。十八大报告提出："要推动实现更高质量的就业"，通过实施更加积极的就业政策，推动实现更高质量的就业。就业作为民生之本、安国之策，是保障劳动者合法权益的重要基础和前提。[2] 2013年全国就业人数7.7亿人，较2012年末增加273万人，当年新增就业岗位数为900万个，仅是研究生毕业生人数的1.28倍，为历年最低，考虑到我国每年相当一批归国留学生、中专、职高、高中等毕业生成为就业人员，共同竞争非常有限的就业岗位，研究生就业之难、就业压力之大可见一斑。其原因是多方面的，研究生择业观、高校培养机制、社会需求等都是影响研究生就业的因素。然而在研究生主动择业的过程中，也会不同程度地遭遇劳动力市场的歧视[3]，性别歧视、年龄歧视、户籍歧视等等。

歧视会造成人力资源的浪费，影响到国家充分利用人才资源的长远规划，不利于经济社会的健康发展。既不利于国家，不利于家庭，也不利于个人。本

[1] 张士英，朱伟光．研究生就业为何遇"冷"[N]．光明日报，2008-02-26（5）．

[2] 蒋姝．我国劳动力市场就业歧视及其影响[J]．公共管理高层论坛，2008（1）：223-233.

[3] 蒋玲．研究生就业歧视问题研究文献综述[J]．才智，2011（10）：305-307.

文将利用《甘肃省高等教育规模扩展与劳动力市场衔接研究》课题组针对甘肃省研究生的有关调查数据进行研究，基于研究生在性别、户籍、年龄、身体状况、健康、学历等求职因素上表现出的现状，并选取研究生为对象进行访谈，了解就业歧视的状况，综合分析研究生的就业过程，分析各类劳动力市场歧视是否是研究生不能顺利就业的主要原因，根据分析结果提出相应的对策和建议。

## 一、相关概念界定

（一）歧视

歧视（Discrimination）的概念有广义和狭义之分，歧视的类型根据研究角度的不同也有多种划分，本文研究的是劳动力市场中的歧视现象。广义上的“歧视”具有中性意义特征，一般指“有所区别的对待”。《布莱克维尔政治学百科全书》认为“从最广泛的意义上说，该词是对一种差异、一种区别或不同待遇的感受。”[1]现代汉语词典定义：“所谓歧视，简言之，指不平等地看待。”狭义上歧视则具有消极意义。学术界普遍接受的定义是“相同的人（事）被不平等地对待或者不同的人（事）受到同等的对待”。[2]所谓歧视，不是以能力、贡献、合作等为依据，而是以诸如身份、性别、种族或社会经济资源拥有状况为依据，对社会成员进行“有所区别的对待”，以实现“不合理”的目的，其结果是对某些社会群体、某些社会成员形成一种剥夺，造成一种不公正的社会现象。[3]

（二）就业歧视

1958年国际劳工组织第111号公约——《就业与职业歧视公约》及建议书中对就业歧视做以下定义：“根据种族、肤色、性别、宗教、政治观点、民族血统或社会出身所造成的任何区别、排斥或优惠，其结果是取消或有损于在就业或职业上的机会均等或待遇平等。”[4]“包含得到职业培训的机会、得到就业的机会、得到在特殊职业就业的机会以及就业条件。”[5]目前国内外学者对就业歧视的定义主要有以下几种：Marucs Alexis引用传统的劳动力市场歧视理论解释为除了一个方面（种族、性别、宗教信仰等）之外，他们不可区分、完全相同，且这一方面的差别并不影响他们对可市场化产品的劳动生产率，但却对非

---

[1] 谢嗣胜.劳动力市场歧视研究：西方理论与中国问题[D].杭州：浙江大学，2005.

[2] 安塞尔・M.夏普，查尔斯・A.雷吉斯特，保罗・W.格兰姆斯.社会问题经济学[M].郭庆旺，译，15版，北京：中国人民大学出版社，2003：136.

[3] 谢嗣胜.劳动力市场歧视研究：西方理论与中国问题[D].杭州：浙江大学，2005.

[4] 王昌硕：消除就业与职业歧视——建议批准国际劳工组织第111号公约[J].中国改革，1999（6）：20-22.

[5] 蒋姝.我国劳动力市场就业歧视及其影响[J].公共管理高层论坛，2008（1）：223-233.

市场化的产品生产有影响，即他们还生产具有主观价值的效用——歧视。[1]坎贝尔、R.麦克南（Campbell R. Mcconnell）、斯坦利·L.布鲁（Stanley L.Brue）和大卫·A.麦克菲逊（David A. Macpherson）定义就业歧视指女性或少数民族工人拥有与白人男性工人同等的能力、教育、培训和经历，但在雇佣、职业选择、提升、工资率或工作条件等方面却受到不公正待遇。歧视也同样表现在接受正规教育、学徒工或在职培训计划时的机会不均等，这些都是增加个人人力资本存量的重要因素。[2]国内学者周长征认为就业歧视就是根据劳动者的户籍、性别、民族、种族、肤色、宗教等因素，限制其选择职业的权利。就业歧视可能是企业行为，也可能是政府行为，其中政府行为可能是具体的行政行为，也可能是抽象行政行为，即制定包含有就业歧视内容的法规。[3]谢嗣胜认为就业歧视有狭义和广义之分。广义上的就业歧视采用国际公约的定义，它既包括狭义上的就业录用歧视，也包括就业状态下的工资收入歧视和职业选择歧视。狭义上的就业歧视等同于雇佣歧视，即在获得职业过程中由于劳动力个人非经济特征而遭受雇主的拒绝。[4]我们将采用的是狭义上的就业歧视定义来讨论问题。

在我国劳动力市场上，就业歧视主要表现为性别歧视、户籍与地域歧视、年龄歧视、身体状况歧视、健康就业歧视以及学历歧视。具体内容在第二节中会做详细分析。

## 二、研究内容与研究意义

（一）研究内容

运用“甘肃省高等教育规模扩展与劳动力市场衔接”课题组甘肃高校研究生2008—2010年调查数据和研究生访谈资料，描述研究生在就业过程中遭遇歧视的现象，揭示研究生就业过程中性别歧视、户籍及地域歧视、年龄歧视、身体状况歧视、健康歧视及学历歧视在内的六大类就业歧视对研究生就业产生的影响；运用劳动力市场歧视理论，分析产生就业歧视的原因，得出主要研究结论，提出相应建议。

（二）研究意义

研究生作为受过良好高等教育、富于智慧的群体，是知识经济社会中重要

[1] Alexis M. “A Theory of Labor Market Discrimination with Interdependence Utilities” [J]. *American Economic Review*, 1973, 63（2）: 296-302.

[2] 坎贝尔·R.麦克南，斯坦利·L.布鲁，大卫·A.麦克菲逊，等.当代劳动经济学[M].刘文，越成美，译.北京：人民邮电出版社，2004.

[3] 周长征.劳动法原理[M].北京：科学出版社，2004.

[4] 谢嗣胜.劳动力市场歧视研究：西方理论与中国问题[D].杭州：浙江大学，2005.

的人力资源，对我国社会和谐发展具有不可忽视的影响力，他们的就业状况将直接关系到我国高等教育的改革发展和人力资源的利用。然而研究生的教育优势并没有从根本上改变其就业难的社会现实，[1]高学历没有发挥预期的工作“信号筛选”功能，研究生就业难甚至失业意味着社会资源的严重浪费。研究基于对甘肃省8所高校调查的基础，通过调查，揭示研究生就业的内在特点，分析就业歧视的表现形式是否是影响研究生不能实现顺利就业的主要原因，以便为未来高校的专业设置、培养机制改革、就业指导等方面工作的改进提供重要参考。实证分析的结果具有一定的代表性，同样也具有重要的指导意义。

## 第二节　研究生就业歧视的经济学分析与分类

很多学者从经济学的角度对研究生的就业歧视问题进行了分析，主要有以下结论：就业歧视“并非盲目的非理性行为，而是市场均衡的结果”。[2]其前提是劳动力市场供大于求，是典型的“买方市场”。因而，雇主有较大的选择余地，允许把“个人偏好”带到选用人才的过程当中。就业歧视所依据的变量（性别、年龄、学历等）都只能代表劳动力过去的显性特征，是非能力因素。而决定用人效益高低的恰恰是能力因素，如创造力、组织力、合作精神、敬业精神等等。两类变量之间并不存在必然的逻辑关系。由此，就业歧视并不必然对顾主带来预期的效益，也即通过歧视性选择并不必然节约用人成本，以最小付出获得最大的收益，反而既破坏了社会学所倡导的公平法则，又有可能直接损害雇主自身的利益。从这些分析来看，就业歧视表面上是“理性选择”，而实际上是传统认识、传统观念造成的刻板印象，是“感性”的取舍，是可以被克服的。关键在于需求小于就业人数，使得雇主有选择的余地，个人偏好就成为就业歧视的主要因素。然而，理论上的“可以克服”与实践中的“能够克服”是有差距的。研究需要关注：怎样克服由非理性因素造成的普遍的甚至有蔓延趋势的研究生就业歧视。

按照歧视在劳动力市场上的表现形式，可以将就业歧视分为性别歧视、户籍与地域歧视、年龄歧视、身体状况歧视、健康歧视、学历歧视等，是最为常见的一种分类办法。

[1] 蒋玲．研究生就业歧视问题研究文献综述[J]. 才智，2011（10）：305-307.

[2] 张本飞．当前大学生就业歧视的经济分析[J]. 西北人口，2006（4）：52-53，57.

## 一、性别歧视

根据1958年国际劳工组织《关于就业和职业歧视公约》的规定，性别歧视就是基于性别的任何区别、排斥或优惠，其后果是取消或损害就业方面的机会平等或待遇平等，但基于特殊工作本身的要求的任何区别、排斥或特惠不应视为歧视。也就是在劳动力市场上，雇主在女性求职者具备完成工作的条件下设置就业门槛，或依据性别因素给予女性职工不同待遇的行为。[1]性别歧视是就业歧视中最常见、最受关注的一种。主要表现在：1.女性在招收、录用、晋升等方面遭受不公平待遇。2.在经济结构调整过程中，政府机构和国有企业将年龄偏大、学历较低、从事传统技术工作的妇女视为被精简的对象，使她们“优先退休”“优先下岗”。对于研究生来说，性别歧视主要表现在“基于性别所做的任何区分、排斥或限制，从而导致女研究生在就业方面有失男女平等原则”。[2]具体表现为：（1）女硕士生甚至博士生就业率和工资待遇低于同等学力的男生；（2）用人单位在录用名额中明确规定男性多于女性比例；（3）用人单位在招聘中不写明性别，但实际上存在着打算不招或少招聘女性的隐形歧视；（4）用人单位限制对某些专业的女硕士毕业生的录用；（5）在劳动合约中限制女性应该得到的基本权利，如生育权、婚姻权等。[3]

## 二、户籍与地域歧视

所谓“户籍与地域歧视”主要是指一些大城市针对外地求职和就业人员所采取的一些不公平政策和待遇。目前“户籍和地域歧视”最经常发生的情况主要有三种：一是某些行业和工作岗位限制聘用外地人；二是同工不同酬；三是某些企事业单位不对外地员工提供社保和其他福利。户籍与地域歧视是我国劳动力市场上的特有现象，在研究生就业中也比较普遍。在劳动力市场中主要存在两类：一是歧视农村户口，农民进城工作受到种种限制；二是对毕业生户籍的限制，在北京、上海等经济发达的城市，政府和企业特别是中小企业在招聘时对户籍有一定的要求。一项调查显示，全国10个省市48个地区的事业单位的招聘条件中都存在户籍限制，政府部门和事业单位招聘几乎成了户籍歧视的“重灾区”。对研究生而言则是优先本地户籍的研究生，对于外地户籍的毕业研究生就造成了户籍歧视。由于我国特有的户籍管理制度以及人事编制问题，每年每个城市的进人指标、户口指标，都要求学生预先满足相应要求以取得户籍

[1] 蒋姝．我国劳动力市场就业歧视及其影响[J]．公共管理高层论坛，2008（1）：223-233.

[2] 刘宁，于基伯，周红肖．基于经济学视角的女大学生就业歧视分析及对策[J]．经济研究导刊，2010（29）：242-244.

[3] 吴晓翠．女大学生就业性别歧视的经济学分析[J]．中华女子学院山东分院学报，2007（1）：65-68.

从而取得工作，往往使得本地户口与外地户口成为单位招用人才的条件，使很多非本地户口的人才不能被用人单位接收。这对于非本地生源的学生来讲，是一道很难迈过去的槛儿。[1]

## 三、年龄歧视

年龄歧视指一种认为老年人是生理或社会方面的弱者，并因此而歧视老年人的观点。在我国劳动力市场上，年龄大的人被认为生产率低，因而形成年龄歧视。世界卫生组织（WHO）给“青年”下的定义是45岁以下，但是很多“正值青年”的应聘者却在招聘会上频频受挫。对于应届毕业研究生来讲一般不存在年龄歧视，因为他们毕业时的年龄基本上在30岁以下。而对于那些参加工作后选择继续深造攻读研究生，相当一部分人毕业后超过了35岁，他们既具备了扎实的理论基础，又有一定的工作和社会经验，可是年龄歧视给他们造成了很大的压力。例如，根据调查甘肃省2010年录用公务员职位表显示，1095个岗位要求年龄在28岁（含28岁）以下的是19个，30岁（含30岁）以下的是90个，35岁（含35岁）以下的是148个。2010年最新公布的湖南省直单位及省直垂直管理系统招考公务员计划，几乎所有岗位均与35岁以上人员无缘，即便是35岁以下可报考的职位也仅有十分之一左右；2010年长沙市引进储备优秀人才4000余名，党政机关、事业单位职位绝大多数都要求35岁以下；湖南某高校招聘辅导员等岗位，要求硕士28周岁以下，博士32周岁以下[2]……由此可见，35岁是用人单位录用的一个年龄标准。35岁的年龄，正是人生中最有激情最富创造力的年龄段，有生活的感悟，有工作的经验，有知识的积累，可现实生活中，这道年龄门槛却横亘在众多年轻的“35岁”求职者面前，遭遇无情的歧视。

## 四、身体状况歧视

身体状况歧视是针对求职人员的身高、相貌、体型、血型等方面所采取的不公平待遇。这方面的歧视有很多的表现形式，如有的企业招聘时要求“五官端正”，有的则要求“形象气质佳”，这让很多长相一般的求职者徒增自卑感，放弃了很多面试的机会。很多用人单位将身高、相貌列入招聘要求中，某名牌大学金融学硕士刘某，身高1.60米，虽然他品学兼优，但身高成了他求职时无法迈过的门槛。他的求职意向是要去银行，在递完简历后，对方都对他表现出很大的兴趣。可等到约见时，对方一看他的身高就高兴不起来了。双方谈几分

[1] 大学生就业歧视现状：性别歧视 学历歧视 户籍歧视，http：//career.eol.cn/kuai_xun_4343/20110812/t20110812_664103_2.shtml。

[2] 中国大龄研究生遭遇就业年龄歧视自称被社会抛弃，http：//news.163.com/10/0322/01/62BG06Q0000146BD.html。

钟之后，对方就直言：单位有要求，男性的身高不能低于1.70米，否则单位不会接收。学历史的郭女士自去年大学毕业至今一直没有找到理想的工作。原因是很多的用人单位觉得她肤色黑，相貌不符合用人标准。“有个公司本来想雇用我当秘书，可是面试后就没信儿了。事后，别的同学告诉我，这个老总竟然当着好多人的面笑话我眼睛大、鼻子扁，长得像‘京巴’”。[1]

## 五、健康歧视

健康就业歧视，就是指在法律规定的条件之外，基于个人的健康状况且与执行工作所需要的身体状况和条件无关而做出的任何区别、排斥或优惠。健康就业歧视问题在过去主要表现为对残疾人的歧视，现在的形式则更加多样，近几年比较常见，主要表现在对乙肝病毒携带者的歧视。2008年6月，硕士研究生刘杨与中国市政工程西北设计研究院勘察分院签订就业协议，约定毕业后在该院从事岩土工程勘察设计工作。随后，刘杨被该院分配至由甘肃市政工程承包公司承包管理的该院勘察分院工作，任助理工程师一职。同年8月，研究院在组织新员工进行体检时，违反有关行政法规规定，未经同意即对新员工进行了乙肝病毒血清学检查。体检结果出来后，因刘杨被查出乙型肝炎（大三阳），当即被停止安排工作。直到刘杨按要求持医院开具的证实自己仅系乙肝携带者并非患者的证明，要求恢复工作时，仍然遭拒，并被要求解除劳动合同关系。[2]刘杨以公司违反《劳动合同法》《就业促进法》及《传染病防治法》等法律规定的“禁止就业歧视条款”，侵犯了自己的平等就业权为由状诉甘肃市政工程承包公司，请求法院判令其支付补偿金总计8750元，并赔偿3万元精神损失费。据悉，此案是《劳动就业促进法》实施后的甘肃省首例乙肝就业歧视案。

## 六、学历歧视

学历歧视指用人单位在录取过程中，不仅对最高学历进行审查，还对毕业生的第一学历进行审查，分出等级，区别对待。它是基于学历的要求对求职研究生群体内部的区别、排斥或特惠对待而形成的就业歧视。我国的毕业生学历有不同的层次，表现在研究生就业中主要体现在：1.对第一学历的歧视。第一学历歧视是一种新型的就业歧视，指用人单位在录取过程中，除了对最高学历进行审查外，还对毕业生的第一学历进行审查，分出等级，区别对待。如一些

[1] 就业歧视怪门多：酒量身高相貌属相都可能遭殃，http：//news.cnwest.com/content/2007-01/05/content_393653_3.htm。

[2] 兰州取消食品从业人员乙肝体检项目，http：//news.sina.com.cn/c/2010-01-05/114819402526.shtml。

用人单位因为研究生的本科不是“211”或者“985”而将其拒之门外。[1]2.对毕业学校的歧视。用人单位通常优先考虑名牌大学的毕业生，这种现象使得毕业于普通院校的具有真才实学的研究生找不到理想工作，造成了人才的极大浪费和流失。3.对非全日制研究生的歧视。非全日制研究生通过在职联考和同等学力申请学位两种途径，在职进行培养，毕业后只取得学位证书，即没有学历认证。在招聘过程中，很多用人单位只看重学历，认为非全日制的培养不系统、不全面，导致非全日制研究生毕业后就业困难。[2]上海招聘网的一项调查得出结论：因为高不成低不就，用人单位普遍对研究生信心不足。从用人单位的立场看，他们认为高学历就意味着高成本，这使得研究生的求职之路变得更加艰难。

## 第三节　实证结果分析

我们从性别、户籍、年龄、身体状况、健康、学历六个方面分别考察甘肃省研究生就业与以上几个歧视因素之间的关系。

### 一、性别歧视与研究生就业

#### （一）男女研究生工作落实情况的比较

**表 10.3.1　男女研究生工作落实情况的卡方检验**

| 分类 | | | 你目前的去向是 | | | | | | | 卡方检验 |
|---|---|---|---|---|---|---|---|---|---|---|
| | | | 已落实工作单位 | 继续上学 | 出国 | 没有落实工作单位 | 自主创业 | 目前不想找工作 | 总计 | |
| 2008 | 男 | 人数 | 184 | 72 | 6 | 149 | 13 | 5 | 429 | 34.024*** |
| | | 比例 | 42.9% | 16.8% | 1.4% | 34.7% | 3.0% | 1.2% | 100.0% | |
| | 女 | 人数 | 75 | 78 | 8 | 151 | 10 | 6 | 328 | |
| | | 比例 | 22.9% | 23.8% | 2.4% | 46.0% | 3.0% | 1.8% | 100.0% | |

[1] 张楠. 就业中第一学历歧视的社会心理探析[J]. 宝鸡文理学院学报：社会科学版，2009，29（5）：107-110.

[2] 杨扬，朱淼，王学江. 关于研究生教育与就业中学历歧视的思考[J]. 山西医科大学学报：基础医学教育版，2008，10（6）：752-754.

续表 10.3.1

| 分类 | | | 你目前的去向是 | | | | | | | 卡方检验 |
|---|---|---|---|---|---|---|---|---|---|---|
| | | | 已落实工作单位 | 继续上学 | 出国 | 没有落实工作单位 | 自主创业 | 目前不想找工作 | 总计 | |
| 2009 | 男 | 人数 | 108 | 79 | 6 | 110 | 10 | 6 | 319 | 20.178** |
| | | 比例 | 33.9% | 24.8% | 1.9% | 34.5% | 3.1% | 1.9% | 100.0% | |
| | 女 | 人数 | 55 | 64 | 5 | 123 | 1 | 7 | 255 | |
| | | 比例 | 21.6% | 25.1% | 2.0% | 48.2% | 0.4% | 2.7% | 100.0% | |
| 2010 | 男 | 人数 | 141 | 112 | 7 | 129 | 13 | 7 | 409 | 16.288** |
| | | 比例 | 34.5% | 27.4% | 1.7% | 31.5% | 3.2% | 1.7% | 100.0% | |
| | 女 | 人数 | 96 | 56 | 8 | 130 | 4 | 3 | 297 | |
| | | 比例 | 32.3% | 18.9% | 2.7% | 43.8% | 1.3% | 1.0% | 100.0% | |

表10.3.1显示，就“目前已落实工作单位”而言，研究生就业中存在性别差异，男生的就业情况好于女生，但也看到这种性别差异在逐年递减。（2008年42.9%-22.9%=20%，2009年33.9%-21.6%=12.3%，2010年34.5%-32.3%=2.2%）。表10.3.1的数据表明，就男性研究生而言，各年度的就业情况存在显著性差异（$\chi^2$=18.361，$p$=0.049），男性研究生工作落实情况变得更为严峻，继续求学人数在上升。就女性研究生而言，各年度的就业情况存在显著性差异（$\chi^2$=20.012，$p$=0.029），工作落实情况有所改善，继续求学比例有所下降。

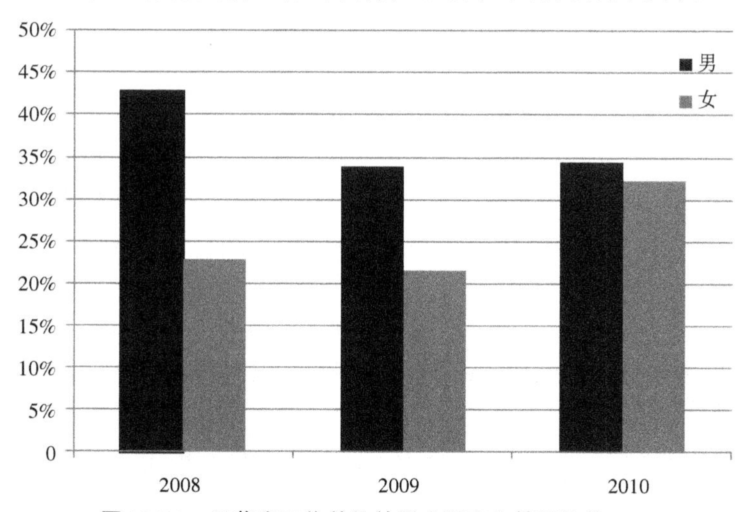


图 10.3.1　已落实工作单位的男女研究生情况比较

总体而言，似乎说明研究生就业情况存在显著性差异，男性好于女性，但这种性别差异在逐渐缩小，男性的就业压力相对有所增加，而女性就业情况则相对有所改善。

（二）男女研究生职业取向的比较

表 10.3.2　性别歧视是就业不利的主要因素之一的分析表

| 分类 | | 性别歧视是就业不利的主要因素之一 | | 总计 |
|---|---|---|---|---|
| | | 是 | 否 | |
| 2008 | 人数 | 176 | 598 | 774 |
| | 比例 | 22.74% | 77.26% | 100% |
| 2009 | 人数 | 148 | 458 | 606 |
| | 比例 | 24.42% | 75.58% | 100% |
| 2010 | 人数 | 188 | 452 | 640 |
| | 比例 | 29.38% | 70.63% | 100% |

从表 10.3.2 可以看出，认为性别歧视不是导致就业不利的主要因素之一的比例占大多数，比例分别是77.26%、75.58%、70.63%，但是这一比例在三年的表现中呈下降趋势，说明在就业难的大背景下，研究生在求职过程中的性别歧视不是导致就业不利的主要因素，它只是就业过程存在歧视的一个方面。

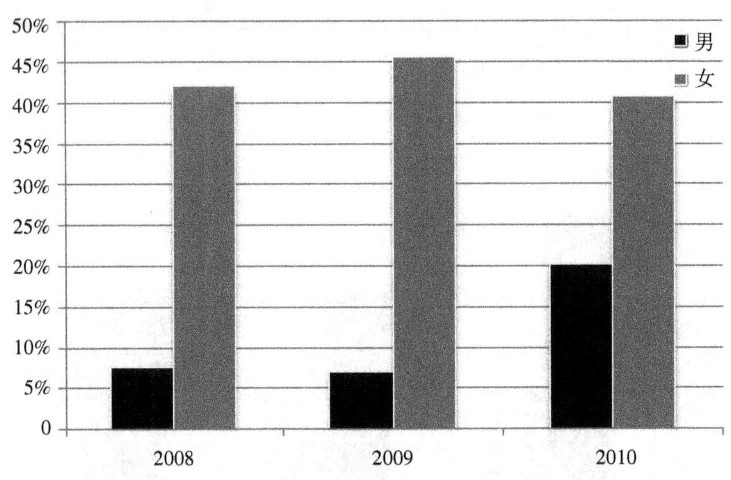


图 10.3.2　男女研究生对性别歧视是否是就业不利的主要因素的比较

图 10.3.2 的数据显示，当研究生被询问性别歧视是否是导致就业不利的主要因素时，男女双方的观点存在显著的性别差异，女生较男生更倾向于感受到性别歧视。但就各个年度比较而言，这种差异在 2010 年明显缩小（2008 年

42.1%- 7.6% =34.5%， 2009 年 45.6%- 7% =38.6%， 2010 年 40.8%- 20.2% = 20.6%）。表 10.3.3 表明，就男性研究生而言，对待性别歧视的问题存在年度差异（$\chi^2$=39.965，$p$<0.001），即更多男性研究生开始认为性别歧视存在于就业过程中。女性在对待性别的问题上不存在年度差异（$\chi^2$=1.383，$p$=0.501）。

**表 10.3.3　男女研究生对性别歧视是就业不利的主要因素之一的卡方检验**

<table>
<tr><th colspan="3" rowspan="2">分类</th><th colspan="2">性别歧视是就业不利的主要因素之一</th><th rowspan="2">总计</th><th rowspan="2">卡方检验</th></tr>
<tr><th>是</th><th>否</th></tr>
<tr><td rowspan="4">2008</td><td rowspan="2">男</td><td>人数</td><td>33</td><td>401</td><td>434</td><td rowspan="4">128.826***</td></tr>
<tr><td>比例</td><td>7.6%</td><td>92.4%</td><td>100.0%</td></tr>
<tr><td rowspan="2">女</td><td>人数</td><td>143</td><td>197</td><td>340</td></tr>
<tr><td>比例</td><td>42.1%</td><td>57.9%</td><td>100.0%</td></tr>
<tr><td rowspan="4">2009</td><td rowspan="2">男</td><td>人数</td><td>23</td><td>307</td><td>330</td><td rowspan="4">120.488***</td></tr>
<tr><td>比例</td><td>7.0%</td><td>93.0%</td><td>100.0%</td></tr>
<tr><td rowspan="2">女</td><td>人数</td><td>124</td><td>148</td><td>272</td></tr>
<tr><td>比例</td><td>45.6%</td><td>54.4%</td><td>100.0%</td></tr>
<tr><td rowspan="4">2010</td><td rowspan="2">男</td><td>人数</td><td>72</td><td>284</td><td>356</td><td rowspan="4">32.378***</td></tr>
<tr><td>比例</td><td>20.2%</td><td>79.8%</td><td>100.0%</td></tr>
<tr><td rowspan="2">女</td><td>人数</td><td>116</td><td>168</td><td>284</td></tr>
<tr><td>比例</td><td>40.8%</td><td>59.2%</td><td>100.0%</td></tr>
</table>

总体而言，在选择导致就业不利的因素时，多数研究生并未将性别歧视列入其中，但是在少数持认同态度的研究生中，女性人数要高于男性人数，而男性认同的人数随年度而有显著上升，女性则差异不大。

（三）男女研究生在求职过程中的比较

**表 10.3.4　男女研究生对“是否男性”是求职过程中的决定性因素之一的卡方检验**

<table>
<tr><th colspan="3" rowspan="2">分类</th><th colspan="2">“是否男生”是求职过程中的决定性因素之一</th><th rowspan="2">总计</th><th rowspan="2">卡方检验</th></tr>
<tr><th>是</th><th>否</th></tr>
<tr><td rowspan="4">2008</td><td rowspan="2">男</td><td>人数</td><td>39</td><td>397</td><td>436</td><td rowspan="4">27.790***</td></tr>
<tr><td>比例</td><td>8.9%</td><td>91.1%</td><td>100.0%</td></tr>
<tr><td rowspan="2">女</td><td>人数</td><td>76</td><td>261</td><td>337</td></tr>
<tr><td>比例</td><td>22.6%</td><td>77.4%</td><td>100.0%</td></tr>
</table>

续表 10.3.4

| 分类 | | | "是否男生"是求职过程中的决定性因素之一 | | 总计 | 卡方检验 |
|---|---|---|---|---|---|---|
| | | | 是 | 否 | | |
| 2009 | 男 | 人数 | 18 | 313 | 331 | 59.522*** |
| | | 比例 | 5.4% | 94.6% | 100.0% | |
| | 女 | 人数 | 77 | 193 | 270 | |
| | | 比例 | 28.5% | 71.5% | 100.0% | |
| 2010 | 男 | 人数 | 38 | 302 | 340 | 10.166** |
| | | 比例 | 11.2% | 88.8% | 100.0% | |
| | 女 | 人数 | 56 | 217 | 273 | |
| | | 比例 | 20.5% | 79.5% | 100.0% | |

表 10.3.4 的数据显示，在列举求职过程中的决定性因素时，"是否为男性"被大部分研究生排除在外，在少数持肯定态度的研究生中，女性人数高于男生，且差异显著。图 10.3.3 表明，就男性研究生而言，虽然大部分人并不认同性别在求职中是决定性因素，但存在年度差异（$\chi^2$=7.162，$p$=0.028），即将性别看作求职决定性因素的男性研究生越来越多。女性在对待性别的问题上不存在年度差异（$\chi^2$=5.237，$p$=0.073）。

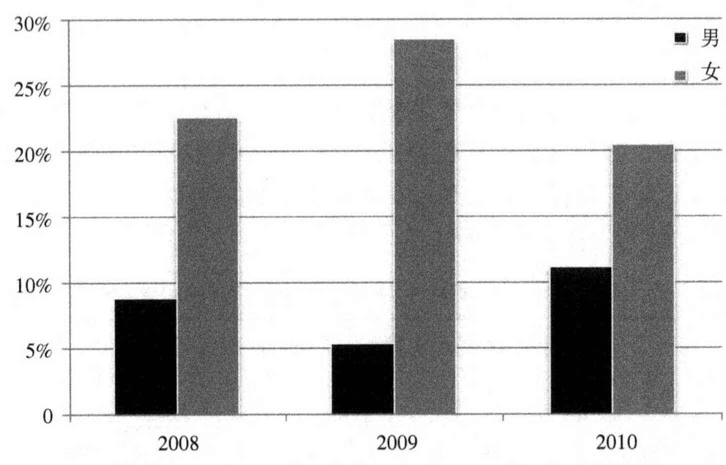


图 10.3.3 "是否男性"是求职过程中的决定性因素比较

总体而言，少数研究生将性别因素看作是决定求职的重要因素之一，在这部分人群中，女性比例显著高于男性。同时，这一群体人数正在增加，主要来自男性研究生。

（四）男女研究生求职结果的比较

**表 10.3.5　男女研究生对性别是否被用人单位要求的卡方检验**

| 分类 | | | 性别是否被用人单位要求 | | 总计 | 卡方检验 |
|---|---|---|---|---|---|---|
| | | | 是 | 否 | | |
| 2008 | 男 | 人数 | 298 | 108 | 406 | 8.724** |
| | | 比例 | 73.4% | 26.6% | 100.0% | |
| | 女 | 人数 | 262 | 55 | 317 | |
| | | 比例 | 82.6% | 17.4% | 100.0% | |
| 2009 | 男 | 人数 | 219 | 97 | 316 | 13.842*** |
| | | 比例 | 69.3% | 30.7% | 100.0% | |
| | 女 | 人数 | 208 | 43 | 251 | |
| | | 比例 | 82.9% | 17.1% | 100.0% | |
| 2010 | 男 | 人数 | 282 | 121 | 403 | 5.724* |
| | | 比例 | 70.0% | 30.0% | 100.0% | |
| | 女 | 人数 | 222 | 62 | 284 | |
| | | 比例 | 78.2% | 21.8% | 100.0% | |

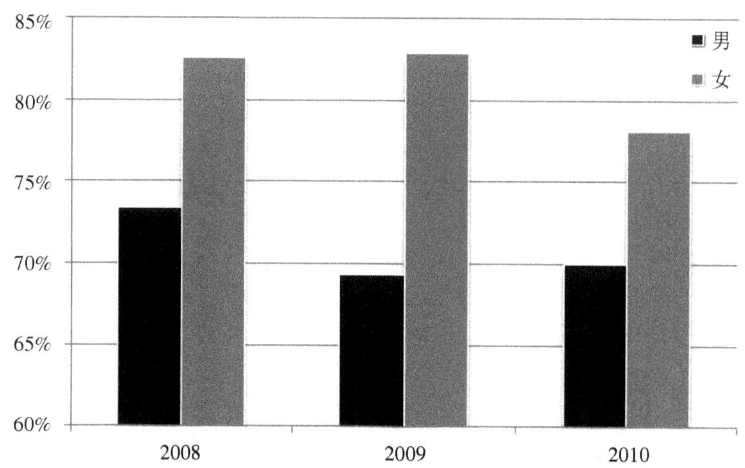


**图 10.3.4　性别是否被用人单位要求的比较**

从表10.3.5、图10.3.4的显示来看，当要求研究生根据自己的求职经历选择

"性别是否被用人单位要求"时，大部分研究生持肯定态度。就性别而言，女生更强调性别因素。两者不存在年度间的显著差异。

（五）已落实工作单位的研究生对性别歧视的看法分析

**表10.3.6　男女研究生对性别是否是用人单位录用的主要原因的卡方检验**

| 分类 | | | 您认为性别是否是用人单位录用您的主要原因之一 | | 总计 | 卡方检验 |
|---|---|---|---|---|---|---|
| | | | 是 | 否 | | |
| 2008 | 男 | 人数 | 11 | 177 | 188 | 1.397 |
| | | 比例 | 5.9% | 94.1% | 100.0% | |
| | 女 | 人数 | 8 | 73 | 81 | |
| | | 比例 | 9.9% | 90.1% | 100.0% | |
| 2009 | 男 | 人数 | 10 | 92 | 102 | 0.106 |
| | | 比例 | 9.8% | 90.2% | 100.0% | |
| | 女 | 人数 | 4 | 45 | 49 | |
| | | 比例 | 8.2% | 91.8% | 100.0% | |
| 2010 | 男 | 人数 | 14 | 67 | 81 | 7.301** |
| | | 比例 | 17.3% | 82.7% | 100.0% | |
| | 女 | 人数 | 2 | 62 | 64 | |
| | | 比例 | 3.1% | 96.9% | 100.0% | |

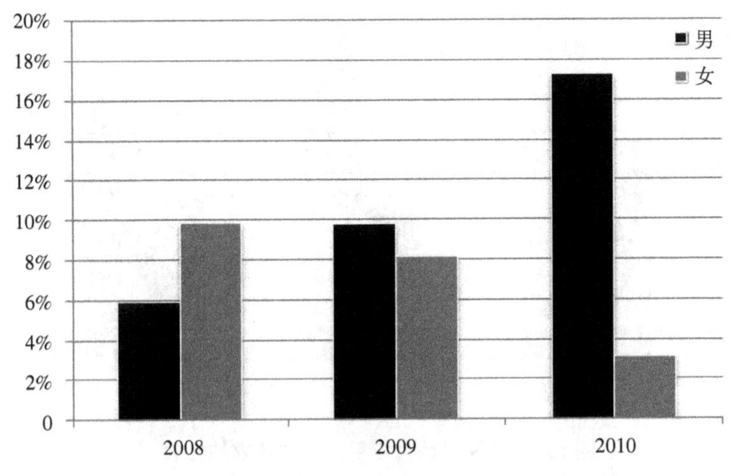


**图10.3.5　性别是否是用人单位录用原因的比较**

表10.3.6的数据显示，当对已经落实工作的研究生进行调查时，大部分研究生认为性别并非自己被录用的重要原因。在这一问题上，存在着年度差异，2008和2009年均无显著性差异，但2010年存在显著性差异，男性较女性而言更认为性别是其录用的主要原因之一，虽然是少数人。此外，从各年度的性别比例来看，女性持认同态度的人在逐年减少，而男性在逐年增加，也就是说更多男性认为其男性身份是被录用的重要要原因之一。图10.3.5表明，就男性研究生而言，存在着显著的年度差异，即虽然大部分男性认为性别并非被录用的主要因素，但持这一看法的人数正在显著性下降（$\chi^2$=8.683，$p$=0.013）。与此相对，女性在这一问题上不存在显著的年度差异（$\chi^2$=2.522，$p$=0.283）。

## 二、户籍及地域歧视与研究生就业

本文从研究生就业地区及就业地点两个方面进行分析：

（一）按照就业地区分析

**表10.3.7 2008—2010届毕业研究生就业地区 （%）**

| 分类 | 2008届 | 2009届 | 2010届 |
|---|---|---|---|
| 东部地区 | 38.0 | 34.2 | 36.1 |
| 中部地区 | 24.0 | 30.8 | 31.9 |
| 西部地区 | 38.0 | 34.9 | 31.9 |

表10.3.7显示，2010届已经签约的毕业生到东、中、西部地区工作的比例各占三成，去东部地区的毕业生最高，为36.1%，纵向分析发现，在西部地区就业的研究生比例呈下降趋势，由2008届的38.0%下降到31.9%；在中部地区就业的毕业生呈上升趋势，由2008届的24.0%上升到31.9%；在东部地区就业的毕业生保持一个平稳的趋势。[1]

（二）按照就业地点分析

**表10.3.8 2008—2010届毕业研究生就业地点**

| 分类 | 2008届 | 2009届 | 2010届 |
|---|---|---|---|
| 省会城市或直辖市 | 66.9 | 64 | 65 |
| 省会以下中小城市 | 32.7 | 34.0 | 34.1 |
| 农村 | 0.4 | 2.0 | 0.9 |

表10.3.8显示，毕业研究生的就业地点按比例从高到低依次是省会城市或

[1] 孙百才，高欣秀，徐敬建．甘肃省研究生就业状况调查报告（2007—2010年）[J]. 中国高教研究，2011（2）．

直辖市、省会以下中小城市、农村。2008—2010年，到省会城市或直辖市就业的比例呈下降趋势，由2008届的66.9%下降到65%；相应地，到省会以下中小城市就业的毕业生呈上升趋势，由2008届的32.7%上升到34.1%；到农村就业的研究生比例较低，且变化不大。[1]在研究生就业过程中，因户籍及地域的不同引起的歧视行为使得研究生前往省会或直辖市就业的机会逐渐减少，只能退而求其次的选择省会以下中小城市就业，而对本身从农村出来希望改变生活状况的学生来说，就更不愿意回到农村就业了。

就"目前已落实工作单位"而言，研究生就业过程中，因为生源地不同存在就业差异（见表10.3.9）。

**表10.3.9　2008—2010届毕业研究生工作落实情况**

| 分类 | | | 你目前的去向是 | | | | | | |
|---|---|---|---|---|---|---|---|---|---|
| | | | 已落实工作单位 | 继续上学 | 出国 | 没有落实工作单位 | 自主创业 | 目前不想找工作 | 总计 |
| 2008 | 城市 | 人数 | 142 | 90 | 11 | 157 | 15 | 7 | 422 |
| | | 比例 | 33.6% | 21.3% | 2.6% | 37.2% | 3.6% | 1.7% | 100% |
| | 农村 | 人数 | 115 | 60 | 3 | 143 | 8 | 4 | 333 |
| | | 比例 | 34.5% | 18.0% | 0.9% | 42.9% | 2.4% | 1.2% | 100% |
| 2009 | 城市 | 人数 | 88 | 85 | 7 | 115 | 3 | 6 | 304 |
| | | 比例 | 28.9% | 28% | 2.3% | 37.8% | 1.0% | 2.0% | 100% |
| | 农村 | 人数 | 74 | 58 | 4 | 116 | 8 | 7 | 267 |
| | | 比例 | 27.7% | 21.7% | 1.5% | 43.4% | 3.0% | 2.6% | 100% |
| 2010 | 城市 | 人数 | 153 | 93 | 14 | 151 | 10 | 6 | 427 |
| | | 比例 | 35.8% | 21.8% | 3.3% | 35.4% | 2.3% | 1.4% | 100% |
| | 农村 | 人数 | 83 | 74 | 1 | 105 | 6 | 4 | 273 |
| | | 比例 | 30.4% | 27.1% | 0.4% | 38.5% | 2.2% | 1.5% | 100% |

在研究生就业过程中的户籍及地域歧视现象，笔者除了数据分析外，还做了一些个案访谈，以便更好地反映研究生就业过程中的户籍及地域歧视现象。

访谈1：王××，女生，甘肃××高校基础数学专业2011届硕士毕业生

"马上毕业了，我的职业理想就是希望成为一名中学教师，我的家乡就在甘肃平凉，父母因为工作和家庭的其他因素在庆阳工作，所以我想在庆阳找到一

[1] 孙百才，高欣秀，徐敬建. 甘肃省研究生就业状况调查报告（2007—2010年）[J]. 中国高教研究，2011（2）.

份教师的工作，这样可以和父母在一起。今年三月，学校举行就业招聘会，庆阳教育局有一个专场招聘，其中需求数学专业的硕士生，我看了真是高兴坏了，急忙去应聘，可是去了才发现应聘条件之一必须是庆阳籍学生，感觉真是一盆凉水泼下来，懊恼极了，感觉未来很渺茫！”

访谈2：魏××，男生，甘肃××高校中国现当代文学专业2011届硕士毕业生

“找工作期间，尝试去北京、上海等地参加了招聘会，希望能找到理想工作，多数私企单位对户口的限制不多，但是一些国有企事业单位在招聘时还是优先选择具有北京、上海户口的毕业生，以北京为例，用人单位的理由是由于社会招聘与校园招聘的不同，校园招聘没有北京户口的可以申报北京户口，但现在北京户口比较难办，所以很多事业单位的校园招聘要求北京户口优先，因为北京生源本身有了北京户口。”

从以上案例可以看出，用人单位会对研究生求职者提出明确的户籍和地域要求，这给研究生求职者带来了很大的困扰。中国政法大学宪政研究所发布了“当前大学生就业歧视调查报告”，调查显示，59.14%的用人单位对大学生求职者提出了明确的户籍和地域要求。中国政法大学宪政研究所副教授刘小楠表示，由于户籍管理制度，个人一出生即被赋予户籍，但户籍状况与能够胜任某项工作没有直接的联系，用人单位对求职大学生的户籍地提出要求是典型的制度性歧视，缺少合理依据。中国政法大学宪政研究所所长蔡定剑说，用人单位对求职人员提出户籍和地域限制，限制了人才的合理流动。[1]

## 三、年龄歧视与研究生就业

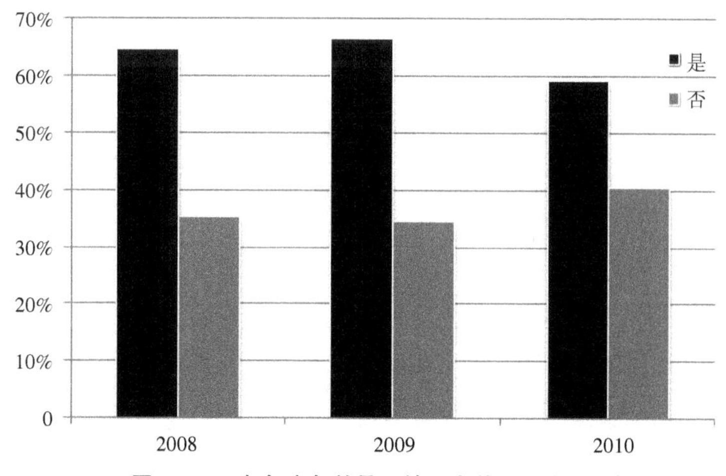


图10.3.6 各年度年龄是否被用人单位要求的比较

[1] 郭少峰. 国企与政府机关就业歧视严重 多限制户籍[EB/OL]. (2010-07-27) [2017-01-03]. http://news.163.com/10/0727/08/6CJ8LKCO00014AEE.html.

年龄歧视在就业中较为常见，通常能够在招聘信息中看到要求35岁以下多少人，30岁以下多少人，这样的要求无形中将很多研究生拒之门外，35岁成为用人单位录用的一个年龄标准。从图10.3.6的数据可以看到，连续三年研究生在求职过程中都认为用人单位对年龄有要求，比例是64.60%、66.50%、59.40%，其中2009年比例最高，说明受金融危机影响，用人单位以年龄为标准抬高了门槛，2010年情况有所好转。

表10.3.10　各年龄阶段人数统计表　（单位：人）

| | 28岁以下 | 28～30岁 | 31～35岁 | 35岁以上 | 共计 |
|---|---|---|---|---|---|
| 2008届 | 674 | 66 | 32 | 7 | 779 |
| 2009届 | 516 | 56 | 28 | 6 | 606 |
| 2010届 | 672 | 64 | 33 | 5 | 774 |

从表10.3.10的数据中可以看出，本次的调研中，28岁以下的研究生占多数，其次是28～30岁、31～35岁的研究生，35岁以上的研究生比例很小。以此可以看出，多数研究生为应届研究生，通常毕业时年龄基本在35岁以下，所以在就业过程中不存在年龄歧视的问题。但对于有过工作经历又回过头来继续深造、年龄超过35岁的研究生最主要是博士生来说，年龄歧视毫无疑问是首要问题，会给他们造成很大压力。

## 四、身体状况歧视与研究生就业

### （一）相貌因素分析

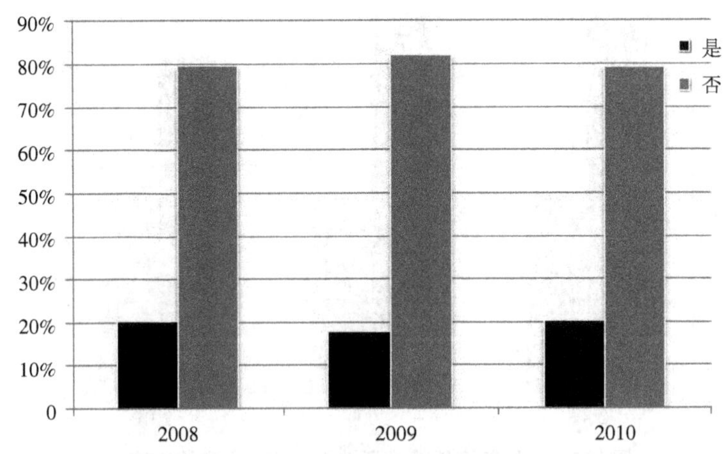


图10.3.7　各年度相貌是否是求职过程中决定因素之一的比较

从图10.3.7的数据可以看出，在连续三年的调研中，认为相貌是求职过程

中决定因素之一的比例仅占20.2%、17.9%和20.5%，这说明研究生求职者不认为相貌会影响求职，不能成为一个决定性因素。

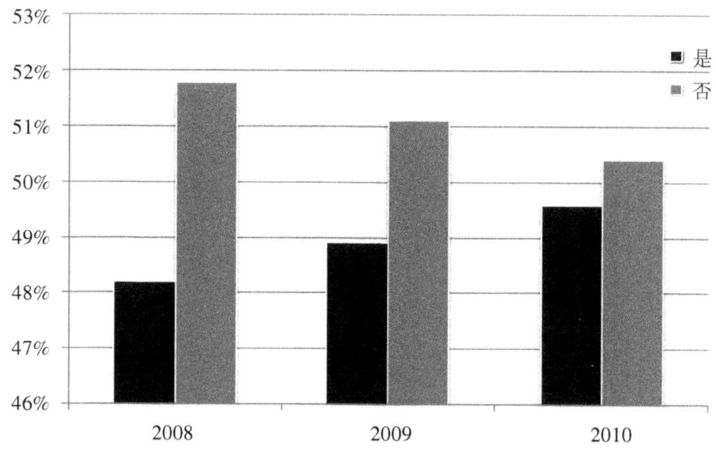


**图10.3.8 各年度相貌是否被用人单位要求的卡方检验**

通过图10.3.8显示，求职过程中研究生认为相貌被用人单位要求的比例分别是48.2%、48.9%和49.6%，三年的比例都有所增长，增长幅度不大。也说明就业过程中的相貌歧视在甘肃省研究生求职过程中表现不显著。但是，可以看出，相貌被用人单位要求的比例在逐年上升，说明有越来越多的用人单位在招聘过程中强调相貌的重要性。

（二）身高因素分析

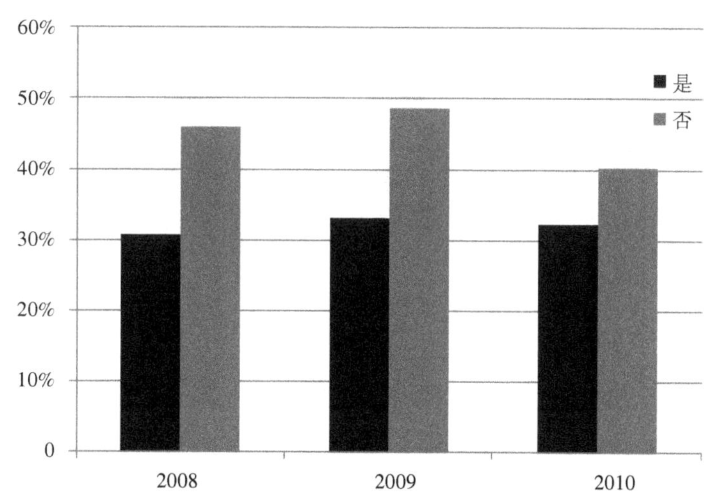


**图10.3.9 不同年度身高是否被用人单位要求的比较**

从图10.3.9可以看出，认为身高被用人单位要求的三年的比例分别是

40.0%、40.6%、44.5%，身高要求的趋势是每年略有下降。

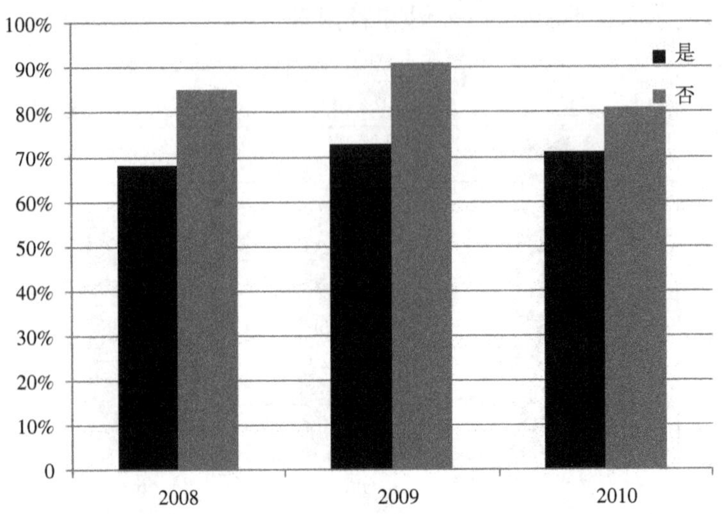


图 10.3.10　相貌及身高是否是被录用的主要原因分析

从图 10.3.10 中三年的数据可以看出，对于已就业的研究生来说，他们认为相貌和身高不是用人单位录取他们的主要原因，但是2009年和2010年的比例有所上升，存在显著性差异，似乎说明用人单位对求职者相貌和身高的关注度在上升。

## 五、健康歧视与研究生就业

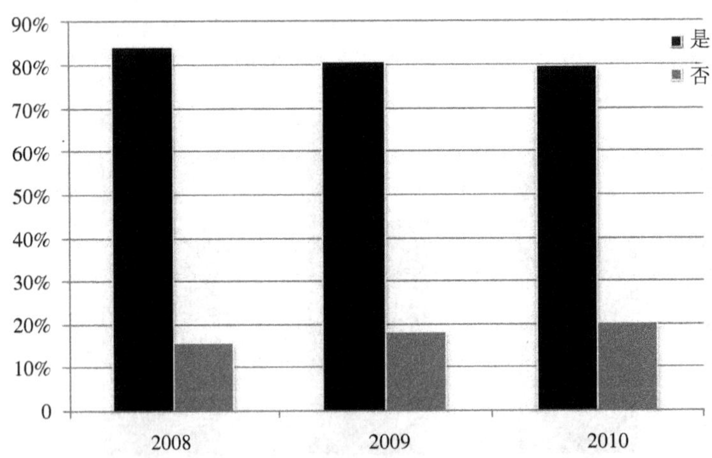


图 10.3.11　不同年度疾病被用人单位要求的比较

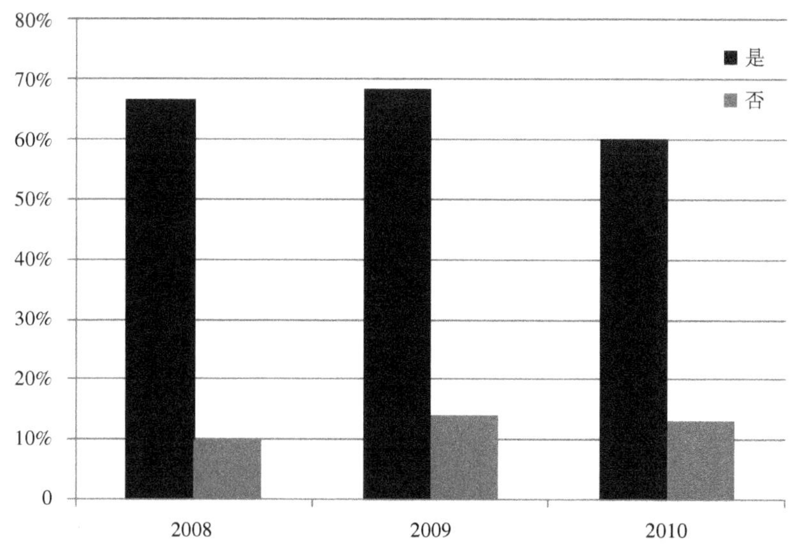


**图10.3.12　不同年度残疾被用人单位要求的比较**

从图10.3.11、10.3.12的数据显示可以看出，研究生认为在选择求职者时，疾病和残疾是影响他们选择的一个重要因素，但是这三年的比例也有所下降，存在显著性差异。虽然近年来，国家出台政策逐步取消对疾病者和残疾人的限制，但是一些单位在就业中仍存在健康歧视现象。

访谈3：陈××，男性，甘肃××高校××学院研究生思想政治教育工作者

"作为一名研究生思想政治教育工作者，就业工作一直是我们的工作重心。这两年研究生的就业状况也不容乐观，以前是皇帝的女儿不愁嫁，现在随着研究生毕业人数的逐年增多，用人单位选择余地的增大，所以在招聘过程中，也提出了很多不合理的要求，让研究生就业面临困境。曾经有一个学生让我感觉非常痛心，这位同学最初的学历是专科，后经过专升本考试到学院学习，拿到了本科学历，毕业后又考取学院×专业研究生。他在高三复读时长期的自我封闭，以至于造成后天口吃，这在他的心理上造成了很严重的影响。研三那年许多招聘会上，总能看见他匆忙的身影。为了能够找到理想工作，他勤学苦练，专业知识功底扎实，但是严重的口吃却影响着他一次次的面试，基本上所有的用人单位都因为他的健康状况而在第一轮的面试中就将他拒之门外。长期的面试受挫遇阻，让他原本坚强的内心变得不堪一击，也让他对自己丧失了信心，他觉得无颜面对供养了他二十多年的父母，最后选择了一条不归路——结束了年轻的生命。这是一个比较极端的事件，但他能从一个侧面反映出用人单位对求职者的健康歧视，这对有健康问题的学生来讲是非常不公平的，等于是剥夺了他们选择工作的权利，希望国家能出台相关政策，逐步改善这种现状，也希

望用人单位能从学生的角度出发，关心、关爱这些存在健康问题但并不缺少能力的学生。”

## 六、学历歧视与研究生就业

学历歧视在劳动力市场上属于统计性歧视，用人单位将毕业生的能力、素质等同于其学历或毕业院校的平均水平特征。

访谈4：高××，男生，甘肃××高校高等教育学专业2011届硕士研究生

“我本科毕业于一个普通的二本院校，很多同学都因为学校没名气而在找工作时吃了亏，所以我下定决心考研，希望能在研究生毕业后改变这种状况。最近看到一些高校选留行政管理干部，要求硕士以上学历，可是还有一个条件让人很无奈，要求本科和硕士阶段均在‘211’或‘985’高校学习，这样的要求使得我们的就业之路愈加艰难。”

访谈5：金××，女生，甘肃××高校文艺学专业2011届硕士研究生

“面对严峻的就业压力，身边的同学都在抱怨。许多招聘单位不仅要看你的现在，还要看你的过去。对于研究生来说，有很多同学是因为本科没有读重点大学，甚至有些从大专院校毕业的学生，第一学历不是211、985这样能‘拿得出手’的院校，在找工作时往往被招聘单位以各种理由委婉拒绝。因为第一学历被人歧视，他们中很多人通过努力考上了研究生，希望能以高学历获得就业的机会，但辛苦的三年过去了，用人单位依然用犀利的目光打量着我们不自信的第一学历。‘学历门槛’让我们很困惑。起初，许多用人单位以学历高低作为衡量人才优劣的标准，我们为了顺应时代的需求，能找上称心的工作，花费三年甚至更多的青春换来硕士、博士学位，然而现在，用人单位又以第一学历不是重点大学关紧了求职大门，这种以第一学历将人分成三六九等的行为，让许多研究生产生这样的疑问：如果所有的用人单位都以第一学历作为衡量标准，那我们还继续努力干吗，这不等于为自己的就业道路设置障碍吗？尤其值得关注的是我们西部地区的学生，学习、生活在一个欠发达地区，当我们怀揣梦想走出西部时，沿海发达城市以我们毕业于不知名的大学将我们拒之门外；当我们抱有一线希望回到西部，这里又在选择名牌大学的毕业生，在求职的这条道路上，有着无所适从的尴尬，我们到底应该何去何从？”

从上述访谈可以看出，名牌大学具有很高的社会认知度，由学历、学校的高低好坏引起的歧视行为对研究生个人发展的影响是极其深远的。学历、学校仅仅反映求职者在某一阶段的情况，用人单位将求职者学历、学校的情况与个人能力简单对等的做法是非常不客观的。

# 第四节　结论与建议

研究生实现顺利就业直接影响着社会的安定和谐，其就业歧视问题已受到社会的普遍关注。随着研究生毕业人数的逐年增多，就业岗位增长的速度满足不了毕业研究生的增长需求，造成了研究生就业难，同时滋生了就业歧视，这也是就业歧视形成的主要原因之一。本研究基于对研究生就业难问题的长期关注，试图探究造成研究生就业局面日趋严峻的现实背后就业歧视究竟起了多大的作用，得出的主要研究结论和提出的相应建议如下：

## 一、主要结论

1.研究生就业难是多种因素合力作用的结果。一是受全球经济与金融危机影响，就业困难波及等待就业的各个层次的劳动力，研究生也不例外；二是我国经济社会发展的总体水平仍然不高，工业化、现代化发展程度比较低，决定了对劳动力文化素质和创新能力的要求相对还是较低。对高学历有必然要求的雇主，其招聘条件当中掺杂了学历以外的其他因素，其中包括就业歧视。而对学历没有必然要求的雇主，又会从用人成本、管理成本等角度出发，并不优先选择高学历者。另外，高学历者自身在择业当中的个人要求，使得研究生就业的渠道变窄，就业选择的机会更少，很大程度上降低了就业率。

2.包括性别歧视、户籍及地域歧视、年龄歧视、身体状况歧视、健康歧视以及学历歧视在内的六大类就业歧视不同程度地影响着研究生就业。

3.性别歧视、年龄歧视、户籍与地域歧视是一种“非理性”选择。缘于传统习惯造成的“刻板印象”代表了劳动力的显性特征，而决定用人效益高低的诸如创造力、组织力、合作精神和敬业精神等能力因素则表达了雇主的感性一面。

4.学历歧视源于雇主对人才培养质量的不信任。尽管我国实行全国统一的学位授予制度和学位统一认证制度，但获得同样学位的毕业生由于培养院校的差别，客观上存在着知识水平、知识结构、能力素质等方面的差异。因而，尽管研究生都持有统一认证的学位证，但“含金量”客观上是有差别的。所以，学历歧视在研究生就业当中具有一定的客观理由，并会长期存在，难以消除。

5.身体状况歧视和健康歧视在研究生就业中普遍存在，但相对其他歧视并不严重。对从业研究生身体状况和健康状况的选择从理性意义上看，是岗位从业条件的要求，有一定的合理性。但现实当中更多的“以貌取人”，雇主提出的身体条件要求与岗位从业要求之间没有必然联系，属雇主的个人偏好，变相的造成歧视。健康歧视则更多源于对国家相关法律规定的回避或对医学问题的无知。这两种歧视通过普法宣传和相应的维权行为，可以减少。

## 二、建议

根据分析结果，本研究提出以下建议：

（一）健全反就业歧视的法律和制度，完善促进公平就业创业的政策措施

对于政府而言，首先要完善反歧视立法，健全执法的环节和部门。我国《宪法》和《劳动法》对公民劳动的权利和义务做了相应的规定，要求就业不因民族、种族、性别、信仰而歧视劳动者，2008年开始执行的《就业促进法》对就业歧视有了拓展性的规定，增加了“年龄、身体残疾歧视等”条款，特别是针对女性研究生、农村贫困生、残疾毕业生等弱势群体的就业平等权，提出应采取政策加以保护。然而所有这些都因没有具体的监管部门负责，实际操作“名存实亡”，无法保障劳动者的权益，客观上给雇主、用人单位的就业歧视提供了便利。因此，要进一步细化保障劳动者顺利就业的法律法规，提出明确的法律责任和处罚措施，使得劳动者就业权力得到应有的法律保护，就业歧视行为得到切实的法律约束；其次，要深入推进户籍管理制度改革，采用身份认证制度，消除研究生就业当中的户籍歧视，剔除制度性障碍。加快完善社会保障体系的完善，加强中小城市、非国有企业对就业人员在失业、养老、医疗保险等方面的保障，鼓励研究生毕业后主动投身到西部地区和中小城市发展。

（二）积极推进研究生教育改革，提高研究生培养质量和就业力[1]

1.调整研究生的类型结构和学科结构，积极推动研究生培养从数量扩张向质量提高转变，建立以市场为导向的培养方式。随着经济的发展，应用型人才的优势逐渐显现，传统的能够吸收学术型人才的岗位已近于饱和或是提出了更高的条件，迫使研究生教育面临着向多元化培养的转型[2]。在市场经济条件下，高校作为独立的办学实体，人才是学校的主要“产品”，只有“适销对路”，学校才能生存和发展。[3]研究生教育应以市场对人才的需求为前提，实行学术型、应用型的分类培养模式，根据不同培养目标，全面修订培养方案和课

---

[1] 就业力是指个人在经过学习过程后，能够具备获得工作、保有工作以及做好工作的能力。就业力是从劳动力市场的角度衡量高等教育培养出的毕业生是否具备核心就业技能、适应产业发展需要、能够为组织创造高附加值。参见：覃伟丽.我国大学生就业歧视现象研究[D].长沙：湖南师范大学，2010年。

[2] 杨扬，朱淼，王学江.关于研究生教育与就业中学历歧视的思考[J].山西医科大学学报：基础医学教育版，2008，10（6）：752-754.

[3] 沈延兵，费毓芳，陶德坤.研究生教育成本分担制度对研究生就业的影响和对策[J].学位与研究生教育，2005（7）：44-48.

程体系，培养高水平的应用型和技术创新型人才。通过这两种不同培养模式的课程模块，对研究生实行分类指导，以此强化研究生的实践能力和对高端职业的适应能力。

2.以产学研结合为导向，强化面向实践的创新能力训练，建立与科研院所、用人单位密切合作的长效机制。高校是联系研究生和科研院所、用人单位之间的纽带，对培养研究生创新精神和实践能力、适应需求和增强就业竞争力、了解社会需要怎样的研究生起着非常重要的作用。在美国，人们把课堂教学与工作经历相结合的教育模式成为合作教育。[1]这种合作教育使得研究生理论与实践并重，课内与课外贯通，校内与校外结合。高校应根据不同类型的研究生建立多个实践基地。通过实践，研究生能够客观地对自己在未来劳动力市场所具备的知识能力和素质进行评估，有针对性地进行学习，扩充自己的知识结构，而用人单位也可以通过这种形式充分了解研究生的专业水平和职业道德，同时用人单位也能客观准确地定位自己，理性选择和聘用研究生，给广大研究生提供一个更为广阔的就业天地。

3.加强对研究生在就业观念、就业心理、就业权利和创业教育等方面的指导。通过就业指导讲座使研究生理智分析当前的就业形势，积极引导和帮助研究生进行职业生涯规划，明确专业发展方向，合理规划个人今后的职业发展；通过典型事例、案例分析培养学生的职业道德，养成良好的职业素养；研究生面对就业难、就业歧视时容易出现心理方面的问题，高校的就业工作者、研究生思想政治教育者要对研究生及时给予关爱，鼓励和帮助研究生正确认识自我，引导研究生保持良好心态，正确看待就业歧视等问题，增强自我心理调节能力；举办相关就业法律法规的专题报告会，帮助研究生了解如何保障自己的就业权益，防止就业歧视。就业指导还应包括创业指导，它应为创业教育的有益延续而发挥作用，创业教育不应该与就业教育割断联系。[2]

（三）研究生应注重增强综合素质培养，努力做到全面发展

1.具备良好的专业理论知识，打下扎实的专业基础。能够注意知识的更新，不断拓宽知识面，不仅仅是把读研作为就业的筹码，直接把学位文凭作为读研的目标，更要在攻读研究生期间潜心研究学问，提高自身创新能力和学术水平。要不断发展独立思考和判断的能力，善于将所学专业与其他领域的知识结合起来，完善自己的知识结构；其次，注意塑造良好的人格素质。要不断培养责任感、诚信意识、团队精神和吃苦耐劳精神；注重创新能力、团队协作能力、人际交往能力、实际动手能力、语言表达能力、应变能力等综合素质的培养，把研究生教育阶段作为素质拓展和能力提升的关键阶段，使专业培养和综

[1] 张严.从中美比较角度谈师范生就业问题[J].北京教育：高教版，2005（3）：55-56.

[2] 章荣琦.略论研究生就业指导与创业教育[J].现代教育科学，2005（5）：67-68.

合素质提升双向发展，共同提高。

2. 转变就业观念，调整心态，理智就业。研究生要理智分析自身的情况，客观评判就业形势，合理设计职业发展规划。要勇于从基层做起，勇于到艰苦的环境去就业。决不能“画地为牢”，随意拔高就业目标，尤其不能以职位、待遇、环境等客观因素为标准，限制就业机会。在职场中，用人单位开始抱着更为务实的态度，不再盲目地追求人才“高消费”。对于一些重能力重经验的用人单位来说，研究生并没有显示出自己的优势，特别是理科研究生更是如此，这无疑带来了研究生就业中的“高不成低不就”的状态。因此，研究生想要一份理想工作，必须亮出自身的能力和经验优势，而不仅仅是学历。

3. 自我创业，开拓崭新天地，实现人生价值。在日益严峻的就业形势下，研究生实施自主创业，成为具有创业精神和创业能力的高层次人才显得尤为重要。研究生这一群体中既蕴藏着巨大的创业积极性，又具备创业的可能性。相对本科生而言，他们接受了系统的专业教育，开展科技创业有更扎实的专业知识的支撑。而且，他们当中有些人有着更为丰富的生活和工作阅历，社会实践能力较强。[1] 自2011年起，教育部为鼓励高校毕业生自主创业，以创业带动就业，先后联合财政部、国家税务总局下发《关于支持和促进就业有关税收政策的通知》，明确毕业生从毕业年度起三年内自主创业可享受税收减免的优惠政策。高校毕业生在校期间创业的，可向所在高校申领《高校毕业生自主创业证》；离校后创业的，可凭毕业证书直接向创业地县以上人社部门申请核发《就业失业登记证》，作为享受政策的凭证。一系列政策措施的出台，一方面鼓励研究生将创业作为自己的职业选择，拓宽了就业渠道，更好地应对就业的压力，另外可以发挥研究生的知识优势，创办对社会经济发展有利的创新企业，为社会提供新的就业机会，促进经济社会的和谐、稳定发展。

[1] 殷朝晖．“皇帝女儿也愁嫁” 思如何加强研究生创业教育[EB/OL].（2008-10-3）[2017-01-15]. http://edu.southcn.com/e/2008-10/31/content_4681356.htm

# 第十一章　经济转型期大学毕业生就业问题研究

**摘要：** 20世纪60至80年代，日本、韩国、新加坡等国和中国香港、台湾等地区先后实现了经济的起飞，这种起飞被世人称之为“东亚发展模式”。在经济高速发展的基础上，上述国家（地区）的高等教育也发生了深刻的变化，如学校数、在校生人数和教师数逐年增加。高等教育的快速发展，也相应产生了一些负面的问题。如学历膨胀、教学质量下降和大学生就业难等。在对上述国家（地区）经济转型期经济、教育、就业状况及政策了解、分析的基础上，切实寻找解决我国大学生就业困难的措施。

20世纪60至80年代，日本、韩国、新加坡等国和中国香港、台湾等地区先后经历了经济转型期。经济转型不仅给这些国家（地区）带来了经济的快速发展，而且也促使其高等教育发生了质的飞跃。随着高等教育的发展，高校毕业生人数的急剧增加，上述国家（地区）也都产生了大学生就业困难的问题。但是，由于各国（地区）所采取的政策不同，因此，出现了截然不同的结果。自1978年我国实施改革开放以来，我国经济、社会、文化和教育已经发生了翻天覆地变化，尤其是在高等教育领域的变化更加显著。1999年，我国实施了高等教育“扩招”政策，随之全国普通高校学生招生人数、毕业人数逐年提高，进而导致了高校大学生就业困难问题。经济转型期日本、韩国、新加坡等国和中国香港、台湾等地区解决大学生就业困难的政策、经验和教训，对于妥善处理当前我国大学生就业困难问题具有一定的启示和借鉴意义。

# 第一节　日、韩、新等国与中国港、台等地的经济、教育、就业状况及应对就业困难的政策

## 一、日、韩、新等国与中国港、台等地的经济状况及其政策举措

### （一）经济状况

经济发展水平是一个国家综合国力的一项重要指标。美国经济学家罗斯托将人类社会划分为五个阶段，主要包括：传统社会阶段、起飞准备阶段、起飞阶段、向成熟推进阶段和高额群众消费阶段。在这五个阶段中，最重要的阶段是起飞阶段。[1]

罗斯托将经济“起飞”定义为一国在工业化初期的较短时间（20～30年）内，克服了过去阻碍经济持续增长的旧势力，突破了传统经济的停滞和徘徊状态，实现了基本经济和生产方法的剧烈转变，经济开始大规模持续增值。国民经济从以农业为主向以工业或服务业为主转变，进入了更高的发展阶段，并努力实现发达经济[2]。罗斯托经济起飞理论虽然划分了经济发展的具体阶段，但在具体的应用过程中仍存在一定的缺陷。为了便于理解各国经济起飞的程度，美国学者拉西特提出了“英格尔斯体系指标”。主要包括12项指标，其中人均国民生产总值最为重要。它将人均国民生产总值3000美元左右设定为临界点。当一个国家人均国民生产总值超过3000美元时，这个国家的经济处于经济良性、快速发展阶段。

1950年至1960年，日本企业迅速学习西方的技术、管理和质量控制等方面的知识，以提高自己的产品出口档次。日本的GDP总值在世界的排名，从1955年的世界第三十四位，到1968年跃居至世界第二位。[3]日本于20世纪60年代开始经济的起飞，这种起飞不仅带来了日本经济的高速发展，而且也带来了日本经济结构、管理方式的变化。这种增长趋势一直持续到1973年第一次石油危机发生时，日本经济逐渐走向衰退。在日本经济高速发展的影响下，韩国、新加坡等国和中国香港、台湾等地也分别于20世纪60至80年代开始了经济的起飞。随着经济的高速发展，这些国家（地区）的GDP不但得到了快速的提高，而且它们的人均GDP也增长迅速（见表11.1.1）。

---

[1] Vares H，Parvondi Y.“Economic Take-off for Development： An Analysis of Underdeveloped Countries’ Basic Requirements for Competitiveness”[J]. *European Journal of Social Sciences*，2011，22（1）.

[2] 罗斯托.经济增长的阶段：非共产党宣言[M].北京：中国社会科学出版社，2001.

[3] 杨沐，东亚发展的“雁行模式”：从经济起飞到政治民主[J].二十一世纪，2008，(105).

表 11.1.1　日本、韩国、新加坡、中国香港和中国台湾人均 GDP　　（单位:美元）

| 年度 | 国家（地区） | | | | |
|---|---|---|---|---|---|
| | 日本 | 韩国 | 新加坡 | 中国香港 | 中国台湾 |
| 1960 | 470.9 | 155.7 | 394.6 | 429.5 | 156 |
| 1965 | 919.8 | 105.8 | 511.8 | 676.6 | 220 |
| 1970 | 1974.2 | 278.8 | 913.9 | 959.2 | 393 |
| 1975 | 4514.2 | 608.2 | 2505.8 | 2251.1 | 979 |
| 1980 | 9170.9 | 1674.4 | 4859.3 | 5691.8 | 2394 |
| 1985 | 11 297.0 | 2367.8 | 6485.1 | 6512.1 | 3368 |
| 1990 | 24 754.0 | 6153.1 | 12 091.4 | 13 478.3 | 8325 |
| 1995 | 41 967.7 | 11 467.8 | 23 915.6 | 23 428.8 | 13 103 |
| 2000 | 36 789.2 | 11 346.7 | 23 018.7 | 25 374.5 | 14 721 |
| 2005 | 35 627.2 | 17 550.9 | 29 400.7 | 26 092.3 | 15 271 |
| 2010 | 43 063 | 20 540 | 41 987 | 31 758 | 15 373 |

资料来源：日本、韩国、新加坡和中国香港的人均 GDP 来自世界银行统计数据；中国台湾的人均 GDP 来自 http://baike.baidu.com/view/5878391.htm。

日本、韩国、新加坡等国和中国香港、台湾等地的人均 GDP 分别在 1973、1987、1978、1977 和 1984 超过 3000 美元大关。（见表 11.1.2）

表 11.1.2　日本、韩国、新加坡、中国香港和中国台湾的高速增长期及人均 GDP

| 国家（地区） | 高增长期（持续时间） | 人均 GDP（美元） | 人均 GDP 超过 3000 美元的年份 |
|---|---|---|---|
| 日本 | 1961—1973（12 年） | 563.6～3873.5 | 1973（3873.5 美元） |
| 韩国 | 1983—1994（11 年） | 91.6～9525.4 | 1987（3367.5 美元） |
| 新加坡 | 1961—1994（33 年） | 437.9～20 672.3 | 1978（3333.2 美元） |
| 中国香港 | 1961—1994（33 年） | 483.2～22 457.9 | 1977（3426.5 美元） |
| 中国台湾 | 1961—1994（33 年） | 153～12 184 | 1984（3233 美元） |

资料来源：日本、韩国、新加坡和中国香港的人均 GDP 来自世界银行统计数据；中国台湾的人均 GDP 来自 http://baike.baidu.com/view/5878391.htm。

（二）采取的经济政策

在经济经过传统社会阶段、起飞准备阶段之后，日本、韩国、新加坡等国和中国香港、台湾等地为了发展本国（地）经济，采取了一些促使经济起飞的政策。上述国家（地区）采取的一些经济政策：

1.制定经济发展的计划。如日本《新长期经济计划》（1958年至1962年）、《中期经济计划》（1964年至1968年）等[1]；韩国自1962年开始推行外向型经济发展战略，连续制定和实施三个“经济开发五年计划”，促进了经济的快速发展；新加坡制定了第一个五年发展计划（1961—1965）；1953年，台湾推出第一个四年“国民经济发展计划”。

2.出台一系列政策。日本建立政府、金融机构、社会经济团体、企业以及从业人员、消费者等相互协调的经济体制。韩国实施了鼓励和资助出口的外贸政策、灵活的汇率政策、减免各种税收的投资政策和引进外国先进技术、管理经验的技术政策。尤其是韩国第3任总统朴正熙担任总统期间，实施“贸易立国”政策，重视重工业和化学工业的发展，重视引进外资的作用，这些政策的实施给韩国带来了经济的快速发展，这被后世称为“汉江奇迹”，成为世界历史上“三次成功的经济追赶典范”之一；20世纪中期，新加坡实施了降低外来投资者税收的财政激励政策；20世纪70年代中后期，新加坡政府坚决实施促进其工业部门升级换代的政策，大力引导跨国公司向高附加值领域的投资；台湾为了鼓励投资，在1960年颁布实施《奖励投资条例》，以租税减免方式鼓励储蓄、投资与出口等方式，吸引和鼓励岛内外资金来台湾投资。1972年，为了解决农村经济的发展问题，台湾制定了“加速农村经济建设的措施”。为了应对通货膨胀、经济不景气、投资下降的局面，1977年，台湾颁布了“改善投资环境实施要点”。

以日本、韩国和中国台湾为主的“东亚经济发展模式”在经济发展上主要体现了五个共享的经济特征和一些非经济特征。经济特征包括高投资率、小的公共部门、竞争性的劳动力市场、出口扩张和政府在经济中的干预。这些经济特征既不是这些国家（地区）唯一发现的，也不是解释经济成功的唯一特征。非经济特征为种族和语言同质性、相对紧凑的地理、可控的人口规模等特征。中国香港和新加坡在经济发展的历程中，也在不同阶段或多或少涉及上述特征。

## 二、日、韩、新等国和中国港、台等地的教育、就业状况及其政策举措

### （一）教育状况及其政策

#### 1.日本高等教育及其教育政策

20世纪60年代至70年代，日本的高等教育发生了巨大的变化。高等教育不仅在学校数上产生了变化，而且在在校生人数、教师数上也产生了变化。高等学校在校生人数由1960年的711 618人，增加到1975年的2 155 893人，净增

[1] 藏旭恒，徐向艺，杨蕙馨.产业经济学[M].北京：经济科学出版社，2002.

1 444 275人。高校数由1960年的525所，增加到1975年的1007所。教师数也从1960年的50 828人，增加到1975年的180 446人。（见表11.1.3）

表11.1.3　日本高校数、学生数和教师数一览表　（单位:所,人,人）

| 年度 | 高校数 | 学生数 | 教师数 |
|---|---|---|---|
| 1960 | 525* | 711 618* | 50 828* |
| 1965 | 749* | 1 090 304* | 68 612* |
| 1970 | 930* | 1 685 284* | 94 915* |
| 1975 | 1007 | 2 155 893 | 180 446 |
| 1980 | 1025 | 2 422 915 | 213 000 |
| 1985 | 1065 | 2 403 371 | 237 884 |
| 1990 | 1162 | 2 683 035 | 271 109 |
| 1995 | — | 3 917 709 | 401 509 |
| 2000 | 1290** | 3 982 069 | 472 629 |
| 2005 | — | 4 038 302 | 496 528 |
| 2010 | 1231 | 3 836 314 | 527 950 |

日本的数据源自联合国教科文组织 http://www.uis.unesco.org/pages/default.aspx. 加*的数据源自文部省《文部统计要览》1992年。加**的数据为2001年日本的高校数。

日本20世纪60年代实施的《国民收入倍增计划》中就强调“振兴科学技术的根本，是以科学技术教育为中心培养人才”。20世纪60年代前后，日本盛行“教育投资论”，把人看作资源，而教育则是经济发展的手段，于是把人才开发和教育事业纳入经济计划。日本发展高等教育的主要政策包括：一是日本政府重视高等教育，颁布法律法规确保高等教育发展；二是鼓励私立高校的发展。1970年日本国会通过了《日本私立学校振兴财团法》开始对私立高等学校进行实质性的财政支持。1975年和1976年，日本政府先后又制定了《私立学校振兴援助法》和《私立学校振兴援助法施行令》；三是多元化的经费投入。主要包括学费收入、政府财政资助、捐赠、社会服务收入、政府借贷和科研收入。

2.韩国高等教育及其教育政策

20世纪50年代，韩国的高等教育取得了快速增长，进入70年代，韩国高等教育开始追求质量。韩国高等教育的高校数、学生数和教师数在1960年85所、103 000人和3808人的基础上，增加到1990年的265所、1 630 374人和69 390人。（见表11.1.4）

**表 11.1.4 韩国高校数、学生数和教师数一览表** （单位：所，人，人）

| 年度 | 高校数 | 学生数 | 教师数 |
|---|---|---|---|
| 1960 | 85 | 103 000 | 3808 |
| 1965 | — | 112 000 | — |
| 1970 | 142 | 201 000* | 10 436 |
| 1975 | 205 | 273 479 | 13 154 |
| 1980 | 243 | 538 726 | 19 174 |
| 1985 | 262 | 1 345 114 | 32 342 |
| 1990 | 265 | 1 630 374 | 69 390 |
| 1995 | 327 | 2 065 579 | 93 275 |
| 2000 | 373 | 3 003 498 | 144 185 |
| 2005 | 419 | 3 210 184 | 190 556 |
| 2010 | — | 3 269 509 | 222 525 |

资料来源：数据来自联合国教科文组织 http://www.uis.unesco.org/pages/default.aspx 和 2009 年韩国统计年鉴。*数据源自国家统计局 http://www.stats.gov.cn/tjsj/qtsj/gjsj/1995/t20020327_402279632.htm。

二十世纪六七十年代，韩国政府颁布《教育临时特例法》《大学入学考试制度》和《产业教育振兴法》等法律法规，用制度规范高等教育的办学。同时期，韩国政府在高等教育领域实行了“扩招”政策，对提高韩国高等教育的大众化水平起到了积极的作用，但是，这项政策也带来了一些负面的影响，如大学生就业难、学校教学质量下降、学校的办学水平不能适应学生增长的速度等问题。

3.新加坡高等教育及其教育政策

新加坡经济起飞是从20世纪60年代开始，发展延续至80年代初。新加坡经济的高速发展，也带来了教育的巨大变化。新加坡高等教育的学生数和教师数分别由1970年13 771人和1157人，增加到1980年的23 256人和2270人。(表11.1.5)

20世纪60至70年代新加坡高等教育的改革和建设主要围绕以下四个方面进行。一是政府强化对高等教育的领导；二是推行“教育必须配合经济发展”的教育方针，对高等教育进行一系列改革，目的在于改善高等教育的办学状况；三是统一高等教育制度，强化政府对高等教育的领导与管理；四是逐步实现高等教育现代化。

表 11.1.5　新加坡高校数、学生数和教师数一览表　　（单位:所,人,人）

| 年度 | 高校数 | 学生数 | 教师数 |
|---|---|---|---|
| 1960 | 4 | — | — |
| 1965 | 5 | — | — |
| 1970 | 5 | 13 771 | 1157 |
| 1975 | 5 | 22 607 | 1448 |
| 1980 | 5 | 23 256 | 2270 |
| 1985 | 6 | 39 913 | — |
| 1990 | 7 | 55 672 | — |
| 1995 | 8 | 83 914 | 6902 |
| 2000 | 9 | — | — |
| 2005 | 11 | — | — |
| 2010 | 12 | 213 446 | 15 416 |

资料来源：新加坡数据来自联合国教科文组织 http://www.uis.unesco.org/pages/default.aspx。

4. 中国香港高等教育及其教育政策

二十世纪六七十年代，中国香港高校数量较少，仅为香港大学、香港中文大学和香港理工大学。1970 年香港高等教育的在校学生数、教师数分别为 13 771 人和 1677 人；1980 年，高等教育的在校学生数、教师数分别为 23 256 人和 4839 人。

表 11.1.6　中国香港高校数、学生数和教师数一览表　　（单位:所,人,人）

| 年度 | 高校数 | 学生数 | 教师数 |
|---|---|---|---|
| 1960 | 1 | — | — |
| 1965 | 2 | — | — |
| 1970 | 8 | 13 771 | 1677* |
| 1975 | 15 | 22 607 | 2817 |
| 1980 | 16 | 23 256 | 4839 |
| 1985 | 17 | 39 913 | — |
| 1990 | 24** | 55 672 | — |

续表 11.1.6

| 年度 | 高校数 | 学生数 | 教师数 |
| --- | --- | --- | --- |
| 1995 | 24** | 83 914 | 10 064 |
| 2000 | 24** | — | 11 462 |
| 2005 | 24** | — | 11 762 |
| 2010 | 24** | 213 446 | 13 043 |

资料来源:香港数据来自联合国教科文组织 http://www.uis.unesco.org/pages/default.aspx. 和香港特别行政区政府政府统计处 http://www.censtatd.gov.hk/hkstat/sub/so370_tc.jsp。*该数据为1971年香港高校的教师数。**数据来自国家教委高教司著的《中国大学生手册1997年版》,高等教育出版社,1997年。

中国香港高等教育的发展得益于以下政策的实施：一是政府高度重视发展教育；二是鼓励多元化办学。香港高等教育投入走多元化集资渠道，主要包括政府投入、社会集资和个人分担；三是重视成人职业教育等教育形式的发展。

5. 中国台湾高等教育及其教育政策

自20世纪60年代以来，台湾的高等教育发展规模逐渐增加。在1960年，高等教育的高校数、学生数和教师数分别为30所、38 403人和3523人。进入90年代，其高等教育在高校数、学生数和教师数上变化巨大。1990年，高等教育的高校数、学生数和教师数分别为123所、612 376人和29 444人。（见表11.1.7）

**表 11.1.7 中国台湾高校数、学生数和教师数一览表** (单位:所,人,人)

| 年度 | 高校数 | 学生数 | 教师数 |
| --- | --- | --- | --- |
| 1960 | 30 | 38 403 | 3523 |
| 1965 | — | — | — |
| 1970 | 96 | 222 505 | 11 471 |
| 1975 | — | — | — |
| 1980 | 104 | 358 437 | 17 452 |
| 1985 | — | — | — |
| 1990 | 123 | 612 376 | 29 444 |
| 1995 | 134 | 751 347 | 36 348 |
| 2000 | 427 | 1 092 102 | 43 391 |

续表 11.1.7

| 年度 | 高校数 | 学生数 | 教师数 |
|---|---|---|---|
| 2005 | 348 | 1 296 558 | 47 317 |
| 2010 | 328 | 1 343 603 | 50 213 |

资料来源:台湾数据来自台湾教育部统计处 http://www.edu.tw/statistics/content.aspx?site_content_sn=8956。部分数据来自台湾统计年鉴2010。

20世纪50至80年代，随着台湾经济的发展，台湾为发展高等教育采取了如下政策：一是重视对高等教育的经费投入。台湾教育经费增长水平基本上与国民生产总值同步增长，并且高于国民生产总值的增长速度。特别是，自20世纪70年代中期后台湾年均教育经费大幅度提高，主要用于发展高等专科教育。这说明，台湾重视实施优先发展高等教育的战略指导思想；二是积极鼓励社会民间力量办学。1974年颁布了《私立学校法》，建立起比较完备的私立教育体系。三是加大发展高等职业技术教育力度。不但使职业技术教育的学校数量和学生数量有增加，而且颁布了职业技术法律，如《职业学校法》《专科学校法》等一系法规。四是采用多种形式招生。如使学生参加大学联合招生考试、推荐甄选、转学插班等多渠道进入高校接受高等教育。

（二）日本、韩国、新加坡等国和中国香港、台湾等地高校毕业生就业状况及就业政策

20世纪60至80年代，日本、韩国、新加坡等国和中国香港、台湾等地在经济高速发展的基础上，其高等教育也经历了快速发展。高等教育规模扩大的直接表现为学校的在校生人数、师资人数和毕业生人数逐年增加（见表11.1.8），进而导致上述国家（地区）高等教育出现了一系列的连锁反应。如大学生就业难、教学质量下降、学历膨胀等问题，尤其是大学生就业难问题日益突出。

20世纪70年代，尽管日本受到世界石油危机的冲击，但仍保持国民经济的稳定发展，社会各界仍然能够接纳逐年增加的大学毕业生。20世纪80年代晚期至今，社会各界、各企业出现录用高等院校毕业生的竞争现象。2007年8月9日开始由美国次级房屋信贷危机爆发引起的金融危机席卷全球，远离危机发源地的日本也未能幸免。2008年全球金融风暴冲击日本，越来越多的劳动者变为失业大军中的一员。日本的大学生就业也一改往年“卖方市场”的行情，大学毕业生就业问题越来越突出。日本大学毕业生一般都自主择业，政府和高校不负责安排毕业生工作，由于战后出生高峰期出生的人大量退休，企业招工需求大，所以2003年后的就业情况有所好转，呈现上升趋势。但是总的来看，日本国内大学生就业的形势仍然呈下滑趋势。

表11.1.8　日本、韩国、新加坡等国和中国香港、台湾等地高校毕业生人数　(单位:人)

| 年度 | 国家(地区) | | | | |
|---|---|---|---|---|---|
| | 日本 | 韩国 | 新加坡 | 中国香港 | 中国台湾 |
| 1960 | 153 763* | — | 1030 | | 22 536 |
| 1965 | — | 7841 | — | | -- |
| 1970 | 374 536* | — | 1776 | | 52 045 |
| 1975 | — | 14 106 | — | | -- |
| 1980 | 778 157* | — | 2874 | | 101 524 |
| 1985 | — | 73 927 | — | | -- |
| 1990 | 999 475* | 87 131 | 5334 | | 134 917 |
| 1995 | 1 200 957* | 143 075 | — | | 181 170 |
| 2000 | 1 081 435 | 223 489 | 9244 | | 247 890 |
| 2005 | 1 059 386 | 228 763 | 10 031 | 41 513 | 336 865 |
| 2010 | 966 635 | — | 12 451 | 25 072** | 315 039 |

资料来源：台湾数据来自台湾教育主管部门统计处 http://www.edu.tw/statistics/content.aspx?site_content_sn=8956。*数据来自日本文部省 http://www.mext.go.jp/english/statistics/。**为香港大学、香港中文大学、香港城市大学、香港科技大学、香港浸会大学、香港理工大学、香港教育学院和岭南大学2010年的毕业生数据。其他国家（地区）数据来自联合国教科文组织 http://www.uis.unesco.org/pages/default.aspx。

20世纪90年代初期，香港大学生出现就业难问题。当时，由于对香港前途的担心，每年大约有3～4万名技术人员和知识精英离开香港，造成香港人才短缺。为了弥补由此造成的人才短缺，香港政府从1991年开始，实施扩大大学招生方案，扩招学生占在校大学生的18%左右。这批扩招学生1995年毕业，由于当时香港经济还很繁荣，所以社会没有感到扩招后大学毕业生带来的压力。1997年亚洲金融风暴之后，这种压力表现出来，出现类似我们目前面临的大学生就业难问题。

新加坡由于高校学生人数的迅速增加，再加上受亚洲金融危机的影响，近年来，新加坡高校毕业生就业出现了一些新情况，遇到了一些问题。

为了解决大学生就业难问题，上述国家（地区）采取了一些相应的政策。主要有以下几点：

第一，制定有关大学生就业的法律法规。日本在1956—1973年的日本经济高速增长时期，日本政府颁布《职业训练法》和《就业对策法》。在1973—

1983年的日本经济危机和停滞的时期，日本政府颁行或修订了《就业保险法》和《职业训练法》；在1983—1991年的日本经济调整时期，日本政府颁布了《职业能力开发促进法》和《男女就业机会均等法》。以上法律制度的颁布、实行，使得日本在大学毕业生就业领域中逐渐形成了由《日本国宪法》《劳动基准法》《职业安定法》《雇佣对策法》《学校教育法》等法律法规构成的一个相当完整的劳动就业法律体系。

韩国1986年的《最低工资法》，1987年的《均等就业法》，1990年的《促进残疾人就业法案》，1993年制定的《就业保险法》，1995年的《基本就业政策法》和1997年的《职业培训振兴法》，这些法律法规为韩国的就业政策奠定了牢固的法律基础。

新加坡和中国的香港、台湾也制定了类似的有关大学生就业的法律，目的是保障大学生的就业。

第二，制定有针对性的大学生就业政策。如香港政府鼓励学生到内地发展，也鼓励企业支持大学生北上发展计划，而且香港高校设置适应市场需要的专业和根据学生的需要进行就业指导。

## 第二节 中国经济、教育和就业状况及其应对就业困难的政策

### 一、改革开放以来我国的经济状况及其政策

自1978年改革开放以来，我国经济规模已经发生了举世瞩目的变化。按照国际货币基金组织（IMF）公布的数据显示，2010年，我国GDP达到401 202亿元，排世界第二位。但我国2011年人均GDP达到5414美元，仅排世界第89位。改革开放以来，我国的人均GDP逐年增长，从1978年的155美元增加2008年的3413.6美元，但是与发达国家相比仍然有很大的差距。（见表11.2.1）

**表11.2.1 中国人均GDP （单位:美元）**

| 年度 | 1978 | 1980 | 1985 | 1990 | 1995 | 2000 | 2005 | 2010 |
|---|---|---|---|---|---|---|---|---|
| 人均GDP | 155.0 | 193.0 | 291.8 | 314.4 | 604.2 | 949.2 | 1731.1 | 4393 |

资料来源：1978—2010年中国GDP来自世界银行统计数据。

改革开放30多年来，我国经济由原来的计划经济体制转变成市场经济体制，从粗放经济增长方式转向集约经济增长方式，经济的发展水平、质量和规

模都发生了巨大的变化。经济转型不但增加了我国经济的规模和数量，而且也促使我国经济更多地追求内涵、质量、效益。

## 二、改革开放以来我国的教育状况及其政策

30多年来，我国的高等教育也发生了巨大的变化。这种变化不仅仅体现在高校数的增加，也体现在在校生数和专任教师数的增加上。我国的高等学校从1978年的598所，增加到2010年2358所，增加了将近四倍。同样，在高等学校在校生人数上，从1978年85.6万人增加到2010年的2231.8万人。在专任教师人数上，从1978年20.6万人增加到2010年的134.3万人。尤其是1999年我国高校实施“扩招”政策以来，我国高等教育高校数、在校生人数、专任教师数的增加更为突出。(表11.2.2)

**表11.2.2 中国高校数、在校生数、教师数(所、万人、万人)**

| 年度 | 1978 | 1980 | 1985 | 1990 | 1995 | 2000 | 2005 | 2010 |
|---|---|---|---|---|---|---|---|---|
| 高校数 | 598 | 675 | 1016 | 1075 | 1054 | 1041 | 1792 | 2358 |
| 在校生数 | 85.6 | 114.4 | 170.3 | 206.3 | 290.6 | 556.1 | 1561.8 | 2231.8 |
| 专任教师数 | 20.6 | 24.7 | 34.4 | 39.5 | 40.1 | 46.3 | 96.6 | 134.3 |

资料来源：1978—2010年高校数、在校生数、教师数来自中国统计年鉴（2011）。

## 三、改革开放以来我国高校毕业生的就业状况及其政策

自1999年大学生“扩招”政策实施以来，我国大学毕业生人数逐年增加，由1978年的16.5万人增加到2010年的575.4万人，就业率也从2000年的90.7%下降到2010年72.2%。(见表11.2.3)“扩招”政策犹如一把双刃剑，它给一些学生提供了学习机会，但随着招生规模的增加，也给社会、高校和家长带来了负面影响，诸如大学生就业难、高校盲目扩张以及高校教学质量下降等问题，进而导致大学新毕业生的劳动参与率下降，失业率上升，小时工资下降。[1]

**表11.2.3 中国高校毕业生人数及就业率(万人、%)**

| 年度 | 1978 | 1980 | 1985 | 1990 | 1995 | 2000 | 2005 | 2010 |
|---|---|---|---|---|---|---|---|---|
| 毕业人数 | 16.5 | 14.7 | 31.6 | 61.4 | 80.5 | 95.0 | 306.8 | 575.4 |
| 就业率 | — | — | — | — | — | 90.7% | 87.7% | 72.2% |

资料来源：1978—2010年高校毕业生人数来自中国统计年鉴（2011）。高校毕业生就业率来自人力资源与社会保障部发布的大学生就业率报告（2003—2011年高校毕业生就业率分

[1] 吴要武，赵泉．高校扩招与大学毕业生就业[J].经济研究，2010（9）：93-108.

别为70%、73%、72.6%、72.6%、70%，2008年不到70%，2009年为68%，2010年为72.2%）。

为了解决高校毕业生就业难的问题，我国政府采取了一系列政策，如在宏观上制定了不少引导毕业生就业的优惠政策。此外，为了解决高校毕业生就业难的问题，国家还提出了“志愿服务西部计划”“三支一扶计划”和“到村任职”等政策。针对高校毕业生就业的严峻形势，2009年1月，国务院办公厅发布了《关于加强普通高等学校毕业生就业工作的通知》，其主要精神有：鼓励和引导高校毕业生到城乡基层就业，鼓励高校毕业生到中小企业和非公有制企业就业，鼓励骨干企业和科研项目单位积极吸纳和稳定高校毕业生就业，鼓励和支持高校毕业生自主创业，强化高校毕业生就业服务和就业指导，提升高校毕业生就业能力，强化对困难高校毕业生的就业援助。

因此，大学生就业问题是高等教育领域一个非常重要的问题，它不仅仅影响着高校的质量和声誉，而且从侧面也影响着国家经济、社会发展速度、规模和质量。

## 第三节　日、韩、新等国和中国港、台地区在高等教育领域的经验与启示

在20世纪60至80年代，日本、韩国、新加坡等国和中国香港、台湾等地在经济政策的引领下，经济迅速实现了起飞。在高等教育领域，上述国家通过大学扩张、增加在校生人数、增加学校的教师数等措施，使高等教育的规模迅速达到了高等教育大众化的地步。我国在1999年实行了大学生“扩招”政策，其高等教育发展也进入了大众化的阶段。高等教育的快速发展，不仅仅增加了高中生的学习机会，而且也导致高校毕业生快速增长，进而出现大学生就业难的问题。这是两者比较的相同点。上述国家和地区都采取了鼓励和刺激经济、推进高等教育发展的政策，在政策的实施过程中，上述国家（地区）也都出现了大学生就业难问题。为了有针对性地解决大学生就业难问题，上述国家（地区）制定和实施了一些解决大学生就业难的政策，但实施的效果却不尽相同。我国现阶段也存在上述国家（地区）出现的问题，但我国大学生就业难问题更严重，更复杂，解决此问题的难度更具有挑战性。

### 一、完善高校毕业生就业的法律法规建设

法律法规是有效保障高校毕业生规范就业的重要手段。首先，要出台有关大学生就业和规范大学生就业市场的相关规定，切实规范高校毕业生、用人单

位和高校的责权利关系，维护各方的合法权益。其次，完善现有法律制度，注重法律法规的操作性。如日本的高校毕业生就业法律更注重操作性，而且有关法规已覆盖整个高校毕业生。最后，建立专门的毕业生维权保障机构和就业歧视监管机构。如香港在1996年成立了平等机会委员会，负责检查《性别歧视条例》的实施情况，并已成功调解了许多性别歧视案件。

## 二、发挥政府、用人单位（企业）、高校和中介的合力

大学毕业生就业工作不仅仅是政府、高校、企业和中介一方面的事情，需要各方面的协同配合。政府是大学生就业工作的主导。一方面，政府可以通过宏观政策的调控，扩充劳动力市场的就业岗位，增加大学生的就业机会。另一方面，各级政府应该为大学生提供更多的支持服务，包括信息、培训、保障等方面。用人单位（企业）作为大学生劳动力市场的需求方，直接决定着大学生就业工作的好坏。高校是大学生就业工作的执行者，它向毕业生宣传国家的大学生就业政策，提供学习机会以使毕业生发展综合技能，从而有效地适应变化的市场需求。中介组织是大学生就业工作中不可缺少的一环，它为大学生提供了另外一种就业渠道。对一些具体的事项，可借日本的经验，让社会中介组织来做。政府、用人单位（企业）、高校和中介要发挥合力，避免产生内耗，只有将整个社会各方面的资源最大限度地应用到大学生就业上，才能为大学生提供更多的就业机会。

## 三、高校在设置专业时要以市场为导向

在专业调整时，紧紧抓住产业结构变化和劳动力供需的变化。因为专业调整更新较快，所以，高校要根据本校的实际情况，设置专业和课程，通过教学评估手段促使教学质量提高，进而提高学生的综合素质，增强学生在就业市场中的竞争力。

# 第十二章　甘肃省高校创新创业教育研究

**摘要：** 党的十八大以来，“大众创业、万众创新”已成为我国全面深化改革、推进经济发展方式转变的重要推动力，创新创业人才的重要性日益凸显。2015年5月，国务院发布《关于深化高等学校创新创业教育改革的实施意见》，正式吹响了高校创新创业教育改革的号角，我国高校创新创业教育迎来了新的发展空间。在此承前启后的关键时期，论述创新创业教育在引领甘肃省高等教育教学改革中的重要作用，反思当前高校创新创业教育存在的不足，对于进一步推进高等教育综合改革，全面提高高等教育质量具有重要意义。

创新创业教育符合我国改革的大方向，是未来培养人才的新趋势，因此高校创新创业教育已成为社会热点问题。创新创业教育不仅能提升学生的综合实践技能，而且能更好地推动素质教育，推进高新技术产业化，实现科教兴国。

## 第一节　高等学校创新创业教育核心要素概述

### 一、创新与创业

（一）创新

奥地利经济学家约瑟夫·熊彼特在《经济发展理论——对于利润、资本、信贷、利息和经济周期的考察》一书中首次对“创新”这一概念进行解释并开创了针对创新的理论研究。他认为“创新”就是“生产函数的建立”，是“生产手段的新组合”（new combinations of productiveness）。[1]同时，熊彼特也将社会经济活动中的创新划分为五种类型：1.采用一种新的产品——也就是消费者还

[1] 约瑟夫·熊彼特.经济发展理论——对于利润、资本、信贷、利息和经济周期的考察[M].何畏，易家祥等，译.北京：商务印书馆，1990.

不熟悉的产品——或一种产品的新的特性；2.采用一种新的生产方法，即在有关制造部门中尚未通过经验检定的方法，这种新的方法也不需要建立在一种科学新发现的基础之上，而是存在于商业上处理一种产品的新的方式之中；3.开辟一个新的市场，也就是有关国家的某一制造部门以前不曾进入的市场，不管这个市场以前是否存在过；4.掠取或控制原材料或半制成品的一种新的供应来源，不管这种来源是已经存在的，还是第一次创造出来的；5.实现任何一种工业的新的组织，比如，造成一种垄断地位（如“托拉斯化”），或者是打破一种垄断地位。[1]

无论是熊彼特最初关于创新的定义与解释，还是最近几十年来创新领域的最新研究成果，众多的学者并没有单纯地将“创新”等同于“创造”“发明”“革新”等社会经济行为。创新是促成社会经济发展的关键性要素之一，同时也是最根本的内生性要素。从动力的来源来讲，创新的驱动力来自一大批拥有企业家精神的创业者，他们也随之成为创新过程的主体。

（二）创业

创业这一词汇早在数百年前就已出现在经济学文献中，但迄今为止，学术界对于创业的本质与概念依然未能达成一致。英语中通常普遍采用“entrepreneurship”一词来表示这一专业研究术语。创业研究的兴起最早出现于20世纪60年代末的美国。在过去的40年里，一大批来自管理学、经济学、社会学、心理学等领域的学者对创业的本质、内涵、边界以及创业活动对经济的绩效、创业者的人格特质、创业者的社会网络结构等话题进行了持续性研究。关于创业的概念，较有代表性的是Cartner和Morris分别在1990年和1998年的研究，他们通过对欧美地区创业类核心期刊的文章和教科书中出现的77个定义进行词频分析，将创业的内涵总结为：开创新业务、组建新组织；利用创新这一工具实现各种资源的新组合；通过对潜在机会的挖掘而创造价值。[2]我国学者对于创业概念的认知大体上分为三个层次：狭义的创业概念、次广义的创业概念和广义的创业概念。狭义的创业概念是“创建一个新企业的过程”，次广义的创业概念是“通过企业创造事业的过程”，广义的创业概念则是“创造新的事业的过程”，即所有创造新的事业的过程都是创业。

创业者是指那些把实现新的生产方法组合作为自己的职责，并实际履行生产手段新组合的人。熊彼得认为，创业者必须具有以下特点：第一，创业者应当富有创造性和远见性。第二，创业者也不同于技术上的发明或创造者。第

[1] 约瑟夫·熊彼特.经济发展理论——对于利润、资本、信贷、利息和经济周期的考察[M].何畏，易家祥等，译.北京：商务印书馆，1990.

[2] Cartner W.B. “What Are We Talking about When We Talk about Entrepreneurship” [J]. *Journal of Business Venturing*, 1990, 5 (1): 15-28.

三，创业者善于发现并及时利用各种新的机遇。第四，创业者具有丰富的专业知识、超强的克服困难的意志力。

从以上分析可以看出，创新的概念范畴涵盖了推动社会经济发展的所有技术的、组织的、方法的、系统的变革及其最终的价值实现过程。而创业则是为了推动创新的实现、由一大批拥有企业家精神的创业者所进行的动态过程。与创新相比，创业更加强调愿景形成与价值实现的有机统一，它要求人们必须具有将创新精神、创新意识和创造力转化为成功的社会实践过程。这不仅包含个人创新能力的培养，也要求人们必须具备发现变革趋势并把握机遇的能力、组建有效的创业团队并整合各类资源的能力、打造可持续的创业计划的能力以及抵御风险、解决应激性问题的能力。可以说，与创新这个更为宏观的、注重系统分析的词汇相比，创业是一种更加注重实践性、个体性、多样性的过程。

## 二、创新创业教育

### （一）创新能力

早在1919年，著名的教育学家陶行知先生就已经将“创造”引入教育领域。他在《第一流的教育家》一文中提出要培养具有“创造精神”和“开辟精神”的人才，这对于“国家富强和民族兴旺具有重要意义”。[1]从国内学者关于创新能力培养的理解来看，创新能力的内涵基本划分为三种观点：首先，创新能力是个体运用一切已知信息，包括已有的知识和经验等，产生某种独特、新颖、有社会或个人价值的产品的能力；其次，创新能力表现为相互关联的两个部分，一部分是对已有知识的获取、改组和运用；另一部分则是对新思想、新技术、新产品的研究与发明；最后，创新能力应当以一定的知识结构为基础。总体来看，大学生的创新能力主要包括了四个方面：1.学习的能力，即对主要已有知识及知识源的接触、筛选、吸收、消化；2.发现问题的能力，即对已有知识框架结构的漏洞或盲点的发掘以及对知识框架结构的完善，对已有知识框架结构合理性的质疑和重建；3.提出解决问题方案的能力；（4）实践其方案的能力。

### （二）创业教育

创业教育是指进行创办企业所需要的创业意识、创业知识、创业精神、创业能力及相应的实践活动的教育。联合国教科文组织提出创业教育的定义：“培养具有开创性的个人，它对于拿薪水的人同样重要，因为用人机构或个人除了要求雇佣者在事业上有所成就外，正在越来越正视受雇者的首创、冒险精神，创业和独立工作能力以及技术、社交和管理技能。” 并指出“高等教育的毕业

[1] 张民生. 陶行知的教育思想与实践[M]. 上海：上海音乐出版社，2000.

生不仅是求职者，而且也是成功的企业家和工作岗位的创造者”。[1]

1988年，柯林·博尔提出创业教育应成为第三本“教育护照”；1989年，联合国教科文组织在北京召开的“面向21世纪教育国际研讨会”上提出创业教育要强调培养学生的事业心和开拓技能；1999年，国务院批转教育部《面向21世纪教育振兴行动计划》中正式提出了“要加强对教师和学生的创业教育，采取措施鼓励他们自主创办高新技术企业”，这是我国政府文件中首次出现“创业教育”的概念。2002年，教育部及与会专家在“创业教育”试点工作座谈会上一致认为创业教育是素质教育的一个重要方面；而近两年的有关研究更是明确指出，高校创业教育的核心在于培养学生的创新思维、创新意识、创新能力。部分学者和知名的企业家认为创业只能是一个自我探索的过程，无法通过教育的方式施加影响。但正如彼得·德鲁克所言，“创业不是魔法，也不神秘。它与基因没有任何关系。创业是一种训练（discipline），而就像任何训练一样，人们可以通过学习掌握它”。[2]

（三）创新创业教育

创新创业作为经济发展的内生驱动力，催生了创新创业教育在全球范围的诞生与发展。2015年，国务院办公厅发布《关于深化高等学校创新创业教育改革的实施意见》，进一步拓展了创业教育的内涵，以创新引领创业、创业带动就业，将高校创新创业教育作为创新创业人才队伍搭建的重要举措。因此，创新创业教育在内涵上比创业教育更为丰富，也更贴合高校开展创业教育的实际，主要表现在：第一，高校属于高等教育的实施主体，教育的目标是培养高层次、高技能的人才，在创业教育方面，也应当有一定的水准要求，高校创业教育要致力于培养能够开展高水平创业（如高科技创业）的人才。开展创新创业教育，而不是单纯的创业教育，正是培养学生技术创新和商业模式创新能力，进行高水平创业的教育内涵。第二，创新的价值需要通过创业行为来实现，技术进步正是通过创业活动向经济和社会领域传导。创新是创业的前置阶段，创新活动与创业活动的内在一致性，决定了创新教育和创业教育也是一体的。

## 第二节　新时期大学生创新创业教育的意义和内涵

党的十八大以来，“大众创业、万众创新”已成为我国全面深化改革、推进

[1] 中华人民共和国教育部高等教育司组.创业教育在中国：试点与实践[M].北京：高等教育出版社，2006.

[2] Drucker，P.F.，*Innovation and Erureprerreurship*[M]. New York：Harper & Row，1985.

经济发展方式转变的重要推动力，高校创新创业教育的重要性日益凸显。习近平总书记多次做出重要指示，要求加快教育体制改革，注重培养学生的创新精神，造就规模宏大、富有创新精神、敢于承担风险的创新创业人才队伍。李克强总理多次强调，“大众创业、万众创新”核心在于激发人的创造力，尤其在于激发青年的创造力。

### 一、大学生创新创业的现实意义

2014年夏季达沃斯论坛开幕式上，国务院总理李克强发表重要致辞，他指出“只要大力破除对个体和企业创新的种种束缚，形成‘人人创新’‘万众创新’的新局面，中国发展就能再上新水平。”在2015年两会政府报告中，李克强总理再次提出“把亿万人民的聪明才智调动起来，就一定能够迎来万众创新的新浪潮”。李克强总理还多次做出重要批示，主持召开国务院常务会议进行专题研究，并先后深入兰州大学、河北师范大学、湖南大学、浙江大学等高校视察大学生就业创业工作。可以看出，大学生创新创业是实施创新驱动发展战略和推进大众创业、万众创新的生力军，加快大学生创新创业人才开发对于激发整个社会的发展活力具有重要的现实意义。

（一）是促进国家兴旺发达的重要手段

大学生是最具活力的群体，是国家最宝贵的人力资源和科技资源，大学生创新创业是国家兴旺发达的不竭动力。大学生创业已成为美国经济持续增长的“秘密武器”。在美国，小企业占企业数的99%，产值占GDP的40%，70%的技术创新由小企业完成。在以美国为代表的西方发达国家大学生创业的平均比例为20%。而目前我国大学生创业的平均比例是0.3%。[1]我国改革开放以来，创业活动催生了中小企业的迅速崛起。中小微企业是中国经济新的增长点，提供了大量的产品和服务，对我国经济持续高速增长、促进我国的城市化进程和现代化建设起到了重要的作用。让更多的大学生参与创业，推动经济全面增长无疑是提高国力的重要手段。

（二）是解决新常态下就业难的有效途径

管理学大师彼得·德鲁克曾对1965—1984年间的美国经济进行过研究，他发现：创业型就业是美国经济发展的主要动力之一，尤其在大企业进行大裁员时，中小企业在稳定就业方面起着越发重要的作用。在我国，私营企业和个体经济就业成为就业的主渠道，中小企业创造的最终产品和服务价值相当于国内生产总值的60%左右，缴税额为国家税收总额的50%左右，提供了近80%的城镇就业岗位。统计数据显示，每1人创业平均可带动3～5人就业，如能成功实

[1] 王秀敏，梁丽，陈骅，等. 以产学研活动为载体，培养创新创业人才[J]. 中国大学教学，2011（12）：68-70.

现由中小企业向大型企业的转型，其倍增效应将会更大，鼓励支持劳动者自谋职业和自主创业作为解决当前就业难题的最直接、最有效的途径。

（三）是促进社会全面进步的强大推动力

大学生创业活动促进了社会经济体制的改革和深化。创业是将创造性融入企业的一种完整概念，其核心就是创新，包括技术创新、组织创新、管理创新和制度创新。实际上，我国的企业制度创新就是从中小企业开始的，体制改革也是首先以中小企业为实验田的。大学生自主创业有利于降低社会失业率、稳定了社会秩序，还能使创业者获得丰厚的财富回报，实现了共同富裕的发展目标。同时，大学生创业还有利于社会文化、观念的转变，促进社会形成创新、宽容、民主、公正、诚信的价值观。

（四）是高等教育转变人才培养模式改革的总方向

传统教育理念是以培养就业型人才为主，是按照社会生产生活的具体岗位需要来培养人才，无论在政策、理论还是实践上，都没有重视由人才创造就业岗位、创造生产生活的理念。

1998年，在法国巴黎召开的世界高等教育会议明确提出："高等学校必须将创业技能和创业精神作为人才培养的基本目标，要使高校毕业生不仅成为求职者，而且成为工作岗位的创造者"。知识经济时代的教育不仅仅是就业、择业教育，更应该是创造、创新、创业教育。大学应该成为创造创业性人才培养的摇篮，教会学生创业，为学生走向社会、独立谋生奠定基础。

## 二、高等学校开展创新创业教育的目的

高等学校作为创新创业人才培养的重要场所，科技创新的重要源头和创新创业文化的引领者，肩负着时代赋予的重要历史使命，加强对大学生的创新创业教育、培养创新创业人才、提高大学生创业意识和创业能力，无疑成为目前高等学校教育的重要任务。

（一）是推动高等学校教育教学改革的推进器

高等学校教育教学改革涉及诸多板块和内容，最为关键的是响应新时期技术、经济和社会条件的变化以及解决与实践脱节等固有问题。创新创业教育具有很强的实践属性，是能力教育和素质教育，客观上要求教学与实践需求的统一、知识与方法技能的统一，必然要求高校体制机制创新，创新倒逼改革。

（二）是完善高等学校人才培养机制的重要举措

相比专业教育"植入"为主的特性，创新创业教育是跨学科的通识教育，倡导拓宽学生知识宽度、实现学科融合的教育方式，更加符合以人为本、培养复合型创新创业人才队伍的要求。创新创业教育丰富了教育的内涵，延伸了人才培养的边界，拓展了就业的渠道，为"人尽其用"提供了更为丰富的可能。

（三）是支撑创新驱动发展战略的有力推手

国家之间的竞争是创新能力的竞争，而创新能力的竞争是创新人才的竞争。坚持创新驱动的实质是人才驱动，人才是发展的第一资源，抓人才就是抓发展，强人才就是强实力。我国高校在校学生和当年毕业学生的创业人数的比例呈现增长态势，2016年在校学生创业比例达到4.6%，应届毕业生创业比例达到3.1%。[1]按照2015年全国高校毕业生总数近750万人的规模来计算，高校学生已经成为推动“大众创业、万众创新”的重要力量，是国家创新驱动发展战略的重要支撑。

## 三、高等学校创新创业教育改革的意义

2015年5月，国务院颁布《关于深化高等学校创新创业教育改革的实施意见》（国办发〔2015〕36号）（以下简称《实施意见》），站在国家实施创新驱动发展战略、促进经济提质增效升级、推进高等教育综合改革、促进高校毕业生更高质量创业就业的高度，明确了深化高等学校创新创业教育改革的指导思想、基本原则和总体目标，提出了高校创新创业教育体系建设的具体工作，包括将创新精神、创业意识和创新创业能力纳入评价人才培养质量的指标；举办创新创业教育实验班；健全创新创业教育课程体系，面向全体学生开发开设研究方法、学科前沿、创业基础、就业创业指导等方面的必修课和选修课，纳入学分管理，推出一批资源共享的慕课、视频公开课等在线开放课程；广泛开展启发式、讨论式、参与式教学，运用大数据技术，掌握不同学生学习需求和规律，为学生自主学习提供更加丰富多样的教育资源；强化创新创业实践，举办全国大学生创新创业大赛，办好全国职业院校技能大赛，支持举办各类科技创新、创意设计、创业计划等专题竞赛；设置合理的创新创业学分，建立创新创业学分积累与转换制度；配强创新创业教育与创业就业指导专职教师队伍；建立健全学生创业指导服务专门机构；完善创新创业资金支持和政策保障体系等9项改革任务和30条具体举措，并提出“三步走”的总体目标：“2015年起全面深化高校创新创业教育改革。2017年取得重要进展，形成科学先进、广泛认同、具有中国特色的创新创业教育理念，形成一批可复制可推广的制度成果，普及创新创业教育，实现新一轮大学生创业引领计划预期目标。到2020年建立健全课堂教学、自主学习、结合实践、指导帮扶、文化引领融为一体的高校创新创业教育体系，人才培养质量显著提升，学生的创新精神、创业意识和创新创业能力明显增强，投身创业实践的学生显著增加。”

《实施意见》正式吹响了高校创新创业教育改革的号角，标志着创新创业教

[1] 中国日报. 报告：2016年毕业生创业比例同比下降一半[EB/OL].（2016-05-18）[2017-06-19]，http：//caijing.chinadaily.com.cn/2016-05/18/content_25353895.htm

育已经上升为国家战略，高校创新创业教育已经由“以创带就”，拓展为以“大众创业、万众创新”驱动经济社会发展。创新创业教育的实质拓展为以创新为基础的创业，支持创新者去创业，使创新创业成为驱动经济社会发展的引擎。[1]

截至2015年10月，112所中央部委所属高校制定了深化创新创业教育改革方案，众多高校将创新创业教育改革纳入学校综合改革方案。全国有137所高校、50家企事业单位和社会团体联合成立了“中国高校创新创业教育联盟”。新疆、甘肃、陕西、青海四省区的16所大学科技园联合建立了“丝绸之路经济带众创空间”。2015年前10个月，全国高校共设立创新创业基金达10.2亿元，吸引校外资金12.8亿元，为大学生创新创业提供了有力的资金支持。[2]可以看出，新时期高校创新创业教育对于深化教育教学改革、完善人才发展机制、支撑“双创”以及创新驱动发展战略都有着重要的意义。

## 第三节　国内高等学校创新创业教育发展综述

### 一、国内高等学校创新创业教育发展概述

国内学者将我国高等学校创新创业教育的发展划分为不同时期。钟汝能认为“中国高校创新创业教育经历了从自发—自觉—主动的过程，从响应程度、战略定位、教育理念、阶段内容、推进策略和社会贡献等方面进行评估，建议将高校创新创业教育分为三个阶段：第一阶段是各高校自主探索阶段（1997—2001)，典型特征是创业教育开始引起社会的关注。第二阶段是试点阶段(2002—2009)，典型特征是侧重于创业教育。第三阶段是全面实施阶段（2010至今)，典型特征是创新教育和创业教育并重，鼓励创新创业被纳入国家就业方针”[3]。王莉方从创新创业政策发布、研究成果和实践方面三个角度，将创新创业教育划分为自发性探索阶段（2001年以前)、多元探索阶段（2002—2009）和全面推进阶段（2010年至今）[4]。丁俊苗依据国家近20年来毕业生就业（创业）和创新创业教育的相关文件，认为高校创新创业教育基本上可以分

[1] 王占仁.中国创业教育的演进历程与发展趋势研究[J].华东师范大学学报：教育科学版，2016，34(2)：30-38.

[2] 刘延东.深入推进创新创业教育改革　培养大众创业万众创新生力军[EB/OL].（2015-10-26)[2017-06-23]，http：//www.moe.gov.cn/jyb_xwfb/moe_176/201510/t20151026_215488.html.

[3] 钟汝能.转型期高校创新创业教育探讨[J].学术探索，2015（4)：152-156.

[4] 王莉方.我国高校创新创业教育发展阶段论[J].石油教育，2015（4)：82-86.

为“创业”“创业教育”和“创新创业教育”三个阶段。[1]在以上各种划分中，我们按照丁俊苗的划分标准，将我国高等学校创新创业教育发展划分为3个阶段。

（一）创业阶段（1998—2006）

中国高等教育1999年开始扩招，2003年，扩招后的第一届本科生毕业，就业压力不断增加。2004—2006年，国家加大政策力度鼓励、支持和引导毕业生创业，在工商、税收等方面出台了多项措施。总体来看，在创业阶段，国家鼓励毕业生“自主创业”并提供相关政策支持，目的是在扩招后毕业生就业压力持续增大的背景下，解决毕业生就业问题。

1998年，清华大学举办“首届清华创业计划大赛”；同年，清华大学管理学院为MBA学生开设了“创新与创业管理”课程；1999年，浙江大学启动了“创新与创业管理强化班项目”；2001年，清华大学科技园创新中心开工。2002年，教育部确定清华大学、北京航空航天大学、中国人民大学等9所大学为创业教育试点高校，陆续出台相关支持政策；2005年，共青团中央、全国青联与国际劳工组织合作，尝试在大学中开展KAB创业教育（中国）项目。

（二）创业教育阶段（2007—2009）

这一阶段，随着大学生创业工作持续推进，对大学生创业的认识不断深化，国家政策制定者逐步认识到：一、创业不仅具有解决就业的功能，创业成功还可以新增就业机会；二、要创业成功，仅鼓励、引导和支持毕业生创业是不够的，还要培养大学生的创业意识、精神和实际的创业能力，必须把创业和教育结合起来，实施创业教育。因此，2007年国家提出实施“高校毕业生创业行动”，促进以创业带动就业，要求各高校“以多种形式开展创业教育”，倡导创业精神，培养创业能力。在这样的背景下，创业教育工作已经由当初的被动寻找和自发行为，变为主动选择和自主行为。相应地，这一阶段关于创业教育的范围也由就业层面进一步拓展到了创业层面，主体由毕业生扩展到了在校大学生。开展创业教育，对于高校来说是一个新的命题，这一阶段创业教育的内涵发生了深刻变化，“创业”和“教育”结合到一起成为创业教育，进行创业教育不仅是促进就业，更是要培养学生的创新精神与创业能力。

创业教育阶段，国家以大学生创新创业训练计划为抓手，培养大学生创新创业能力。财政部和教育部从2008年起设立了“中央高校基本科研业务费专项资金”，用于支持中央级高校青年教师和品学兼优且具有较强科研潜质的在校学生开展自主选题科学研究工作。2012年，教育部等七部委联合颁布《关于进一步加强高校实践育人工作的若干意见》，进一步提出了要加强大学生创新创业教

[1] 丁俊苗.以创新创业教育引领高等教育改革与发展——创新创业教育的三个阶段与高校新的历史使命[J].创新与创业教育，2016，7（1）：1-6.

育，支持学生开展研究性学习、创新性实验、创业计划和创业模拟活动。同年，教育部印发了《关于做好“本科教学工程”国家级大学生创新创业训练计划实施工作的通知》，将大学生创新创业分为“创新训练”“创业训练”和“创业实践”三大类。同时成立了国家级创新创业训练计划专家工作组，指导全国各高校开展创新创业教育。

据统计，“十二五”期间，共有117所中央部委所属高校和710所地方所属高校参与该计划，中央、地方和高校对近8万个项目进行了资助，覆盖12个学科门类，投入经费近14亿元，参与学生近22万人。以2012年和2013年为例，参与项目的学生数共计为196 827人，创新项目数45 004个，创业项目8323个，投入经费10.32亿元，无论从参与学校和学生的覆盖面，还是地方政府财力支持，都掀起了大学生创新创业教育的新高潮。(见表12.3.1)

**表12.3.1　2012、2013年全国大学生创新创业训练计划**

| 年份 | 学校类型 | 学校数(所) | 学生数(人) | 创新项目(个) | 创新项目(个) | 项目经费(亿元) |
|---|---|---|---|---|---|---|
| 2012 | 部属 | 90 | 46 724 | 11 403 | 1581 | 2.57 |
| | 地方 | 413 | 66 182 | 13 859 | 3179 | 3.25 |
| | 总计 | 503 | 112 906 | 25 262 | 4760 | 5.82 |
| 2013 | 部属 | 115 | 33 477 | 8109 | 1112 | 1.89 |
| | 地方 | 638 | 50 444 | 11 633 | 2451 | 2.60 |
| | 总计 | 753 | 83 921 | 19 742 | 3563 | 4.50 |
| 两年合计 | | — | 196 827 | 45 004 | 8323 | 10.32 |

数据来源：关于公布2012年度第一批国家级大学生创业创新训练计划项目名单的通知http://www.moe.edu.cn/publiefiles/business/htmlfiles/moe/A08-sjhj/201209/141624.html；关于公布2012年度第二批国家级大学生创新创业训练计划项目名单的通知http://www.moe.edu.cn/pub-liefiles/business/htmlfiles/moe/s5649/201301/147379.html；关于公布2013年国家级大学生创新创业训练计划项目名单的通知http://www.moe.edu.cn/publicfiles/business/htmlfiles/moe/s7210/201404/166879.html。

(三) 创新创业教育阶段（2010至今）

这一阶段，时代背景发生了更为深刻的变化，经济转型升级，国家确立了创新驱动发展战略，大众创业、万众创新也成为时代的必然选择，因此，高校的创新创业教育目标已大大超越了前期以创业实现就业和以创业促进就业的目标，成了国家按照“四个全面”战略布局，坚持改革推动，加快实施创新驱动发展伟大战略的重要组成部分。

2010年，《国家中长期教育改革与发展规划纲要（2010—2020）》提出“加强就业创业教育和就业指导服务”，[1]教育部出台了《关于大力推进高等学校创新创业教育和大学生自主创业工作的意见》；2012年，党的十八大报告对创新创业人才培养做出重要部署，就深化高校创业教育改革提出具体实施意见。[2]2015年以来，国务院连续下发《关于发展众创空间推进大众创新创业的指导意见》《关于进一步做好新形势下就业创业工作的意见》《关于深化高等学校创新创业教育改革的实施意见》《关于大力推进大众创业万众创新若干政策措施的意见》《关于支持农民工等人员返乡创业的意见》五个重要文件，引导、支持全社会创新创业工作。

教育主管部门制定了《教育部关于大力推进高等学校创新创业教育和大学生自主创业工作的意见》《普通本科学校创业教育教学基本要求（试行）》等政策。教育部在《关于大力推进高等学校创新创业教育和大学生自主创业工作的意见〔教办（2010）3号〕》中指出：“在高等学校开展创新创业教育，积极鼓励高校学生自主创业，是教育系统深入学习实践科学发展观，服务于创新型国家建设的重大战略举措；是深化高等教育教学改革，培养学生创新精神和实践能力的重要途径；是落实以创业带动就业，促进高校毕业生充分就业的重要措施”。

这一阶段，创新创业教育成为国家层面的战略决策，范围也远超就业、创业层面，进入创新驱动发展层面。创新创业教育的主体已不再局限为毕业生，而是扩展到高校全体学生。内涵与本质方面，在创业的基础上又增加了创新的内容，并明确了创新、创业和就业之间的关系，“坚持创新引领创业、创业带动就业”，内涵更加符合高校人才培养和大学生创业的特点。

## 二、国内高等学校创新创业教育模式概述

创新创业教育作为我国高校新的教育类型，经过10多年的试点探索，已初具特色（详见表12.3.2）。有专家提出我国高校创新创业教育已形成了三种典型的发展模式：课堂教学主导型模式、创新创业意识与技能提升型模式和综合型模式。[3]

### （一）创新创业教育课堂教学主导型模式

中国人民大学将创业教育融入素质教育全过程，第一课堂和第二课堂共同开展创新创业教育。学校在第一课堂上调整教学方案，增加提供创新创业教育

[1] 中共中央国务院.国家中长期教育改革和发展规划纲要（2010—2020年）[N].人民日报，2010-07-30（13）.

[2] 胡锦涛. 在中国共产党第十八次全国代表大会上的报告[N].人民日报，2012-11-18（01）.

[3] 徐小洲，李志永.我国高校创业教育的制度与政策选择[J].教育发展研究，2010（11）：12-18.

选修课的比例，如《企业家精神》《风险投资》《创业管理》等创业教育系列课程，拓展大学生的选择范围；进行教学方法改革，倡导参与式、体验式等教学方法；改革考核办法，激发培养学生创新创业思维。在第二课堂上，引导大学生创造性地投身社会实践、志愿服务等活动，开展创新创业教育系列讲座，组织各种创业竞赛活动，逐步形成以项目和社团为组织形式的“创新创业教育”实践群体。[1]本模式以课堂教学为主，虽也以专业为依托，但第一课堂与第二课堂联系不紧密，容易导致理论教学与实践教学脱节。

上海交通大学学生创业工作理念分为两个层次，一是面上覆盖。面向全校全体学生，开设以创业精神和人格养成为目标的创业通识教育课程体系，实现对全体学生的覆盖。二是点上突破。面向一部分有强烈创业意愿的同学，开设针对性培养的创业课程，提供创业导师的指导，辅以预孵化和部分资金的支持，培育未来企业家，并实现创业意向同学、创业导师团、风险投资家等群体的聚集。

（二）创新创业意识与技能提升型模式

宁波大学有机整合第二课堂，将分散的第二课堂资源整合为“大学生创新创业训练计划”，包括科研创新训练、创业训练、科技竞赛、人文素养提高和职业技能培训五方面，作为学生必修课内容纳入教学计划，以学分制形式纳入创新人才培养体系，使第二课堂成为第一课堂活动的“延展”。

黑龙江大学创建校内外创业实践基地，在校内进行大学生创业体验，成立创业实体；在校外建立产学研一体化教育模式，通过校企合作让学生在实训中增长才干；利用暑期社会实践，硕博研究生到社会和企业挂职等，提高大学生创业综合素质。

北京航空航天大学侧重商业化运作，建立了大学生创业园，成立“创业管理学院”，专门负责学生创业教育事务，设立“创业基金”，为学生提供创业资金扶持。[2]

本模式重在实践，能更好地提升大学生创业意识、创业技能，但实际上在学生创业实践的覆盖率提升上效率不高，创业知识与创业实践结合不够紧密。

（三）创业教育综合型模式

这类模式有两个突出特征：一是把创新教育作为创业教育基础，建设有创新人才培养体系的基本框架和基本内容，在专业教学上注重培育学生的综合素质。如清华大学在全校开设多门创新创业课程。二是依托各类社会活动，以竞

[1] 曹胜利，雷家骕.中国大学创新创业教育发展报告[M].沈阳：北方联合出版传媒（集团）股份有限公司，2009.

[2] 曹胜利，雷家骕.中国大学创新创业教育发展报告[M].沈阳：北方联合出版传媒（集团）股份有限公司，2009.

赛为载体，推动创新创业教育的开展。如清华大学最早在全国启动“创业计划大赛”，成立专门的科技创新中心，设立学生“科技创新基金”，对学生的创新创业活动开展指导、咨询和评估。[1]

该模式代表性高校还有天津大学、电子科技大学、华南农业大学等高校，其工作理念分为三个层次：一是把创新创业纳入人才培养体系。通过培养师资队伍，优化课程设置，建立健全创新创业通识课程教育体系。部分高校依靠管理学院辅修工商管理（创新创业方向）双学位，对完成核心课程、选修课和讲座报告做出了明确的规定，部分高校建立了创新创业学分积累和转化机制。二是强化创新创业实践。设立创新基金，扶持大学生结合教师科研项目开展科研训练，指导学生创新团队参加各类创新大赛；设立创业基金，建设孵化园区，扶持学生开展创业实践、创业训练，针对性地开展创业培育、创业孵化。三是搭建平台，对接社会资源，加强成果转化。强化创新创业基地建设，搭建与政府、企业、社会对接平台，开展项目对接、落地转化、知识产权交易、项目融资，工商税务法律服务。

该创业教育模式较前两类模式在“持续发展能力取向”上有所加强，覆盖面更广，在培养大学生创新意识、企业家精神、创业思维上均有较好帮助。

**表 12.3.2　国内代表高校的创业做法**

| 院校 | 开展时间 | 创业教育理念 | 具体做法和特色 |
|---|---|---|---|
| 清华大学 | 1998年 | 将创新、创业、创意全部纳入体系，重在培养大学生创业精神、创新性和综合素质的发展 | 率先引入KAB系统课程；成立清华大学中国创业研究中心，推动科技创新；打造以创意为主的未来兴趣团队、以创新为主的创客空间、以创业为主的X-lab和创+平台 |
| 北京航空航天大学 | 2002年 | 培养学生的创业意识和创业精神 | 成立专门的创业教育领导小组、创业教育专家组和创业管理培训学员，注重创业教育相关课程与创业实践的结合 |
| 中国人民大学 | 2002年 | 以创业带动就业，以创业促进发展 | 成立全国首家针对文化创意产业的大学生科技创业实习基地。建立创业中心，提供项目评估、创业培训、创业导师、创业公共服务、创业资金支持等相关创业孵化服务 |
| 上海交通大学 | 2002年 | 点燃创业激情，营造创业氛围，培养创业人才 | 从八个模块开设创业课程，设立创新与创业大讲堂、互联网商业模式与创业、风险资本与创意等课程 |

[1] 曹胜利，雷家骕.中国大学创新创业教育发展报告[M].沈阳：北方联合出版传媒（集团）股份有限公司，2009.

续表 12.3.2

| 院校 | 开展时间 | 创业教育理念 | 具体做法和特色 |
|---|---|---|---|
| 南京财经大学 | 1998年 | | 坚持课程引领与实践相结合，分层分类推动创业教育 |
| 黑龙江大学 | 1998年 | 面向全体学生，基于专业实施分类培养，强化实践环节 | 创业教育课程教学体系建设；全国首家校内创新创业实践基地，建设以专业实验室为依托的院级校内创新创业实践基地 |
| 西安交通大学 | 2001年 | | 加强大学生创业信息服务，建立创新教育网络服务平台，为学生提供全方位的创业咨询、创业评测、创业指导和创业实训服务 |

## 三、大学生创新创业工作存在的问题

### （一）创新创业政策颁布和执行中存在的问题

为促进高校创新创业教育的开展，近10年来，我国各级政府和高校陆续出台了一系列创新创业教育政策（见表12.3.3），但大学生创业率极低。2014年，大学生创业在工商部门登记数量为47.8万人，虽然比2013年增长了11.9万人[1]，相对于当年727万高校毕业生，创业率只有6.57%，相比西方国家差距较大。大学生对政府部门的创业服务并不满意，从一项调查就可以看出，“大学生创业者对当前我国政府的创业服务并不满意，认为政府创业服务对其创业行为无帮助者达38.9%，最不满意的方面为：没有为大学生提供优惠政策（40%），服务办事效率差（40%），没有创造公平的环境（20%）”。[2]

目前我国创新创业政策颁布和执行中存在的主要问题有：

1.不少政策由某一部门出台，受制于部门权限，难以统筹。

2.许多文件把深化高校创业教育改革作为推进大学生创业的思路，要求地方党政部门和高校积极支持大学生创业，停留在政策倡导层面。

3.地方政府出台的促进高校创业教育的政策多较为笼统，一些鼓励大学生创业的优惠政策操作手续烦琐，有些文件只是应付上级政府文件精神的政治呼应。

4.政府出台“放宽市场准入条件”，如享受创业资金扶持、实行税费减免政策、提供创业园区场地、开展培训指导、申请弹性学制学分等措施，在具体执行中程序复杂，大学生可操作性低。

[1] 人民网．人社部：去年新注册大学生创业人数比上年增加11.9万[EB/OL].（2015-10-27）[2017-07-09]. http://finance.people.com.cn/n/2015/1027/c1004-27745092.html.

[2] 许蓉艳．浙江省扶持大学生创业的政策研究[D]. 上海:上海交通大学，2010.

5.政策间存在相互矛盾。如教育部《国家鼓励普通高校毕业生自主创业政策公告》指出："按照相关规定可将家庭住所、租借房、临时商用房等作为注册地点及经营场所"，但凭"住宅商用"注册公司要通过复杂的法律程序，过程非常困难，还会与地方一些工商管理条例与公司注册法规产生冲突。

6.大学生政策知晓率低。我国就业创业政策多散落在各级政府职能部门，难以见到系统的介绍、梳理和汇编，加上就业创业政策每年也有更新，各级部门之间信息沟通不到位，许多学生并不知晓相关政策。从一项调查就可以看出，大学生对当年就业创业密切相关文件的阅读率并不高，每份文件阅读率最高的占35.1%，最少的仅为14.3%，绝大多数学生并未阅读甚至不知晓，阅读渠道主要是网络、电视和报纸等媒体。[1]

**表12.3.3　近年来中央、国务院及各部委相关部门出台的鼓励创新创业政策文件**

| 序号 | 出台部门 | 颁布时间 | 文件名称 | 文号 |
|---|---|---|---|---|
| 1 | 教育部 | 2010年 | 关于大力推进高等学校创新创业教育和大学生自主创业工作的意见 | 教办〔2010〕3号 |
| 2 | 教育部办公厅 | 2012年 | 普通本科学校创业教育教学基本要求（试行） | 教高厅〔2012〕4号 |
| 3 | 国务院 | 2013年 | 关于印发"十二五"国家自主创新能力建设规划的通知 | 国发〔2013〕4号 |
| 4 | 国务院 | 2014年 | 关于印发注册资本登记制度改革方案的通知 | 国发〔2014〕7号 |
| 5 | 国务院 | 2014年 | 关于加快科技服务业发展的若干意见 | 国发〔2014〕49号 |
| 6 | 国务院 | 2014年 | 国务院印发关于深化中央财政科技计划（专项、基金等）管理改革方案的通知 | 国发〔2014〕64号 |
| 7 | 国务院 | 2014年 | 国务院关于国家重大科研基础设施和大型科研仪器向社会开放的意见 | 国发〔2014〕70号 |
| 8 | 国务院办公厅 | 2014年 | 关于做好2014年全国普通高等学校毕业生就业创业工作的通知 | 国办发〔2014〕22号 |
| 9 | 教育部 | 2014年 | 关于做好2015年全国普通高等学校毕业生就业创业工作的通知 | 教学〔2014〕15号 |

[1] 徐佳丽，朱现平.武汉市属高校大学就业与创业教育调研报告[J].武汉商学院学报，2010，24（5）：50-54.

续表 12.3.3

| 序号 | 出台部门 | 颁布时间 | 文件名称 | 文号 |
|---|---|---|---|---|
| 10 | 财政部工业和信息化部科技部商务部 | 2014年 | 关于印发《中小企业发展专项资金管理暂行办法》的通知 | 财企〔2014〕38号 |
| 11 | 人力资源社会保障部<br>国家发展改革委员会<br>教育部<br>科学技术部<br>工业和信息化部<br>财政部<br>中国人民银行<br>国家工商行政管理总局<br>共青团中央 | 2014年 | 关于实施大学生创业引领计划的通知 | 人社部发〔2014〕38号 |
| 12 | 国家税务总局 | 2014年 | 关于支持和促进重点群体创业就业有关税收政策具体实施问题的公告 | 国家税务总局公告〔2014〕34号 |
| 13 | 国家知识产权局 | 2014年 | 关于知识产权支持小微企业发展的若干意见 | 国知发管字〔2014〕57号 |
| 14 | 中国人民银行<br>科技部<br>银监会<br>证监会<br>保监会<br>知识产权局 | 2014年 | 关于大力推进体制机制创新 扎实做好科技金融服务的意见 | 银发〔2014〕9号 |
| 15 | 国务院 | 2015年 | 关于进一步做好新形势下就业创业工作的意见 | 国发〔2015〕23号 |
| 16 | 国务院 | 2015年 | 关于大力推进大众创业万众创新若干政策措施的意见 | 国发〔2015〕32号 |
| 17 | 国务院办公厅 | 2015年 | 关于发展众创空间推进大众创新创业的指导意见 | 国办发〔2015〕9号 |

续表 12.3.3

| 序号 | 出台部门 | 颁布时间 | 文件名称 | 文号 |
| --- | --- | --- | --- | --- |
| 18 | 国务院办公厅 | 2015年 | 关于深化高等学校创新创业教育改革的实施意见 | 国办〔2015〕36号 |
| 19 | 国务院办公厅 | 2015年 | 关于支持农民工等人员返乡创业的意见 | 国办发〔2015〕47号 |
| 20 | 国务院办公厅 | 2015年 | 关于进一步做好新形势下就业创业工作重点任务分工方案 | 国办函〔2015〕47号 |
| 21 | 人力资源和社会保障部 | 2015年 | 关于贯彻落实《国务院关于进一步做好新形势下就业创业工作的意见》的通知 | 人社部发〔2015〕42号 |
| 22 | 财政部<br>国家税务总局<br>人力资源和社会保障部 | 2015年 | 关于继续实施支持和促进重点群体创业就业有关税收政策的通知 | 财税〔2015〕18号 |

（二）创新创业教育理念观念方面存在的问题

一是理论研究不足，学术界对创业教育的理论研究还是零散的、不系统的，相关论述停留在搞好全面发展教育、主体性教育、素质教育、创新教育、就业与创业等理论层面，集中、系统、全面地探讨创业教育的文献十分欠缺。二是创新创业教育的体系不完善，形式较为单一，未形成一定的规模，没有上升至理论学科层面。三是尚未建立起完善的创业教育体系，缺乏对实施创业教育的培养机制和模式、教学计划、课程设置、师资队伍、教学资源配置等的研究和探讨。四是高校推行的产学研模式成果转化率不高，尚未建立有效的产学研三方联系。

（三）创新创业教育课程方面存在的问题

1.课程定位

部分高校将创业教育列为第二课堂实践，将创业教育课程与专业教育课程割裂，没有去挖掘各类专业课程中的创业教育资源，没有发挥第一课堂对学生开展创新创业教育功能。

2.课程设计

课程设计缺乏整体设计，重视传授创业理论知识，忽视情境创设和实践互动。

3.教材建设

缺乏高质量、本土化的创新创业教育教材，大多数高校采取直接翻译使用国外教材或者运用国外创业教育观念和方法编写教材，缺乏本土特色，与国内创业环境和实践脱节，对大学生创业教育指导性不强。

4.线上课程

课程信息化程度不高，创新创业教育优质慕课、视频公开课较少。

（四）创新创业教育师资队伍存在的问题

我国高校普遍面临的问题是创业教育师资的巨大缺口，首先是创业教师人数少，职业素质较好、讲授技能和实践指导能力强的创新创业教师更是极度缺乏，这已成为制约我国高校创业教育快速发展的最大“短板”。

1.总量不足

国内高校中，共青团中央近年来通过与国际劳工组织合作培养了一批KAB创业教育师资，部分高校也培养了一批创业管理教学师资，但师资数量远不能满足高校创业教育需求。

2.整体水平不高

我国高校创业教育普遍存在的一个问题是：一些没有创业经验的教师在教一些根本不想创业的学生。高校教师多从高校到高校，接受阶段性创业知识培训后就开始授课，讲解内容也以理论为主，造成创业教育课程学术化，很难培养激发学生的创业意识、创业能力。为弥补这一弱势，不少高校都会聘请一批创业人士担任创业导师，但受制于讲授次数，近距离的指导和课程的系统性，以及教育经验的缺乏，创业人士担任创业教育师资的效果并不理想。

（五）创新创业教育教学方面存在的问题

1.专业背景

中国高校专业设置繁多，少则十余个，多则百余个，不少高校在进行创新创业教育时没有充分考虑到学生的专业背景，使用单一的创业教育方法，导致无法提高学生的兴趣，更无法激发学生创业意识和培养学生创业能力。

2.学习时间

我国高校创新创业教育在课程时间上也存在问题，一是课程局限于某一年级、某一专业开设；二是时间上缺乏连续性，只在学年或学期某一阶段进行零散创业教育；三是缺乏规划性，特别是聘请创业导师暴风骤雨式地开展的创业讲座；四是缺乏针对性，多数高校未放宽学生修业年限，未允许学生调整学业进程或保留学籍创新创业，未建立创新创业学分积累与转换制度，审批手续也很烦琐。

3.受益范围

不少高校仅让部分学生接受创业教育，没有形成全体大学生均受益的大氛围。

# 第四节　甘肃省高校创新创业教育改革评述

## 一、甘肃省创新创业能力发展现状

2013年年末，甘肃省人口数为2582万人，居全国第22位。全年地区生产总值6268.01亿元，同比增长10.8%。人均GDP为24 296元，居全国第30位。2013年三次产业结构由上年的13.51：50.28：36.21调整为14.0：45.0：41.0，与2012年相比，第二产业所占比重下降1.0个百分点，第一、三产业所占比重分别上升0.2和0.8个百分点。高技术产业主营业务收入140.92亿元，占GDP的比重为2.25%，位居全国第27位。

（一）甘肃省创新能力现状分析

根据中国科技发展战略研究小组《中国区域创新能力报告2015》，2015年甘肃省创新能力综合排名位居全国第21名（2014年为18名）。甘肃省创新能力各项指标排名在全国中下游水平，其中创新实力保持在25位不变，创新效率比2014年下降一位至第16位，创新潜力从2014年第6位回落至第19位。知识创造、知识获取、企业创新能力、创新环境和创新绩效5个指标的排名分别为第20位、第22位、第15位、第26位和第27位。创新绩效与2014年排名相同，知识创造排名比2014年上升了一位，知识获取、企业创新能力和创新环境分别比2014年下降了10位、7位和4位。创新基础设施、金融环境综合指标排在全国后五位。

**表12.4.1　甘肃省创新能力综合指标**[1]

| 指标名称 | 2015年综合指标 | | 2015年分项指标排名 | | |
|---|---|---|---|---|---|
| | 指标值 | 排名 | 实力 | 效率 | 潜力 |
| 综合值 | 21.68 | 20 | 25 | 16 | 19 |
| 1.知识创造综合指标 | 16.95 | 20 | 24 | 8 | 23 |
| 1.1研究开发投入综合指标 | 9 | 29 | 25 | 16 | 28 |
| 1.2专利综合指标 | 14.39 | 24 | 25 | 20 | 14 |
| 1.3科研论文综合指标 | 37.94 | 6 | 20 | 2 | 19 |

[1] 中国科技发展战略研究小组，中国科学院大学中国创新创业管理研究中心.中国区域创新能力评价报告2015[M].北京：科学技术文献出版社，2015.

续表 12.4.1

| 指标名称 | 2015年综合指标 | | 2015年分项指标排名 | | |
|---|---|---|---|---|---|
| | 指标值 | 排名 | 实力 | 效率 | 潜力 |
| 2. 知识获取综合指标 | 16.59 | 22 | 26 | 14 | 19 |
| 2.1 科技合作综合指标 | 27.78 | 18 | 22 | 11 | 19 |
| 2.2 技术转移综合指标 | 16.95 | 14 | 24 | 9 | 15 |
| 2.3 外资企业投资综合指标 | 7.92 | 26 | 28 | 31 | 16 |
| 3. 企业创新综合指标 | 25.17 | 15 | 23 | 12 | 8 |
| 3.1 企业研究开发投入综合指标 | 19.71 | 26 | 25 | 22 | 22 |
| 3.2 设计能力综合指标 | 15.26 | 17 | 24 | 20 | 4 |
| 3.3 技术提升能力综合指标 | 45.32 | 4 | 21 | 1 | 15 |
| 3.4 新产品销售收入综合指标 | 23.8 | 20 | 23 | 18 | 8 |
| 4. 创新环境综合指标 | 20.68 | 26 | 27 | 24 | 9 |
| 4.1 创新基础设施综合指标 | 13.39 | 30 | 26 | 27 | 26 |
| 4.2 市场环境综合指标 | 28.52 | 27 | 30 | 17 | 29 |
| 4.3 劳动者素质综合指标 | 28.34 | 20 | 27 | 6 | 7 |
| 4.4 金融环境综合指标 | 5.78 | 27 | 25 | 26 | 19 |
| 4.5 创业水平综合指标 | 27.39 | 15 | 24 | 17 | 5 |
| 5. 创新绩效综合指标 | 25.93 | 27 | 22 | 26 | 20 |
| 5.1 宏观经济综合指标 | 17.19 | 30 | 27 | 30 | 5 |
| 5.2 产业结构综合指标 | 10.55 | 28 | 27 | 26 | 16 |
| 5.3 产业国际竞争力综合指标 | 0.8 | 30 | 29 | 29 | 30 |
| 5.4 就业综合指标 | 31.75 | 22 | 6 | 13 | 27 |
| 5.5 可持续发展与环保综合指标 | 69.33 | 19 | 12 | 26 | 14 |

（二）甘肃省创新创业人才现状分析

甘肃省地处祖国西北部，经济发展水平比较落后，创新创业人才存量不足。图 12.4.1 可以看出，甘肃省创新创业人才队伍的规模不断扩大。从人才总量上来看，2004 年甘肃省创新创业人才数约为 44 万人，2013 年这一数字接近 52 万人，但从增长趋势上可以看出近几年增长放缓。

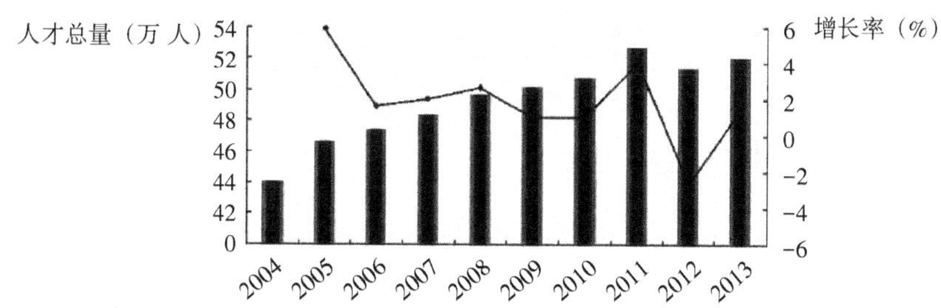


图12.4.1　甘肃省创新创业人才总量及增长率[1]

从甘肃省创新创业人才就业结构上来看（表12.4.2），在不同产业间存在差异。多年以来，甘肃省的劳动力就业主要集中在第一产业（60%左右），而甘肃省创新创业人才主要集中在第二产业，维持在80%以上，且比例一直在增长。与此同时，第三产业创新创业就业人员所占的比重处在较低的水平，且一直在下降，由2005年的13.27%下降到2013年的6.91%，稍高于第一产业。

表12.4.2　甘肃省创新创业人才数量及构成[2]

| 产业 | 2005 | | | 2009 | | | 2013 | | |
|---|---|---|---|---|---|---|---|---|---|
| | 就业人员构成（%） | 创新创业人才数量（人次） | 创新创业人才构成（%） | 就业人员构成（%） | 创新创业人才数量（人次） | 创新创业人才构成（%） | 就业人员构成（%） | 创新创业人才数量（人次） | 创新创业人才构成（%） |
| 总计 | 100 | 466 147 | 100 | 100 | 501 605 | 100 | 100 | 519 893 | 100 |
| 第一产业 | 63.67 | 30 539 | 6.55 | 62.01 | 32 896 | 6.56 | 59.26 | 33 333 | 6.41 |
| 第二产业 | 14.66 | 373 750 | 80.18 | 15.26 | 420 268 | 83.78 | 16.05 | 450 641 | 86.68 |
| 第三产业 | 21.68 | 61 858 | 13.27 | 22.73 | 48 442 | 9.66 | 24.69 | 35 919 | 6.91 |

（三）甘肃省创新能力建设方面的有效举措

为促进科技成果转化，2014年甘肃省密集出台了《甘肃省科技成果管理办法》《甘肃省专利奖励办法》等一批政策措施。推进战略性新兴产业建设，围绕新材料、新能源、生物产业、信息技术、先进装备制造、节能环保、新型煤化工、现代服务业8个战略性新兴产业，凝练组织科技项目85项，安排资金1.12

[1] 刘玉凤，王志增．甘肃省创新创业人才对经济发展的影响研究[J]．郑州航空工业管理学院学报，2015（6）：136-139.

[2] 刘玉凤，王志增．甘肃省创新创业人才对经济发展的影响研究[J]．郑州航空工业管理学院学报，2015，33（6）：136-139.

亿元；组建了两个面向战略性新兴产业发展，为相关企业开展科技创新活动提供服务的科技创新平台；组建了11个服务战略性新兴产业的省级工程技术研究中心；启动实施“品牌引领工程”和“专利导航工程”，促进知识产权与战略性新兴产业发展深度融合。

## 二、甘肃省支持和鼓励高校毕业生创新创业的有效举措

（一）出台鼓励高校毕业生创新创业的政策措施

为全面贯彻党中央国务院关于加强创新创业人才培养的战略部署，甘肃省委省政府及相关部门相继出台了一系列鼓励高校毕业生创新创业的政策文件（详见表12.4.3），如《省政府关于进一步做好新形势下就业创业工作的实施意见》（甘政发〔2015〕63号）和《甘肃省深化高等学校创新创业教育改革实施方案（试行）》（甘政办发〔2015〕161号）等，为甘肃省高校开展创新创业教育指出了方向、目标、任务。全省各市州也出台了一系列政策措施，对高校毕业生就业创业工作进行指导、支持和帮扶，形成了较为全面的高校毕业生创新创业政策保障体系（详见表12.4.4）。

**表12.4.3　2012年以来甘肃省委省政府及相关部门出台的创新创业政策文件**

| 序号 | 出台部门 | 颁布时间 | 文件名称 | 文号 |
|---|---|---|---|---|
| 1 | 甘肃省人民政府 | 2012年 | 关于印发甘肃省推动全民创业促进就业若干政策规定的通知 | 甘政发〔2012〕116号 |
| 2 | 甘肃省人民政府 | 2012年 | 关于贯彻实施《促进就业规划（2011—2015年）》的意见 | 甘政发〔2012〕128号 |
| 3 | 中共甘肃省委办公厅<br>甘肃省人民政府办公厅 | 2012年 | 关于印发《甘肃省全民创业行动实施方案》的通知 | 甘办发〔2012〕101号 |
| 4 | 甘肃省全民创业行动协调推进领导小组办公室 | 2012年 | 甘肃省全民创业行动协调推进领导小组办公室关于印发《小额担保贷款政策扶持专项工作方案》等文件的通知 | 甘人社发〔2012〕23号 |
| 5 | 甘肃省教育厅 | 2014年 | 关于印发《甘肃省普通高等学校毕业生就业创业促进行动计划》的通知 | 甘教人〔2014〕10号 |
| 6 | 甘肃省人力资源和社会保障厅<br>甘肃省工业和信息化委员会 | 2014年 | 关于进一步推动全省创业孵化基地和创业园区建设工作有关问题的通知 | 甘人社通〔2014〕141号 |

续表 12.4.3

| 序号 | 出台部门 | 颁布时间 | 文件名称 | 文号 |
|---|---|---|---|---|
| 7 | 省人力资源和社会保障厅<br>省发展改革委员会<br>省教育厅<br>省科学技术厅<br>省工业和信息化委员会<br>省财政厅<br>中国人民银行兰州中心支行<br>省工商行政管理局<br>地方税务局<br>共青团甘肃省委 | 2014年 | 关于实施大学生创业引领计划的通知 | 甘人社通〔2014〕409号 |
| 8 | 甘肃省人民政府 | 2015年 | 关于进一步做好新形势下就业创业工作的实施意见 | 甘政发〔2015〕63号 |
| 9 | 甘肃省人民政府办公厅 | 2015年 | 关于印发甘肃省发展众创空间推进大众创新创业实施方案的通知 | 甘政办发〔2015〕79号 |
| 10 | 甘肃省人民政府办公厅 | 2015年 | 关于印发甘肃省深化高等学校创新创业教育改革实施方案（试行）的通知 | 甘政办发〔2015〕161号 |

表 12.4.4　2012年以来甘肃省各市州出台的鼓励大学生创新创业的政策措施

| 序号 | 出台部门 | 颁布时间 | 文件名称 | 文号 |
|---|---|---|---|---|
| 1 | 兰州市人民政府办公厅 | 2014年 | 关于进一步促进普通高等学校毕业生就业创业工作的实施意见 | 兰政办发〔2014〕264号 |
| 2 | 兰州市人民政府办公厅 | 2015年 | 扶持创业带动就业“万企计划”实施方案 | 兰政办发〔2015〕43号 |
| 3 | 嘉峪关市全民创业行动协调推进领导小组办公室 | 2013年 | 嘉峪关市全民创业行动协调推进领导小组办公室关于印发《嘉峪关市创业推动工程实施方案》的通知 | 嘉人社〔2013〕110号 |
| 4 | 中共金昌市委<br>金昌市人民政府 | 2013年 | 关于大力推进全民创业的实施意见 | 市委发〔2013〕16号 |
| 5 | 白银市人力资源和社会保障局 | 2012年 | 白银市关于调整初次创业补贴标准的通知 | 白人社发〔2012〕260号 |
| 6 | 中共白银市委办公室<br>白银市人民政府办公室 | 2013年 | 关于印发白银市推进全民创业行动实施意见的通知 | 市委办发〔2013〕5号 |

续表 12.4.4

| 序号 | 出台部门 | 颁布时间 | 文件名称 | 文号 |
|---|---|---|---|---|
| 7 | 天水市人力资源和社会保障局 | 2013年 | 关于印发推动非公有制经济跨越发展创业推动工程实施方案的通知 | 天人社发〔2013〕115号 |
| 8 | 天水市人力资源和社会保障局 | 2015年 | 关于促进大学生就业创业的实施方案 | 天人社发〔2015〕17号 |
| 9 | 酒泉市人民政府 | 2014年 | 关于认真做好高校毕业生就业创业工作的实施意见 | 酒政办发〔2014〕165号 |
| 10 | 张掖市人民政府 | 2015年 | 关于印发张掖市小额担保贴息贷款扶持大学生发展电子商务产业实施办法(试行)和张掖市鼓励基层服务项目大学生从事电子商务产业发展管理办法(试行)的通知 | 张政办发〔2015〕17号 |
| 11 | 武威市人民政府 | 2015年 | 武威市发展众创空间推进大众创新创业实施方案 | 武政办发〔2015〕205号 |
| 12 | 定西市人民政府 | 2013年 | 关于进一步推动全民创业促进就业的实施意见 | 定政办发〔2013〕3号 |
| 13 | 陇南市人民政府 | 2012年 | 关于进一步推动全民创业的意见 | 陇政发〔2012〕104号 |
| 14 | 平凉市人民政府 | 2013年 | 关于推动全民创业促进就业的实施意见 | 平政发〔2013〕81号 |
| 15 | 庆阳市人民政府 | 2012年 | 关于印发庆阳市万人创业促进就业行动计划的通知 | 庆政办发〔2012〕89号 |
| 16 | 中共庆阳市委<br>庆阳市人民政府 | 2012年 | 关于印发庆阳市全民创业行动实施方案的通知 | 庆办发〔2012〕132号 |
| 17 | 庆阳市人民政府 | 2013年 | 关于印发庆阳市推动全民创业促进就业若干政策规定的通知 | 庆政发〔2013〕20号 |
| 18 | 庆阳市人力资源和社会保障局 | 2013年 | 关于印发《庆阳市自主创业资金扶持实施细则》的通知 | 庆市人社〔2013〕324号 |
| 19 | 临夏回族自治州人民政府 | 2013年 | 关于进一步促进就业创业工作的意见的通知 | 临州府发〔2013〕38号 |

(二)设立创新创业专项资金

从2016年开始，甘肃省每年专门安排财政资金5000万元，设立“甘肃省高校大学生创新创业专项资金”，通过实施“甘肃省高校大学生就业创业能力提升工程”，推动本省大学生创新创业教育改革工作。2016—2017年度，共安排1亿元省财政专项资金，重点支持省属高校创新创业学院建设、大学生孵化基地和

众创空间建设、示范性就业机构建设、就业创业师资队伍建设、创新创业信息平台建设、大学生创业项目扶持和创新成果转化、人才供需对接服务平台建设等方面。2016年，全省共有19所高校35个创新创业项目获得专项资金支持，2017年，全省共有19所高校44个项目获得资金支持。其中，创新创业学院8个，大学生孵化基地和众创空间28个，扶持大学生创新创业成果7个，建立创新创业信息平台5个，创新创业师资队伍建设2个。

（三）建立省级人才精准对接服务平台

从2016年开始，甘肃省建立了6个省级人才精准服务平台，即甘肃省师范教育人才精准服务平台、甘肃省兰白科技创新改革实验区人才精准服务平台、甘肃省战略性新兴产业骨干企业人才精准服务平台、甘肃省中小微企业人才精准服务平台、甘肃省文化艺术人才精准服务平台、甘肃省医药卫生人才就业创业精准服务平台，实现就业创业工作与当前产业政策有效衔接，推动高校毕业生与用人单位供给改革，促进就业创业信息精准匹配，提高就业创业服务效率，增强了高校毕业生就业创业教育的针对性和有效性。

（四）深入实施高等学校创新创业教育改革

2016年，甘肃省建立了省级、校级创新创业训练计划项目673项，完成了省级创新创业专家人才库建设工作，入库专家325人。制定了创新创业慕课、教学名师和教学团队的评优奖励标准，开展创新创业教育改革项目专题研究，启动创新创业教育改革专业试点，并进行创新创业示范校建设和评选活动。省内部分高校创新人才培养模式改革，突破了学校教育资源瓶颈的限制，为大学生创新创业提供资金和办公场地等资源，也给予学生一定的创新创业教育指导和服务。部分高职院校还在创新创业教育中形成了社团型、实验班型、实训型等活动方式，建立了相应的创新创业扶持制度。

## 三、甘肃省高校创新创业教育改革情况调查分析

甘肃省深入实施就业优先战略，大力推进全民创业行动，着力形成大众创业、万众创新的就业创业工作新格局，甘肃省高校作为推动甘肃省全民创业行动中的一支重要力量，有着强大的人才和科技支撑。全省高校积极响应国家和省委省政府关于创新创业教育改革的号召，顺应网络时代潮流，围绕“创新、创业、创意”三个关键词，开展了形式多样的就业创业教育和实践。

（一）甘肃省高校创新创业教育改革总体情况

2016年6月，本课题组研究团队采取发放调查问卷、书面报告、座谈访谈相结合的方式，分别对兰州大学、西北民族大学、西北师范大学、兰州理工大学、兰州交通大学、甘肃农业大学、兰州财经大学、甘肃中医药大学、甘肃政法学院、天水师范学院、河西学院、陇东学院、兰州城市学院、甘肃工业学

院、兰州文理学院、甘肃民族师范学院和甘肃医学院17所高校开展了调查研究，从创新创业教育改革主体责任落实、创新创业教学机构和机制建设、创新创业课程和教材建设、创新创业教育实践平台、学生创新创业项目扶持、创新创业师资建设等6方面进行问卷调查，获得了第一手资料。（如表12.4.5所示）

**表12.4.5　甘肃省高校创新创业教育改革情况调查统计表**

| 序号 | 创新创业教育调查改革分类项 | 创新创业教育改革的内容 | | 选择此答案的院校(所) | 占总体的比例(%) |
|---|---|---|---|---|---|
| 1 | 创新创业教育改革主体责任落实 | 成立了创新创业教育领导小组,确定了工作负责人,配备了专职人员 | | 17 | 100 |
| 2 | 创新创业教学机构和机制建设 | 建立创新创业学院 | | 4 | 23 |
| | | 修订人才培养方案 | | 14 | 82 |
| | | 创新创业教育实验班 | | 6 | 35 |
| | | 制定了创新创业能力培养计划,建立了创新创业档案和成绩单 | | 10 | 59 |
| | | 设置创新创业学分 | | 16 | 94 |
| | | 建立创新创业学分累计与转换制度 | | 11 | 65 |
| 3 | 创新创业课程和教材建设 | 设立线下创新创业课程 | 必修课 | 5 | 29 |
| | | | 选修课 | 17 | 100 |
| | | 设立线上创新创业课程 | | 7 | 41 |
| | | 组织编写教材 | | 7 | 41 |
| 4 | 创新创业教育实践平台 | 创新创业孵化基地和众创空间建设 | | 16 | 94 |
| | | 成立创新创业协会或创业俱乐部 | | 14 | 82 |
| | | 开办创新创业讲座论坛 | | 17 | 100 |
| 5 | 学生创新创业项目扶持 | 设立创新创业奖学金 | | 11 | 65 |
| 6 | 创新创业师资建设 | 配备创新创业专职教师 | | 13 | 76 |
| | | 配备创新创业兼职教师 | | 15 | 88 |

1.在创新创业教育改革主体责任落实方面

各高校都建立了校主管领导参与的创新创业教育工作领导小组和部门协调工作机制，确定了工作负责人，配备了专职人员，占调研高校的100%。自2015年10月以来，各高校都有专项经费保障创新创业教育教学改革，各高校在深化创新创业教育改革中投入经费4296.65万元。

2. 在创新创业教学机构和机制建设方面

17所高校中有4所高校成立了创新创业学院，占调研高校的23%。有14所高校修订了人才培养方案，把创新创业教育贯穿于人才培养的全过程，占调研高校的82%。有6所高校开办了创新创业教育实验班，占调研高校的35%。有10所高校制定了创新创业能力培养计划，建立了创新创业档案和成绩单，占调研高校的59%。有16所高校设置了创新创业学分，占调研高校的94%。有11所高校建立了创新创业学分累计与转换制度，占调研高校的65%。

3. 在创新创业课程和教材建设方面

2015—2016学年，各高校创新创业课程数量逐步增加，自主开发的教材也逐渐增多，尤其是慕课发展迅速。课题组调研的17所高校全部开设创新创业类课程，其中有5所高校将创新创业课程设置为必修课，占调研高校的29%；17所高校共开设创新创业类课程429门，开设创新创业教育在线开放课程196门，组织编写出版各类创新创业教材31种。

4. 在创新创业教育实践平台方面

17所高校中有16所高校设立了大学科技园、大学生创业园、创业孵化基地和小微企业创业基地，共计70个。成立创新创业协会或创业俱乐部等社团数153个，2016年全年共举办各类创新创业讲座论坛355场次，受益学生2万余人。

5. 在学生创新创业项目资助扶持方面

2016年度，17所高校中有11所高校设立了创新创业奖学金，年度资金总额约为312万，资金总额最多的高校为60万，最少的为5万。2016年度对4427个大学生创新创业项目进行了资助。

6. 在创新创业师资建设方面

17所高校中有13所高校配备创新创业专职教师320人，其中专职教师最多的学校有76人，最少的学校有1人。有15所高校共聘任创新创业兼职导师623人，最多的高校有151人，最少的有10人。

（二）甘肃省高校创新创业教育具体情况

1. 创新创业教育实施主体

创业的实施主体相对多元化，主要集中在就业指导中心，创新创业学院和教务处（如图12.4.2所示）。在参与调研的17所高校中，有5所高校以就业中心作为高校创业教育的实施主体，占29%；各有4所学校的创业教育主体分别在创新创业学院和教务处，分别各占24%；2所学校的创业教育的实施主体在团委，占12%；1所学校的创业教育的实施主体在学生处，占6%；1所学校的创业教育的实施主体在其他（就业中心和团委共同牵头）。由此可见，目前甘肃省高校创新创业教育的实施主体以高校行政管理部门为主导，能够整合社会和学校资源、开展系统性创新创业教育的创新创业学院在高校创业教育中的作用还相对较弱。

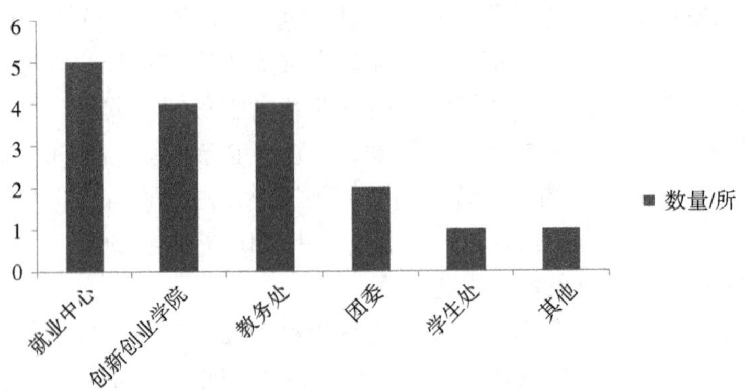


图12.4.2 甘肃省高校创新创业教育的实施主体分布

2.创新创业教育开展形式

创新创业教育的开展形式主要表现为举办创新创业活动、开展创新创业教育、建立创业孵化基地、发展创业社团、提供创业资金支持、设立创业指导机构、建立创业信息平台、开展创业技能测评。在参与调研的17所高校中，有15所高校选择举办创新创业活动，占总体比例为88.2%；13所高校开展创新创业教育，占总体比例为76.5%；11所高校建立创业孵化基地，占总体比例为64.5%；开展创业技能测评等方式所占比例相对较低。高校支持学生创业的主要方式见图12.4.3。

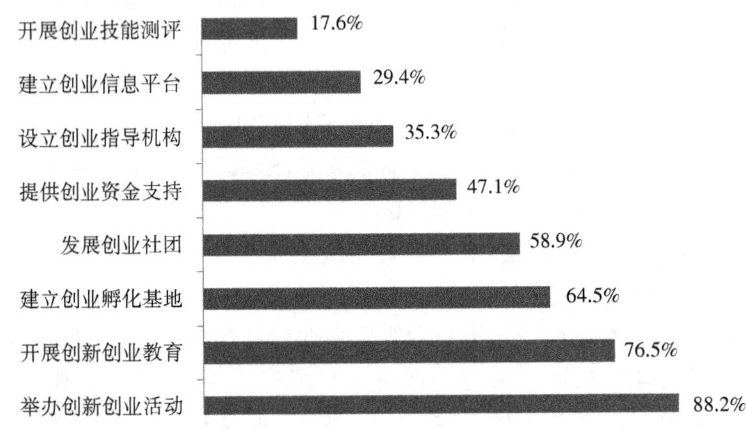


图12.4.3 甘肃省高校支持学生创业的主要方式

3.创新创业教育师资队伍

甘肃省高校创新创业教育的师资主要来源于专业授课教师、外聘的企业家（创业者）以及负责学生工作的指导老师。在参与调研的17所高校中，有13所高校的师资来源于专业授课教师，占总体比例的76.4%；15所高校的师资队伍

包括外聘创业者或企业家，占总体比例的88.2%；9所高校的专职创新创业师资包括负责学生工作的老师，占总体比例为52.9%；此外，还有6所高校选派26名教师到企业挂职（兼职），占总体比例为35.3%，高校创新创业教育的师资来源分布见图12.4.4。

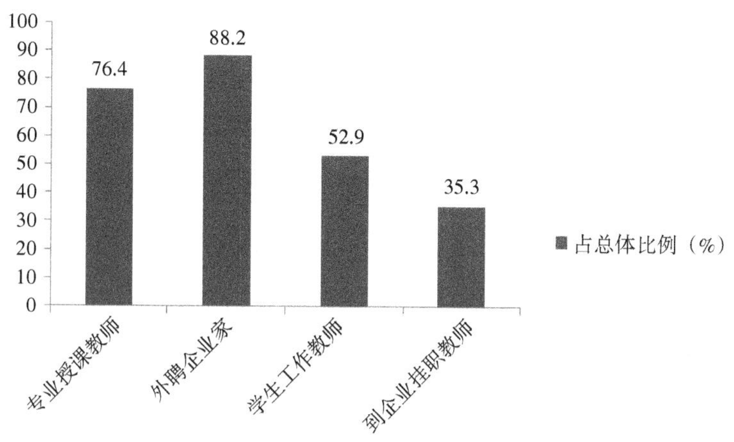


**图12.4.4　甘肃省高校创新创业教育师资来源分布**

4.创新创业教育的课程设置

如图12.4.5所示，在创新创业课程的设置方面（可多选），参与调研的17所院校中，有12所高校开设了创业基础（能力素质培养）等必修课或选修课，占总体比例为70.1%；11所高校选择专业教育+创业教育的融合教育课程，占总体比例的64.7%；9所高校选择创业指导（实务操作）等必修课或选修课，占总体比例为52.9%。整体来看，创业基础（能力素质培养）等必修课或选修课、专业教育+创业教育的融合教育课程和创业指导（实务操作）等必修课或选修课为大多数院校选择的课程结构。值得注意的是，慕课、视频公开课等在线课程的选择比例只有41.2%，说明高校在利用信息技术和新的教育模式方面还有待提升；关于创新创业方法的必修课或选修课的选择比例只有三分之一，说明高校在创新创业课程体系设置中，实践性和应用型较强的课程较少。

5.创新创业课程的教材研发与使用

创新创业课程配套的教材研发和使用情况方面，在参与调研的17所高校中，有7所高校“有配套创业课程教材，并进行了相关课程的教材研发”，占总体比例的41.2%；5所高校“有配套创业课程教材，但尚未进行教材研发”，占总体比例的29.4%。高校创新创业课程的教材研发与使用情况见表12.4.6。

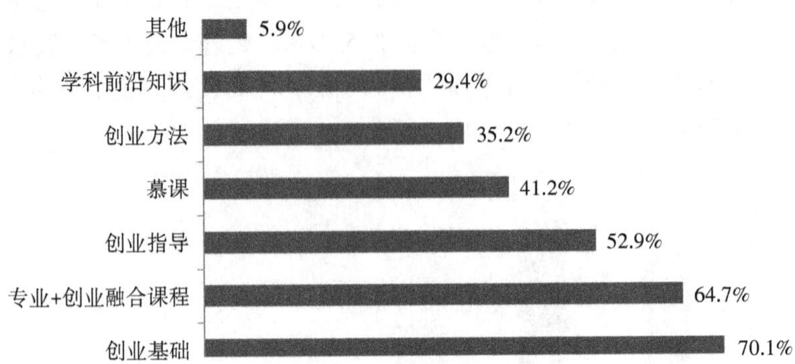


图 12.4.5 甘肃省高校创业课程设置分布

表 12.4.6 甘肃省高校创新创业课程教材研发与使用情况

| 创新创业课程教材研发与使用情况 | 学校(所) | 占总体比例(%) |
| --- | --- | --- |
| 有配套创新创业课程教材,并进行了相关课程教材研发 | 7 | 41.2 |
| 有配套创新创业课程教材,但尚未进行教材研发 | 5 | 29.4 |
| 没有配套创新创业课程教材,正在进行教材研发 | 4 | 23.5 |
| 无配套教材,未进行教材研发 | 1 | 5.9 |
| 合计 | 17 | 100.0 |

（三）甘肃省高校毕业生的自主创业情况

1.毕业生自主创业意向

我们将2007年、2008年、2009年、2010年和2013年五年中调查得到的甘肃省高校毕业生对“毕业后是否愿意自主创业”这一问题的回答划分学历层次分别进行了统计（如图12.4.6），可以看出，在高校毕业生中，有一半以上的同学表示毕业后愿意自主创业，随着时代发展，高职生、专科生、博士生的愿意创业的意向逐年走低本科生愿意创业的比例逐年增长，硕士生愿意创业的比例每年变化不大。

2.毕业生选择创业原因

对于表示愿意从事自主创业的高校毕业生，我们更深入地了解了他们的创业动机（如表12.4.7所示）。结果显示，超过一半的高校毕业生认为创业的原因是更能实现自我价值，这说明愿意从事自主创业的高校毕业生群体具有相对明确的人生目标和创业价值取向。与研究生相比，更多的本专科生选择自主创业是因为创业可以不受老板限制，工作更自主。

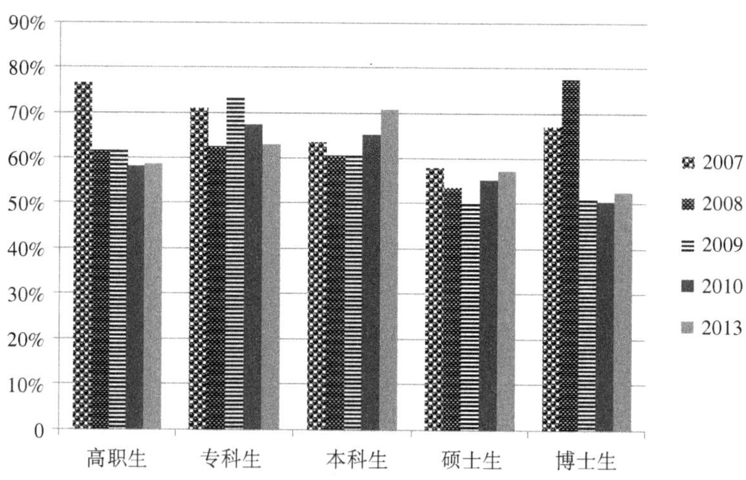


图 12.4.6 甘肃省高校不同学历毕业生自主创业意向

表 12.4.7 甘肃省高校本专科生和研究生的创业原因比较

| 创业原因 | 年份 | | | | | | | | | |
|---|---|---|---|---|---|---|---|---|---|---|
| | 2007年 | | 2008年 | | 2009年 | | 2010年 | | 2013年 | |
| | 本专科生 | 研究生 | 本专科生 | 研究生 | 本专科生 | 研究生 | 本专科生 | 研究生 | 本专科生 | 研究生 |
| 找不到自己满意的工作 | 21.6 | 14.1 | 16.0 | 23.1 | 15.4 | 26.9 | 22.7 | 25.7 | 23.0 | 18.9 |
| 创业更能实现自我价值 | 60.2 | 66.3 | 48.6 | 59.5 | 49.2 | 56.3 | 55.7 | 57.8 | 51.3 | 54.5 |
| 创业可以不受老板限制,工作更自主 | 18.2 | 17.2 | 19.5 | 15.8 | 18.1 | 14.7 | 18.5 | 14.9 | 24.7 | 25.0 |
| 其他 | 0.0 | 2.4 | 1.6 | 1.6 | 1.7 | 2.2 | 1.1 | 1.7 | 1.0 | 1.6 |

3.不同类别毕业生自主创业意向比较

(1)性别差异

数据显示，男生和女生这两个毕业生群体中，愿意自主创业的人数比例基本都占到了一半以上，而且除了2007年在毕业研究生的男生中愿意自主创业的比例比女生低了0.4个百分点以外，无论是本专科生还是研究生，男生中愿意从事自主创业的人数比例都要高于女生比例（参见表12.4.8)。这主要是因为男生在创业方面的生理和心理条件都比女生更加具有优势，例如男生的行动力强、有冒险精神、敢于承担责任。

表 12.4.8　甘肃省高校不同性别本专科生和研究生的创业意愿比较

| 性别 | 年份 | | | | | | | | | |
|---|---|---|---|---|---|---|---|---|---|---|
| | 2007年 | | 2008年 | | 2009年 | | 2010年 | | 2013年 | |
| | 本专科生 | 研究生 | 本专科生 | 研究生 | 本专科生 | 研究生 | 本专科生 | 研究生 | 本专科生 | 研究生 |
| 男 | 69.5 | 58.1 | 65.2 | 58.1 | 68.5 | 52.2 | 52.6 | 55.6 | 55.0 | 58.0 |
| 女 | 61.6 | 58.5 | 57.6 | 51.5 | 59.0 | 59.0 | 47.4 | 44.4 | 45.0 | 42.0 |

（2）学历差异

不同学历层次的大学生创业意愿有显著不同（如表12.4.7所示）。可以看出，相比本专科生，学历层次更高的研究生愿意去创业的人数较少。可能的原因是：研究生普遍接受了更长时间的教育，毕业后的年龄压力也越大，更希望获得一份稳定的工作，而不愿意冒险再去“下海”。

（3）学习成绩差异

对比2013届大学生学业成绩与创业意愿（如图12.4.7所示），学业成绩班级排名靠前的学生愿意创业的比例更高，学习成绩前25%的学生有33.9%愿意去创业，学习成绩在中上25%的学生有创业意愿的占45.7%，学习成绩在中下及最后25%的学生，有创业意愿的分别只有16.3%和3.9%。

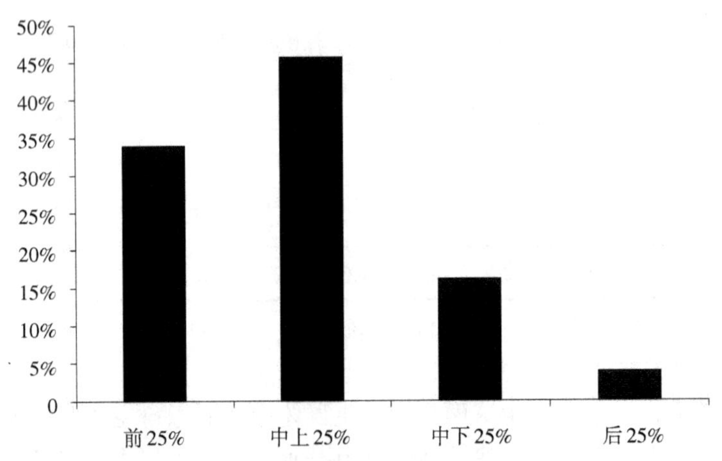


图 12.4.7　学业成绩班级排名与创业意愿的关系

（4）专业差异

将2007—2013年本专科毕业生数据平均处理后发现，不同专业类型的本专科生毕业生的自主创业意愿有较大差异，自主创业意愿较高的专业有计算机（73.4%）、艺术（67.3%）、地理学（65.7%）和农学（65.3%），自主创业意愿相

对较低的专业是医学（30.1%）、中文（42.3%）、物理（43.4%）和工程（45.7%）。（如图 12.4.8）

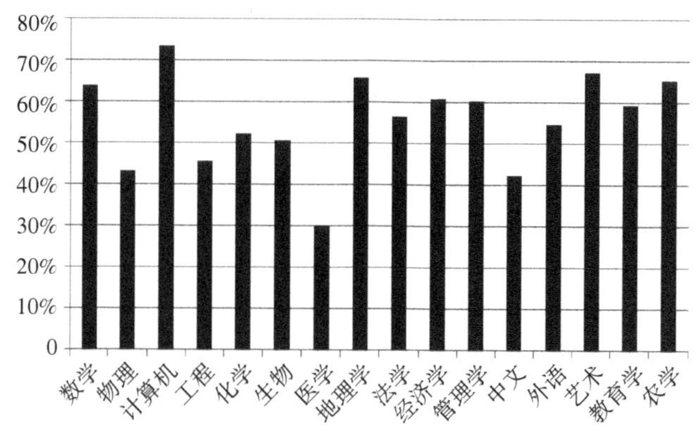


图 12.4.8　不同专业与创业意愿的关系

（5）父母职业类型

从父母亲职业类型差异分析。我们将父母亲的职业划分为体力劳动者、农民和普通职员、中层管理者、单位负责人、专业技术人员、自雇佣者六种类型。分析发现，父母亲是体力劳动者、农民和普通职员和自雇佣者的毕业生有较强的创业意愿（参见图 12.4.9 和图 12.4.10）。

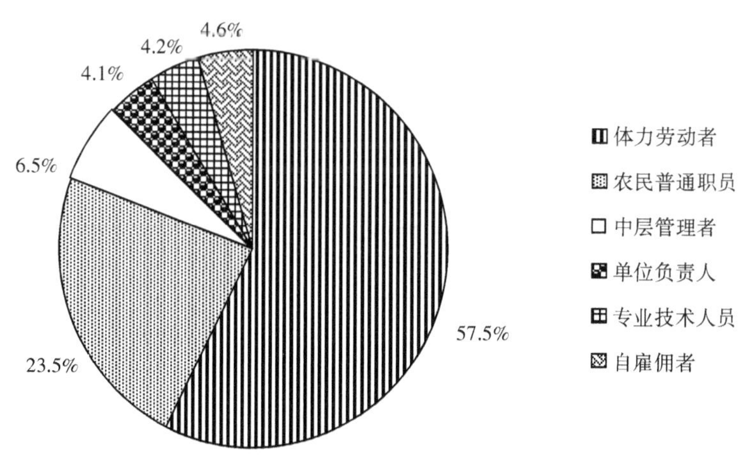


图 12.4.9　愿意自主创业毕业生父亲职业分布

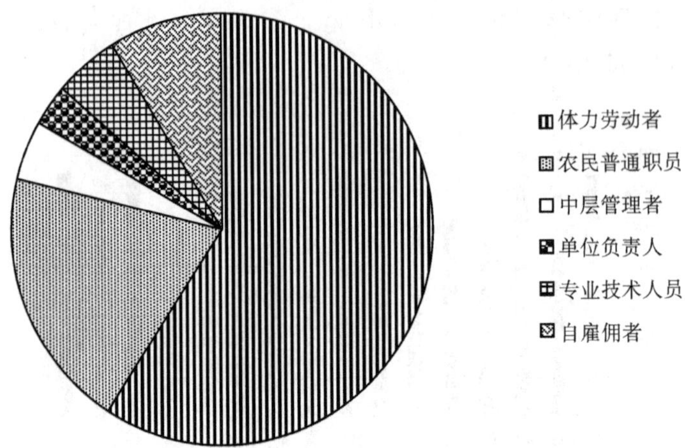


图12.4.10　愿意自主创业毕业生母亲职业分布

（6）家庭所在地

我们将高校毕业生的家庭所在地分为直辖市、省会城市、其他城市和农村四类，从大学本专科毕业生自主创业意愿可以看出（如图12.4.11所示），家庭所在地在农村的毕业生自主创业积极性最高，有超过57.1%的毕业生表示愿意自主创业，但这种趋势随时间推移呈下降趋势。排在第二的是家庭所在地在其他城市的毕业生，这一群体表示愿意自主创业比例分布在20%～30%之间。排在第三的是家在省会城市的毕业生，创业积极性最低的是家庭所在地在直辖市的大学毕业生，6年的比例不超过8%。

不同家庭所在地的研究生自主创业意愿与大学生基本一致，积极性由强到弱的排列次序也为农村、其他城市、省会城市、直辖市，只是在分布比例和变化趋势上有一定差异（参见图12.4.12）。

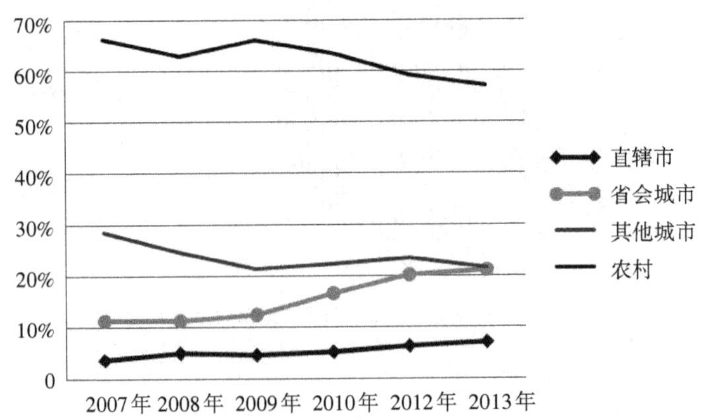


图12.4.11　自主创业意愿和本专科生家庭所在地的关系

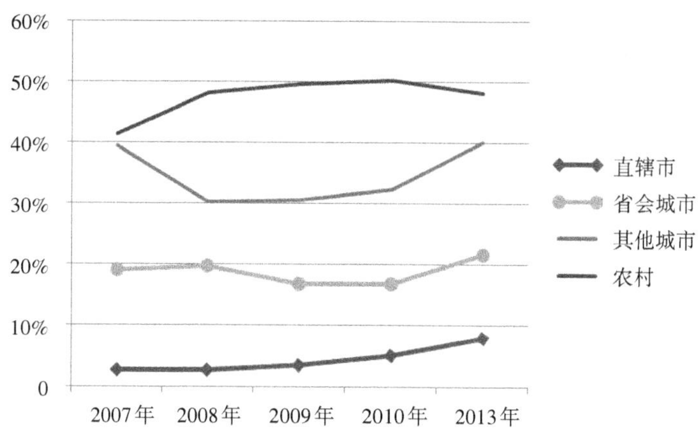


图 12.4.12　自主创业意愿和研究生家庭所在地的关系

可以看出，家庭所在地越是地处经济落后地区，毕业生自主创业的积极性越强，这说明就业机会和社会资本是高校毕业生想要自主创业的重要原因。

### 四、甘肃省高校开展创新创业教育的主要形式

当前甘肃省高等学校开展创新创业教育的主要形式可以概括为“3+X”，“3”是指创新创业课程、创业大赛和创业学院，“X”是其他创业实践活动。创业课堂、创业大赛和创业学院是高校创新创业教育的三个主要形式。

其中创业课程包括必修课、选修课和创业讲座。创业大赛包括国家、甘肃省、社会机构和学校层面举办的各类创新创业大赛。创业学院是由高校组建的以开展创新创业教育为主的教学单位。其他创业实践活动包括各种以创业为主题的会议、社团、沙龙和体验活动。各类众创空间和创业服务机构经常在大学或是面向大学生举办创业实践活动。

（一）创业课程

在创业课程开展方面，在教育部2012年《普通本科学校创业教育教学基本要求（试行）》文件的要求下，调研的17所省属高校都有开设有创业课程。课程内容多为《创业学》《大学生创业理论与实务》和《创业精神》等基础性、通识性创业课程。教授创业课程的老师以负责学生工作的教职员工为主，或依托工商管理学院的教师完成教学任务。在课程设置方面，创业课程一般作为全校公选课或者商科类专业的限选课存在，每周1～2个学时，并且是百人左右的大班教学。在调研中还发现，部分高校无自行研发的创业课程，多选择引进一些社会机构的创业教育产品。如“大学生KAB创业基础”和SYB课程等。

（二）高校学生创新创业大赛

当前，面向甘肃省高校学生的创新创业大赛可分为三个层次：第一层次是

全国范围的，由教育部、人社部联合相关单位举办的创业大赛；第二层次是甘肃省联合其他单位举办的创业大赛；第三层次是院校层面的，由学校联合相关部门举办的创业大赛。此外，一些投资机构、创业服务机构主办的创业比赛也越来越多。当前，按照比赛的规格、范围、水平和影响力来看，“创青春”全国大学生创业大赛、“互联网+”大学生创新创业大赛、“中国创翼”青年创新创业大赛等。省级层面的有甘肃省创新创业大赛、甘肃青年创新创业大赛、甘肃省大学生创新创业大赛等。

（三）创业学院

创业学院是高校开展创业教育的一个重要形式。从当前实践来看，甘肃省高等学校大多数采取虚拟创业学院的形式，即学校设立创业学院部门，并在创业学院内设创业类专业，配置创业类课程与创业导师，但这些设计并不涉及学籍和院系调整，而是一种增量式的改革，作为已有培养体系的补充。目前甘肃省设立创业学院的代表院校有：兰州理工大学、兰州交通大学、甘肃农业大学、兰州财经大学等。

## 五、甘肃省高校创新创业教育改革存在的主要问题

（一）甘肃省高校的创业环境还处于起步阶段，无法为创业教育提供完善的环境

1.高校环境与社会环境脱节，产、学、研断层明显

甘肃省各高校创新创业教育存在碎片化、同质化的现象，系统性不强、类型化不明显，理论支撑与实践结合不紧密，高校的创业教育还未形成相对成熟的理论体系与框架，无法从理论的高度解释创业活动的各种问题、探索创业产生和发展的规律或概括出具有普遍意义的成功创业经验；与学校环境外的企业、研发机构缺乏联系，无法根据社会的需要调整教学体系。

2.未设置完全独立的创新创业教育部门

目前，我省绝大多数高校的创新创业教育主要由教务处、学生处、就业中心或团委负责，创新创业教育主要是为大学生就业服务，新挂牌成立创新创业学院，由于经费和人员编制较少，部分创新创业学院和教务处、团委是“两块牌子、一套人马”，不足以承担全校学生创新创业教育。17所高校中，只有5所高校将创新创业课程设置为必修课。

3.缺少专门从事创业教育的师资队伍

（1）创新创业教师数量不足。调查中，17所高校共有创新创业专职教师320人，但是经过了解发现，这部分教师中很多是经管学院教师、学生工作干部兼任，目前专门从事创业教育的师资队伍仍然稀缺。

（2）教师能力不足。创新创业教育对教师的创新意识、拓展能力要求较

高，目前大多数创新创业教师缺少创业经历和实战经验，对学生创业实践指导常常显得力不从心，不利于学生创业素质的培养。

（二）高校创业教育观念落后，创业教育未正式纳入课程设置体系

1.高校创新创业教育观念相对滞后。目前，在甘肃省高校，就业率是大家公认的评定一所高校教学质量好坏的关键指标，并没有出现对创业率和创业成功率的统计和评定，因此在这种意识形态的引导下，大部分高校追求学生就业率，教师的教学也必然是围绕就业服务，对大学生创新创业教育动力不足情理之中的事情。

2.学生创新创业的主动性不高。甘肃省高校大学生大多数为西部生源，学生和家长思想较为保守，在“自主创业没有面子”的老观念的影响下，自然将公务员、事业单位和国有企业作为理想职业的首选；若这种理想职业无法找到，则以考研来实现，而自主创业则是甘肃省大学生最后的被动选择（2015届甘肃省普通高校毕业生自主创业率仅为0.21%）[1]。此外，创业教育未正式纳入课程设置体系，创业教育在部分学校被创业大赛取代，少部分有创业思路或创业项目的学生最终沦为比赛选手，创业教育也沦为少数人比赛项目，而不是多数人的“创业教育”。

3.创新创业认识有待进一步提高。目前，甘肃省高校偏重于创业教育，对大学生创新引导不够，应当是基于创新基础上的创业。

（三）课程建设落后，制约创业教育的深入发展

1.创新创业课程重理论、轻实践。主要表现在：（1）选用教材比较晦涩难懂，学生的学习兴趣不高。（2）教材过时和陈旧的现象严重，教学内容滞后于形势的发展。（3）缺少对新兴、交叉、边缘、横断等通识性知识的课程设置，导致学生创新思维不能得到有效开发和启迪。

2.创新创业教育课程形式单一，缺乏多样性、系统性与层次性课程体系。

（四）创业教育资源配置不足，创业实践环节薄弱

实施创业教育不能仅仅停留在教材和课堂上，更重要的是应开辟见习、实习基地，切实开展创业实践活动。由于甘肃省经济社会发展较为落后，创新创业教育实习实践资源较为匮乏，缺少新兴产业和中小微创新企业接纳高校学生实习实践，创新创业实践环节薄弱。

（五）创新创业资金相对欠缺

创新创业示范校、各类平台和孵化机构建设需要一定资金投入，尤其是后期建设更需要资金保障。大学生创新创业项目孵化融资难度较大，甘肃省和各高校缺少对大学生创新创业项目必要的资金支持和融资。

[1] 甘肃省教育厅：甘肃省2015年毕业生就业与培养质量综合报告，甘肃省教育厅网站，http：//www.gsedu.gov.cn/content-32463.htm。

# 第五节 高等学校创新创业教育的国际经验

## 一、国外高等学校创新创业教育发展特点概述

近20年来，创新创业教育在世界上已逐渐被各国重视，美、英、德、日等国的创新创业教育均已推广到初中甚至小学。本节将系统介绍美国、英国等发达国家在高校创新创业教育的成功经验，以期为我国高校创业教育得到一些有益的启发或借鉴。

（一）美国高校创新创业教育特点

美国较早完成了创业教育在高等教育体系中的定位部署。从1947年哈佛大学率先开创创业教育课程，到1968年百森商学院首次在本科教育中开设创业方向，再到20世纪90年代美国高校开始培养创业学方向的博士，美国的创业教育已经纳入国民教育体系之中，并逐步形成了一套完整的创业教育学科和教学研究体系。创业学已经成为美国大学尤其是商学院和工程学院发展最快的学科领域之一。美国高校创新创业教育具有以下几个特点：

1.课程覆盖面广

1990年以来，创业教育在全美范围内的高校中得到了认可。截至2012年，1600多所高校开设了2200多门创业课程，创业教育已经成为美国高等教育课程体系的重要组成部分。Vesper和Gartner在研究报告中指出，在104所开设创业教育课程的大学中，大约有55%的大学在本科与研究生两个层次上开设了相关课程，30%的大学在研究生层次开课，只在本科生阶段开课的大学仅占15%。根据Winslow和Solomon所做的1999—2000年度第七次全美创业教育项目连贯调查结果显示，已经有142所大学在本科或研究生院中把创业作为了专业领域，其中有49所学校设置了创业学位。在创业教育课程设计上，美国高校也已经形成特色，例如，百森商学院、哈佛商学院的创业教育计划都是综合性的创业教育；麻省理工学院、加州大学伯克利分校粕勺创业教育侧重于高科技创业；印第安纳大学伯明硕分校、雪城大学创业教育侧重于新企业创立和创新等。

2.师资队伍雄厚稳定

美国各商学院的教师由专职教师和兼职教师共同组成，根据教学与管理的需要来确定教师的数量。美国培养创业师资的做法是：既有大量接收专业创业教育的师资，又有来自商学院、工学院、医学院、理学院采用泛学科性的创业教育师资队伍，用于支撑美国创业教育从本科到研究生的完整人才培养阶

段。[1]美国大学商学院创业教育中心一般吸收一些既有创业经验，又有学术背景的人士进行教学和研究工作，支持创业教育教师和非创业教育教师之间的合作与交流。很多大学商学院的教授都曾经有过创业的经历，担任过甚至现在还在担任一些企业的外部董事，这使得他们对创业教育领域的需求与发展方向有着不可比拟的敏感度和洞察力。

3.教学方式多样丰富

美国很多商学院在设计教学内容时，以现实创业环境的状况作为教学的切入点，自始至终贯穿典型的创业案例。例如，百森商学院采取以问题为中心的“激智”教学法，让学生围绕创业过程中可能出现的问题，展开自由畅谈与思维互相激发。丰富多彩的创业第二课堂也是美国创业教育的一大特色。其表现形式主要是：（1）“创业计划”项目。又称商业计划，指创业者就某一项创业项目向风险投资家游说以取得风险投资的可行性商业报告。（2）“合作计划”项目。指高校与公司、非营利性机构、政府合作，让在读学生定期参加一定阶段的工作实践。（3）暑期打工活动。利用暑假进行打工是个体独立和融入社会的表现，更是大学生创业实践活动的有效形式。

4.形成创新创业教育代表性模式

（1）百森商学院“创新创业课程”创新创业教育模式

百森商学院作为全球最著名的创新创业管理教育及研究的最高学府，在创业学领域一直处于领先的地位。百森商学院配备有相当数目的创新创业助教及老师和全职教员。学院的师资必须有企业方面的经验：风险资本家（创业投资家）、创业家和实业家、新创立企业的高级管理层。白森商学院将创业过程必要的创业意识、创新个性品质、创业核心能力等理念整合到创业的社会知识中，并有机结合科学教育和人文思想教育、智力教育以及社会教育，学习者仿佛置身于创业的社会背景中，关注创业的同时还了解到与创业相关的经济问题和社会问题。这种全新的创业教学体系使学员有机会学到创业商机识别、企业成长学、融资与风险等基础知识和实战技能。

（2）斯坦福大学“产学研一体化”创新创业教育模式

斯坦福大学被称为硅谷的“心脏”，在其发展过程中起到了重要的作用。反之，硅谷为斯坦福带来了巨大的财政支持，保证进一步基础科研工作的进行。斯坦福大学十分重视实践应用和基础科研之间的相互转换，提出“产学研一体化”的模式进行创新创业教育，结合个人能力、专业特长以及相处的社会环境从创业者的角度来规划整个创业系统流程。

---

[1] 黄兆信.论高校创业教育转型发展过程中的几个核心问题[J].兰州大学学报：社会科学版，2014，42（6）：147-154.

（二）英国高校创新创业教育特点

英国是全球开展创业教育最成熟的国家之一，形成了相对完善的创业教育体系，英国的创业教育主要有三种典型模式：一是完全一体化的融入模式，即将创业教育完全融入学校传统的专业教育当中，与人才培养的各环节相互融合；二是学校统筹下的中介模式，即在学校统一领导下建立跟学校关系比较密切的校办产业中心和一些与专业相关的项目，通过项目搭建学生创业教育的平台，驱动学生创业教育；三是外部利益相关者推动的外部支持模式，即将创业教育作为一个系统工程，把用人单位、社区等利益相关者融入创业教育当中，共同实施创业教育，也被称作利益相关者推动的外部支持模式。英国高校创新创业教育具有以下几个特点：

1.开设系统化、层次化的创业教育课程

英国高校开设了系统化、层次化的创业教育课程。特点如下：①课程内容是对创业宏观过程的细化，以培养学生的创新意识及实践能力为主，突出实际操作性。②课程按创新程度展开，围绕学生未来的职业生涯发展与职业创新的不同层层推进，涵盖了从业人员的日常革新、已有岗位上的全面变革、职业地位的上升、非正式就业、开办任何一个企业、开办全新的企业等。③课程师资和教学内容力求贴近创业实际。英国高校大部分创业教育教师都有实际管理经验或曾创立过自己的企业，课程采取小组互动的教学方式，深入联系真实的创业活动，使学生能够获得“实际或近似的创业经验”。

2.创业实践教育务实有效

（1）结合学科专业的实际，推出具体创业教育措施。举办各类创新创业竞赛，以数目可观的奖金资助获胜学生进行创业，并在其创业过程中给予相应的专业指导和技术支持。例如，牛津大学为促进创造同时具有财务回报和社会与环境收益的可持续发展的新企业而举办“21世纪挑战国际创业竞赛”。

（2）建设科技园区，支持大学生创业。绝大多数英国高校均在校内设立了大学生科技园区，发挥创业孵化器的作用。与此同时，园区严格执行企业准入制度，主要接纳与本校科研关联度高的高科技或知识密集型企业，以确保创业企业的存活率。

（3）设立创业机构，指导学生创业。实施创业教育的大学都设有专门的创业教育机构，由专门的学校领导及教师负责。大学创业教育中心不仅为学生的创业活动提供支持，还组织教师和学生进行创业研究，对社会及学生的创业案例进行分析。

（4）搭建网络平台，共享创业资源。英国高校还积极搭建网络平台，利用互联网整合各类创业资源，促进创业者、高校和企业的知识共享和信息交流，为大学生创业实践提供支持。

3.人才培养体系实行差异化

英国高校创业专业教育形式灵活多样，呈现明显的差异化特征：首先，不同层次间的人才培养理念存在明显差异，本科阶段强调创业教育与其他学科专业的相互支撑，研究生阶段则突出创业领域的专业深度。其次，在同一层次中，专业创业人才培养模式也表现出一定的差异性。在本科阶段，主要通过开设创业学（Entrepreneurship）专业、在工商管理类专业下开设创业方向（Pathway）、开设联合学位课程（Joint Honors Degree）等多样化的模式培养专业化创业人才。在研究生教育阶段，则通过开设"创业学"或类似的讲授式课程，进行创业能力的培养而非纯理论的研究，还有一些高校开设"管理、创新与变革"等特色专业，帮助学生获取相关知识、技能并建立起专业网络，注重培养学生对成长中企业的卓越管理能力，发现商机、发动和管理变革的能力，以及成为企业家的潜质。

（三）德国高校创业教育特点

近半个世纪以来，创业教育在德国各高校中形成各具特色的创新研究和创业教育体系，从而培养大学生创新意识，鼓励大学生创业，为推动中小企业蓬勃发展做出贡献。德国高校具有以下几个特点：

1.构建创业研究和创业教育的基础框架

（1）成立以高校为依托，结合中小企业发展为一体的研究机构，开展创业和创新方面的研究。（2）1978年成立创业文献数据库（ELIDA）。该数据库已发展为拥有超过22 000种资料，出版以创业专题为主的系列读物。（3）从20世纪70年代开始，在高校建立创业教育的教授席位制度。

2.加强社会创新力量与高校的有机结合

（1）德国高校的创业教育得到政府和社会各界，特别是企业的大力支持。许多大型企业，例如西门子、拜耳、大众等公司定期举行创意大赛，项目众多。从公司研究课题到社会公益创业，项目吸引许多高校的大学生参加，有利于大学生在求学期间与实践相结合，关注创新的动态和前沿技术的发展状况。（2）从资金上对大学生的创业和高校创业教育给予支持。1999—2001年，德国政府投入了4200万马克支持高校创业教育。同时各大高校在政府支持下成立创业基金，创办创新公司。

3.注重创业教育针对性和实践

（1）德国的创业教育针对性强，学生可根据自己的爱好和知识基础选择不同的学校，例如职业培训中专学校、职业高等学校或综合性大学。职业培训学校和职业高等学校注重培养一技之长，更多进行生存性创业教育，而在综合性大学，创业教育更注重结合所学专业进行创新理念和商业模式运作，对创业精英和高质量的创业项目进行重点扶持。（2）德国教授非常重视创业教育和实践

相结合，对创业教育的目的及创业教育应担负的社会责任有深刻理解。

4.注重宏观和微观创业环境建设

宏观的创业环境包括经济环境、政治环境和社会文化环境。在优化经济创业环境后，初创企业享有平台，在创业文化氛围方面也有很多尝试和努力，例如强调环保节能的生活方式，培养个性发展、创新意识、冒险精神，政府减免税收、营造信息透明的环境，银行提供低息或免息贷款，在政治环境方面私有财产权和专利权得到充分尊重和保护。

（四）日本高校创业教育特点

日本政府从环境、教育、制度等方面积极推进创业教育，学校也积极调整产业结构以配合人才培养战略，积极探索创业人才培养的优秀方案。创业教育，特别是高校创业教育在日本呈现高涨势头。日本高校创业教育具有以下几个特点：

1.政、产、学密切配合

日本政府将政、产、学合作视为提高国家创新能力的一个关键因素，希望通过促进产学合作来促进经济发展。在开展创业教育时，政府、产业界和社会从不同方面为创业教育的顺利开展创造条件，充分体现了整个社会对创业教育的重视。

在政府方面，经济产业省、文部科学省、厚生劳动省将创业教育作为国家发展的重要课题，共同研究、共同思考、共同行动。从“青年自立挑战计划”的“政策联合部署”到《技术专业促进法》的颁布，从教育科研体制的系统改革到创业教育研究的“国际参与”，日本政府在创业教育系统中扮演了指导者、推动者和协助者的角色。近年来，日本政府在简化新公司申请程序和广泛的资金援助方面出台政策，为大学创业教育的开展提供良好的服务。

在产业界方面，许多大企业和中介机构为大学创业教育做出了突出贡献，从向学校提供人才需求意见，为在校学生见习提供“实习基地”，为有潜力创业计划提供“风险资金”，到企业和大学联合开发创业教育教材、课程，设计创业型人才的培养方案和实施方案，企业正在以更加主动的姿态出现在大学校园之中。与此同时，许多中介机构在将创新成果转化为产品的商业运作中扮演了桥梁的角色。例如，整合技术与企业需求的产业合作办公室、促进大学研究成果专利化与技术授权的技术转移机构、提供商业层面支持的创业辅导机构、提供作业场地与商业设施的科学园区以及风险投资、人力中介及律师服务等，为创业者提供全方位的保障。

在高校方面，在政府和产业界的密切配合下，高校不断更新创业教育、研究理念，甚至引入了全新的办学思想。各高校在原有基础设施的基础上，加强创业孵化器、创业辅导机构等创业基础设施的建设，加强与校友的广泛联系。同时，各高校还在原有管理和经营学基础上结合本校特色，开展工科创业计

划，开设广泛的创业课程，并结合本校特色开设交叉学科。

2.致力地方经济发展

为了充分挖掘利用地域经济资源，日本高校尤其是地方私立高校在开展创业教育时，注意联系地域特色产业，许多高校将结合本地域产业优势，振兴地方经济发展作为高校人才培养的目标。

在创业实践中，大学生针对本地区企业开展市场调查，寻找企业优势，开拓市场空间。他们利用自身知识为中小企业开展咨询，通过处理具体问题达到企业升级、创新管理的目的。由此，高校的创业教育对地方经济起到实际的推动作用，也就容易获得地方政府的支持和地方企业的资助。

此外，各地方工商联合团体、金融机构、非营利机构、经营团体、地方高校还设立了创业推进协议会，共同推进创业计划，开设创业中心，使有关机构人员、打算创业的人士、企业代表在此交流意见，形成促进地域经济发展的共同愿景。与此同时，创业中心通过"创业塾制度"为女性和高龄者开展短期（30天左右）的创业技能培训，紧密围绕地域经济发展主题，开设企业设立、财务、经营等讲座。

在开展创业教育的过程中，日本政府很重视学生创业教育的衔接问题，对学生开展连贯性的创业教育，在不同的教育阶段对学生开展不同形式的创业教育，从学生一生的创新能力发展出发，为学生规划不同阶段的教育，不断提升学生适应社会的能力。

从小学开始，日本就很注重学生创业意识培养，文部省和通产省合作在小学开始实施创业教育。例如，利用早上课前的两三个小时搞勤工俭学，给人送报纸、餐饮等，目的是培养学生的就业、创业心理意识和意志品质。学校可以自行开发能让学生掌握自我负责原则和投资意识、风险意识的课程体系，有的学校通过学生手工制作、理财教育等启发学生对创业的认识。在中学阶段，文部科学省通过新的课程改革，在"综合学习时间"内开设"商店街活动""创业发明大王""动手练习"等活动和课程，为学生提供了开展模拟创业的广阔空间。各职业教育机构，尤其是工程方面的高等专科学校、短期大学，开展了丰富多彩的创业教育活动，通过创业技能的培训使学生实现创业梦想。在大学阶段，创业教育的课程设置、开设对象、学习程度更加深入和广泛。与此同时，各高校还非常注重与小学、初中、高中之间的校际合作。

创业教育在日本是一个从小学到大学的连贯体系。通过不同形式、不同阶段的创业教育使学生想创业、会创业、能创业，避免了创业技能与创业意识之间的失调，为高校创业教育的顺利开展奠定了基础。

## 二、国外高等学校创新创业教育给我们的启示

（一）改革教育模式

目前，中国的高校教育与“大众创业、万众创新”的时代背景契合度不高，培养的大学生无法适应创新创业时代变革的要求，改革高校的教育模式尤为迫切。高等学校应改革传统的人才培养模式，转变单一人才观为复合通用人才观，明确现代社会的人才不再是专业定向、意识定态、思维定式、技能定型的人，而是具备宽泛专业基础、适应多变竞争趋势、敢于独立创新等素质潜能的人才。一方面，应努力提升大学生综合素质，提升大学生做人做事、逆境生存、与他人共事合作的能力；另一方面，开展多样化、系统化的创新创业教育，为在校大学生提供创新创业机会，推动大学生成为适应时代需要，具备创新创业意识的合格毕业生。

（二）转变思想观念

转变学生、教师和家长的观念，树立既可以就业又可以创业的观念。对于学生而言，就业和升学不再是毕业后的唯一选择，自主创业也应成为一种理想之选；对于教师来说，学生就业不是唯一目的，应着重培育学生适应未来发展的创业意识与创业能力；对于家长而言，稳定体面的工作不再是对子女立业的要求，独立人格的建立，适应时代发展能力的建立应成为家长对子女立业的新目标。

（三）推进师资队伍建设

推进高校创新创业师资队伍建设，高等学校可以通过鼓励教师参加创新创业培训，鼓励创新创业教师创业兼职或创业实践，外聘专家兼职创新创业教师等，形成不同类别、不同层次的高校创业创业教育师资队伍。

（四）完善创新创业教育课程

将创新创业教育课程纳入学分体系，在课外开展创业大赛、创业交流，创业讲座等丰富多彩的创新创业教育活动，激发大学生的创业热情和欲望，形成浓厚的鼓励和支持大学生创业的氛围。实行弹性学制，鼓励学生自主创业，适当引导和资助有创业意愿的学生开展创业实践。

（五）完善创新创业服务体系

通过出台鼓励大学生创新创业的特殊政策，设立大学生创业基金，建立创新创业“孵化器”和创业示范基地，组建大学生创业策划与咨询机构，成立创新创业协会、模拟企业家协会等学生社团组织等，渲染创新创业氛围，引导大学生创新创业。

（六）加强创新创业教育科研

创新创业教育科研能为创新创业教育提供理论基础。美国有超过1500所的高校设立了创业教育研究机构，专门从事大学生创业教育和科研的工作。我国

高校可借鉴美国的经验，成立专门机构，开展有中国特色的创新创业教育科研工作，同时也可编写本土化创新创业教材，解决国外创新创业理论“水土不服”的问题。

（七）建立创新创业基地

各高校应从资金、场地、设备、设施等方面为学生创业提供扶持、优惠等，如设立创业基金、实验室、创业实践基地、科技园、孵化器等，通过创业中心或孵化器借助各类创业基金开展创业实践活动来进行，从而为大学生提供创业的专门活动场所。斯坦福大学所在的“硅谷”就是典型的创业园，雅虎、Excite、网景等公司就是在斯坦福校园的创业氛围中诞生的。创业园具有现代性、高新科技性和创新性等特征，通过提供基本的商务服务、中介增值服务和资本运作服务等营造良好的创业环境，来吸引高校中具有技术创新能力和科研成果的师生来开拓创业。通过创建创业园，为大学生运用所学知识、提高创业能力提供了条件，也为将来真正创业积累了必要的经验。

# 参考文献

## 中文参考文献

[1] 敖荣军.劳动力区际流动的选择性及其人力资本再分配效应——基于第5次全国人口普查数据的实证分析[J].华中师范大学学报：自然科学版，2007（3）.

[2] 陈安民.就业难的背后——大学生“有业不就”现象的解读[J].中南林业科技大学学报：社会科学版，2011（12）.

[3]蔡银银.大学生就业期望与就业实际的关联性研究——以华东师范大学为例[D].华东师范大学，2006.

[4]段敏芳.中国人口迁移流动现状及发展趋势[J].中南财经政法大学学报，2003（6）.

[5]胡蝶，涂雯雯，陈文新，等.大学生择业意向特点及其启示[J].江西农业大学学报：社会科学版，2005（12）.

[6]关长海，高曙先.“90后”高校毕业生就业的群体特征与对策探析[J].北京教育（德育），2011（11）.

[7]贺江平.女大学生就业现状及原因分析[J].教育发展研究，2005（3）.

[8]何淑云，姜林.对当代大学生择业观和择业意向的剖析[J].高等建筑教育，1997（1）.

[9]罗守贵.我国高校毕业生跨区域流动的机制、影响及其对策[J].软科学，2001（2）.

[10]梁英.新形势下北京地区大学生的就业价值取向[J].大众科技，2006（1）：189-190.

[11]麦可思研究院.2013年中国大学生就业报告[M].北京:社会科学文献出版社，2013.

[12]马莉萍，岳昌君，闵维方.高等院校布局与大学生区域流动[J].教育发展研究，2009，29（23）.

[13]迈克尔·托达罗.第三世界的经济发展[M].北京：中国人民大学出版社，1988.

[14]马红玉，王少坤，夏显力，等.大学生就业期望与实际签约情况比较研究——以西北农林科技大学2012届本科毕业生为例[J].中国农业教育，2013（2）.

[15]马莉萍，丁小浩.高校毕业生求职中人力资本与社会关系作用感知的研究[J].清华大学教育研究，2010，31（1）.

[16]孟续铎.2006年北京地区大学应届毕业生职业价值观调查研究[J].人口与经济，2007（1）：41-47.

[17]李华，王文奎.西安高校毕业生流动状况分析及对策[J].人才开发，2008（6）.

[18]李文静.未就业大学生的思想政治教育研究.长春理工大学学报：社会科学版[J].2011（7）.

[19]廉思.蚁族[M].南宁：广西师范大学出版社，2009.

[20]孙百才，高欣秀，徐敬建.甘肃省研究生就业状况调查报告（2007—2010年）[J].中国高教研究，2011（2）.

[21]孙百才，郭秀兰，刘晓玲.甘肃省高校毕业生就业蓝皮书（2007—2009）[M].兰州：兰州大学出版社，2010.

[22]孙立平.关注“新失业群体”[J].发展，2004（1）.

[23]佟文英.人力资源区域流动对西部大开发战略的影响[J].中南民族大学学报：人文社会科学版，2003（S1）.

[24]卢珊，王琼.来沪就读本科生地域流动与中国的地区平衡——大学生就业地选择的调查与思考[J].中国青年研究，2007（4）.

[25]吴克明，孙百才.大学生就业期望偏高的经济学分析[J].教育与经济，2005（4）.

[26]吴克明，赖得胜.预期收益最大化与大学生就业期望偏高[J].西北师大学报：社会科学版，2006（1）.

[27]薛慧锋.对校漂族群体的深层次探究——“校漂一族”的现状分析与应对策略[J].社会科学论坛，2009（6）.

[28]许静娴，吴克明.大学生就业收益偏低的经济学分析：劳动力流动的视角[J].教育科学，2007（6）.

[29]肖严华.中国社会保障制度的多重分割及对人口流动的影响[J].江淮论坛，2007（5）.

[30]叶必辉.对未就业毕业生就业状况的调查与思考.职业与教育，2008（6）.

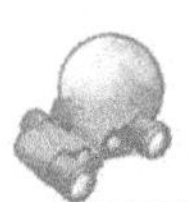



[31]岳昌君.大学生跨省流动的特点及影响因素分析[J].复旦教育论坛，2011（2）.

[32]羊健，苏永红.大学生就业意向和职业观念调查[J].中国成人教育，2009（6）.

[33]袁洪泉.我国农村剩余劳动力转移影响因素的实证分析[J].山东农业大学学报：社会科学版，2006（4）.

[34]周晨虹.女大学生就业问题的公共政策选择[J].中国劳动关系学院学报，2006（1）：

[35]张同全.人才集聚效应评价指标体系研究[J].现代管理科学，2008（8）.

[36]章荣琦.略论研究生就业指导与创业教育[J].现代教育科学，2005（3）.

[37]张时飞、唐均.中国就业歧视：基本判断[J].江苏社会科学，2010（2）.

[38]张严.从中美比较角度谈师范生就业问题[J].北京教育（高教版），2005（3）.

[39]曾湘泉.变革中的环境就业环境与中国大学生就业[M].北京：中国人民大学出版社，2004.

[40]〔美〕熊彼特.经济发展理论：对于利润、资本、信贷、利息和经济周期的考察[M].何畏，译.北京：商务印书馆，1990.

[41]刘玉凤，王志增.甘肃省创新创业人才对经济发展的影响研究[J].郑州航空工业管理学院学报，2015，33（6）.

[42]王占仁.中国创业教育的演进历程与发展趋势研究[J].华东师范大学学报：教育科学版，2016，34（2）.

[43]钟汝能.转型期高校创新创业教育探讨[J].学术探索，2015（2）.

[44]王莉方.我国高校创新创业教育发展阶段论[J].石油教育，2015（2）.

[45]丁俊苗.以创新创业教育引领高等教育改革与发展——创新创业教育的三个阶段与高校新的历史使命[J].创新与创业教育，2016（1）.

[46]黄兆信.论高校创业教育转型发展过程中的几个核心问题[J].兰州大学学报：社会科学版，2014，42（6）.

**英文参考文献**

[1]Harris J R，Todaro M P. Migration，Unemployment and Development：A Two-Sector Analysis[J].American Economic Review，1970，60（1）.

[2]Borjas G J. The Economics of Immigration[J]. Contemporary Sociology，1994，32（4）.

[3]Burgess C J，Fang T，Zikic J，et al. Career success of immigrant professionals：stock and flow of their career capital[J]. International Journal of Manpower，

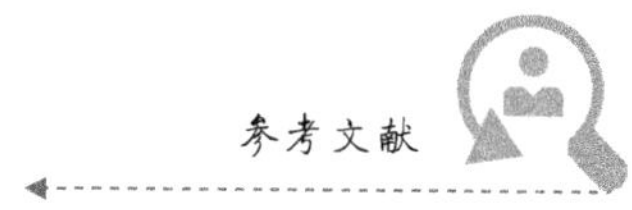

2009，（30）.

[4]Zhang K H， Song Shunfeng. Rural-Urban Migration and Urbanization in China Evidence from Time-series and Cross-section Analysis[J]. China Economic Review，2003，14（4）.

[5]Zhu Nong. The Impacts of Income Gaps on Migration Decisions in China[J].China Economic Review，2002，13（2-3）.

[6]Lin J Y， Wang Gewei， Zhao Yaohui. Regional Inequality and Labor Transfers in China[J].Economic Development and Cultural Change，2004，52（3）.

## 附录

# 1.甘肃省本专科毕业生调查问卷（2007—2010年）

亲爱的大学毕业生朋友：

您好！感谢您抽出宝贵的时间完成这份调查问卷。为更好地了解大学毕业生的就业需求和为高校教育体制改革提供依据，我们组织了本次调查。您的回答对我们非常重要。本次调查不记名，我们对所有调查资料保密。

非常感谢您的合作！

请在您认为合适的答案下画“√”。如无特别说明，每个题目仅选一个答案。

### 一、基本情况

<table>
<tr><td>1.学校:</td><td>2.您是:①本科生　②专科生　③高职生</td></tr>
<tr><td colspan="2">3.政治面貌:①中共党员　②共青团员　③民主党派　④群众</td></tr>
<tr><td>4.性别:①男　②女</td><td>5.专业属性:①师范类　②非师范类</td></tr>
<tr><td colspan="2">6.专业:①数学　②物理　③计算机　④工程　⑤化学　⑥生物　⑦医学　⑧地理学　⑨法学　⑩经济学　⑪管理学　⑫中文　⑬外语　⑭艺术　⑮教育学　⑯农学</td></tr>
<tr><td colspan="2">7.您父亲(退休前)的职业：　8.您母亲(退休前)的职业：<br>①体力劳动者　②普通职员　③中层管理者　④单位负责人<br>⑤专业技术人员　⑥自雇佣者</td></tr>
<tr><td colspan="2">9.您家共有　　人,年总收入为　　元</td></tr>
<tr><td>10.您父亲总共上过　　年学</td><td>11.您母亲总共上过　　年学</td></tr>
<tr><td colspan="2">12.家庭所在地属于:①直辖市　②省会城市　③其他城市　④农村</td></tr>
</table>

## 二、专业和职业取向

1.大学生活已经基本结束，您觉得上大学值得吗？

①值得　②不值得

2.您在选择专业时考虑的主要因素（最多可选3项）：

①热门专业　②易就业　③感兴趣　④易录取

⑤性别因素　⑥他人的看法　⑦就学成本低　⑧其他

3.您对所学专业是否满意：

①是（跳过第4题）　②否

4.您对专业不满意的最主要原因是：

①专业发展前景不好　②就业困难　③自己不感兴趣　④教学水平差

⑤教学手段和设备落后　⑥自己不适合此专业　⑦其他

5.您是否愿意到西部地区工作：

①是（跳过第6题）　②否

6.您不愿意到西部地区工作的原因是（最多可选3项）：

①自然条件艰苦　②没有发展机会　③离家太远　④收入太低

⑤户籍制度限制，流动困难　⑥其他

7.您是否愿意到农村就业：

①是（跳过第8题）　②否

8.您不愿意到农村工作的原因是（最多可选3项）：

①自然条件艰苦　②没有发展机会　③收入太低　④感觉不太体面

⑤户籍制度限制，流动困难　⑥其他

9.您最想去什么样的单位工作：

①党政机关　②国有大中型企业　③外企　④乡镇企业

⑤私人企业　⑥科研机构　⑦学校　⑧其他

10.您选择职业时主要考虑的因素是（最多可选3项）：

①职业的社会地位　②个人今后发展

③自己是否适合该职业　④个人兴趣与爱好

⑤经济收入　⑥专业对口　⑦就业地区

⑧社会关系与感情因素　⑨其他

11.您最想去什么样的地区工作：

①就学所在地　②沿海地区　③家乡及附近地区　④出国　⑤其他

12.您对自己就业成功：

①非常有信心　②有信心　③一般　④没有信心　⑤非常没有信心

13.您是否愿意自主创业：

①是　　②否（跳过第14题）

14.您选择自主创业的原因是：

①找不到自己满意的工作　　②创业更能实现自我价值

③创业可以不受老板限制，工作更自主　　④其他

15.您认为对就业的不利因素（最多可选3项）：

①学校知名度较低　　②专业冷门　　③外语水平较低

④计算机水平较低　　⑤性别歧视　　⑥没有社会关系

⑦实践能力较低　　⑧就业信息滞后　　⑨户口限制　　⑩其他

## 三、求职过程

1.您是否了解自己适合从事什么工作：

①很了解　　②了解　　③说不清　　④不了解　　⑤很不了解

2.您对学校的职业指导或就业服务工作：

①很满意　　②满意　　③说不清　　④不满意　　⑤很不满意

3.您认为职业指导应该从什么时候开始最合适：

①大四　　②大三　　③大二　　④大一　　⑤其他

4.你认为当前我校开设毕业生就业指导课程：

①非常需要　②比较需要　③有没有都无关紧要

④不太需要　⑤完全没有必要

5.你是从大几开始开设大学生就业指导课的：

①大一　　②大二　　③大三　　④大四　　⑤没开过

6.大学生就业指导课程的开设形式是什么？

①选修课　　②必修课　　③没开过

7.你对开设的大学生就业指导课程感到满意吗？

①满意（跳过第8题）　　②不满意　　③没开过（跳过第8题）

8.你不满意就业指导课程的原因是：

①内容脱离实际，起不到指导作用　　②教师讲得不好

③自己不感兴趣

9.您希望得到的职业指导及就业服务是（最多可选3项）：

①职业生涯规划指导　　②就业心理指导

③就业程序与技巧指导　　④就业形势与政策指导

⑤就业需求信息（包括招聘会）　　⑥其他

10.从上大学至今，您的花费情况（如果在某项没有花费，请填写“0”）：

| 项目 | 学费 | 住宿费 | 交通费 | 生活费 | 书本费 | 培训费 | 其他费用 |
|---|---|---|---|---|---|---|---|
| 费用(元) | | | | | | | |

11.您是否了解大学生就业的西部计划：

①了解　②不了解

12.您是否愿意参与大学生西部计划：

①是　②否

13.您获得就业信息的主要途径：

①网络及其他媒体　②招聘会　③老师　④家人、亲朋

⑤学校就业指导部门　⑥人才交流中心、职业介绍机构　⑦其他

14.您认为最有效的求职手段和途径是：

①网上求职　②委托代理人　③参加招聘会、应聘

④亲自登门自我介绍　⑤通过社会实践获得就业机会

⑥学校分配　⑦亲朋推荐　⑧其他

15.择业对你影响最大的是：

①父母　②导师　③朋友　④不受他人的影响

16.你认为影响就业的因素（按重要程度选3项）：

①个人的学习成绩　②个人的实际能力

③所学专业　④学校或教师的评价

⑤家庭背景　⑥社会关系　⑦送礼买人情

17.当今找工作很多情况下需要社会网络关系，这是一张职业量表，您能告诉我您是否认识（熟悉）每一种职业的人吗？

| 职业 | 你认识这个职位上的人吗<br>1.认识<br>2.不认识 | 当你正在寻找当前工作时，你认识这个人吗<br>1.认识<br>2.不认识 | 你与他/她是什么关系 | 如果你不知道这样一个人，你通过谁最有可能找到他/她 | 这个人从事什么职业 | 你们关系很好吗 |
|---|---|---|---|---|---|---|
| 小学教师 | | | | | | |
| 记者 | | | | | | |
| 公共或职业企业的行政人员 | | | | | | |
| 电工 | | | | | | |

| 职业 | 你认识这个职位上的人吗<br>1.认识<br>2.不认识 | 当你正在寻找当前工作时，你认识这个人吗<br>1.认识<br>2.不认识 | 你与他/她是什么关系 | 如果你不知道这样一个人，你通过谁最有可能找到他/她 | 这个人从事什么职业 | 你们关系很好吗 |
|---|---|---|---|---|---|---|
| 部门主管 | | | | | | |
| 公共或职业企业的厂长 | | | | | | |
| 大学教授 | | | | | | |
| 农民 | | | | | | |
| 局长 | | | | | | |
| 律师 | | | | | | |
| 保姆 | | | | | | |
| 市长 | | | | | | |
| 省委或市委书记 | | | | | | |
| 局党委书记 | | | | | | |
| 厂党委书记 | | | | | | |

18.截至目前，您一共联系过______家单位；其中着重联系的有______家。

19.截至目前，您一共到过______个城市进行求职；您一共收到______家单位的接收意向。

20.求职总费用（如果在某项没有开支，请填写“0”）：

| 项目 | 招聘会门票 | 交通费 | 住宿费 | 请客、送礼 | 制作自荐材料 | 电话费 | 信息搜寻上网费 | 其他费用 |
|---|---|---|---|---|---|---|---|---|
| 费用（元） | | | | | | | | |

21.您找工作时能接受的最低月工资是________元?

22.您是否参加了研究生考试：

①是　　　　②否（跳过第23题）

23.参加研究生考试的目的：

①学术研究　②当前就业难，先上学再说　　③其他

## 四、求职结果

1. 您目前的去向是：
①已经落实了工作单位　②上研究生　③出国
④没有落实工作单位，正在继续寻找工作
⑤打算自主创业　⑥目前不想找工作
（请工作未定的同学回答）
1. 您工作未定的主要原因是（最多可选3项）：
①专业水平　②社会工作经验　③社会关系　④外语水平
⑤计算机水平　⑥户口限制　⑦性别　⑧专业需求量小
⑨未投入足够的精力（准备考研或出国）
⑩没找到自己满意的工作　⑪其他
（下面请已落实工作单位的同学回答）
1. 您的签约单位的所在地在：
①直辖市　②省会城市　③其他城市　④农村
2. 您的签约单位的所在地在：
①东部地区　②中部地区　③西部地区
3. 您的签约单位是：
①党政机关　②国有大中型企业　③外企　④乡镇企业
⑤私人企业　⑥科研机构　⑦高等学校　⑧中小学校　⑨其他
4. 您认为您能否很快适应从学生到职业工作者的变化：
①能适应　②不知道　③不能适应
5. 您选择现在的单位和职业，主要原因是（最多可选3项）：
①单位发展前景好　②能解决户口
③待遇高（包括工资、住房、保险等）　④专业对口
⑤符合个人兴趣和爱好　⑥在大城市就业　⑦其他
6. 您对已经落实的工作满意吗（请在相应的数字上画“√”）？

| 问题 | 非常不满意 | 不满意 | 一般 | 满意 | 非常满意 |
| --- | --- | --- | --- | --- | --- |
| 专业对口程度 | ① | ② | ③ | ④ | ⑤ |
| 单位的发展前景 | ① | ② | ③ | ④ | ⑤ |
| 单位的工作环境 | ① | ② | ③ | ④ | ⑤ |
| 单位提供的各项待遇和福利 | ① | ② | ③ | ④ | ⑤ |
| 单位为大学生提供的上岗前培训 | ① | ② | ③ | ④ | ⑤ |

| 问题 | 非常不满意 | 不满意 | 一般 | 满意 | 非常满意 |
|---|---|---|---|---|---|
| 单位的内部文化结构或企业文化 | ① | ② | ③ | ④ | ⑤ |
| 与其他同学相比,您对您的工作 | ① | ② | ③ | ④ | ⑤ |
| 您对您的工作的总体评价 | ① | ② | ③ | ④ | ⑤ |

7.您认为用人单位录用您的主要原因是（最多可选3项）:
①专业水平 ②外语水平 ③计算机水平 ④社会实践经历
⑤面试的第一印象 ⑥性别 ⑦相貌及身高 ⑧政治面貌
⑨社会关系 ⑩其他

问卷到此结束，再次感谢您的合作!

# 2.甘肃省研究生就业调查问卷
# （2007—2010年）

亲爱的研究生朋友：

您好！感谢您抽出宝贵的时间完成这份调查问卷。为更好地了解研究生的就业需求和为高校教育体制改革提供依据，我们组织了本次调查。您的回答对我们非常重要。本次调查不记名，我们对所有调查资料保密。请您可放心去选择反映出你真实想法的选项（在相应的选项序号上打“√”即可）或填写实际情况就可以了。

非常感谢您的合作！

## 一、基本情况

| 1.学校： | 2.您的年龄：　　　　岁 |
|---|---|
| 3.民族：①汉族　　②少数民族 | |
| 4.性别：①男　　②女 | 5.专业属性：①理工科　　②文科 |
| 6.政治面貌：①中共党员　②共青团员　③民主党派　④群众 | |
| 7.您父亲（退休前）职业：　　　　您母亲（退休前）职业：<br>①领导干部　②军人警察　③大中型企业管理人员　④私营企业主　⑤专业技术人员（教师医生等）　⑥专职办公人员　⑦个体工商户　⑧商业服务业员　⑨工人　⑩农民　⑪城乡无业、失业者 | |
| 8.生源地：　　　　省/直辖市/自治区 | 9.您所在省属于：①东部　②中部　③西部 |
| 10.您家共有　　　　人，年总收入为　　　　元 | |
| 11.您父亲总共上过　　　　年学 | 12.您母亲总共上过　　　　年学 |
| 13.家庭所在地属于：①直辖市　②省会城市　③其他城市　④农村 | |
| 14.培养类型：①公费　②定向　③委培　④自筹经费 | |
| 15.您是：①硕士研究生　②博士研究生 | |
| 16.您是否有工作经历：①有　②无 | |
| 17.婚否：①未婚　②已婚（配偶学历：　　　　；配偶职业：　　　　） | |

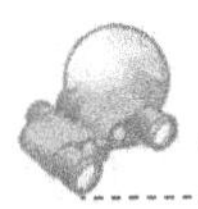


## 二、专业和职业取向

1.您考取研究生时是：
①在职考研　②应届毕业生　③大学毕业后未参加工作，专职考研
2.研究生生活已经基本结束，您觉得上研究生值得吗？
①值得　②不值得
3.与您考研前时的就业情况相比较，您认为研究生毕业后：
①有较大的就业优势　②没有明显的就业优势　③不如本科毕业生
4.你对自己目前的就业前景感到：
①非常乐观，充满信心　②一般，通过努力应该可以
③感到迷茫，没有信心　④不清楚
5.您的择业观念是：
①先就业再择业　②先择业再就业　③应对自如　④车到山前必有路
⑤期望就业形势好转　⑥茫然失措　⑦焦急　⑧其他______（请注明）
6.您觉得自己的职业目标：
①非常清楚　②比较清楚　③不太清楚　④不清楚
7.您认为研究生高层次人才最适合的企业岗位：
①研发　②高级管理　③高级营销　④三者兼而有之
8.您觉得自己的专业就业容易吗？
①非常容易　②比较容易　③不太容易　④不容易
9.您对自己的职业生涯有过规划吗？
①有明确的规划　②有较模糊的规划　③走一步算一步
10.您认为当前的就业形势如何？
①压力很大　②压力较大　③压力不大　④压力很小　⑤没有压力
11.您认为研究生阶段的哪些经历或能力对您踏入社会帮助最大（限选3项）：
①科学研究能力　②英语水平　③计算机水平　④自学能力
⑤表达与交际能力
⑥学生干部工作经历及由此形成的社会工作能力　⑦校外兼职的经历
⑧良好的心理素质　⑨其他_______（请注明）
12.您就读的专业分科类别是：
①哲学　②经济学　③法学　④教育学（含体育学）
⑤文学（含艺术学）　⑥历史学　⑦理学　⑧工学（含力学）
⑨农学（含林学）　⑩医学　⑪军事学　⑫管理学
13.您入学时为什么要选择这个专业？
①就业前景看好　②有一定专业基础　③调剂　④比较容易考上

⑤就自己兴趣而选　⑥不清楚

14. 您对所学专业是否满意：

①是（跳到第16题）　②否

15. 您对专业不满意的最主要原因是：

①专业发展前景不好　②就业困难　③自己不感兴趣　④教学水平

⑤教学手段和设备落后　⑥自己不适合此专业　⑦其他_____（请注明）

16. 研究生毕业时，您需要找工作吗？

①需要　②不需要（结束本次调查）

17. 您是否愿意到西部地区工作：

①是（跳到第19题）　②否

18. 您不愿意到西部地区工作的原因是（最多可选3项）：

①自然条件艰苦　②没有发展机会　③离家太远　④收入太低

⑤户籍制度限制，流动困难　⑥其他_______（请注明）

19. 您是否愿意到农村就业：

①是（跳到第21题）　②否

20. 您不愿意到农村工作的原因是（最多可选3项）：

①自然条件艰苦　②没有发展机会　③收入太低　④感觉不太体面

⑤户籍制度限制，流动困难　⑥其他_____（请注明）

21. 您最想去什么样的单位工作：

①党政机关　②国有大中型企业③　外企　④乡镇企业

⑤私人企业　⑥科研机构　⑦学校　⑧其他_____（请注明）

22. 您选择职业时主要考虑的因素是（最多可选3项）：

①职业的社会地位　②个人今后发展　③自己是否适合该职业

④个人兴趣与爱好　⑤经济收入　⑥专业对口

⑦就业地区　⑧社会关系与感情因素　⑨其他_____（请注明）

23. 您是否愿意自主创业：

①是　②否（跳到第25题）

24. 您选择自主创业的原因是：

①找不到自己满意的工作　②创业更能实现自我价值

③创业可以不受老板限制，工作更自主　④其他_______（请注明）

25. 您认为对就业的不利因素（最多可选3项）：

①学校知名度较低　②专业冷门　③外语水平较低

④计算机水平较低　⑤性别歧视　⑥没有社会关系

⑦实践能力较低　⑧就业信息滞后　⑨户口限制

⑩其他_______（请注明）

26.您找工作时能接受的最低月工资是______元。

27.如果月薪达不到您的期望值底线，您愿意降低标准吗?

①愿意　②不愿意　③看情况

28.您认为发达地区能吸引众多人才，主要是因为该地区：

①经济活跃　②生活环境好　③思想观念开放　④重视人才

⑤个人发展机会多⑥工资水平高⑦其他______（请注明）

## 三、求职过程

1.您是否了解自己适合从事什么工作：

①很了解　②了解　③说不清　④不了解　⑤很不了解

2.您需要学校就业指导部门的就业指导吗?

①需要　②不需要（跳到第4题）

3.您希望得到的什么类型的就业指导服务是（最多可选3项）：

①职业生涯规划指导　②就业心理指导　③就业程序与技巧指导

④就业形势与政策指导　⑤就业需求信息（包括招聘会）

⑥其他______（请注明）

4.在求职过程中，你迫切需要了解单位的信息主要有：（限选3项按顺序）______

①资金和规模介绍　②主要业务和发展前景

③用人标准和聘用条件　④薪酬和福利

⑤人才培训情况　⑥单位文化和管理体制

⑦职位信息　⑧其他______（请注明）

5.上研究生阶段，您每年的花费（如果在某项没有花费，请填写“0”）：

| 项目 | 学费 | 住宿费 | 交通费 | 生活费 | 书本费 | 培训费 | 其他费用 |
|---|---|---|---|---|---|---|---|
| 费用(元) | | | | | | | |

6.您获得就业信息的主要途径：

①网络及其他媒体　②招聘会　③导师　④家人、亲朋

⑤学校就业部门　⑥人才交流中心、职业介绍机构

⑦其他老师　⑧其他______（请注明）

7.您认为最有效的求职手段和途径是：

①网上求职　②委托代理人　③参加招聘会、应聘

④亲自登门自我介绍　⑤通过社会实践获得就业机会　⑥学校分配

⑦亲朋推荐　⑧其他______（请注明）

8.截至目前，您一共联系过______家单位；其中着重联系的有______家。

9. 截至目前，您一共到过______个城市进行求职；您一共收到______家单位的接收意向。

10. 求职总费用（如果在某项没有开支，请填写“0”）：

| 项目 | 招聘会门票 | 交通费 | 住宿费 | 请客、送礼 | 制作自荐材料 | 电话费 | 信息搜寻上网费 | 其他费用 |
|---|---|---|---|---|---|---|---|---|
| 费用(元) | | | | | | | | |

11. 您认为找工作花费______元是可以接受的？

12. 您读研究生的主要目的：

①想从事学术研究　②当时就业困难，想先上学再说

③改变自己当时的经济社会现状　④其他______（请注明）

13. 您认为求职过程中的决定性因素有哪些（最多可选3项）：

①所学专业　②各类获奖、等级证书　③家庭背景

④学习成绩　⑤导师名气　⑥求职技巧　⑦学校品牌

⑧个人形象　⑨性别（是否男生）　⑩社会实践能力

14. 您认为在择业过程中遇到的主要问题是什么？

①专业不对口　②就业信息少　③不懂就业技巧

④个人定位不当　⑤缺乏社会关系　⑥其他______（请注明）

15. 您对学校/学院对研究生就业指导工作的评价：

①积极主动地提供就业指导　②学生咨询时可较好配合

③对学生就业问题反应平平　④与毕业生甚少联系

⑤从不关注研究生就业

16. 您认为高校的研究生就业工作应从以下哪几方面加强（最多选择3项）：

①从新生开始就进行职业生涯发展测评与辅导

②就业政策宣传咨询　③建立用人单位信息库

④介绍用人单位情况　⑤就业形势分析

⑥提高信息传递速度　⑦提供更多的人才需求信息

⑧求职技巧辅导　⑨就业心理辅导

⑩其他______（请注明）

17. 您认为研究生就业指导存在的最主要问题是什么？（最多选择3项）

①就业指导工作尚未得到充分重视　②对毕业生的指导、咨询不够

③信息来源渠道不畅　④向社会宣传发布毕业生的信息不够

⑤其他______

18. 您认为解决当前就业难的根本途径是（最多选择3项）：

①调整择业期望值　②提高自身素质，增强竞争力

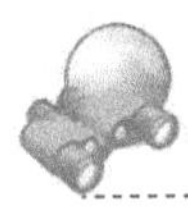



③放慢研究生招生速度　　④社会经济发展，提供更多就业岗位

⑤改革户籍人事制度，创造宽松用人环境

⑥完善高校就业指导管理服务体系

⑦其他________（请注明）

19.为有利于研究生就业，您认为学校在研究生培养方面应加强（最多选择3项）：

①提供社会实践和实习机会　　②增加与实践紧密联系的研究生课程

③改革教学方法　　④调整专业设置

⑤提供更多的创新创业机会　　⑥其他________（请注明）

20.你对“大学生志愿服务西部计划”以及近年一些地方出台的大学生到农村基层“资教”、担任“村干部”等计划举措的态度是：

①赞成、也愿意参加　　②赞成、但不愿意参加　　③不赞成

21.你认为学校提供的就业指导（包括职业规划方面的教育）对于研究生就业的作用：

①非常大　②比较大　③一般　④没有什么作用　⑤建议取消

22.以您自己的体会，研究生阶段应该着重培养下列哪些能力和素养（选择最重要的3项）：

①知识结构　②专业水准　③表达能力　④实践动手能力

⑤分析解决问题的能力　⑥组织管理能力　⑦独立工作能力

⑧创新能力　⑨人际交往能力　⑩使用外语能力　⑪使用计算机能力

⑫竞争能力　⑬个人修养　⑭其他________（请注明）

## 四、求职结果

1.您目前的去向是：

①已经落实了工作单位　　②继续上学　　③出国

④没有落实工作单位，正在继续寻找工作　　⑤打算自主创业

⑥目前不想找工作

2.根据您的求职经历，请您认为用人单位对以下因素会有要求吗？

2.1专业：①会②不会。如果“会”，那么一般用人单位更倾向于要：

①对口专业　②相关专业　③无所谓

2.2学历：①会②不会。如果“会”，那么一般用人单位更倾向于要：

①研究生　②本科生　③大专生

④学历不限，有实用技术的人才

2.3性别：

①会　②不会

如果“会”，那么一般用人单位更倾向于要

①男　　②女

2.4户籍：

①会　　②不会

如果“会”，那么一般用人单位更倾向于要

①本地户口 ②外地户口

2.5年龄：

①会　　②不会

如果“会”，那么一般最高年龄限定在______岁？

2.6身高：

①会　　②不会

2.7相貌：

①会　　②不会

2.8姓名：

①会　　②不会

2.9独生子女：

①会　　②不会

2.10经验：

①会　　②不会

2.11疾病：

①会　　②不会

2.12残疾：

①会　　②不会

2.13就业信息会影响您的求职吗？

①会　②不会

如果“会”，那么您觉得：

①很难在其他高校就业网上查询招聘信息

②部分高校的就业信息只面向本校学生

以上12种情况，您认为影响您求职成功的因素最大3项是：①______②______③______（请按影响程度排序）。

下面请已落实工作单位的研究生回答

1.您签约的时间是：______年______月。

2.您的签约单位的所在地在：

①直辖市　　②省会城市　③其他城市　④农村

3.您的签约单位的所在地属于：

①东部地区　②中部地区　③西部地区

4.您的签约单位是：

①党政机关　②国有大中型企业　③外企　④乡镇企业

⑤私人企业　⑥科研机构　⑦高等学校　⑧中小学校

⑨其他________（请注明）

5.您现在的工作单位是通过以下哪个途径落实的：

①学校的"就业指导"网站　②学校举行的各种招聘会

③学校或院系老师推荐　④亲友、同学

⑤校园网以外的其他网站　⑥校外人才市场

⑦报纸等媒体广告　⑧其他________（请注明）

6.您对已经落实的工作满意吗（请在相应的数字上划"√"）?

| 问题 | 非常不满意 | 不满意 | 一般 | 满意 | 非常满意 |
|---|---|---|---|---|---|
| 专业对口程度 | ① | ② | ③ | ④ | ⑤ |
| 单位的发展前景 | ① | ② | ③ | ④ | ⑤ |
| 单位的工作环境 | ① | ② | ③ | ④ | ⑤ |
| 单位提供的各项待遇和福利 | ① | ② | ③ | ④ | ⑤ |
| 单位为大学生提供的上岗前培训 | ① | ② | ③ | ④ | ⑤ |
| 单位的内部文化结构或企业文化 | ① | ② | ③ | ④ | ⑤ |
| 与其他同学相比,您对您的工作 | ① | ② | ③ | ④ | ⑤ |
| 您对您的工作的总体评价 | ① | ② | ③ | ④ | ⑤ |

7.您认为您能否能够很快适应这个工作岗位：

①能适应　②不知道　③不能适应

8.您选择现在的单位和职业，主要原因是（最多可选3项）：

①单位发展前景好　②能解决户口

③待遇高（包括工资、住房、保险等）　④专业对口

⑤符合个人兴趣和爱好　⑥在大城市就业　⑦照顾父母的意愿

⑧稳定　⑨其他________（请注明）

9.您认为用人单位录用您的主要原因是（最多可选3项）：

①专业水平　②外语水平　③计算机水平　④社会实践经历

⑤面试的第一印象　⑥性别　⑦相貌及身高　⑧政治面貌

⑨社会关系　⑩其他________（请注明）

问卷到此结束，再次感谢您的合作！

# 3.甘肃省高校毕业生调查问卷
# （2012年）

亲爱的大学毕业生朋友：

您好！感谢您抽出宝贵的时间完成这份调查问卷。为更好地了解大学毕业生的就业需求和为高校教育体制改革提供依据，我们组织了本次调查。您的回答对我们非常重要。本次调查不记名，我们对所有调查资料保密。

非常感谢您的合作！

请在您认为合适的答案下画“√”。如无特别说明，每个题目仅选一个答案。

## 一、基本情况

<table>
<tr><td>1.学校：</td><td>2.您是：①本科生　②专科生　③高职高专生</td></tr>
<tr><td colspan="2">3.政治面貌：①中共党员　②共青团员　③民主党派　④群众</td></tr>
<tr><td>4.性别：①男　②女</td><td>5.专业类型：①文科　②理工科</td></tr>
<tr><td colspan="2">6.是否参加校内社团或学生会：①有　②没有（跳过第7小题）</td></tr>
<tr><td colspan="2">7.你认为参加校内社团对找工作的帮助怎样：<br>①有很大帮助　②有一定帮助　③帮助不大　④没有帮助</td></tr>
<tr><td colspan="2">8.您家共有　　人，年总收入为　　元</td></tr>
<tr><td colspan="2">9.家庭所在地属于：①直辖市　②省会城市　③其他城市　④农村</td></tr>
</table>

A10.您父亲的学历：

①文盲　②小学　③初中　④高中/技校/职高　⑤大专　⑥大学本科

⑦研究生及其以上

A11.您父亲的职业：

①无业　②农民　③工人　④干部　⑤专业技术人员　⑥军人、警察

⑦自由职业者　⑧个体户或商人　⑨其他

A12.您母亲的学历：

①文盲　②小学　③初中　④高中/技校/职高　⑤大专　⑥大学本科

⑦研究生及其以上

A13.您母亲的职业：

①无业　②农民　③工人　④干部　⑤专业技术人员　⑥军人、警察

⑦自由职业者　⑧个体户或商人　⑨其他

A14.您目前的去向是：

①已经落实了工作单位　②上研究生　③出国

④没有落实工作单位，正在继续寻找工作　⑤打算自主创业

⑥目前不想找工作

## 二、专业和职业取向

B1.您在选择专业时考虑的主要因素（最多可选3项）：

①热门专业　②易就业　③感兴趣　④易录取

⑤性别因素　⑥他人的看法　⑦就学成本低　⑧其他

B2.您对所学专业是否满意：

①是（跳过第B3题）　②否

B3.您对专业不满意的最主要原因是：

①专业发展前景不好　②就业困难　③自己不感兴趣　④教学水平差

⑤教学手段和设备落后　⑥自己不适合此专业　⑦其他

B4.您是否愿意到西部地区工作：

①是（跳过第B5题）　②否

B5.您不愿意到西部地区工作的原因是（最多可选3项）：

①自然条件艰苦　②没有发展机会　③离家太远　④收入太低

⑤户籍制度限制，流动困难　⑥其他

B6.您是否愿意到农村就业：

①是（跳过第B7题）　②否

B7.您不愿意到农村工作的原因是（最多可选3项）：

①自然条件艰苦　②没有发展机会　③收入太低

④感觉不太体面　⑤户籍制度限制，流动困难　⑥其他

B8.您最想去什么样的单位工作：

①党政机关　②国有大中型企业　③外企　④乡镇企业

⑤私人企业　⑥科研机构　⑦学校　⑧其他

B9.您选择职业时主要考虑的因素是（请按重要程度选3项排序）：

①职业的社会地位　②个人今后发展　③自己是否适合该职业

④个人兴趣与爱好　⑤经济收入　⑥专业对口

⑦就业地区　⑧社会关系与感情因素　⑨其他

B10.您最想去什么样的地区工作：

①就学所在地　②沿海地区　③家乡及附近地区　④出国　⑤其他

B11.您认为对就业的不利因素（最多可选3项）：

①学校知名度较低　②专业冷门　③外语水平较低

④计算机水平较低　⑤性别歧视　⑥没有社会关系

⑦实践能力较低　⑧就业信息滞后　⑨户口限制　⑩其他

## 三、求职过程

C1.您获得就业信息的主要途径：

①网络及其他媒体　②招聘会　③老师　④家人、亲朋

⑤学校就业指导部门　⑥人才交流中心、职业介绍机构　⑦其他

C2.您认为最有效的求职手段和途径是：

①网上求职　②委托代理人　③参加招聘会、应聘

④亲自登门自我介绍　⑤通过社会实践获得就业机会　⑥学校分配

⑦亲朋推荐　⑧其他

C3.择业对你影响最大的是：

①父母　②导师　③朋友　④不受他人的影响

C4.你认为影响就业的因素（按重要程度排序选3项）：

①个人的学习成绩　②个人的实际能力　③所学专业

④学校或教师的评价　⑤家庭背景　⑥社会关系　⑦送礼买人情

C5.你在大学期间参加过校外实习吗？

①有　②没有（跳过C6题）

C6.你认为通过校外实习或是参加社会实践建立的社会网络关系对你找工作的帮助怎样？

①有很大帮助　②有一定帮助　③帮助不大　④没有帮助

请你在填写C7～C15各题时所涉及的各类亲友时不要重复统计：

C7.你平时以面对面、打电话、手机短信、写信等其他方式联系的亲属有（　）人。

C8.在你的所在的学校所有同学（包括上一级、同级、下一级，不同专业），有多少人是你认识而且知道他们名字的？（　）人

C9.在你的即将就业的单位中（包括上级、同级、不同部门），有多少人是你认识而且知道他们名字的？（　）人

C10.在你经常交往的亲友当中有没有从事下列工作的？（请在相关栏目左边空白格打“√”）

| ①科学研究人员 | | ⑦饭店餐馆服务员 | | ⑬行政办事人员 | | ⑲护士 | |
|---|---|---|---|---|---|---|---|
| ②无业人员 | | ⑧民警、军人 | | ⑭企事业单位负责人(包括部门负责人) | | ⑳司机 | |
| ③厨师、炊事员 | | ⑨经济业务人员 | | ⑮医生 | | ㉑自由职业人员 | |
| ④会计 | | ⑩党群组织负责人(包括部门负责人) | | ⑯营销人员 | | ㉒中小学教师 | |
| ⑤法律工作人员 | | ⑪产业工人 | | ⑰工程技术人员 | | ㉓其他人员 | |
| ⑥政府机关负责人(包括部门负责人) | | ⑫家庭保姆、计时工 | | ⑱大学教师 | | | |

C11.在你找工作时哪些行业的亲友对你有所帮助?(请填写以上序号)

C12.您在日常生活中多长时间与他们联系一次?(请在相应选项后打“√”)

| 对象 | 6每天 | 5每周几次 | 4每周一次 | 3每月一两次 | 2每年几次 | 1每年一两次或更少 |
|---|---|---|---|---|---|---|
| 亲属 | | | | | | |
| 学校领导 | | | | | | |
| 用人单位同事 | | | | | | |
| 用人单位领导 | | | | | | |
| 学校的老师 | | | | | | |
| 同学 | | | | | | |
| 同乡 | | | | | | |
| 一般熟人 | | | | | | |

C13.你在找工作时对他们的信任状况如何?(请在相应选项后打“√”)

| 对象 | 5非常信任 | 4较信任 | 3一般 | 2不信任 | 1非常不信任 |
|---|---|---|---|---|---|
| 亲属 | 5 | 4 | 3 | 2 | 1 |
| 学校同学 | 5 | 4 | 3 | 2 | 1 |
| 学校领导 | 5 | 4 | 3 | 2 | 1 |
| 学校老师 | 5 | 4 | 3 | 2 | 1 |
| 用人单位同事 | 5 | 4 | 3 | 2 | 1 |
| 用人单位领导 | 5 | 4 | 3 | 2 | 1 |
| 同乡 | 5 | 4 | 3 | 2 | 1 |
| 一般熟人 | 5 | 4 | 3 | 2 | 1 |

C14.你在与人交往过程中一般是怎样的状况？

①主动联系他人 ②很被动 ③二者兼而有之 ④说不清楚

C15.你在找工作时利用社会网络的状况是

①主动联系他人 ②很被动 ③二者兼而有之 ④说不清楚

## 四、下面已经签约的同学填写

1.您的签约单位的所在地在：

①直辖市 ②省会城市 ③其他城市 ④农村

2.您的签约单位的所在地区：

①东部地区 ②中部地区 ③西部地区

3.你做出以上选择的原因是（最多选3项）：

①缓解就业压力 ②受房价、物价等所迫 ③寻找良好的居住环境

④容易落户，有利于下一代的教育

⑤利用家族的可靠背景（家乡有熟门熟路）

⑥顺应国家的区域发展政策（“促进中部崛起”“西部大开发”“振兴东北老工业基地”），寻找新的人才需求市场

⑦所学专业的需要 ⑧一线城市的节奏不适合自己 ⑨心里的归属感（乡土情结） ⑩受恋爱对象（或配偶）工作地的影响 ⑪其他

4.您的签约单位是：

①党政机关 ②国有大中型企业 ③外企 ④乡镇企业

⑤私人企业 ⑥科研机构 ⑦高等学校 ⑧中小学校 ⑨其他

5.您选择现在的单位和职业，主要原因是（最多可选3项）：

①单位发展前景好 ②能解决户口 ③待遇高（包括工资、住房、保险等）

④专业对口 ⑤符合个人兴趣和爱好 ⑥在大城市就业 ⑦其他

6.您对已经落实的工作满意吗？（请在相应的数字上画“√”）

①非常不满意 ②不满意 ③一般 ④满意 ⑤非常满意

7.您认为用人单位录用您的主要原因是（最多可选3项）：

①专业水平 ②外语水平 ③计算机水平 ④社会实践经历

⑤面试的第一印象 ⑥性别 ⑦相貌及身高 ⑧政治面貌

⑨社会关系 ⑩其他

8.你没有选择去南方沿海城市发展的原因是什么？（请按重要程度选3项排序）

①生活习惯的差异 ②没有稳定的工作机会 ③学历不高

④专业受限制 ⑤生活成本过高，尤其是购房压力大

⑥父母家人反对 ⑦户口问题 ⑧离家远，没有归属感

⑨受恋爱对象工作地影响 ⑩其他

# 4.甘肃省高校毕业生就业调查问卷
# （2013年）

亲爱的毕业生：

您好！非常感谢您抽出宝贵的时间完成这份问卷。为更好地了解高校毕业生的就业需求，我们组织了本次调查。您的回答对我们非常重要，我们将严格遵守《中华人民共和国统计法》予以保密，不会以任何形式公开您的个人信息。

请在合适的答案下画“√”或在“______”里填写相应的序号。

非常感谢您的合作！

## 第一部分　基本情况

1.您现在的就业状况是：______。

①已确定单位　②升学（国内）　③出国、出境　④自由职业
⑤自主创业　⑥灵活就业　⑦待就业　⑧不就业拟升学
⑨其他暂不就业　⑩其他（请注明）

2.毕业学校：______________。

3.主修专业名称：______________。

4.您就读的专业的学科类别是：______。

①哲学　②经济学　③法学　④教育学　⑤文学　⑥历史学
⑦理学　⑧工学　⑨农学　⑩医学　⑪军事学　⑫管理学
⑬艺术学　⑭体育学

5.年龄：________岁。

6.性别：

①男　②女

7.民族：

①汉族　②少数民族

8.政治面貌：

①中共党员　②民主党派　③其他

9.学历：

①高职　②专科　③本科　④硕士　⑤博士

10.高考时的家庭所在地在：________省（自治区、直辖市）；
属于：________。

①直辖市　　②省会城市　③其他城市　④农村

11.是否独生子女：

①是　　　　②否；共有______个兄弟姐妹。

12.婚否：

①未婚　　　②已婚（配偶学历）

13.父母亲（退休前）的职业：父亲______，母亲______。

①行政管理人员（处级或县乡科级以上干部）

②机关、企业、事业单位办事人员　③各类经理人员　④专业技术人员

⑤个体工商人员　⑥商业服务人员　⑦私营企业主　　⑧工人

⑨农村进城务工人员　⑩农（林、牧、渔）民　　⑪离退休

⑫无业、失业、半失业　　⑬其他（请注明）

14.家庭人均年收入大约为：______。

①3000元及以下　②3000～5000元　③5000～1万元　④1～2万元

⑤2～5万元　　　⑥5～10万元　　　⑦10万元及以上

15.您父母的最高学历：父亲______，母亲______。

①研究生　　②大学本科　③专科　④高中或中专　　⑤初中

⑥小学　　　⑦文盲或半文盲

## 第二部分　专业和职业取向

1.学校生活已经基本结束，您觉得接受这段时间的教育值得吗？

①值得　　　②不值得

2.您对所学专业是否满意：

①满意（跳到第4题）　　②不满意

3.您对专业不满意的最主要原因是：

①专业发展前景不好　　　②就业困难　③自己不感兴趣　④师资水平差

⑤教学设备和手段落后　　⑥自己不适合此专业　⑦其他（请注明）

4.您的学习成绩在班里属于：

①前25%　　②中上25%　　③中下25%　④后25%

5.您在学习期间担任学生干部的情况（可多选）：

①校级干部　②院、系级干部　③班级干部　④没有担任过

6.以您的体会，学校应该着重培养下列哪些能力和素养（选择最重要的3项）：

①知识面和视野　　　　　　②专业领域的理论水平

③专业领域的实践动手能力④语言表达能力

⑤人际交往能力　　　　　　⑥组织管理能力

⑦外语和计算机水平　⑧发现问题的能力　⑨分析解决问题的能力
⑩批判性思维与怀疑精神　⑪诚信度和社会责任感
⑫身心健康　⑬其他________（请注明）

7.从入学至今，您的花费情况估计共约为________元。

其中分项目的花费为（请填写下表，如果在某项没有开支，请填写“0”）：

| 项目 | 学费 | 住宿费 | 交通费 | 生活费 | 书本费 | 培训费 | 其他费用 |
| --- | --- | --- | --- | --- | --- | --- | --- |
| 费用(元) | | | | | | | |

8.您是否愿意到西部地区工作：
①是（跳到第10题）　②否

9.您不愿意到西部地区工作的原因是（最多可选3项）：
①自然条件艰苦　②没有发展机会　③离家太远　④收入太低
⑤户籍制度限制，流动困难　⑥其他（请注明）

10.您是否愿意到农村就业：
①是（跳到第12题）　②否

11.您不愿意到农村工作的原因是（最多可选3项）：
①自然条件艰苦　②没有发展机会　③收入太低
④感觉不太体面　⑤户籍制度限制，流动困难
⑥其他（请注明）

12.您最想去什么样的单位工作：
①党政机关　②国有企业　③三资企业　④民营企业
⑤高校和科研机构　⑥部队　⑦中小学校和幼儿园
⑧其他事业单位　⑨其他（请注明）

13.您选择职业时主要考虑的因素是（最多可选3项）：
①职业的社会地位　②个人今后发展　③经济收入　④专业对口
⑤个人兴趣与爱好　⑥自己是否适合该职业　⑦就业地区
⑧社会关系与感情因素　⑨社会贡献　⑩其他（请注明）

14.您是否愿意自主创业：
①是　②否（跳到第16题）

15.您选择自主创业的原因是：
①找不到自己满意的工作　②创业更能实现自我价值
③创业可以不受老板限制，工作更自主　④其他（请注明）

16.您认为对就业的不利因素（最多可选3项）：
①学校知名度较低　②专业冷门　③外语水平较低　④计算机水平较低
⑤性别歧视　⑥没有社会关系　⑦实践能力较低

⑧就业信息滞后　⑨户口限制　⑩其他（请注明）

## 第三部分　求职过程

1.您是何时开始找工作的：________年________月。

2.您找工作时能接受的最低月工资是：________元/月。

3.您可接受的最长待业时间为：________月。

4.您是否了解自己适合从事什么工作：

①很了解　②了解　③说不清　④不了解　⑤很不了解

5.您对学校的职业指导或就业服务工作：

①很满意　②满意　③说不清　④不满意　⑤很不满意

6.您认为职业指导应该从什么时候开始最合适：

①大一　②大二　③大三　④大四　⑤研（博）一

⑥研（博）二　⑦研（博）三　⑧其他（请注明）

7.您获得就业信息的主要途径（最多可选3项）：

①网络及其他媒体　②招聘会　③老师　④家人和亲戚

⑤朋友　⑥学校就业指导部门　⑦实习获得就业信息

⑧人才交流中心、职业介绍机构　⑨其他（请注明）

8.截至目前，您一共联系过______家单位；一共到过______个城市进行求职。

9.截至目前，您共接受过______个单位的面试，其中，曾表示愿意接收您的单位为：______个。

10.到目前为止，您为求职所花的总费用共约为______元。

其中分项目的花费为（请填写下表，如果在某项没有开支，请填写“0”）：

| 项目 | 招聘会门票 | 交通费 | 住宿费 | 人情礼品费 | 制作自荐材料 | 电话费 | 信息搜寻上网费 | 其他费用 |
|---|---|---|---|---|---|---|---|---|
| 费用(元) | | | | | | | | |

11.您认为找工作花费______元是可以接受的?

下面请已落实工作单位的毕业生回答：

## 第四部分　求职结果

1.您于______年______月确定了工作。

2.您已经确定的就业单位在：______省（自治区、直辖市）。

3.您的签约单位的所在地在：

①直辖市　②省会城市　③其他城市　④农村

4.您的签约单位属于：

①党政机关 ②国有企业 ③三资企业 ④民营企业

⑤高校和科研机构 ⑥部队 ⑦中小学校和幼儿园

⑧其他事业单位 ⑨其他

5.您的工作单位是否解决户口：

①是 ②否

6.您确定的单位对您的雇佣时间为：

①1年以内 ②1～3年 ③3年以上（包含长期） ④未说明

7.您找到的这份工作的月收入平均（税前）大约是______元/月。

8.您对找到的这份工作：

①非常满意 ②满意 ③一般 ④不太满意 ⑤很不满意

9.您找到的这份工作与您所学专业的相关程度如何？

①非常对口 ②基本对口 ③有一些关联 ④毫不相关 ⑤不清楚

10.获得这份工作，您是否找了熟人帮忙：

①是 ②否（跳到第12题）

10.1获得这份工作，您主要依靠哪类熟人？

①家人和亲戚 ②自己的朋友 ③自己的老师

④家人和亲戚的亲友 ⑤朋友的亲友 ⑥老师的亲友 ⑦其他

10.2您与这类熟人的亲密程度如何？

①很亲密 ②一般 ③不太熟悉

10.3您与这类熟人的联系程度如何？

①经常联系 ②偶尔联系 ③很少联系

11.您认为您能否很快适应从学生到职业工作者的转变：

①能适应 ②不知道 ③不能适应

12.您选择现在的单位和职业，主要原因是（最多可选3项）：

①单位的职业的社会地位高 ②能满足个人今后发展

③自己适合该职业 ④符合个人兴趣与爱好

⑤经济收入高 ⑥专业对口 ⑦其他

13.您认为用人单位录用您的主要原因是（最多可选3项）：

①专业水平和综合素质 ②外语和计算机水平 ③实习经历

④单位用人需求 ⑤面试的第一印象 ⑥性别

⑦相貌及身高 ⑧政治面貌 ⑨熟人推荐

⑩其他

问卷到此结束，再次感谢您的合作！